Bernard Pujo
Pionier der Moderne

Bernard Pujo

# Pionier der Moderne

*Das abenteuerliche Leben*
*des Vinzenz von Paul*

HERDER

FREIBURG · BASEL · WIEN

Titel der Originalausgabe:
*Bernard Pujo: Vincent de Paul. Le Précurseur*
Éditions Albin Michel, Paris 1998

*Aus dem Französischen
von M. Andrea Pötsch und Barbara Flad*


© Éditions Albin Michel S. A., Paris 1998
Für die deutschsprachige Ausgabe:
© Verlag Herder GmbH, Freiburg im Breisgau 2008
Alle Rechte vorbehalten
www.herder.de

Umschlagmotiv:
François Simon (1606–1671), St. Vincent de Paul (Öl auf Leinwand)
Foto: © Bridgeman Art Library Ltd. Berlin

Landkarte Frankreichs zur Zeit Vinzenz von Pauls:
© Johannes Weitzel, Müllheim

Redaktion: Tonia Nosek

Herstellung: fgb . freiburger graphische betriebe
www.fgb.de

Gedruckt auf umweltfreundlichem, chlorfrei gebleichtem Papier
Printed in Germany

ISBN 978-3-451-32145-0

# GELEITWORT ZUR DEUTSCHSPRACHIGEN AUSGABE

SEIT DER ERSTEN BIOGRAFIE von Louis Abelly über Vinzenz von Paul, die kaum vier Jahre nach seinem Tod erschienen ist, sind zahlreiche Bücher über ihn geschrieben worden, seien es nun kurze oder längere Lebensbeschreibungen, dokumentarische oder romanhafte Darstellungen. Allein schon in den Titeln mancher Werke zeichnet sich Wesentliches über Vinzenz von Paul ab. *Genie der Nächstenliebe* wird er genannt, *Großstratege der Brüderlichkeit* und *Anwalt der Ärmsten*; Güte ohne Grenzen, nüchterner Realismus und unbegrenztes Gottvertrauen wird ihm zugeschrieben.

Nun legt der Verlag Herder die deutsche Übersetzung des Buches »Vincente de Paul, le précurseur« von Bernard Pujo vor, unter dem deutschen Titel »*Pionier der Moderne. Das abenteuerliche Leben des Vinzenz von Paul.*« Der Titel dieses Werkes verweist auf einen neuen spannenden Gesichtspunkt, nämlich den, dass Vinzenz in seiner Umwelt und in seiner Zeit eine Bewegung mit weitreichender Breitenwirkung auslöste: die soziale Umwandlung des Standesdenkens und die Umkehr der Auffassung von der Ungleichheit der Menschen. Dieser Vorstoß, der bis heute nicht mehr zur Ruhe gekommen ist und über die Zeiten hinaus weiter wirken wird, ist seine Pionierleistung.

Vinzenz von Paul gelang der realistische Blick auf den Menschen, unabhängig von sozialem Status und Ansehen, von Reichtum und Macht, Leistung und Verdienst. Er sah den Menschen mit dem gütigen Blick der erbarmenden Liebe, so wie Gott ihn sieht. Vinzenz erkannte die Kostbarkeit auch des ärmsten Menschenlebens mit seinen Möglichkeiten, das Menschsein zu entfalten, mehr Mensch zu werden und den eigenen Wert zu erkennen. Das drängende Bedürfnis, gerade für die am Rande menschenwürdiges Sein zu ermöglichen, trieb ihn zu rastlosem Schaffen, und er schuf Werke, die schon zu seinen Lebzeiten unvorstellbare Ausmaße annahmen. Er zog auch Menschen aller Stände, die sich dazu bewegen ließen, zur Mithilfe heran.

Was ist das Besondere des Vinzenz-Buches von Bernard Pujo? Der Autor ist ein auf das 17. Jahrhundert Frankreichs spezialisierter Historiker. Bei seinen wissenschaftlichen Forschungen stieß er immer wieder auf den Namen Vinzenz von Paul. Sein Interesse wurde wach, und er begann den Spuren dieses offensichtlich außergewöhnlichen Menschen nachzugehen. Noch mehr, er begann sorgfältig zu recherchieren, um ein Buch über Vinzenz von Paul zu schreiben. Pujo schildert dessen Leben und Wirken innerhalb der großen geschichtlichen, politischen und kirchlichen Zusammenhänge, in der Auseinandersetzung mit den unterschiedlichsten Lebenswelten der Gesellschaft, dem Reichtum des königlichen Hofes und der Adelskreise, der materiellen und vor allem auch der seelischen Armut der einfachen Bevölkerung, den speziellen Nöten der Kranken, der Mittellosen und Unterdrückten, der Findelkinder. Die Entstehung, die Vielfalt und das Ausmaß seiner Hilfswerke und nicht zuletzt auch die Schwierigkeiten, Mühen und Misserfolge werden deutlich.

Vinzenz selber begegnet uns in diesem Buch als ein Mensch, der mit beiden Füßen auf der Erde steht, ein Mensch, der mit seinen Schwächen kämpft, Krisen und Dunkelheiten zu bestehen hat, gleichzeitig aber ganz und gar auf Gott hin ausgerichtet lebt. *Die Sendung Jesu Christi fortsetzen*, war seine Devise. Der bevorzugte Ort seiner Christusbegegnung war der Mensch.

Dem, der Vinzenz von Paul kennenlernen möchte, bietet dieses Buch nicht nur reichhaltige Informationen über sein Leben und Wirken, über die Beweggründe und Ziele seines Handelns, sondern darüber hinaus eine interessante und spannende Lektüre. Aber auch, wer Vinzenz von Paul bereits gut kennt, wird sich der Faszination seines »abenteuerlichen Lebens« im Werk von Bernard Pujo kaum entziehen können. Es stellt die liebenswürdige Persönlichkeit von Vinzenz in ein so helles Licht, dass auch ihre Schatten deutlich werden, was ihn nur noch anziehender macht.

Vollkommen sein, heißt nach Vinzenz von Paul nicht, keine Fehler und Mängel zu haben, sondern einfach in der Begegnung mit Menschen offen zu sein für Gott.

*Schwester Margit Riml, Zams*

*Das Erscheinen der Vinzenz-Biografie von Bernard Pujo in deutscher Sprache wurde angeregt vom Ordensvikar der Diözese Innsbruck, Klaus Egger.*
*Sr. M. Andrea Pötsch hat das Buch mit sorgfältiger Rücksichtnahme auf den Originaltext übersetzt.*
*Sr. Barbara Flad übernahm die Übersetzung der umfangreichen Fußnoten und noch fehlender Abschnitte.*
*Besonderer Dank gebührt Herrn Pater Alexander Jernej CM für die Initiative und Organisation in Bezug auf die Veröffentlichung der deutschsprachigen Fassung im Verlag Herder, Freiburg im Breisgau.*

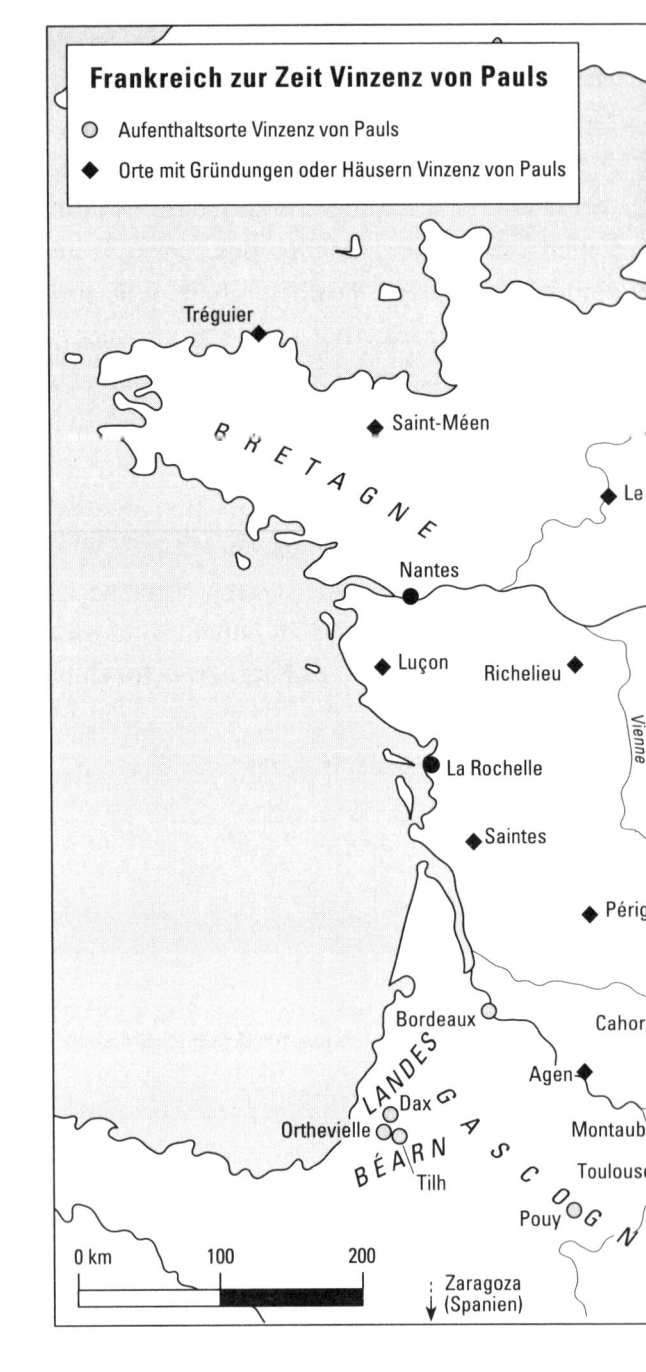

## Frankreich zur Zeit Vinzenz von Pauls

○ Aufenthaltsorte Vinzenz von Pauls

◆ Orte mit Gründungen oder Häusern Vinzenz von Pauls

Tréguier

Saint-Méen

Le M

B R E T A G N E

Nantes

Luçon    Richelieu

Vienne

La Rochelle

Saintes

Périg

Bordeaux    Cahors

L A N D E S    Agen

Dax    G A S C

Orthevielle    Montauba

B É A R N    Toulouse

Tilh

Pouy    O G N

0 km    100    200

Zaragoza
(Spanien)

# Inhalt

# PROLOG

AM 26. AUGUST 1660 ziehen Ludwig XIV. und seine junge Gemahlin Maria Theresia feierlich in Paris ein. Diese Zeremonie spielt sich mit einem besonderen Prunk ab, denn sie kennzeichnet eine wichtige Etappe für das französische Königtum. Der Pyrenäenfriede mit Spanien war am Ende des vorangegangenen Jahres unterzeichnet worden und setzte einem Krieg, der ein Vierteljahrhundert gedauert hatte, ein Ende. Eine Ära des Friedens scheint sich in Europa breitzumachen und für Frankreich eine Zeit des Wohlstandes unter der Autorität eines jungen Königs, dessen stattliches Aussehen alle bewundern und dessen Tugenden jeder rühmt.

Dieser symbolhafte Einzug in die Hauptstadt leitet eine neue Ära ein. Das königliche Paar wird zu Tagesbeginn auf einem Platz außerhalb der Stadtmauer nahe der Pforte Saint-Antoine[1] empfangen. Ludwig XIV. nimmt auf einem mit Goldbrokat bedeckten Thron Platz. Das Podium ist mit einem Baldachin versehen, mit einem blauen, von weißen Lilien übersäten Taft drapiert. Er trägt ein Gewand aus Silber und tiefroter Seide und einen Hut, dessen Federn eine Spange aus Diamanten zusammenhält. Die Königin an seiner Seite ist mit einer Robe bekleidet, die von Gold, Silber und Edelsteinen funkelt.

Vor ihnen defilieren die Abordnungen der obersten Behörden, der Klerus der 39 Pariser Pfarreien mit ihren Bannern und Kreuzen, die Universität mit den Doktoren der Medizin, der Theologie und des kanonischen Rechts in ihren mit Hermelin besetzten Umhängen, die sechs Gruppen von Händlern, die Zünfte mit ihren Schildern. Ihnen folgen die Mitglieder der vier obersten Hofkreise, der Rechnungshof und das Parlament.

Man lässt Tauben fliegen, dann setzt sich der königliche Zug majestätisch in Gang. Das Palais des Louvre wird erst nach einem Umzug von mehreren Stunden erreicht.

An der Spitze bewegen sich die 72 festlich geschmückten Mauleselinnen seiner Eminenz, des Kardinals Mazarin, gefolgt von seiner Sänfte und seinem Gefolge. Dann kommen die Reitpferde der Königin und des Königs. Hinter ihnen ziehen die hundert Schweizer der königlichen Garde vorbei, dann die Herolde, die Musketiere Seiner Eminenz und des Königs.

Schließlich erscheint Ludwig XIV., strahlend vor Jugend und Anmut. Er ist erst 21 Jahre alt. Sein braunrotes Pferd tänzelt unter einer mit Silber bestickten Satteldecke und einem kostbaren Harnisch, der mit Edelsteinen übersät ist. »Monsieur«, sein Bruder, und die Prinzen der königlichen Familie bilden seine Eskorte.

Unter den letzteren bemerkt man besonders einen feinen Reiter mit Adlerprofil, auf dessen Schultern Locken herabfallen: der »Große Condé«.

Nach Jahren der Rebellion unterwarf er sich schließlich und nahm seinen Rang als erster Prinz von Geblüt ein. Die Königin, in einem von sechs herrlichen Pferden gezogenen Wagen, ist von einer Schar Prinzen und junger Herren umgeben, die an Eleganz wetteifern.[2]

Der Festzug zieht durch die Vorstadt Saint-Antoine. Vom Balkon des Hôtel de Beauvais betrachten zwei Menschen diesen triumphalen Umzug.

Man erkennt die majestätische und immer noch schöne Anna von Österreich. Sie ist zwar nicht mehr die Regentin, aber nun Königin-Mutter.

Sie wünschte sich für ihren Sohn diese spanische Heirat leidenschaftlich und lenkte seine Schritte bis zu diesem Tag: Nun kann der Ungeduldige allein reiten, ohne die Herrschaft teilen zu müssen. An ihrer Seite befindet sich der, welcher 17 Jahre lang ihr Ratgeber, ihre Stütze und ihr erster Minister war: Jules Mazarin. Erschöpft durch die Krankheit, die an ihm zehrt, kann der Kardinal nicht an diesem Triumph teilnehmen, der zu einem Großteil auch der seine ist. Die Sänfte an der Spitze des Festzuges ist leer. Die zwei Zuschauer, hoch oben auf ihrem Balkon, betrachten das Fest zufrieden, aber auch etwas wehmütig. Es ist der Lohn für ihre Mühen und stellt doch gleichzeitig den Beginn ihres Abschieds dar. Die Rufe und der Applaus der Menge, die sich entlang des Festzuges angesammelt hat, das Geläut aller Pariser Glocken, die Kanonen der Bastille, all dieser Lärm wird vom Wind bis zum Priorat Saint-Lazare getragen, das nur einen Vogelflug vom königlichen Umzug entfernt ist. In einem kleinen Zimmer mit nackten Wänden, abgenütztem Fußboden und einfachem Mobiliar hört ein alter, halb bettlägeriger Priester das Echo der jubelnden Volksmenge. Er hat keine Mühe, sich das Schauspiel und die Gestalten der königlichen Akteure vorzustellen. Er ist ihnen allen nahegekommen und hat sie zum Großteil gut gekannt.

Er sah diesen jungen König, der nun seinen triumphalen Einzug genießt, wie er sich an den Kleidern seiner Mutter festklammerte, wenn er sie im Palais-Royal oder im Schloss Saint-Germain besuchen kam.

Er erinnert sich auch an den Vater dieses jungen Monarchen, den frommen Ludwig XIII.; er ist ihm in seinem langen Todeskampf beigestanden.

Mazarin bot er im Verlauf der Sitzungen des Gewissensrates oft die Stirn, bis zu dem Augenblick, als der Kardinal ihn aus dieser Stellung entfernte, um freie Hand zu haben. Mit all diesen Prinzen und Kriegsoffizieren, die prunkvoll geschmückt am triumphalen Umzug teilnehmen, hatte er engen Kontakt, wenn er in seiner bescheidenen Soutane an den Hof kam, um seine Angelegenheiten zu regeln. Aber er kennt auch die Kehrseite der Medaille. Neben all diesem zur Schau getragenen Luxus und Reichtum weiß er um die Armut des Volkes, das heute über die Rückkehr seines Königs voll Freude jubelt. Ihm waren die von den Armeen verursachten Verwüstungen in den Provinzen, bis an die Tore der Hauptstadt nur allzu gut bekannt: die Auswirkungen der Hungersnot, die Verbreitung der Pest, die Brände, die Plünderungen, die Mordtaten und Vergewaltigungen. Gegen die Brandung all dieser körperlichen und moralischen Nöte hat er versucht, eine zerbrechliche Barriere zu errichten: mit seinen – angesichts der großen Aufgabe nicht allzu zahlreichen – Missionaren, mit seinen unermüdlich ergebenen Barmherzigen Schwestern, mit seinen Laien guten Willens.

Er hat sie alle auf die Straßen und Wege des Königreiches geschickt mit der Weisung: »Lieben wir Gott, meine Brüder, lieben wir Gott, aber auf Kosten unserer Arme und im Schweiße unseres Angesichts.«[3]

Jetzt ist er selbst bis ans Ende seiner Kräfte gelangt. Er, am Beginn seines 80. Lebensjahres, weiß, dass er nur noch einige Tage zu leben hat. Was für einen Weg hat Vinzenz durchlaufen seit der Zeit, als er als junger Hirte die väterliche Herde auf die Weide in den Landes (Region in der Gascogne in Südfrankreich, Anm. d. Ü.) führte!

# ERSTER TEIL

# Auf der Suche nach Achtung und Einkommen

# 1

## Ein kleiner Hirte in den Landes
### 1581 – 1596

*Vinzenz, Hirte in den Landes – Die Familie de Paul – Das tägliche Leben in Pouy – Die Caverie von Ortheville – Collège-Schüler in Dax – Empfang der niederen Weihen*

Jeden Morgen zog Vinzenz zu früher Stunde seine abgetragenen alten Kleidungstücke an. Sie waren von seiner Mutter geflickt und zurechtgeschnitten worden, denn vor ihm hatten sie seine beiden älteren Brüdern getragen. Vom Dornengestrüpp zerrissen und vom Schlamm der Wege und Sümpfe beschmutzt, konnte er sie noch gut gebrauchen. Wenn es kalt war oder wenn der Wind, der vom Meer her blies, Regenschauer ankündigte, trug er darüber einen langen Umhang. Diese Regenschauer, die plötzlich einsetzten und in kurzer Zeit große Wassermengen über die Landes ausschütteten, hinterließen einen aufgeweichten sandigen Boden, verschwanden dann aber ebenso schnell wieder. Zum Schutz vor solchen unliebsamen Überraschungen auf freiem Feld, ohne einen Baum, unter den er sich stellen konnte, hatte er nur diesen schweren Umhang und einen breiten Hut! Vinzenz streifte den Riemen eines alten, über die Jahre gehärteten, aber immer noch soliden Lederbeutels über die Schulter, in den seine Mutter Bertrande ein Stück Brot und vielleicht etwas Speck – seine tägliche Verpflegung für unterwegs – geschoben hatte. Er nahm stolz den langen Stab, das Zeichen seiner Hirtenaufgabe. Er half ihm auf seinem manchmal schwierigen Marsch im aufgeweichten Boden und stützte ihn. Mit ihm führte er seine Herde auf den rechten Weg. Vielleicht hatte er auch – wie manche Hirten – ein Horn um seinen Hals hängen, um verlaufene Tiere zurückzurufen oder im Notfall ein wildes Tier oder einen herumstreunenden Hund zu verjagen?

So ausgestattet, übernahm Vinzenz das Kommando über seine Herde; je nach Jahreszeit und Umständen setzte sie sich zusammen aus Kühen, Schafen und Schweinen mit ihren Jungen: »Ich bin der Sohn eines Landarbeiters, der die Schweine und Kühe hütete«, schrieb er später.

Vinzenz, geboren am 28. März 1581[4], war in der Tat der Sohn eines Bauern: Jean de Paul. Dieser war kein einfacher »Taglöhner«, der für einen Herrn arbeitete. Er war Eigentümer eines kleinen Anwesens mit einem Haus, »Ranquines« genannt, was in der Mundart der »Lahme« bedeutet, denn Jean de Paul hinkte infolge eines Unfalls oder einer Krankheit, man weiß es nicht genau. Ranquines lag auf dem Gebiet der Pfarrei Pouy, einem Dorf, ungefähr eine Meile nördlich von Dax.

Die Familie de Paul war seit langem in diesem Abschnitt der Landes ansässig, den der Fluss Adour säumte. Dokumente, die aus dem Ende des 15. Jahrhunderts und dem Beginn des 16. Jahrhunderts datieren, bestätigen namensgleiche Bewohner in der Gegend von Dax. Dieser Familienname kann vom lateinischen »palus« für »Sumpf« kommen, das sich im spanischen »paùl« wiederfindet und als »paoul« ausgesprochen wird. In einem Schriftstück von 1615 bezüglich der Übernahme der Domherrenpfründe von Écouis findet sich diese Schreibweise von Vinzenz' Namen: Vincent de Paoul.[5]

Da es im 17. Jahrhundert noch keine einheitliche Schreibweise gab, findet man auch die Varianten »de Paul« oder »Depaul«. Das dem Familiennamen hinzugefügte »de« ist nicht unbedingt ein Adelsprädikat[6], sondern bezieht sich meist auf einen Ort oder Wohnsitz. In nächster Nähe des Dorfes Pouy gab es einen Bach, »le Paul«[7] genannt, und im Dorf Buglose, etwa eine Meile von Pouy entfernt, stand ein Haus, das »das Haus Paul« genannt wurde. Vinzenz' Vater war wahrscheinlich nicht mehr als ein Grundbesitzer, der seinen eigenen Hof bewirtschaftete, in der Pfarrei als ehrenhaft geschätzt wurde, aber eben keinen Adelstitel besaß. Vinzenz selbst unterschrieb sein ganzes Leben lang mit »Vincent Depaul«.

Seine Mutter Bertrande de Moras dagegen gehörte einer bürgerlichen Familie an, vielleicht sogar aus niederem Adel. Laut Überlieferung – da entsprechende Dokumente fehlen – wurde sie sogar im Dorf Pouy geboren, in einem Haus, das zum Landsitz einer vornehmen Familie gehörte, die in Dax wohnte und sich nur auf dem Land aufhielt, um hier die Ferien zu verbringen. Der Bruder von Bertrande, Jean de Moras, war Anwalt im Gerichtshof von Dax und mit Jeanne de Saint-Martin verheiratet, einer Verwandten des Herrn de Comet[8]. Letzterer wurde bald der erste Gönner des jungen Vinzenz.

Der junge Hirte führte seine Herde je nach Wetter und Jahreszeit auf die verschiedenen Weiden, die ihm seine älteren Brüder gezeigt hatten. Da gab es zuerst entlang des Flusses Adour einen breiten Landstrich, der bei Hochwasser überflutet war, aber sonst eine gute Weide abgab; das Gebiet heißt »les Barthes«. Das Dorf Pouy, um seine Kirche und seinen Friedhof herum gruppiert, lag zum Schutz vor Überschwemmung auf einer leichten Anhöhe. Der Name von Pouy hängt mit dem lateinischen »Podium« zusammen, eine Erhöhung von ungefähr 12 Metern über dem Niveau der »Barthes«. Das Haus der de Pauls, Ranquines, lag abseits des Dorfes, inmitten einer Baumgruppe, ein Zeichen seines Alters.[9] Dahinter öffnete sich das Heideland, das von Sümpfen übersät war und wo die Tiere frei weiden konnten.

Das Dorf Pouy besaß einen alten kleinen Eichenwald. Zutritt und Nutzung waren streng geregelt, denn Bäume in dieser Heidelandschaft wachsen zu lassen, war schwierig und langwierig. Der Boden war sandig und eine Toneinlagerung in zwei bis sechs Fuß Tiefe bildete eine wasserundurchlässige Schicht. Diese begünstigte die Bildung von Sümpfen und hinderte die Wurzeln der Bäume, in die Tiefe zu wachsen, um von dort Nährstoffe für ihr Wachstum zu bekommen. Unter diesen Bedingungen stellte ein Wald für eine Gemeinde einen eifersüchtig gehüteten Reichtum dar.

Diese dörflichen Gemeinden, insbesondere jene von Pouy, genossen eine gewisse Autonomie und hatten eine hierarchische Struktur, die auf einer bestimmten Schicht von Kleinbesitzern, den »Capcazaliers«, beruhte.

Vinzenz' Vater gehörte dieser Schicht an, die gewisse Privilegien, vor allem für die Nutzung dieses Waldes, besaß. Die »Capcazaliers« konnten dort das tote Holz sammeln und mit Sondererlaubnis auch grünes Holz, um ihr Wohnhaus zu beheizen. Sie waren auch berechtigt, für die Ausbesserung ihres Hauses das nötige Holz zu holen, und alle 15 Jahre konnten sie notwendige Holzstämme zur Instandsetzung ihres Kahnes entnehmen, der für die Überquerung des Flusses Adour unerlässlich war.

Schließlich, und das betraf in erster Linie den jungen Hirten, durfte jeder »Capcazalier« bis zu 30 Schweine halten und sie von September bis Weihnachten zum Fressen der Eicheln in den Wald führen, die Mutterschweine sogar von Juli an.[10] Vinzenz, mit dem Schweinehüten betraut, verbrachte viele Tage an diesem für Kinderaugen tiefen und dunklen Ort.

Während Vinzenz abends heimkehrte und die Tiere in den Stall trieb, war seine Familie schon im gemeinsamen Wohnraum von Ranquines versammelt. Der Raum bildete das Zentrum des Hauses, in dem sich auf der Südseite das Zimmer der Eltern und zwei andere Zimmer befanden, eines für die Mädchen, das andere für die Buben. An der Nordseite lag der Stall für das Ochsenpaar, eingerahmt von einem Zimmer für die Großeltern und einer Werkstatt, in der man die Geräte unterbrachte. Wie bei allen damaligen Häusern in den Landes, bestanden die Mauern aus Fachwerk, das mit Strohlehm (mit Ton bestrichenes Roggenstroh) ausgestopft war. Der Boden bestand aus festgestampfter Erde. Unter dem Strohdach war eine Decke eingezogen, was die Wohnung eines Herrenbauern von der eines Taglöhners unterschied. Die Fenster wurden am Abend oder gegen Kälte mit Holzbalken verschlossen. Im gemeinsamen Wohnraum diente der Kamin als Heizung und Küchenherd.

Um den großen Tisch, an dem das Familienoberhaupt den Vorsitz hatte, nahmen die sechs Kinder Platz, vier Buben (Jean, Bernard, Vinzenz als Drittgeborener, und Dominique, genannt auch Gayon) und zwei Mädchen (Marie, die Johann de Paillole heiratete und eine weitere Marie, die zukünftige Gattin von Grégoire de Lartigue). Die Mutter machte sich am Feuer zu schaffen und trug eine große rauchende Pfanne mit Hirsebrei auf, die von den jungen Menschen mit großem Appetit schnell geleert wurde. Vinzenz erinnert sich später an das gemeinsame Familienmahl: »In meiner Heimat ernährt man sich von einer kleinen Körnerfrucht, genannt Hirse, die man in einem Topf kochen lässt: Zur Essenszeit wird sie in ein Gefäß geschüttet, und alle im Haus kommen, setzen sich um den Tisch und nehmen ihr Mahl ein.«[11]

Hirsemehlsuppe war das Hauptnahrungsmittel, angereichert mit Gemüse, Rüben, Kohl, Bohnen und Erbsen. In diese Suppe tunkte man dicke Scheiben Roggenbrotes ein, das sich auch besser hielt als Brot aus Weizenmehl. Dazu trank man einfaches Brunnenwasser, das für die Erwachsenen mit ein wenig Wein oder Most gemischt war. Vinzenz empfahl dies einem seiner Missionspriester in Dax: »Der Genuss von Apfelwein ist darüber hinaus recht üblich, vielleicht wird er ihnen besser bekommen als der Wein.«[12] Hielt er dabei an einer schlechten Erinnerung an den Wein seiner Gegend fest?

Vinzenz geht nicht genauer darauf ein, dass dieser Hirsebrei aus Holzschalen oder aus Schalen aus gebranntem Ton gegessen wurde und zwar mit Holzlöffeln – die Gabel fand sich nicht auf den bäuerlichen Tischen. Das »Huhn im Topf«, das dem guten König Heinrich IV. so teuer war, gab es nur an Festtagen, an denen man die Arbeitskleidung ablegte und ein Sonntagsgewand anzog, um zur Messe in die Pfarrkirche zu gehen oder um ein Neugeborenes dorthin zur Taufe zu bringen.

Man hielt sich nicht lange bei Tisch auf, denn bei den de Pauls drängte die Arbeit. Vinzenz schildert dieses bäuerliche Leben, besonders das der Mädchen auf dem Land: »Kommen sie nach ihrer Arbeit nach Hause – erschöpft und müde, nass und schmutzig – um ein dürftiges Mahl einzunehmen, kehren sie, kaum dass sie da sind, zu ihrer Arbeit zurück, wenn das Wetter dafür günstig ist, oder wenn ihre Eltern es ihnen auftragen, ohne sich vorher auszuruhen, noch sich zu reinigen.«[13]

Manchmal tauchte im Laufe dieses mühevollen und eintönigen Lebens eine Abwechslung auf. Vinzenz besuchte die Familie seiner Mutter in Orthevielle, einem Dorf sechs Meilen südlich von Dax.

Sobald man den Fluss Adour überquert hatte, betrat man

die Chalosse: Welch Kontrast zum flachen Heideland und welch reiche Vegetation auf diesem Boden! Die Straße nach Peyrehorade, wo die beiden Bäche Pau und Oléron zusammenfließen, verläuft nach Süden und folgt dabei einer hügeligen und bewaldeten Strecke. Man durchquert dichte Laubwälder mit Eichen, Buchen und Kastanienbäumen, und in den Talmulden wachsen fette Wiesen. In Peyrehorade erhebt sich ein vornehmes Schloss mit vier hohen Türmen über den Bachläufen. Vinzenz' Augen müssen groß geworden sein beim Betrachten dieser vom Heideland so verschiedenen Landschaft und der üppigen Natur.

Die Caverie Peyroux[4], der Wohnsitz der Familie de Moras in Orthevielle, war ein ansehnliches Gebäude aus Stein am Straßenrand, eine halbe Meile vom Dorf entfernt, inmitten eines landwirtschaftlichen Gutes. Das Anwesen gehörte Jacques de Moras, dem Bruder oder Cousin von Bertrande. Laut Überlieferung wohnte dort die Großmutter von Vinzenz, die der junge Knabe besuchte. Er machte sich nützlich, indem er eine Herde von Schafen, Ziegen oder Kühen weidete. In Orthevielle erhoben sich auf einem kleinen Hügel über den Barthes, dem Überschwemmungsgebiet der beiden vereinigten Bäche Pau und Oléron, eine befestigte Kirche und ein gewaltiges Haus, das damals den prunkvollen Namen »Schloss von Montgaillard« trug und von vier Türmen flankiert war. Vinzenz konnte von dieser Anhöhe aus bei schönem Wetter ein Panorama bewundern, das bis zu den ersten Ausläufern der Pyrenäen reichte. Dem Bischof von Saint-Pons, Persin de Montgaillard, der mit einiger Selbstgefälligkeit von seinem Familienschloss sprach, erwiderte Vinzenz viel später mit einem spitzbübischen Augenzwinkern: »Ich kenne es gut, ich hütete dort in meiner Jugend die Tiere.«[15] Tatsächlich war das

Schloss des Bischofs ein anderes »Montgaillard« in der Nähe von Montauban.

Diese Aufenthalte in Peyroux waren selten. Eine weitere Wegstrecke, die Vinzenz gut kannte, da er sie oft in einer guten Stunde Fußmarsch zurücklegte, führte ihn zum Priorat von Poymartet. Der dortige Prior, Étienne de Paul, war ein naher Verwandter, vielleicht sogar der Bruder oder Cousin von Vinzenz' Vater. Dieses Priorat lag an einer der Straßen nach Santiago de Compostela. Die Zeit der großen Wallfahrten war vorbei, aber man sah immer noch einige Pilger auf dem Weg, die aus allen Ländern Europas kamen und über Vézelay, Le Puy oder Arles reisten. Sie schlugen die Richtung nach Saint-Jean-Pied-de-Port ein, um die Pyrenäen am Pass von Roncevaux zu überqueren. Poymartet gehörte zu einer Kette von Herbergen und Gasthäusern, um die Pilger entlang des Weges aufzunehmen und zu verpflegen.

Dieses Priorat war 1569 verwüstet und verbrannt worden, als Scharen von Hugenotten des Grafen von Montgomery[16] nach Béarn zogen. Spuren dieser unheilvollen Periode mussten an den Gebäuden noch vorhanden sein. Der junge Vinzenz kam damals zum ersten Mal mit der Realität einer grausamen, blutbefleckten Welt in Berührung. Und gleichzeitig durfte er erleben, dass Pilger von einem so starken Glauben motiviert sein konnten, dass sie die Gefahren eines langen Weges, der reich war an Prüfungen und Leiden, auf sich nahmen.

Vinzenz' Vater verglich gerne seine Situation als Landwirt, der sich von früh bis spät abmühte, um seiner Familie eine würdige, wenn auch bescheidene Existenz zu sichern, mit der Position seines Verwandten. Dank der mit dem Priorat[17] verbundenen Pfründe konnte jener ein wohlhabendes Leben führen und sogar seine Familie unterstützen. Da jedenfalls das Landgut von Ranquines es seinen vier Söhnen nicht ermöglichte, später einmal damit ihr Auskommen zu finden, war es ratsam, einige in andere Richtungen zu leiten. Nun, der junge Vinzenz schien unter den vier Söhnen der Begabteste zu sein: Sollte man ihm nicht Studien ermöglichen, die ihm den Zutritt zum Klerus erlaubten?

Der Prior ermutigte dabei seinen Verwandten, da auch er die Anlagen von Vinzenz schätzte. Monsieur de Comet war derselben Meinung. Seine Position als Richter in Dax machte es ihm leicht möglich, sich auf ein Landgut, das er in der Nähe von Pouy, in Préchacq, besaß, zu begeben. So hatte er Gelegenheit, die Familie de Paul zu besuchen, und dabei Vinzenz' wachen Geist zu erkennen. Also wurde entschieden, Vinzenz studieren zu lassen und ihn dem geistlichen Stand zuzuführen. Das erforderte zwar am Anfang finanzielle Opfer, aber wäre eine gute Investition.

Einmal mit einer guten Pfründe ausgestattet, die dank der Beziehungen von Monsieur de Comet nicht schwer zu erhalten sein durfte, konnte Vinzenz wie der Prior von Poymartet die »Vorsehung« seiner Familie werden. Man kann sich vorstellen, dass Vinzenz' Eltern Ähnliches dachten.

Um in den geistlichen Stand eintreten zu können, war zunächst der Besuch eines Collèges notwendig sowie die Aneignung einiger Grundkenntnisse der lateinischen Sprache. Konnten Vinzenz' Eltern selbst überhaupt lesen und schreiben? Er selbst hat niemals über seine ersten Studien gesprochen, doch gewiss hatte er beim Pfarrer von Pouy und beim Prior von Poymartet Unterricht bekommen. Sehr rasch wusste und konnte er genug, um ins Collège aufgenommen zu werden.

Wann erfolgte seine Abreise von Pouy? Vinzenz erwähnt es niemals ausdrücklich. Etwa fünfzig Jahre später äußert er im Verlauf einer Konferenz: »Als Sohn eines armen Bauern, der bis zum Alter von 15 Jahren auf dem Land gelebt hat.«[18] Demnach verließ er sein Dorf 1596.

Sicher weiß man, dass er 1597 in die Universität von Toulouse eintrat; sein Bakkalaureat in Theologie aus dem Jahre 1604 gibt genau an, dass er es nach sieben Jahren Studium erhielt. Selbst wenn man annimmt, dass Vinzenz, als er von seinem Alter sprach, »im 15. Lebensjahr« meinte und nicht, wie er es gewöhnlich tat, »mit vollendetem 15. Lebensjahr«, bedeutet dies, dass er nur zwei kurze Jahre im Collège von Dax verbrachte. Dies scheint wenig wahrscheinlich. Man kann eher annehmen, dass Vinzenz in die Formulierung »mein Leben auf dem Land bis zum Alter von 15 Jahren« den Aufenthalt in Dax, das ja ganz nahe bei seinem Geburtsort lag, einschloß. Seine Abreise nach Toulouse, der großen Stadt, kennzeichnete den eigentlichen Bruch mit seiner Jugend und seiner Familie.

Demnach wurde Vinzenz vermutlich mit elf oder zwölf Jahren nach Dax geschickt, wo er vier Jahre im Collège verbrachte. Eine Bemerkung, mit der er sich einmal in seiner Demut für seine Ungebildetheit entschuldigte, deutet darauf hin: »Er sei nichts anderes, als ein Schüler der vierten Klasse.«[19] Wie lange auch sein Aufenthalt in Dax gedauert haben mag – zwei oder eher vier Jahre –, sicher ist, dass er gut arbeitete und glänzende Ergebnisse erzielte. Monsieur de Comet bat ihn angesichts seiner schulischen Leistungen, bei ihm zu wohnen, um seinen eigenen Kindern als Hauslehrer zu dienen, wobei er aber seine Kurse im Collège fortsetzen konnte.

Dieser Vorschlag wurde von der Familie de Paul sehr gern angenommen, denn Vinzenz' Unterhaltskosten in Dax waren für sie eine schwere Belastung. Das Collège grenzte direkt an ein Haus, das von Franziskanern geführt wurde.[20] Sie nahmen die Schüler für 60 Pfund pro Jahr in Pension. Hier hatte Vinzenz das erste Studienjahr verbracht.

Man kann sich die Freude und die Aufregung des jungen Vinzenz vorstellen, als er die Brücke der Adour überschritt, die Stadt Dax in ihrer Einfriedungsmauer entdeckte und die römischen Reste bewunderte: das vornehme Brunnenbecken, wo stets eine Quelle warmen Wassers floss, die gotische Kathedrale mit ihrem sorgfältig ausgearbeiteten Portal, das rege Leben auf den Straßen, die Auslagen der Händler … Für den kleinen Hirten, der die langen Aufenthalte in der einsamen Heidelandschaft gewohnt war, öffnete sich eine wunderbare Welt. Schon beim ersten Gang durch die Straßen musste er sich für eine wichtige Person gehalten haben und die Anwesenheit seines bäuerlich gekleideten Vaters war ihm peinlich. Er erzählt:

»Als ich ein kleiner Junge war und mein Vater mich in die Stadt mitnahm, schämte ich mich, mit ihm zu gehen und ihn als meinen Vater anzuerkennen, weil er schlecht gekleidet war und ein wenig hinkte.«[21] Bald schon ist er bereit, seine bäuerliche Herkunft zu leugnen. Ungeduldig strebte er danach, im städtischen Milieu aufzugehen, dem der Großteil seiner Mitschüler angehörte, und in der bürgerlichen Gesellschaft, die ihn bei der Familie de Comet umgab. Als sein Vater geschäftlich nach Dax kam, wollte er auch seinen Sohn sehen und klopfte an der Pforte des Collèges; Vinzenz weigerte sich aber, ihn zu begrüßen: »Ich erinnere mich, dass man mir im Collège, wo ich studierte, einmal sagen kam, mein Vater, der ein armer Bauer war, verlange mich zu sehen. Ich weigerte mich, mit ihm zu sprechen, womit ich eine schwere Sünde beging.«[22]

Das sind die beiden einzigen Erinnerungen, die Vinzenz gegen Ende seines Lebens zur Sprache brachte. Sie hinterließen ohne Zweifel in seinem Gewissen ein Gefühl tiefer Reue gegenüber einem Vater, der für ihn und seinen Erfolg auf so vieles verzichtet hatte.

Vinzenz war glänzender Schüler und sein gutes Betragen in einer vornehmen Familie von Dax brachte die kirchlichen Verantwortlichen dazu, ihm am Ende des Jahres 1596 die niederen Weihen zu erteilen; er ist erst fünfzehneinhalb Jahre alt.[23]

Der zeremonielle Empfang der ersten vier Weihen konnte nicht in Dax stattfinden, da der Bischofssitz dieser Diözese damals nicht besetzt war. Vinzenz musste bis zur Stiftskirche von Bidache gehen, wo Monsignore Salvat Diharse, der Bischof von Tarbes, seines Amtes waltete. Dieser Prälat stammte aus dem Dorf Bardos in der Nähe von Bidache und war Kommendatarabt der Abtei d'Arthous, die selbst eine Meile weiter im Norden lag (ein Kommendatarabt hatte nur die Pfründe, also die wirtschaftlichen Einkünfte eines Klosters inne, ohne sich im Kloster selbst aufzuhalten und dort die Amtsgeschäfte zu führen, Anm. d. Ü.). Die Familie de Moras, die in Orthevielle, in der Nähe von Bidache wohnte, kannte die Familie Diharse. Vinzenz war also in dieser Stiftskirche nicht fremd.

Gewiss bewunderte er dort ein weiteres Mal die stolze Silhouette des Schlosses von Bidache, das dem Grafen de Gramont, Prinz von Bidache und Vizekönig von Navarra, gehörte. Er ahnte damals nicht, dass er später am Hof den Sohn dieser großen Persönlichkeit, der selbst Generalfeldmarschall von Frankreich war, treffen würde.[24]

Beim Verlassen der Stiftskirche konnte Vinzenz die herrliche Aussicht betrachten, die sich bis zu den ersten Bergen der Pyrenäen erstreckt. Bestimmt riet ihm der Bischof, auf seinem Rückweg nach Dax zu einem kurzen Gebet in die Abtei von Arthous[25] einzukehren, deren Abt er immer noch war. Dieses im 12. Jahrhundert gegründete Kloster liegt in einer Talmulde. Seine Kirche ist in rein romanischem Stil erbaut und besitzt eine besonders bemerkenswerte Apsis, die Sammlung und Gebet begünstigt. War Vinzenz dafür sensibel? Er hat nie darüber gesprochen, auch nicht über seine Durchreise nach Bidache.

So gebührend mit der Tonsur versehen und den Weihen verpflichtet, ist Vinzenz nun imstande, die Studien an der Universität von Toulouse in Angriff zu nehmen, die ihm den Zugang zum Priestertum ermöglichten. Die erste Seite seines Lebens ist umgeblättert.

Diese ganze Jugendzeit von Vinzenz bleibt unklar, eingehüllt wie in jenem Nebel, der über den Teichen und Sümpfen der Heidelandschaft liegt und dem Land verschwommene Formen gibt. Louis Abelly[26], Vinzenz' erster Biograf, war bemüht, das Leben eines Heiligen zu erzählen und schmückte die Kindheitsjahre mit zahlreichen erbaulichen Anekdoten aus. Auch wenn er in der glücklichen Lage war, mit Menschen zu sprechen, die den jungen Vinzenz und die Angehörigen seiner Familie gekannt hatten, muss man nicht alles, was er in dieser Hinsicht berichtete, als historisch wahr annehmen.

Vinzenz selbst ist erstaunlich diskret und verschwiegen über seine ersten Jahre, ebenso wie über sein weiteres Leben. Mit dem festen Willen sich zu verdemütigen, erzählt er aus diesem Lebensabschnitt nur seine wenig liebevolle Haltung gegenüber seinem Vater in Dax und seine Rolle als »Schweinehirt«, wobei er besonders seine niedrige Herkunft betont.

Zugegebenermaßen drängte ihn dieses Übermaß an Demut dazu, die Wirklichkeit zu verändern: Die Familie de Paul gehörte einer bäuerlichen Schicht an, die relativ wohlhabend und angesehen war.

Welches Bild kann man von diesem jungen Menschen aus den Landes zeichnen, der mit nicht einmal 16 Jahren in die studentische Welt in Toulouse eintauchte? Durch seine große Familie erfuhr er eine solide charakterliche Erziehung, die auf den traditionellen Werten der Arbeit, der gegenseitigen Hilfe und des Gehorsams den Eltern gegenüber gründete. Seine Eltern waren – wie alle französischen Bauern dieser Zeit – katholisch, sie lebten ihren Glauben und sahen in allen Ereignissen die Hand Gottes. Sie erzogen ihre Kinder in diesem Geist, waren aber wohl nicht besonders fromm. Ihr Wunsch, Vinzenz den geistlichen Stand ergreifen zu sehen, scheint auf rein weltliche Beweggründe hinzuweisen.

Dem Leben in frischer Luft und langen Märschen mit seinen Tieren verdankt Vinzenz seine gute Gesundheit. Er besitzt Sinn und Liebe für die Natur und ist mit dem Leben auf dem Land, seinen Arbeiten und Bewohnern vertraut. Zu seinen geistigen Gaben und seiner Aufnahmefähigkeit gesellen sich Gutmütigkeit und Taktgefühl, weshalb er von allen geschätzt wird. Er ist ein junger Gascogner, der nicht auf den Mund gefallen ist, mit feurigem Geist und sprechenden Gesten.

Zum Priestertum bestimmt, nahm er diesen elterlichen Willen gleichmütig an. Er brannte darauf, das Vertrauen, das man in seine Fähigkeiten setzte, zu rechtfertigen und die Hoffnung auf seinen Erfolg nicht zu enttäuschen. Vielleicht wollte er auch einen gewissen persönlichen Ehrgeiz befriedigen.

# 2

# Ein ungeduldiger Student
## 1597 – 1605

*Religionskriege – Die Universität von Toulouse – Die Pfarrei
von Tilh – Empfang der höheren Weihen – Eine frühzeitige
Priesterweihe – Wallfahrt nach Rom – Finanzielle Probleme*

WIE WAR DIE SITUATION im Königreich Frankreich, während
Vinzenz seine Herde in den Landes auf die Weide führte und
dann im Collège von Dax in die Regeln der Grammatik und in
die lateinischen Deklinationen und Konjugationen eingeführt
wurde? Sie war äußerst beklagenswert. Das Land hatte immer
noch nicht jene unheilvolle Zeit überwunden, in der Katholiken und Protestanten sich drei Jahrzehnte lang bewaffnet
gegenüberstanden. Die Feindseligkeiten hatten am 1. März
1562 begonnen. Nach der gescheiterten Unterredung zwischen
der Königin Katharina von Médici und dem Kanzler Michel
de l'Hospital, die eine gemeinsame Basis für beide Parteien
suchten, kam es zum Massaker an den Protestanten in Vassy.
Die unversöhnliche Haltung, sowohl auf katholischer Seite
mit dem Kardinal de Tournon und dem General der Jesuiten
Lainez und auf calvinistischer Seite mit Théodore de Bèze, ließen diesen letzten Versuch misslingen. Von da an verschlechterte sich die Situation mehr und mehr und fand ihren traurigen Höhepunkt in der unheilvollen Bartholomäus-Nacht[27]
am 24. August 1572.

Auf Zeiten relativer Ruhe folgten neue Ausbrüche mörde-
rischer Gewalt: der Bürgerkrieg mit seinen entsetzlichen
Begleiterscheinungen teilte Frankreich in zwei unversöhnli-

che Lager und die Einmischungen aus dem Ausland wurden immer zahlreicher.

Gegen einen schwachen und verweichlichten König Heinrich III., der beschuldigt wurde, die Protestanten zu begünstigen, hatte sich eine Liga von Ultra-Katholiken mit Henri de Guise an der Spitze gebildet, der seine ehrgeizigen Pläne, den Thron zu besteigen, nicht verbarg. Der König fühlte sich bedroht und ließ Guise im Dezember 1588 im Schloss von Blois ermorden. Aber acht Monate später wurde er selbst von einem jungen Mönch erstochen, der von der Liga angestiftet war. Da der verstorbene König keinen Erben hatte, folgte ihm ein entfernter Cousin, der König von Navarra, auf den Thron und nahm den Namen Heinrich IV. an. Diese Entscheidung trug nicht dazu bei, die Gemüter zu beruhigen, denn Heinrich von Navarra war Protestant. Am Beginn seiner Regierung musste er gegen die Truppen der Liga kämpfen, ohne in die Hauptstadt eindringen zu können. Um sie zu erobern, beschloss er, dem Protestantismus feierlich abzuschwören. Am 25. Juli 1593 wurde Heinrich IV. in der Kathedrale von Chartres zum König gesalbt und hielt nun, acht Monate später, seinen Einzug in Paris. Nun ging er daran, in den Provinzen Frieden zu schaffen und die Spanier, die der Liga zu Hilfe gekommen waren, aus dem Königreich zu vertreiben. Schließlich musste er dafür sorgen, dass Katholiken und Protestanten in Frieden miteinander lebten. Dies erreichte er, indem er das Edikt von Nantes, das im April 1598 unterzeichnet worden war, zum Gesetz erklärte.

All diese inneren Kämpfe hatten für das Volk auf dem Land, wo damals 80 Prozent der französischen Bevölkerung lebte, leidvolle Auswirkungen. Die Dörfer waren geplündert und niedergebrannt, die Felder verwahrlost und lagen brach.

Die Gegend der Landes wurde trotz ihrer relativen Abgelegenheit nicht verschont, denn das benachbarte Béarn war unter der Herrschaft von Jeanne d'Albret[28] eine Hochburg des Protestantismus geworden. Als Jeanne d'Albret im September 1568 in La Rochelle mit der calvinistischen Partei zusammentraf, verfügte die Regentin Katharina von Médici sofort die Konfiszierung all ihrer Güter und schickte den Vicomte de Terride, um Béarn in Besitz zu nehmen und dort die katholische Religion wiederherzustellen. Jeanne d'Albret sammelte mit Unterstützung der Engländer eine Truppe von ungefähr 3.000 Mann unter dem Befehl des Grafen Montgomery. Diese Armee brach wie ein Wirbelsturm über Béarn, Bigorre und Navarra herein, ebenso wie über die angrenzenden Gebiete der Landes wie Marsan, Gabardan und Tursan.[29] Katholische Städte und Dörfer wurden geplündert, Kirchen und Klöster zerstört, auch das Priorat von Poymartet und zum Teil die Abtei von Arthous. Dieser Schrecken beherrschte beinahe drei Jahre lang die ganze Gegend. So wurde in Orthez im August 1569 die gesamte Bevölkerung mitleidlos ermordet.

Die Reaktion der Katholiken war übrigens ebenso grausam. Blaise de Monluc[30], Generalleutnant des Königs in der Gascogne, war beauftragt, die Ordnung wiederherzustellen. Er verwendete »Schnellverfahren«, um die durch die Protestanten eingenommenen Orte zurückzuerobern. Dabei kennzeichnete er seine Marschroute durch an Bäumen aufgehängte Hugenotten. Als Monluc im September 1569 Mont-de-Marsan zurückerobert hatte, ließ er seine Soldaten die Protestanten ermorden und die Stadt plündern.

Die Stadt Dax blieb dank ihrer Mauern und der Wachsamkeit der Stadtmiliz verschont; man konnte die Angriffe der Hugenotten, besonders im August 1570, abwehren.

Für den jungen Vinzenz handelte es sich hierbei um weit zurückliegende Ereignisse, selbst wenn die Spuren dieser Kämpfe noch gut zu sehen und die Erinnerung an diese Massaker und Verwüstungen noch sehr lebendig waren. Doch in einer Familie, die gänzlich der Bearbeitung des Bodens zugewandt war, sprach man über die Wirren im Königreich wahrscheinlich sehr wenig. Und bei Herrn de Comet hatte Vinzenz bei seiner Aufgabe als Hauslehrer der Kinder keinen Grund, sich besonders für politische Probleme zu interessieren. Auf jeden Fall machte er nie eine Anspielung auf diese düstere Zeit, er behielt seine Überlegungen und Reaktionen für sich – wie bei vielen anderen Themen auch.

Während die Gegend der Landes nach 1570 viel ruhiger geworden war, war die Stadt Toulouse bei seiner Ankunft Anfang 1597 direkt in die Ereignisse verwickelt, die das Königreich nach der Ermordung von Heinrich III. in Aufruhr versetzt hatten. Toulouse hatte mit Eifer die Partei der Liga ergriffen und war sogar bis zur Ermordung des Parlamentspräsidenten gegangen, den man als Befürworter der königlichen Ziele ansah. Eine Armee der Liga unter dem Befehl des Fürsten de Joyeuse[31], die über spanische Verstärkung verfügte, hielt das Languedoc besetzt und untersagte den königlichen Truppen den Zutritt. Jedenfalls wurde die Armee der Liga im Oktober 1592 geschlagen, und Joyeuse unterwarf sich Heinrich IV., der ihn an sich band, indem er ihn zum Marschall von Frankreich ernannte. Toulouse verharrte jedoch weiterhin im Geist der Liga – sein Parlament stimmte dem Edikt von Nantes erst nach zwei Jahren Verhandlungen im April 1600 zu.

Der junge Vinzenz kam also in einer bewegten Stadt an, um sich dort an der Universität einzuschreiben. Diese nahm

Studenten aus allen Provinzen des Königreiches und sogar ausländische Schüler auf, die Kurse des Rechts und der Theologie besuchen wollten. Sie wurden in Collèges, die von verschiedenen religiösen Orden geführt wurden, aufgenommen, wobei das Collège der Jesuiten das angesehenste war. Für die weniger begüterten Studenten gab es Stiftungen, die Stipendien verliehen. Ein solches bezog Vinzenz wahrscheinlich nicht. Um daher die Kosten eines Studentenlebens bestreiten zu können, brachte sein Vater ein bedeutendes Opfer: Er verkaufte ein Paar Ochsen (dies zeigt, dass die de Pauls nicht so arm waren, wie Vinzenz behauptete). Mit dieser Summe ausgestattet, konnte Vinzenz die ersten Studiengebühren und die Kosten der ersten Studienzeit bestreiten. Später aber musste er andere Wege und Mittel für einen Aufenthalt von sieben Jahren finden.

Die Studenten in Toulouse schlossen sich je nach Herkunftsprovinz in Gruppierungen zusammen. Unter ihnen gab es oft Streitereien, die nicht selten in bewaffneten Kämpfen ausarteten. Die Universitätsbehörde musste streng einschreiten , denn die heftigen Zusammenstöße forderten manchmal Todesopfer. Unter den Studenten schienen jene aus Burgund und Lothringen die wildesten zu sein. Die Veröffentlichung des Edikts von Nantes 1598 war übrigens der Anlass zur Verschärfung dieser Unruhen an der Toulouser Universität.

Vinzenz hielt sich sicher von diesen Spannungen und Auseinandersetzungen fern. Er war zu sehr besorgt und bemüht, seine Theologiestudien schnell abzuschließen. Laut Abelly nahm er sich allerdings die Zeit für einen Aufenthalt an der Universität von Saragossa: »In dieser Zeit reist er nach Spanien und hält sich in Saragossa auf, um auch dort einige Studien zu betreiben.«[32] Dieser spanische Aufenthalt wird von einer Anzahl von Autoren in Abrede gestellt. Es ist wahr, dass kein einziges Dokument die Behauptung von Abelly stützt, aber dieser verfügt über Texte, die seither verschwunden sind. Man findet jedoch in Vinzenz' Briefen und Konferenzen gewisse Anspielungen, die seinen Aufenthalt in Saragossa[33] als möglich erweisen. Die Pyrenäen waren zu dieser Zeit keine kulturelle Grenze, die Kontakte und der Austausch zwischen den Provinzen von Aragon und dem Süden des Königreiches waren durchaus üblich. Daher konnte ein Student seiner universitären Ausbildung zwischen Toulouse und Saragossa nachgehen. Jedenfalls soll Vinzenz, laut Abelly, diesen Aufenthalt nicht verlängert haben, da er durch die theologischen Streitigkeiten an der Universität von Saragossa entmutigt war.[34]

Ein anderer Grund kann Vinzenz bewogen haben, diesen Aufenthalt abzukürzen: Die Ankündigung des Todes seines Vaters Ende 1598. Nachdem Jean de Paul seine Güter unter seinen Kindern aufgeteilt hatte, verlangte er in seinem Testament ausdrücklich, seinen Sohn Vinzenz je nach Ertrag der hinterlassenen Güter bei seinem Studium zu unterstützen.[35]

Vinzenz wollte jedoch seiner Familie, die schon hart genug heimgesucht war, nicht zur Last fallen, und suchte eine Beschäftigung, die es ihm ermöglichte, seine Studien fortzusetzen. Er übernahm die Leitung einer kleinen Pension in Buzet-sur-Tarn (sieben Meilen nordöstlich von Toulouse), wo die wohlhabenden Familien der Gegend ihre Kinder unterbrachten. Nach Abelly sei es ihm später gelungen, diese Pension nach Toulouse zu verlegen, wodurch er seine Studien leichter fortsetzen konnte und doch die Führung dieses Hauses behielt. Abelly beruft sich auf einen Brief von Vinzenz an seine Mutter. Leider ist dieses Schreiben nicht mehr erhalten. Die

Leitung eines Pensionats oder die Stelle als Hauslehrer in einer vornehmen Familie des Ortes, den er auf Empfehlung Monsieur de Comets erhalten hatte, beweist die unsichere Situation von Vinzenz und erklärt seine Ungeduld, zum Priestertum zu gelangen, um stabile Einkünfte mittels einer guten Pfründe zu erhalten.

Zufällig wurde eine schöne Pfarrei im Dorf Tilh vakant. Das war ein bedeutender Marktflecken in einer ertragreichen Gegend, nur fünf Meilen von Dax entfernt, an der Straße nach Orthez. Eine ideale Stelle für Vinzenz: Er wäre mit einer guten Pfründe ausgestattet – in unmittelbarer Nähe zu seiner Familie. Herr de Comet, der über Vinzenz wachte und seine finanziellen Probleme kannte, unternahm das Notwendige, damit ihm die Pfarrei Tilh zugeteilt wurde. Gewiss, Vinzenz war noch nicht zum Priester geweiht, aber zu dieser Zeit konnten die Pfründen auch an Laien übergeben werden. Bis zu seiner Priesterweihe konnte die Pfarrei von einem Vikar geleitet werden.

Das einzige Zeugnis von dieser Angelegenheit ist folgender Text von Abelly: »Die Herren Diözesanvikare von Acqs, der Bischofssitz war vakant, haben erst durch die Bewerbung von Monsieur de Comet erfahren, dass er Priester war … Sie sahen ihn für die Pfarrei von Tilh vor.«[36]

Dieser eingeschobene Satz, »da der Bischofssitz vakant war«, ermöglicht die Datierung des Dokumentes, worauf sich Abelly bezieht. In der Tat war der Bischofssitz von Dax seit dem Tod des letzten Titularbischofs Gilles de Noailles[37] 1597 nicht besetzt. Sein Nachfolger Jean-Jacques Dusault[38] trat sein Amt erst im Oktober oder November 1598 an. Demzufolge erhielt Vinzenz die Pfarrei von Tilh vor diesem Datum. Es gibt allerdings einen Widerspruch in den Aussagen von Abelly: Vinzenz war zu diesem Zeitpunkt noch nicht Priester.

Diese Unstimmigkeit in der Chronologie ist vielleicht nicht ganz zufällig und unschuldig. Ebenso veränderte man Vinzenz' Geburtsdatum, um ihn fünf Jahre älter zu machen. Man wollte alles in seiner Biografie Irritierende löschen, wie die Zuweisung einer Pfarrei an einen noch ungeweihten jungen Mann.

Es ist also klar, dass Vinzenz schnellstmöglich die Priesterweihe anstrebte, um in den vollen Besitz seiner Pfründe zu gelangen. Im September 1598 erhielt er die Bewilligung zur Subdiakonatsweihe, die erste Stufe der höheren Weihen. Das Schriftstück, das von Guillaume de Massiot, dem Generalvikar von Dax, unterzeichnet war, stellt fest, dass »der Bischofssitz vakant ist« und bestätigt, dass »unser geliebter Vinzenz von Paul als fähig, hinreichend ausgebildet, im gesetzlichen Alter und als gut gestellt« angesehen wurde. Vinzenz war jedoch erst im 18. Lebensjahr! Scheinbar wollte man vor dieser Abweichung von den kanonischen Regeln in Bezug auf das Alter die Augen schließen, aber die Dekrete des Konzils von Trient[39] waren in der Kirche von Frankreich noch nicht aufgenommen. Die Formulierung »gut gestellt sein« (bene intitulato)[40] nimmt Bezug auf die kirchliche Regelung, die eine Weihe nur einer Person mit finanzieller oder juridischer Garantie erteilt. Dies bedeutet, dass man bei entsprechendem Familienvermögen geweiht werden konnte, aber auch, wenn man schon eine kirchliche Anstellung erhalten hatte. Da Vinzenz über kein bemerkenswertes Vermögen verfügte, erhielt er wohl die Bewilligung zum Subdiakonat aufgrund der Pfarrei von Tilh. Vinzenz verlor keine Zeit. Der Generalvikar von Dax hatte die Bewilligung am 10. September unterzeichnet. Diese erste höhere Weihe wurde ihm durch den Bischof von Tarbes, Salvat Diharse, am 19. September erteilt. Es ist normal, dass sich Vinzenz ein weiteres Mal an ihn wandte, da der Bischofssitz von Dax noch immer nicht besetzt war.

Zwei Monate später, am 19. Dezember, wurde Vinzenz ebenfalls in der Kathedrale von Tarbes zum Diakon geweiht.[41]

Tarbes, die Hauptstadt der Bigorre, war der katholischen Religion treu geblieben – trotz ihrer Nachbarschaft mit Béarn, das zum Protestantismus übergetreten war. Die Stadt war 1569 durch den Grafen von Montgomery geplündert und niedergebrannt worden. Der Stadtkern trug noch die Spuren dieser Zerstörung, als sich Vinzenz dort aufhielt. Jedenfalls wurde die Kathedrale, ein schönes romanisches Gebäude in einfachem Stil, der benediktinischen Regel entsprechend wieder instand gesetzt. Hier empfing Vinzenz die zwei höheren Weihen, die ihn endgültig auf den geistlichen Stand verpflichteten. Er machte jedoch niemals eine Anspielung auf diese Zwischenstation in Tarbes, die für ihn ein wichtiger Augenblick war.

Für Vinzenz war das nur ein weiterer Abschnitt. Er konzentrierte seine Energie und seine Gedanken auf seine Arbeit an der Universität und auf die Führung seines Pensionats. Sein Ziel, so schnell wie möglich geweiht zu werden, verlor er nicht aus den Augen. War es Monsieur de Comet, der sich aktiv um seine Interessen in Dax kümmerte? Jedenfalls erhielt er nur neun Monate nach der Diakonatsweihe, am 13. September 1599, das Bewilligungsschreiben für die Priesterweihe; er war erst in seinem 19. Lebensjahr.

Diesmal war das Dokument vom Generalvikar von Dax im Namen des neuen Bischofs Jean-Jacques Dusault unterschrieben worden. Dieser, in Paris geweiht, trat sein Bischofsamt Anfang 1600 an und hielt sogleich im April eine Synode ab. Vinzenz hätte sich regulär in der Kathedrale von Dax weihen lassen können. Nichts dergleichen! Am 23. September 1600 wurde Vinzenz von Paul in Château-l'Évêque durch den Bischof von Périgueux zum Priester geweiht!

Im Besitz des Bewilligungsschreibens für die Priesterweihe sollte sich Vinzenz mit der Bitte, ihn zu weihen, normalerweise an seinen Bischof Msgr. Dusault wenden. Aber dieser Prälat, der sich soeben in Dax niedergelassen hatte, quälte sich mit scheinbar unentwirrbaren Schwierigkeiten ab. Gleich nach seiner Ankunft hatte er eine Synode einberufen, um die Reform seines Bistums in Übereinstimmung mit den Dekreten des Trienter Konzils in Angriff zu nehmen. Diese Versammlung wurde am 18. April 1600 abgehalten und die gefassten Beschlüsse sogleich veröffentlicht. Sie betrafen besonders den Klerus: Die Pfarrer, die nicht in ihrer Pfarrgemeinde wohnten, waren unter Androhung von Sanktionen aufgefordert, innerhalb eines Monats in ihr Pfarrhaus zu ziehen (was wiederum die These bestätigt, die Pfarrei von Tilh sei Vinzenz verliehen worden, bevor Msgr. Dusault eingeführt worden war. Dieser Prälat hätte seiner Ernennung keinesfalls zugestimmt, da Vinzenz noch nicht geweiht war und durch seine Studien von der Pfarrei ferngehalten wurde).

Die Kanoniker des Kapitels der Kathedrale von Dax hatten sich geweigert, die Beschlüsse der Synode zu billigen und an den Gottesdiensten des Bischofs teilzunehmen. Dieser konnte daher kein Pontifikalamt feiern. Ein widerspenstiger Kanoniker war sogar von der Polizei festgenommen worden, was in der Stadt einen Aufruhr auslöste. Ein Prozess vor dem Parlament von Bordeaux gab dem Bischof Recht. Aber das Kapitel weigerte sich weiterhin, ihm die Dokumente des Bistums auszuhändigen. Die Angelegenheit zog sich bis Anfang 1604 hin; Rom erzwang einen Kompromiss.

Unter diesen Umständen war keine Rede davon, in Dax feierliche Zeremonien abzuhalten. Vinzenz musste sich also an einen anderen Prälaten wenden, wozu er nach den Ausführungen des Bewilligungsschreibens berechtigt war: »Sie können die Priesterweihe durch irgendeinen Erzbischof, Bischof oder Kirchenfürsten ihrer Wahl empfangen.«[42]

Warum wandte sich Vinzenz nicht an den Bischof, der ihn zum Subdiakon und Diakon geweiht hatte? Kein Dokument gibt Antwort auf diese Frage. Alles, was man weiß, ist, dass Msgr. Salvat Diharse erst drei Jahre später, 1603, starb. Vinzenz hätte sich auch an den Bischof von Toulouse wenden können, da er sich in dieser Stadt aufhielt, aber er zog es vor, den Bischof von Périgueux zu bitten, ihm das Sakrament der Priesterweihe zu spenden. Um diese etwas überraschende Wahl zu erklären, vermuten manche, Vinzenz habe unter seinen Schülern in Buzet einen nahen Verwandten dieses Prälaten gehabt. Jener habe sich gerne bereit erklärt, diesen jungen eifrigen Lehrer, von dem er viel Gutes gehört hatte, zu weihen. Tatsächlich weiß man nicht, was Vinzenz veranlasste, diese lange Reise von 50 Meilen (ca. 200 km) von Toulouse nach Périgueux, in eine unsichere Gegend, zu machen. Kurz zuvor war dort ein Bauernaufstand ausgebrochen, hervorgerufen durch zu schwere Steuerbelastungen für ein Gebiet, das durch frühere Waffenkämpfe schon verarmt war. Im September 1600, als sich Vinzenz dorthin wagte, hatte sich die Situation noch keineswegs beruhigt.

Der Bischof von Périgueux, François de Bourdeilles[43], war selbst in einer misslichen Lage. Er hatte seinen Bischofssitz nicht übernehmen können, da die Stadt Périgueux von den Protestanten verwüstet und besetzt war. Die Kathedrale Saint-Etienne war zur Hälfte niedergebrannt, das bischöfliche Palais vollständig zerstört. Der Prälat hatte sich in Château-l'Évêque, etwa drei Meilen nördlich von Périgueux, auf einem Gutsbesitz niedergelassen, auf dem sein Vorgänger von den Hugenotten gefangen genommen und getötet worden war. Außerhalb der befestigten Mauern erhob sich eine Kapelle, in der der Bischof seine Gottesdienste abhielt.

Dort erteilte François de Bourdeilles mit zitternden Händen die Priesterweihe. Der achtzigjährige Bischof starb einen Monat nach dieser Zeremonie.

Nun, in seinem 20. Lebensjahr, war Vinzenz endgültig in den geistlichen Stand eingetreten. Konnte er überhaupt dessen Tragweite, die damit verbundene Größe und Schwierigkeit ermessen?

Fünfzig Jahre später äußerte sich Vinzenz diskret über seine persönlichen Gefühle: »Wenn ich gewusst hätte, was mich erwartete, als ich die Kühnheit hatte, diesen Schritt zu tun, hätte ich viel lieber die Erde bebaut, als mich einem so furchtbaren Stand zu verpflichten.«[44]

Eine erste Enttäuschung erwartete ihn, den man von jetzt an »Monsieur Vinzenz« nennen konnte. Er erfuhr, dass ein anderer Bewerber, ein gewisser S. Soubé[45], der in Rom um die Pfarrei Tilh angesucht hatte, an seiner Stelle ernannt worden war. Vinzenz' Bewerbung stützte sich nur vor Ort auf einige Vornehme in Dax, was gegenüber seinem Mitbewerber nicht ins Gewicht fiel, der wohl einflussreichere Gönner hatte. Der Einspruch in Rom nahm wahrscheinlich eine gewisse Zeit in Anspruch, weshalb diese Entscheidung erst zwei Jahre später bekannt wurde.

Beugte sich Vinzenz freiwillig oder beschloss er in jugendlichem Ungestüm, in Rom seine Sache zu vertreten? Man findet keine Hinweise auf eventuelle Schritte, die er am päpstlichen Hof unternahm. Alles, was man weiß, ist, dass er in die Ewige Stadt reiste, wahrscheinlich im Oktober 1600, vor der Wiederaufnahme der Kurse in Toulouse.

In Rom feierte man das Jahr 1600 als Jubeljahr, und zahlreiche Pilger begaben sich dorthin, um die Ablässe dieser Feierlichkeiten zu gewinnen. Vinzenz schloss sich ihnen an – aus welchem tieferen Beweggrund auch immer.

Die Ergriffenheit, die Vinzenz erfasste, als er zum ersten Mal Rom besuchte, findet sich in jenem Brief, den er 30 Jahre später an einen seiner Missionspriester in dieser Stadt richtet: »Monsieur, wie glücklich sind Sie, über die Erde zu wandeln, wo so große und heilige Menschen gegangen sind! Dieser Gedanke hat mich, als ich vor 30 Jahren in Rom war, so sehr ergriffen, dass ich – obwohl mit Sünden beladen – zu Tränen gerührt war.«[46]

Laut Überlieferung traf er während seines römischen Aufenthaltes mit den Brüdern zusammen, die das Hospital des Hl. Geistes leiteten und sich der Pflege der Armen und Sterbenden widmeten. Sie gehörten zum von Camille de Lellis[47] gegründeten Orden, von dem man die schönen Aussprüche zitierte: »Die Armen sind unsere Herren und unsere Meister«, und: »Das Gebet, das der Liebe die Arme abschneidet, dient zu nichts.« Man ist versucht, eine Verbindung herzustellen zwischen diesen Gedanken und jenen, die Vinzenz auf seinem späteren Weg der Nächstenliebe und des Armendienstes formulierte. Es ist wohl kaum anzunehmen, dass es im Verlauf seines ersten Romaufenthaltes irgendeinen Kontakt zwischen diesem jungen Pilger und den Schülern von Camille de Lellis gab. Dagegen hatte er Gelegenheit, Papst Clemens VIII. bei verschiedenen liturgischen Anlässen zu sehen. Er war von diesem Papst sehr beeindruckt, von dem er später sagt, »dass er ein sehr heiliger Mann war, so heilig, dass sogar die Ketzer sagten: Papst Clemens ist ein Heiliger«[48].

Der Aufenthalt in Rom war wohl ziemlich kurz. Vinzenz musste seine Studien in Toulouse fortsetzen, um einen Universitätstitel zu erlangen, der es ihm ermöglichte, eine vorteilhaftere Stelle anzutreten als die eines einfachen Landpfarrers. Er nahm also wieder seine Theologiekurse bei den Dominikanern auf, deren schöne Kirche sich im Zentrum der Universität befand. Am 12. Oktober 1604 erhielt er nach sieben Jahren Studium sein Bakkalaureat in Theologie. Sein Diplom ist gültig unterzeichnet von P. Esprit Jarran, dem Rektor der Theologie an der Universität von Toulouse. Dieses Zeugnis, verbunden mit dem Titel eines Bakkalaureus, berechtigte ihn, »das zweite Buch der Lehrsprüche (Sentenzen) von Petrus Lombardus[49]« zu erklären und öffentlich zu lehren.

Wird sich Vinzenz von Paul, geweihter Priester und »bachelier en théologie«, nun dem Bischof von Dax zur Verfügung stellen, von dem er nach kanonischem Recht abhing? Er war erst 23 Jahre alt, aber jetzt berechtigt, etwas Besseres zu erhoffen als eine bescheidene Landpfarrei. Sein Ehrgeiz drängte ihn, weiterzublicken.

Dank seines Diploms konnte er die Stelle eines »Bakkalaureus über die Sentenzen« anstreben und als Assistent eines Magisters (Meisters) dieses berühmte zweite Buch der Sentenzen vor den Studenten frei kommentieren. Er nahm diese Stelle an und begann im November 1604 mit seinem Dienst.[50] Wenn er später erklärt, dass er ein Ignorant, ein armer Schüler sei, übergeht er seine Universitätstitel und das beginnende Professorat »mit einem heiligen Kunstgriff der Tugend der Demut« – wie sein Biograf Abelly fromm ausführt.

Aber Vinzenz war mit finanziellen Problemen konfrontiert. Hat er Anleihen aufgenommen, um sein Pensionat am Leben zu erhalten und weiterzuentwickeln, oder aus einem anderen Grund? Er führt es nicht näher aus, er bemerkt nur in einem Brief, dass er zu dieser Zeit Schulden hatte: »Ich brauchte Geld, um die Schulden, die ich gemacht hatte, zu tilgen.«[51]

Eine gute Gelegenheit schien sich ihm nun anzubieten, um »diese gute Pfründe« zu erhalten, nach der er sich sehnte, seit er den geistlichen Weg beschritten hatte. Mitte Juni trat er eine geheimnisvolle Reise nach Bordeaux an, von der er später sagte, dass es sich »um die Verfolgung der Angelegenheit handelt, die zu nennen meine Tollkühnheit mir nicht erlaubt«.

Wieder ist man auf Vermutungen angewiesen. Nach den gesammelten Zeugnissen von Abelly ist es am wahrscheinlichsten, dass sich Vinzenz dem Herzog von Épernon[52] in seiner Residenz von Cadillac bei Bordeaux vorstellen wollte. Der Herzog hatte eine glänzende Karriere gemacht, dank der Gunst von Heinrich III., zu dessen Lieblingen er gehörte. Vinzenz sei ihm empfohlen worden, da er einen seiner Neffen als Schüler in seiner Pension in Toulouse hatte. Hoffte er, dadurch eine gute Abtei oder eine reiche Pfarrei zu bekommen? All diese Wunschträume lösten sich scheinbar in Luft auf und Vinzenz kehrte von dieser kostspieligen Expedition zurück, ohne etwas Konkretes erhalten zu haben – dafür aber mit leerer Geldbörse infolge der hohen Reisekosten.

Damals erhielt er gleichsam ein wunderbares Himmelsgeschenk: Bei der Rückkehr von diesem unglücklichen Abenteuer in Bordeaux erfuhr er, dass eine »gute alte Frau aus Toulouse« ein Testament zu seinen Gunsten gemacht hatte. War dies das Ende seiner finanziellen Sorgen? Keineswegs, es war der Beginn eines unglaublichen Abenteuers.

# 3
## Die Odyssee in der Berberei
### 1605 – 1607

*Brief an Monsieur de Comet – Reise nach Marseille – Gefangen*
*von Seeräubern – Als Sklave verkauft – Seine vier Herren in der Ber-*
*berei – Seine wunderbare Flucht – Fragen zu dieser Gefangenschaft*

VINZENZ WAR NUN 24 JAHRE ALT. Er war schon sehr weit
gekommen, der kleine Hirte, der in den Landes seine Tiere auf
die Weide führte, der als Collègeschüler begann, die Welt zu
entdecken und seine Begabungen kennenzulernen; der Student der Theologie, der ungeduldig seine Priesterweihe erwartete; Monsieur Vinzenz, Bakkalaureus der Theologie, der
beauftragt war, an der Universität zu lehren; Direktor einer
Pension, die einen guten Ruf genoss –, er könnte zufrieden
sein, zumindest was den irdischen Erfolg betrifft. Das schrieb
er 1607 auch an Monsieur de Comet, der seit seiner Kindheit
als aufmerksamer Gönner über ihn wachte: »Vor zwei Jahren
hätte man angesichts der verheißungsvollen Fortschritte meiner Angelegenheiten glauben können, das Schicksal bemühe
sich im Gegensatz zu meinem Verdienst ausschließlich darum, mich mehr beneidet als nachgeahmt zu sehen.«[53]

Trotzdem hatte Vinzenz finanzielle Sorgen und er sah
sogar die Notwendigkeit neuer Ausgaben voraus, um das geheimnisvolle Vorhaben, das mit der Reise nach Bordeaux begonnen hatte, weiterzuverfolgen. Vinzenz gab sich also nicht
mit dem zufrieden, was er schon erhalten hatte. Er sehnte sich
nach einer Stelle mit dauerhaften und ausreichenden Einkünften, noch dazu in der Nähe seiner Familie. Es fehlte zu

dieser Zeit nicht an Prioraten, Abteien und Stiften, die großzügig an jene vergeben wurden, die es verstanden, den Mächtigen zu schmeicheln. Daher war es notwendig, sich bekannt zu machen, die Orte aufzusuchen, wo sich die Großen aufhielten, und sich in einem günstigen Licht vorzustellen – vorausgesetzt, man hatte eine volle Geldbörse. Da nahm ihn unverhofft »diese gute alte Frau von Toulouse« in ihr Testament auf.

Wer war sie? Vinzenz findet es nicht nötig, näher darauf einzugehen. Vielleicht war es die Vermieterin seines Zimmers, die für diesen jungen, liebenswürdigen und strebsamen Priester Zuneigung empfand? Man bemerkt schon hier die besondere Begabung, über die Vinzenz verfügte: Er konnte die Sympathie jener wecken, mit denen er zu tun hatte, besonders der Frauen – natürlich ganz in Ehren; im vorliegenden Fall handelte es sich um eine »gute alte Frau«.

Aber um in den Besitz des Vermächtnisses zu kommen, das durch einen üblen Burschen beiseite geschafft worden war, musste sich Vinzenz nach Castres begeben. Er zögerte nicht eine Sekunde, es ging ja nur um eine Strecke von 15 Meilen, die man mit einem guten Pferd in fünf oder sechs Stunden bewältigen konnte. Er glaubte, diese Angelegenheit in zwei Tagen regeln zu können: Stattdessen verschwand er, ohne irgendein Lebenszeichen, für zwei Jahre!

Das Geheimnis dieser zwei Jahre der Abwesenheit und des Schweigens lüftet eine Reihe von Briefen, die Vinzenz im Juli 1607 aus Avignon abschickte. Sie waren jeweils an Monsieur Arnaudin, einen Notar in Dax, an seine Mutter in Pouy und an Monsieur de Comet gerichtet. Ein langer Brief an Monsieur de Comet ist dank glücklicher Umstände erhalten geblieben.[54] Er ist gebührend beglaubigt und stammt mit Sicherheit aus Vinzenz' Hand. Was sagt dieser außergewöhnliche Brief?

48

Vinzenz erzählt darin, wie er bei seiner Rückkehr aus Bordeaux von der Erbschaft erfuhr, die ihm seine Wohltäterin hinterlassen hatte, und auch vom Inhalt der Hinterlassenschaft: »einige Möbel, einige Grundstücke«, die von der Zweiparteienkammer von Castres[55] auf einen Wert von 300 oder 400 Taler (ca. 35.000 €) geschätzt wurden. Aber man informierte ihn, dass »ein Kaufmann, ein übler Bursche« diese Güter unterschlagen hatte und er nach Castres gehen musste, um die Angelegenheit zu bereinigen. Dort erfuhr Vinzenz, dass »der Galant das Land verlassen hatte« und nach Marseille geflüchtet war, wo »er gute Geschäfte machte und begütert war«. Der Staatsanwalt, der den Fall betreute, riet Vinzenz, sich nach Marseille zu begeben, um vor Ort zu versuchen, diesen rücksichtslosen Menschen zur Herausgabe der unterschlagenen Güter zu zwingen.

Von Anfang an war die Sache spannend. Es handelte sich nicht mehr um einen einfachen Spazierritt. Jetzt war es notwendig, eine lange und teure Reise zu unternehmen und dann vor dem Gericht von Marseille einen Prozess anzustreben, mit allen damit verbundenen Unsicherheiten. Diese Überlegungen entmutigten den jungen und unternehmungsfreudigen Vinzenz nicht: Er glaubte, im Recht zu sein, und war fest entschlossen, sich zu wehren. Er brauchte Geld für eine Reise von ungefähr 85 Meilen (340 km), für den Aufenthalt in der Stadt und für die anfallenden Prozesskosten. Da er nicht über Bargeld verfügte, verkaufte er sein Leih-Pferd in der Hoffnung, den Besitzer bei seiner Rückkehr entschädigen zu können. Aber durch diese Handlungsweise machte er sich eines Deliktes schuldig, das zu dieser Zeit streng bestraft wurde: mit Gefängnis oder sogar Zwangsarbeit auf einer Galeere.

Zudem war es notwendig, den Betrüger an Ort und Stelle

zu fassen und hinter Schloss und Riegel zu bringen. Das beunruhigte Vinzenz keineswegs; er glaubte sich im Recht, dank des Rates des Anwaltes von Castres: »Ich reiste also ab, ich erwischte den Kerl in Marseille, ließ ihn einsperren und kam mit ihm auf 300 Taler überein, die er mir bar aushändigte.« Die Angelegenheit verlief gut und Vinzenz konnte sich freuen. Die Goldstücke, die in seiner Geldbörse klingelten, waren eine bedeutende Summe, womit er nun seine Schulden bezahlen konnte und über eine gute Geldrücklage verfügte.[56]

Damit endete der erste Akt seiner Odyssee. Sie kann nicht als beispielhaft angesehen werden. Für Vinzenz rechtfertigte das Ziel die Mittel. Er hatte deshalb nicht viele Gewissensbisse. Er bedauerte höchstens, dass sein »Missgeschick« ihn daran gehindert hatte, den Vermieter des Pferdes pünktlich zu entschädigen. In seinem Brief an Monsieur de Comet fügt er hinzu, dass er dies nicht versäumt hätte, »wenn Gott mir in meinem Unternehmen einen ebenso glücklichen Erfolg gegeben hätte, wie ihn die Angelegenheit mir versprach«.

Der zweite Akt von Vinzenz' Odyssee spielte sich nun auf dem Meer ab. Er hatte sein Zimmer in einem Hotel von Marseille mit einem Edelmann geteilt und ließ sich von ihm überzeugen, dass die Reise auf einem Schiff nach Narbonne viel günstiger und angenehmer sei als auf dem Landweg. Bis Toulouse musste er dann nur eine kurze Strecke in der Postkutsche zurücklegen. Die Jahreszeit war für diese Küstenschifffahrt günstig: »Der Wind war ebenfalls günstig, um sich bei Tag ins 50 Meilen entfernte Narbonne zu begeben.« Nun aber begann alles schiefzulaufen. Damals wurde ab dem 22. Juli in Beaucaire ein großer Jahrmarkt abgehalten. Türkische Seeräuber wussten dies und »befuhren den Golf von Lyon, um die Boote abzufangen, die von Beaucaire kamen«.

Drei leichte türkische Segelboote fingen das Schiff ab, auf dem sich Vinzenz befand. Der Kapitän wollte sich verteidigen und ließ auf die Angreifer schießen. Jene erlitten Verluste, was ihre Wut noch steigerte: »Sie haben so heftig angegriffen, dass zwei oder drei von uns getötet und die übrigen verwundet wurden. Auch mich traf ein Pfeilschuss, der mir mein Leben lang als Wetteruhr diente. Wir waren gezwungen, uns den Halunken zu ergeben, die schlimmer als Tiere waren und deren erste Wutausbrüche darin bestanden, unseren Steuermann in hunderttausend Stücke zu zerlegen.«

Vinzenz wurde, nachdem er oberflächlich verbunden worden war, im untersten Laderaum angekettet. Die Seeräuber setzten ihre Fahrt noch sieben oder acht Tage hindurch fort und begingen »tausend Diebereien«, bevor sie in ihrem Heimathafen Tunis einliefen, »die Höhle und Spelunke[57] der Räuber«. Vinzenz wurde gemeinsam mit seinen Schicksalsgenossen als Sklave verkauft, da ihnen die Piraten ein gefälschtes Protokoll über ihre Gefangennahme beifügten. In diesem Schriftstück behaupteten sie, die Gefangennahme »wäre auf einem spanischen Schiff erfolgt. Ohne diese Lüge wären wir vom Konsul, den der König dort für den freien Handel der Franzosen unterhält, ausgelöst worden«. Tatsächlich war in diesem Sinne ein Vertrag zwischen Heinrich IV. und dem Großsultan von Konstantinopel unterzeichnet worden, aber die örtlichen Machthaber in Tunis und Algier hielten sich nicht daran. Sie handelten, wie Vinzenz es richtig anführt, »ohne Erlaubnis des Großtürken[58]«.

Nun begann der dritte Akt der Odyssee: Vinzenz' Gefangenschaft, die ungefähr zwei Jahre dauerte. Nacheinander fiel er in die Hände von vier verschiedenen Herren. Die Beschreibung des Sklavenmarktes ist besonders genau und lebendig: »Nachdem sie uns die Kleider vom Leibe gerissen hatten, übergaben sie jedem von uns ein Paar Pluderhosen[59], eine Leinenjacke und eine Kappe und führten uns in der Stadt Tunis herum. … Nach fünf oder sechs Runden quer durch die Stadt mit einer Kette um den Hals führten sie uns zum Schiff zurück, damit die Händler sehen konnten, wer gut essen konnte und wer nicht, um zu zeigen, dass unsere Wunden nicht tödlich waren; danach führten sie uns wieder auf den Platz, wo die Händler uns besichtigten, ganz so, wie man es beim Kauf eines Pferdes oder Ochsen macht: Sie ließen uns den Mund öffnen, um unsere Zähne zu überprüfen, sie tasteten unseren Körper ab, untersuchten die Wunden, ließen uns einige Schritte gehen und laufen, dann Lasten heben und schließlich kämpfen, um die Kraft eines jeden festzustellen und noch tausend andere Arten von Grausamkeiten.«

Vinzenz wurde zuerst an einen Fischer verkauft, der sich aber schnell wieder seiner entledigte: Er behielt ihn nicht mehr als einen oder zwei Monate, denn er bemerkte, dass sein Sklave ihm nicht dienen konnte, »weil mir nichts so völlig fremd war wie das Meer«. Vinzenz litt zweifellos an der Seekrankheit.

Sein zweiter Herr war eine sehr seltsame Person, »ein alter Arzt und Spagiriker [60], ein berühmter Hersteller von Quintessenzen«. Dieser Gelehrte hatte lange Zeit gearbeitet, um den Stein der Weisen zu finden. Da er ihn nicht gefunden hatte, arbeitete er an der Umwandlung von Metallen, er stellte eine Legierung aus Gold und Silber her und ließ Quecksilber zu richtigem Silber erstarren. Vinzenz erhielt von ihm den Auftrag, das Feuer von zehn oder zwölf Öfen zu schüren, »was mir, Gott sei Dank, mehr Vergnügen als Mühe bereitete«.

Dieser Meister zeigte sich ihm gegenüber »sehr menschlich und verträglich«.

»Er mochte mich gern«, betonte Vinzenz, »und hatte Freude daran, mit mir über die Alchimie zu reden und noch mehr über sein Gesetz. Hier unternahm er alle Anstrengungen, um mich dafür zu gewinnen. Er versprach mir großen Reichtum und sein ganzes Wissen.« In ihren Gesprächen ging es besonders um Medizin. So lernte Vinzenz ein Rezept zur Behandlung von Harngrieß kennen. Er hätte dieses gerne dem Bruder von Monsieur de Comet zukommen lassen, der an den Folgen eines solchen Leidens starb.[61]

Vinzenz anerkannte unausgesprochen, dass er bei diesem wohlwollenden Herrn nicht unglücklich war. Dieser hoffte, in diesem jungen Sklaven mit dem forschenden und offenen Geist einen Schüler gefunden zu haben, jedenfalls unter der Bedingung, dass er die islamische Religion annahm. Hatte Vinzenz gegen die Versuchung zu kämpfen, dem Drängen dieses Meisters nachzugeben, dessen Wissen er bewunderte und dessen Güte er schätzte? Er behauptete, dass er während seiner Gefangenschaft nie verzweifelt oder entmutigt war: »Gott wirkte in mir immer ein Vertrauen auf Befreiung und Rettung durch die beharrlichen Gebete, die ich verrichtete.«

Vinzenz blieb ungefähr 11 Monate, von September 1605 bis August 1606, in den Händen dieses Meisters. Aber der Ruf dieses gelehrten Alchimisten war derart groß, dass der Großsultan Achmed I. befahl, dass er nach Konstantinopel komme. Der alte Mann begab sich nur widerwillig auf diese lange Reise »und starb bedauerlicherweise unterwegs«.

Somit begann ein neuer Abschnitt von Vinzenz' Gefangenschaft. Er wurde dem Neffen des Alchimisten überlassen. Dieser erfuhr, dass ein Beauftragter des französischen Königs in Tunis eingetroffen war: »Monsieur de Brêves[62], königlicher Botschafter in der Türkei, kam mit gültigen und besonderen Vollmachten des Großtürken, um die christlichen Sklaven heimzuholen.«

Vinzenz durfte sich freuen, seine Befreiung stand unmittelbar bevor. Aber sein neuer Herr reagierte sofort. Er verkaufte seinen Sklaven an einen Besitzer einer abgelegenen Landwirtschaft, wo es unmöglich war, dass der Botschafter ihn fand. Dieser vierte Herr war ein »Abtrünniger aus Nizza in Savoyen«. Er hatte ein Gut erhalten, das er als Halbpächter des Grand Seigneur verwaltete. In seinem Brief beschreibt Vinzenz diesen Besitz als Temat; tatsächlich handelte es sich um ein Timar, eine Gunst des Sultans, die er einem verdienstvollen Soldaten unter der Bedingung gewährte, bei Bedarf jederzeit wieder verfügbar zu sein.[63] Vinzenz führt in seinem Brief aus, dass dieser Besitz »im Gebirge liegt, wo das Land außergewöhnlich heiß und verlassen ist«, was der kleinen Gebirgskette auf Cap Bon, nordöstlich von Tunis, entspricht.

Dieser Abtrünnige lebte nach islamischer Sitte friedlich mit seinen drei Frauen. Vinzenz' Ankunft in diesem Anwesen löste eine wahre Kettenreaktion aus. Er wurde angewiesen, unter der glühenden Sonne auf den Feldern zu arbeiten. Dort empfing er den Besuch von zwei Frauen seines Meisters, die neugierig waren, diesen jungen Sklaven zu sehen, der beim Ausheben eines Grabens sang. Im Gespräch erfuhr Vinzenz, dass die eine der Frauen eine »christliche, aber schismatische Griechin« war. Er stellte fest, »dass sie einen schönen Geist hatte und mir sehr gewogen war«. Aber es war die zweite, die im Folgenden eine entscheidende Rolle spielte. Obwohl Türkin, war sie an Vinzenz lebhaft interessiert, ließ ihn über sein Land und seine Religion sprechen: »Neugierig wie sie war, mehr über unsere Lebensart zu erfahren, kam sie alle Tage auf die Felder, wo ich arbeitete.« Sie bat ihn, Lieder zu singen. Vinzenz, der eine warme Stimme hatte, musste wohl seinen Gesang mit ausdrucksstarker Mimik begleitet haben. Die Muslima war beeindruckt von seinem Charme. Da dachte Vinzenz an den Vers des Psalms »Super flumina Babylonis« (An den Strömen Babylons), diese Klage der Kinder Israels, als Gefangene in Babylon: »Quomodo cantabimus in terra aliena« (Wie wir singen werden im fremden Land).[64] Von dieser Erinnerung überwältigt hatte Vinzenz »Tränen in den Augen«, wie er selbst berichtet.

Wenn man Vinzenz glaubt, war die Muslima derart fasziniert, dass sie ihrem Gatten sagte, »er habe Unrecht daran getan, seine Religion zu verlassen«, und sie beschrieb ihm die Wundertaten, die sie erfuhr, als sie den Sklaven den Ruhm seines Gottes besingen hörte. Da rief der Abtrünnige, seinerseits durch das aufregende Zeugnis erschüttert oder berührt von einer plötzlichen göttlichen Gnade, am folgenden Tag seinen Sklaven zu sich, um ihm seinen Entschluss kundzutun: »Er halte es nur für Bequemlichkeit, dass wir uns nicht nach Frankreich retteten … in Kürze.« Jedoch dauerte die Vorbereitung dieser Flucht lange; aus dieser kurzen Zeit wurden zehn Monate.

Da Vinzenz im August 1606 vom Abtrünnigen gekauft worden war und sie Ende Juni 1607 gemeinsam flüchteten, scheint es, dass die türkische Frau schnell handelte und ihren Gatten beeinflusste. Vinzenz' Worte und Gesänge wirkten gleichsam unmittelbar und schlagartig. Die Frist von zehn Monaten könnte durch die geheimen und genauen Vorbereitungen dieser Expedition gerechtfertigt sein und durch das Warten auf eine günstige Zeit, um das Mittelmeer »auf einem kleinen

Boot« befahren zu können. Man kann sich denken, dass Vinzenz während dieser Monate, die ihm lang erschienen, sehr gut behandelt wurde, sowohl von den Frauen, die er fasziniert hatte, als auch von seinem Herrn, der sein Fluchtkomplize geworden war.

Der vierte und letzte Akt dieser Odyssee ist im Brief von Vinzenz sehr knapp erzählt: »Wir retteten uns mit einem kleinen Boot und begaben uns am 28. Juni nach Aigues-Mortes.« Waren die zwei allein, um dieses Abenteuer zu wagen? Hatten sie noch andere Passagiere und Steuermänner? Was ist aus den Frauen des Abtrünnigen geworden? Vinzenz findet es unnötig, sich mit all diesen Einzelheiten zu befassen. Für die Überfahrt vom Cap Bon nach Aigues-Mortes benötigte man bei Schönwetter und günstigem Wind mindestens gute zwei Wochen. Hat Vinzenz sie seekrank im unteren Schiffsraum verbracht, da sein Bericht sehr kurz ist? Jetzt war er frei und auf festem Boden, für ihn ist dies das Wesentliche.

Dieser Bericht über Vinzenz von Pauls Gefangenschaft war für seine ersten Biografen unproblematisch. Hinzu kommt, dass Abelly, der erste unter ihnen, mehr besorgt war, die Tugenden von Vinzenz hervorzuheben, als die geschichtlichen Tatsachen zu beweisen; er hat nicht gezögert, gewisse Passagen dieses Briefes zu streichen, besonders jene, die sich auf die Alchimie bezogen, die die Kirche damals wenig schätzte.

Es ist Pierre Grandchamp, der in einer 1928 erschienenen Studie[65] zum ersten Mal die inhaltliche Zuverlässigkeit dieses berühmten Briefes anzweifelte. Der Schriftsteller Antoine Redier griff diesen Zweifel in seinem Buch »Das wahre Leben des hl. Vinzenz von Paul« auf und entwickelte ihn weiter. Vor nicht so langer Zeit (1985) schrieb der bekannte Geschichtsschreiber der Kongregation der Mission A. Dodin CM: »Zahlreiche Schwierigkeiten hindern die am wenigsten voreingenommenen Geister ..., die Gefangenschaft in Tunis als geschichtliches Faktum anzusehen.«[66]

Die von Grandchamp aufgezeigten und von Dodin aufgegriffenen Schwierigkeiten scheinen jedoch nicht alle unüberwindbar. Ohne sich bei der Diskussion über den ein oder anderen von Vinzenz verwendeten Begriff aufzuhalten, sollte man anerkennen, dass verschiedene Punkte unklar bleiben. Dazu zählen die Bekehrung des Abtrünnigen und die Flucht des Meisters mit seinem Sklaven. War es die alleinige Wirkung der religiösen Gesänge von Vinzenz, die die muslimische Frau so stark erschüttert hatten, dass sie es ihrerseits zustande brachte, ihren Gatten und Herren im Handumdrehen zu überzeugen, das Leben zu ändern? Coste schreibt dazu: »Vinzenz von Paul war 26 Jahre alt. In ihm vereinten sich der Charme der Jugend und Intelligenz. Zwei der Frauen seines Meisters fühlten sich unwiderstehlich zu ihm hingezogen.«[67] Er geht nicht weiter, aber er lässt durchblicken, dass man sich hier noch weiter vorwagen könnte. Viele idyllische Geschichten von früheren Gefangenen oder Reisenden erzählen von muslimischen Frauen, ohne so weit zu gehen wie die Episode in Cervantes' Don Quichote.

Ebenso ist es denkbar, dass der Abtrünnige durch seine Gespräche mit Vinzenz endgültig überzeugt wurde, da er ihm seinen Priesterstand enthüllte.

Übrigens erzählt Vinzenz in einem einzigen kurzen Satz diese gefährliche Flucht, während er sich sonst Zeit nimmt, nachdrücklich auf andere Momente seiner Gefangenschaft hinzuweisen. Vielleicht wollte er diese Episode geheim halten, um keine Erklärungen über die Hilfen und Begünstigungen abgeben zu müssen, die den Erfolg ermöglichten, beispielsweise dass sein Herr für die Überfahrt möglicherweise Geld zahlte, und sie so in einem tunesischen Hafen heimlich an Bord eines Schiffes gehen konnten (vgl. Anhang 3)?

Ein weiterer Schatten liegt über dieser Zeit: Er betrifft Vinzenz' lebenslanges, vollständiges Schweigen über alle Erlebnisse während seiner Gefangenschaft in der Berberei (Nordafrika). Dieses seltsame Schweigen über einen so wichtigen Lebensabschnitt bleibt überraschend und rätselhaft. Um es verstehen zu können, ist es hilfreich, es ins Licht der tiefen Umwandlung von Vinzenz' Persönlichkeit im Laufe der Jahre zu stellen. Es ist also nötig, später darauf zurückzukommen.[68] Man kann jedenfalls schon jetzt sagen, dass Vinzenz nicht von sich zu sprechen pflegte und nur selten vertrauliche Mitteilungen über die verschiedenen Ereignisse seines Lebens machte.

Trotz dieser Unklarheiten kann man zahlreiche Argumente, die für die Aufrichtigkeit von Vinzenz' Bericht sprechen, anführen. Vinzenz schrieb nicht nur diesen Brief an Monsieur de Comet, er schickte 1607 aus Avignon, 1608 aus Rom und 1610 aus Paris zahlreiche Briefe an seine Familie und an seine Bekannten, in denen er mehr oder weniger ausführlich auf seine Gefangenschaft anspielte.[69] Unter diesen Bedingungen ist die These, dass der Bericht erfunden sei, um ein langes Ausreißen zu verbergen, unwahrscheinlich. Übrigens haben bis heute nur wenige gewagt, eine halbwegs glaubwürdige Hypothese vorzulegen, mit der sie erklären, was Vinzenz während dieser zwei Jahre seiner Abwesenheit gemacht hat.[70]

Der Bericht selbst enthält einige genaue Angaben und Informationen, die Vinzenz weder erfinden noch in den Spelunken von Marseille sammeln konnte, wo er angeblich die kostbaren Taler »der guten alten Frau« vergeudete.

Wie hätte er wohl das genaue Datum der Beauftragung von Monsieur de Brêves in Tunesien erfahren, das genau mit dem Wechsel seines Herrn während seiner Gefangenschaft zusammenfiel?

Wenn man aus all den angeführten widersprüchlichen Argumenten Bilanz zieht, ist man in der Tat etwas verwirrt. Es ist jedoch sehr wahrscheinlich, dass Vinzenz von Seeräubern gefangen genommen, als Sklave verkauft und zwei Jahre in Gefangenschaft gehalten wurde. Hat sich diese Gefangenschaft genauso abgespielt, wie er sie berichtete? Manches bleibt im Dunkeln, aber nicht aufgrund des Gesagten, sondern des Nicht-Gesagten. Um dieses Dunkel zu erhellen, müsste man neue Dokumente finden, was aber sehr unwahrscheinlich ist.

Im Verlauf dieser Odyssee präsentierte sich Vinzenz als junger unternehmungsfreudiger Mann ohne allzu viele Ängste. Sein guter Stern ließ ihn in seinem Unglück in die Hände wohlwollender Herren fallen. Er hat es verstanden, sich ihre Gunst zu sichern, und dadurch die Härten seiner Gefangenschaft sehr zu mildern. Seine Begabung, Sympathie zu erwecken, spielt hier bereits eine wichtige Rolle, wie sein ganzes spätere Leben lang. Sie beruht auf einer feinen Mischung: ein schelmischer Blick, ein feuriger Geist, ein guter Humor der Gascogne und ein solider Optimismus, der sich in den schwierigsten Umständen zeigt.

Sein Glaube habe ihn gestützt, betont er in seinem Brief: »Gott wirkte in mir immer ein Vertrauen auf Befreiung durch die beharrlichen Gebete, die ich an ihn richtete und an die Heilige Jungfrau Maria; ich glaube fest, dass ich allein auf ihre Fürsprache hin befreit worden bin.«

## 4

## AUFENTHALT IN ROM

### 1607 – 1608

*Beim Vize-Legaten in Avignon – Aufenthalt in Rom – Die Hoffnung auf einen »ehrenvollen Rückzug« – Einführung in das römische Leben*

NACH DER STRANDUNG IHRES BOOTES am 28. Juni 1607 in der Nähe von Aigues-Mortes, nahmen Vinzenz und sein Fluchtbegleiter kurze Zeit später den Weg nach Avignon.[71] Das erfährt man aus einem Brief, den Vinzenz am 24. Juli in dieser Stadt geschrieben hat. Der Abtrünnige hatte einen kleinen Schatz bei sich, den er seinem ehemaligen Sklaven schenken wollte. Wohl mieteten sie für den weiteren Weg ein Reittier oder nahmen eine Fähre, denn nach einer beschwerlichen Überfahrt waren sie nicht imstande, die 15 Meilen zu marschieren.

Als sie in der päpstlichen Stadt Avignon ankamen, versuchten sie, sich in der Residenz des Vize-Legaten, Bischof Montorio[72], vorzustellen. Damit dieser mächtige Prälat zwei schlecht gekleidete Flüchtlinge ohne Papiere und Empfehlungen überhaupt empfing, musste Vinzenz wieder einmal seine Geschicklichkeit und Beredsamkeit beweisen. Bevor er diesem hohen Würdenträger der Kirche gegenüberstand, musste er mithilfe von Pfarrern oder Ordensleuten aus der Stadt die Wachen an der Pforte des Palais und die verschiedenen päpstlichen Kammerherren von seinem Anliegen überzeugen, da sie beauftragt waren, unliebsame Gäste abzuweisen. Vinzenz gelang es indes, die verschiedenen Hürden zu überwinden und Msgr. Montorio selbst zu überzeugen, wie er in seinem Brief schreibt: »Monseigneur, der Vize-Legat, empfing den Abtrünnigen mit Tränen in den Augen und einem Schluchzen in der Kehle öffentlich in der Kirche von St. Peter.«

Diese feierliche Abschwörungszeremonie ist in den noch erhaltenen Archiven in Avignon nicht eingetragen. Aber hätte Vinzenz diese Geschichte hier erfunden, wäre es unbegreiflich. Msgr. Montorio war eine wichtige und bekannte Persönlichkeit. Eine öffentliche von ihm geleitete Zeremonie konnte nicht unbemerkt bleiben. Es ist also leicht, die damaligen Aussagen von Vinzenz zu überprüfen. Dieser fügt hinzu, dass der Vize-Legat »dem Bußfertigen versprach, ihn in das strenge Kloster der ›Fatebenefratelli‹ eintreten zu lassen«.

Ist der Abtrünnige in Rom tatsächlich in diesen Konvent der Brüder von Johannes von Gott eingetreten oder hat er sich unterwegs in seiner Heimat Savoyen abgesetzt? Kein Dokument gibt darüber Auskunft, und Vinzenz hat niemals darüber gesprochen.

Vinzenz eroberte innerhalb einiger Wochen die Gunst des Prälaten. Dieser befand sich am Ende seiner dreijährigen Beauftragung in Avignon und erwartete die Ankunft seines Nachfolgers, um nach Rom zurückzukehren. Er schlug Vinzenz nicht nur vor, ihn in die Ewige Stadt mitzunehmen, sondern wollte ihn vor allem mit einer guten Pfründe ausstatten. Warum diese plötzliche Schwärmerei des Vize-Legaten für den jungen Vinzenz, der zerlumpt in seinem noblen Palais gelandet war und ihm sein außergewöhnliches Abenteuer erzählt hatte? Msgr. Montorio war glücklich, seine Aufgabe in Avignon mit einer schönen Abschwörungszeremonie eines Abtrünnigen zu beenden, aber solche Ereignisse waren relativ häufig.[73] Der Grund seiner Begeisterung war ein ganz anderer.

Vinzenz gesteht ganz unbefangen: »Er erwies mir die Ehre, mich zu lieben und zu verwöhnen wegen eines Geheimnisses der Alchimie, das ich ihm anvertraut hatte.« Vinzenz hatte weiterhin unerhörtes Glück. Nachdem ihm seine außergewöhnliche Flucht aus der Sklaverei gelungen war, begegnete er einem Prälaten, der durch einen glücklichen Zufall sehr stark an Alchimie interessiert war.[74] Die Geheimnisse, die der alte alchimistische Arzt Vinzenz anvertraut hatte, waren für Bischof Montorio wichtiger als »se io li avesse dato un monte do oro, denn er hatte sein ganzes Leben auf diesem Gebiet gearbeitet und er kenne keine andere Befriedigung«. Vinzenz kann es als guter und humorvoller Gascogner nicht lassen, mit den Worten zu spielen, indem er eine Parallele zieht zwischen dem Namen seines neuen Wohltäters »Montorio« und »Monte di oro«, »als wenn ich ihm einen Berg von Gold gegeben hätte«.

Er sah sich schon im Besitz der guten Pfründe, die dieser mächtige Prälat ihm versprochen hatte. Es war jedenfalls notwendig, dass Vinzenz sich seine Weihedokumente und seinen Titel als Bakkalaureus der Theologie beschaffte. Er bat Monsieur de Comet, ihm diese direkt nach Rom zu schicken, wohin sie bald abreisten. Als Zeichen der Dankbarkeit und vielleicht, um die Wahrhaftigkeit seines Berichtes zu beweisen, legte Vinzenz seinem Brief »einen der zwei Steine aus der Türkei bei, die die Natur wie einen Diamanten geschliffen hatte«, eigentlich kein unwiderlegbarer Beweis seines Aufenthaltes in der Berberei.

Er beendete seinen langen Brief mit dem Ausdruck des Bedauerns wegen des Skandals, den er verursacht hatte, als er verschwand, ohne seine Schulden zu bezahlen. Er war jetzt zwar imstande, die Schulden dank des Geldes, das der Abtrünnige ihm gegeben hatte, zu begleichen, aber er hielt es für klüger, bis zu seiner Rückkehr aus Rom darauf zu verzichten. Und er schloss zuversichtlich: »Ich schätze, dass sich dieser ganze Skandal zum Guten wenden wird.«

Wenn man diesen berühmten Brief zu Ende gelesen hat, ist man berührt von seiner Fröhlichkeit und seinem Optimismus. Und sollte man beim ersten Lesen diese Geschichte als unwahrscheinlich erachten, so überwindet man bei aufmerksamem Lesen zunehmend die Zweifel. Zahlreiche Episoden, aus denen der Held wunderbar frei und beinahe unversehrt hervorging, vermitteln ein Gefühl für das Erlebte. Hätte der Verfasser dieses Briefes die Geschichte erfunden, so bewiese das seine besondere Begabung als Romanschriftsteller und Meister der Fantasie.

Sein Bericht setzt sich in einem anderen Brief an Monsieur de Comet aus Rom fort, der vom 28. Februar 1608 datiert.[75] Vinzenz hielt sich drei Monate im Palais des Vize-Legaten in Avignon auf. Als im Oktober sein Nachfolger Msgr. Joseph Ferreri, Erzbischof von Urbino, ankam, reiste Montorio in der Kutsche in die Ewige Stadt und nahm, wie versprochen, seinen jungen Schützling mit. Vinzenz berichtet ausführlich, dass er in der Stadt Rom ist, »wo ich meine Studien, versorgt vom Vize-Legaten, fortsetze«.

Er unterstreicht die Begeisterung, die der Prälat ihm gegenüber bekundet. Vinzenz zeigte ihm weiterhin »sehr schöne, seltsame Dinge, die ich als Sklave von diesem alten Türken gelernt habe …, unter anderem den Anfang – nicht die letzte Vollendung – des Spiegels des Archimedes, ein künstliches Mittel, um einen Totenschädel zum Sprechen zu bringen …, und tausend andere geometrische Dinge, die ich von ihm gelernt hatte. Mein Herr ist deswegen so eifersüchtig, dass er nicht einmal will, dass ich jemanden anspreche, aus Angst, dass ich ihn unterrichte, denn er wünscht, den alleinigen Ruf zu haben, über diese Dinge Bescheid zu wissen.«

Man stellt fest, dass Vinzenz in diesem Brief nicht mehr den Ausdruck »Alchimie« verwendet. Machte ihn sein Aufenthalt in Rom vorsichtiger und erkannte er, dass diese Praxis hier keinen guten Ruf hatte? Er sprach eher von Vorgängen der Magie, so bei diesem »Spiegel des Archimedes«, womit man eine Materie aus der Ferne in Brand setzen konnte, oder wie bei dem »Totenschädel«, den der Alte zum Sprechen brachte und ein leichtgläubiges Publikum glauben ließ, dass sich Muhammad auf diese Weise ausdrückte.

In der Tat, ein seltsamer Prälat, dieser Msgr. Montorio, der sich dieser Kunstgriffe bediente, um am päpstlichen Hof zu glänzen, »wenn er sie manchmal Seiner Heiligkeit und den Kardinälen vorführte«, und der Vinzenz unter strenger Aufsicht hielt, damit er nicht an andere seine Geheimnisse weitergab. Aber was sollten diese seltsamen Launen seines Gönners? Vinzenz war überaus zufrieden, dass dieser ihm erneut die Zusicherung bezüglich seiner Zukunft gegeben hatte: »Diese ernsthafte Zuneigung und das Wohlwollen ließen mich also die Mittel für eine ehrenvolle Anstellung (retirade)[76] erwarten – eine ausreichende Pfründe in Frankreich.«

Nach all diesen Prüfungen und Abenteuern gab Vinzenz sein Vorhaben, das er seit seinem Eintritt in den Priesterstand anstrebte, nicht auf: eine ausreichende Pfründe, die nicht nur ihn versorgte, sondern ihm auch ermöglichte, seine Familie zu unterstützen. Es gab allerdings noch Formalitäten zu erledigen: Die römische Verwaltung war kleinlich und auf Formsachen bedacht. Die von Herrn de Comet erbetenen »Weihedokumente« waren wohl in Rom angekommen, aber sie galten als unvollständig, denn sie waren nicht mit dem Siegel des

Erzbischofs von Dax versehen. Vinzenz verlangte also, dass ihm diese Dokumente, gebührend beglaubigt, nochmals zugeschickt wurden, »zudem, zusätzlich zu allen anderen erforderlichen Formalitäten, ein Zeugnis, das bestätigt, dass immer bekannt war, dass ich als ein ehrenwerter Mann lebte«.

Am Schluss dieses Briefes machte Vinzenz eine diskrete Anspielung auf seine Schulden. Er rechnete damit, in Ordnung bringen zu können, »was ich in Toulouse schulde, denn ich bin entschlossen, mich davon frei zu machen, weil es Gott gefallen hat, mir die nötigen Mittel dafür zu geben«. Er vertraute dieses Schreiben einem ehrwürdigen Pater an, der eben in das Béarn reiste. Daher hatte er es eilig und beendete das Schreiben ganz spontan: »Die Eile lässt mich den gegenwärtigen, wenig sorgfältig geschriebenen Brief an dieser Stelle schließen«, aber er versprach, zurückzukehren, »sobald es ihm nur möglich sei«.

Dieser zweite Brief aus Vinzenz' Hand ist wie der erste dank glücklicher Umstände erhalten. Er ergänzt und bestätigt, was Vinzenz sechs Monate vorher in Avignon geschrieben hat. Er weist jedoch einige Unstimmigkeiten zum ersten Schreiben auf. Nicht nur die Beziehung zur Alchimie ist verdunkelt, auch das Urteil über den alchimistischen Arzt hat sich klar geändert. Im ersten Brief hat Vinzenz ihn als »sehr menschlich und verträglich« dargestellt: Er verkaufte funkelndes Silber, das er umwandelte, »um den Armen zu geben«. Aber im zweiten Brief bezeichnet er ihn als »erbärmlich«, da er versuchte, »das Volk zu verführen«, indem er es glauben ließ, dass »sein Gott Muhammad ihm seinen Willen diktierte«. Wie soll man sich diesen Wechsel des Tons erklären, wenn nicht dadurch, dass Vinzenz, für die römische Atmosphäre sensibel geworden, gelernt hatte, seine Feder besser zu überwachen.

Vinzenz verbrachte ein ganzes Jahr in Rom. Er wartete auf das Eintreffen der angeforderten Dokumente aus Dax mit allen Unterschriften und gewünschten Attesten. Mit den Registerauszügen der kirchlichen Dokumente ausgestattet[77], die bewiesen, dass Vinzenz ordnungsgemäß geweiht worden war, sollte Msgr. Montorio dann die notwendigen Schritte unternehmen, um ihm die so sehr ersehnte Pfründe zu verschaffen. Inzwischen befasste sich der Vize-Legat immer auch väterlich mit seinem Schützling. Dieser bestätigt in seinem zweiten Brief: »Ich setze meine Studien, versorgt durch den Herrn Vize-Legaten, fort, der mir die Ehre erweist, mich zu mögen und mein Vorankommen zu wünschen.«

Über seine Studien gibt es keine genauen Angaben. Wahrscheinlich handelte es sich um Theologie und um Verbesserung in der italienischen Sprache. Vinzenz nutzte wohl seinen Aufenthalt, um auch das Gebiet des alten Roms zu entdecken, die heiligen Stätten des Christentums, ebenso wie die jüngsten Monumente. Die Basilika von Sankt Peter war, nach einem Jahrhundert der Arbeiten unter der Leitung zahlreicher Architekten, noch nicht beendet, aber die wunderbare Kuppel nach den Plänen Michelangelos war schon teilweise erbaut. Man kann sich den jungen Kleriker in seinem bescheidenen Talar vorstellen, wie er im Labyrinth der päpstlichen Stadt umhergeht, mit lauerndem Blick und gespanntem Ohr. Er stößt dabei auf Kardinäle, die aus ihren Palästen kommen, umgeben von einem »wachsamen Hof«, Mitglieder der päpstlichen Familie, Kammerherren, vornehme Wächter oder Gendarmen in ihren schillernden Uniformen.

1608 hielten mehrere Orden ihr Generalkapitel ab. Daher waren die Säle und Kapellen voll von Kapuzinern und Franziskanern in ihren Kleidern aus grober Wolle, von Dominikanern in ihren weißen Kleidern und schwarzen Mänteln. Unter ihnen befand sich Pater Coeffetteau[78], der im Kapitel seines Ordens eine wichtige Rolle spielte. Er musste bald nach Paris zurückkehren, wo er den Konvent Saint-Jacques leitete und Schlosskaplan (Aumônier) der Königin Margarete war. Vinzenz ergriff sicher die Gelegenheit, ihn zu begrüßen und sich dieser wichtigen Persönlichkeit vorzustellen.

Vor allem lernte Vinzenz die Sitten und Gebräuche des Heiligen Stuhls und die Abteilungen seiner Verwaltung kennen. Er machte sich vertraut mit den Umständlichkeiten und Spitzfindigkeiten der Römer und erwarb alle Kenntnisse, die ihm später von Nutzen waren. Sicherlich war er bei den großen Zeremonien dabei und sah aus der Ferne Papst Paul V.[79] bei der Segnung der Menschenmenge oder der Eucharistiefeier in feierlichem Prunk. Wahrscheinlich besuchte er im Verlauf dieses zweiten römischen Aufenthaltes das Spital, das von der Kongregation »der Diener der armen Kranken« (Kamillianer) unterhalten wurde; er ließ sich später von ihren Methoden und ihrem Geist inspirieren.

Er versäumte es auch nicht, die Mitglieder der Botschaft des französischen Königs zu begrüßen. Auch machte er die Bekanntschaft des Sekretärs Étienne Gueffier, der 1632 mit den geschäftlichen Belangen betraut wurde und mit dem er in Verbindung blieb.[80] Vor allem erfuhr er, dass im Juli ein neuer Botschafter in Rom angekommen war: François Savary, Seigneur de Brêves, der versucht hatte, die christlichen Sklaven in Tunesien zu befreien! Vinzenz wurde ihm sicher vorgestellt und erzählte ihm seine Odyssee in der Berberei.

Im Herbst 1608 verließ Vinzenz Rom. Er ging nicht nach Dax, zu dessen Bistum er gehörte, auch nicht nach Pouy, um seine Familie zu begrüßen, von der er so lange getrennt war. Er schlug den Weg nach Paris ein. Diese Änderung des Reisezieles ist ein neues Rätsel, das bisher kein Schriftstück löst. Man ist auf Vermutungen angewiesen.

Der Gönner von Vinzenz in Rom, Msgr. Montorio, musste, als er seine Aufgabe als Vize-Legat beendet hatte, normalerweise seinen Bischofssitz in Nicastro wieder einnehmen. Wahrscheinlich händigte er seinem Schützling einige Empfehlungsschreiben aus, damit dieser die versprochene Pfründe bekam. Er fand es wohl an der Zeit, dass Vinzenz nach Frankreich zurückkehrte.

Laut Überlieferung wurde Vinzenz beauftragt, an Heinrich IV. eine vertrauliche Botschaft von höchster Bedeutung zu überbringen. Allerdings blieben diesbezüglich in den diplomatischen Archiven durchgeführte Nachforschungen ohne Ergebnis. Möglicherweise beauftragte der Botschafter, Monsieur de Brêves, Vinzenz, einen Brief nach Paris zu überbringen, und da man dieser Angelegenheit im Laufe der Jahre größere Bedeutung beimessen wollte, wandelte man sie in einen Geheimauftrag an den König um.

Auf jeden Fall kam Vinzenz in den letzten Tagen des Jahres 1608 in der Hauptstadt an.

# 5

# Unter dem Einfluss von Bérulle

## 1609 – 1613

*Ankunft in Paris – Almosenverwalter der Königin Margot – Abt*
*von Saint Léonard-de-Chaume – Begegnung mit Pierre de Bérulle –*
*Die Krise des Theologen – Der Prozess um die Abtei – Pfarrer von*
*Clichy-la-Garenne*

Ende 1608 kam Vinzenz in Paris an. Er hatte nicht den Weg
über die heimatlichen Landes genommen. Hatte er es eilig,
den angeblich geheimnisvollen Auftrag zu erfüllen, oder wollte er sich daheim nicht sehen lassen, solange er nicht die seit so
langer Zeit ersehnte Pfründe erhielt, deren Fata Morgana ihn
in so viele Abenteuer hineingezogen hatte? Seine ersten Jahre
in Paris weisen viele helle, aber auch dunkle Bereiche auf; es
fehlen Dokumente, die eine genaue zeitliche Abfolge seiner
Angelegenheiten belegen könnten. Vielmehr scheinen sie sich
zu überschneiden und zu widersprechen.

Man findet Vinzenz weder am Hof noch in einem fürst-
lichen Wohnsitz, sondern bescheiden untergebracht in einem
Pariser Zimmer, das er mit einem Landsmann auf der Durch-
reise teilt: Bertrand Dulou[81], Richter aus der Stadt Sore. Diese
Unterkunft lag im Vorort Saint-Germain, wo sich eine kleine
Niederlassung der Gascogner befand. Offensichtlich hatten
Vinzenz' römische Empfehlungsschreiben im gegenwärtigen
Augenblick keine große Wirkung.

Nahe seiner Wohnung hatte Vinzenz einen Blick auf die
Seine mit ihrem Frachtschiffverkehr und am gegenüberliegen-
den Ufer auf den Louvre und den Tuilerienpalast. In Fluss-

richtung lag der Quai Malaquai, der den Besitz der Königin Margarete von Valois[82], Königin Margot genannt, säumte, und dessen Gärten bis zur Uferböschung der Seine hinunterreichten. In diesem Viertel befand sich auch das Hospital der Charité[83], das Maria von Médici errichten hatte lassen. Seine Leitung übertrug sie den Brüdern des Hl. Johannes von Gott, die aus Rom gekommen waren, wo sie das Hospital der Carità führten. Vinzenz begegnete dort vielleicht Brüdern, die er während seines römischen Aufenthaltes kennengelernt hatte. Laut frommer Überlieferung wollte er als Freiwilliger helfen, die Armen und Kranken, die in diesem Hospital aufgenommen wurden, zu pflegen und zu trösten. Er erwarb dort die Kenntnisse, die ihm später ermöglichten, seine wohltätigen Liebeswerke zu entwickeln.

Im Laufe der ersten Monate seines Pariser Aufenthaltes stieß Vinzenz etwas sehr Unangenehmes zu. In einem Fieberanfall lag er unbeweglich in der Wohnung, die er immer noch mit seinem Landsmann, dem Richter von Sore, teilte. Der Apothekergehilfe, der ihm einen Arzneitrank brachte, nützte diesen Umstand aus und durchwühlte einen Kasten unter dem Vorwand, darin einen Becher zu suchen. Er fand dort eine Geldbörse mit 400 schönen Talern, die er sofort einsteckte. Bei seiner Rückkehr bemerkte der Richter, dass man ihm sein Hab und Gut gestohlen hatte. Er klagte Vinzenz öffentlich des Diebstahls an und ließ sogar ein Monitorium (kirchliches Mahnschreiben)[84] über das Verbrechen veröffentlichen. Statt sich zu verteidigen und den Verdacht auf den Apothekergehilfen zu lenken, zog es Vinzenz vor, zu schweigen und die ungerechte Beschuldigung ohne Widerrede hinzunehmen. Einige Monate später wurde der Dieb bei einem weiteren Vergehen entdeckt. Er gestand, die Geldbörse des Richters entwendet zu haben, der bereits in seine Heimat zurückgekehrt war. Von dort schrieb der Richter an Vinzenz und entschuldigte sich, weil er ihn beleidigt hatte. So lautet die von Vinzenz erzählte Geschichte[85], aus der nicht genau hervorgeht, dass er deren Held war. Aber alles weist darauf hin, dass er der zu Unrecht Angeklagte war und diese Beleidigung ohne zu protestieren annahm. Wenn diese Anekdote wahr ist, wäre dies das erste Zeichen seiner Verhaltensänderung: Er befolgte den evangelischen Rat, Unrecht ohne Klagen zu ertragen.

Nach diesem Ereignis musste er jedenfalls umziehen. Wohnte er kurze Zeit bei Jean Duvergier[86], einem anderen Landsmann, oder ließ er sich in einem anderen Haus, »das den hl. Nikolaus in seinem Schilde führte«, an der Ecke der Rue de Seine und der Rue Mazarin nieder? Diese Adresse gab er zwischen 1610 und 1612 bei allen ihn betreffenden amtlichen Vorgängen an.

Vinzenz suchte eifrig eine Beschäftigung und begnügte sich nicht damit, herumzuflanieren wie die zahlreichen jungen Gascogner, die in Paris ihr Glück versuchten, in der Hoffnung, von irgendeinem adeligen Herrn bemerkt zu werden oder einen Bürger übers Ohr zu hauen. Zudem schmolz seine Geldrücklage schnell dahin – der Rest von dem, was ihm sein ehemaliger Meister, der Abtrünnige, gegeben hatte, oder auch das Reisetaschengeld des Vize-Legaten, ohne ihm jedoch eine »ehrenhafte Rückkehr« ermöglicht zu haben. Aber Vinzenz hatte die angeborene Begabung, sich Beziehungen zu verschaffen, aus denen nicht selten Freundschaften wurden. So machte er Bekanntschaft mit Charles du Fresne[87], dem Sekretär der Königin Margot, der seine Aufnahme unter ihre Almosenverwalter erreichte. Vinzenz brachte sicher auch die Empfehlung des Paters Coeffeteau, der aus Rom zurückgekehrt war, ins Spiel und besonders jene seines Bischofs von Dax. Jean-Jacques Dusault war in der Tat nicht nur in guter Verbindung mit Heinrich von Navarra, inzwischen König Heinrich IV., sondern er war »erster Almosenverwalter der Königin Margarete«. Dieser Prälat wusste gut Bescheid über Vinzenz' Situation, hatte er doch selbst im vorangegangenen Jahr das Dokument für Rom unterzeichnet, das die »Weihebriefe des Magisters Vinzenz von Paul, Priester unserer Diözese«[88] bestätigt hatte. So war Vinzenz nun nach einigen schwierigen Monaten mit einem Titel und einer Beschäftigung ausgestattet: »Ratgeber und Almosenverwalter der Königin Margarete.«

Eine erstaunliche Person, diese abgesetzte Königin; sie war zu dieser Zeit nicht mehr die skandalöse Prinzessin, die es liebte, einen übertriebenen Luxus zu zeigen. Die Prüfungen und die Jahre hatten ihre Gestalt und ihr Gesicht geprägt, aber sie behielt ihren hoheitsvollen Gang, durchdrungen von ihrem Rang, Tochter Frankreichs und Erbin der Valois zu sein. 1609 war sie 56 Jahre alt. Ohne die Beziehung zu ihrem Geliebten, mit der sie prahlte, aufzugeben – entfaltete sie mit zunehmendem Alter Andacht und Frömmigkeit. Sie nahm täglich an der Messe teil und ließ regelmäßig Almosen an die Armen verteilen. Dazu verfügte sie über zehn Almosenverwalter, deren Liste für die Zeit von 1608 bis 1611 bekannt ist.[89] Neben Pater Coeffetau erscheinen darauf: Msgr. Cospéan, Bischof von Aire, und Pater Suarez, ein Franziskanermönch, der spätere Bischof von Séez. Vinzenz kommt in diesem Dokument nicht vor, er ist aber in allen offiziellen Akten, die im Mai 1610 und im Oktober 1611 erstellt wurden, als »Berater und Almosenverwalter der Königin Margarete, Herzogin von Valois«[90], eingetragen. Es kann also sein, dass er in der Ausübung seiner Aufgabe als Almosenverwalter, also als Verteiler von Almosen, ebenfalls eine Aufgabe als Ratgeber hatte und dass er unter diesem Titel in einer anderen Liste eingetragen war.

Eigentlich weiß man wenig über die Stelle, die Vinzenz im Dienste der Königin Margarete innehatte und wie lange er in diesem Dienst stand. Es gibt auch kein Portrait von ihm aus dieser Zeit.

Man kann nur mithilfe einiger Angaben von Zeitgenossen versuchen, die Gestalt dieses jungen Priesters von 28 Jahren zu skizzieren: von mittlerer Größe, aber mit kräftigen Schultern, die einen ziemlich starken Kopf tragen mit einer langen Nase und großen Ohren. Die Nasenflügel sind weit geöffnet wie bei einem Mann, der gewohnt ist, die Gerüche der Natur einzuatmen. Sein Kinn ist betont und eigenwillig. Hinter dichten Augenbrauen funkeln lauernde Augen, die sich in einem schelmischen Lächeln in Falten legen. Seine ganze Erscheinung wirkt fröhlich und sympathisch. Er spricht wohl mit jenem Akzent der Gascogner, der Konsonanten ertönen lässt, wie die Adour die Steine in ihrem Flussbett rollt. Er redet mit großen Gesten, um seine Äußerungen zu unterstreichen.

So lief er in diesem lärmenden und belebten Paris umher, das er mit Neugierde entdeckte. Bestimmt zog ihn die Sorbonne an, ja vielleicht besuchte er dort sogar Kurse. Erst später entdeckte man in seinem Zimmer seine Diplome und erfuhr, dass er Lizenziat des bürgerlichen und kanonischen Rechts war.[91] Die Verteilung der Almosen ließ ihm genügend Zeit, solche Studien zu betreiben, zudem lernte er schnell und war davon beseelt, voranzukommen. Er konnte auch die zahlreichen Kirchen, Kapellen und religiösen Einrichtungen aufsuchen, die sich in allen Vierteln der Hauptstadt befanden. Er wagte sich auf den unlängst eröffneten »Place Royale«, bewunderte die nach italienischem Muster angelegten Gärten der Tuilerien. Er betrachtete die große sich im Bau befindliche Galerie, die den Palast der Tuilerien mit dem Louvre verband. Wie musste Vinzenz nach zwei Jahren Sklaverei und Prüfungen diese wiedergewonnene Freiheit genießen und diese Welt, die sich seiner unstillbaren Neugierde bot!

Ehrgeizig verlor er aber nicht seine eigentlichen Ziele aus den Augen: eine gute Pfründe und die Rückkehr in sein Geburtsland. Er schreibt am 10. Februar 1610 an seine Mutter: »Der Aufenthalt in dieser Stadt, der nötig ist, um die Gelegenheit für mein Weiterkommen wiederzuerlangen (die meine Missgeschicke mir geraubt haben), macht mich betrübt, weil ich Ihnen die Dienste nicht erweisen kann, die ich Ihnen schulde. Aber ich hoffe so sehr auf die Gnade Gottes, dass er mein Bemühen segnen und mir das Mittel für eine glückliche Heimkehr geben wird, um den Rest meiner Tage bei Euch zu verbringen.«

Es ist in diesem Brief nicht die Rede vom apostolischen Dienst oder von der Loslösung von den Gütern dieser Welt. Vinzenz befasste sich »mit dem Zustand der Angelegenheiten des Hauses« und trotz seinem eigenen »Unglück« ermunterte er einen seiner Neffen, seinem Beispiel zu folgen: »Ich würde es auch wünschen, dass mein Bruder einen meiner Neffen studieren lässt. Mein Missgeschick und das wenige an Diensten, die ich bisher dem Haus erweisen konnte, werden ihm möglicherweise den Willen dazu nehmen; aber er möge sich vor Augen halten, dass das gegenwärtige Missgeschick ein zukünftiges Glück bedeutet.«[92]

Zum Zeitpunkt, als Vinzenz diesen Brief an seine Mutter schrieb, trat er in Verhandlungen mit einem hohen Prälaten, dem Erzbischof von Aix, Paul Hurault de l'Hôpital, der geneigt

war, die Abtei von Saint-Léonard-de-Chaume[93] an ihn abzutreten. Diese Zisterzienserabtei hatte einen Kommendatarabt.
Durch königliche Urkunde von 1553 war sie Gabriel de Lamet,
dem stellvertretenden Bürgermeister von La Rochelle – einem
Protestanten! – zugeteilt worden. Der Erzbischof von Aix hatte
sie erst im vorangegangenen Jahr 1609 erworben. Ihm war
schnell klar, dass er ein schlechtes Geschäft gemacht hatte,
und er beeilte sich, jemanden zu finden, dem er sie abtreten
konnte.

Sicher glaubte Vinzenz, dass sich ihm die gute und so sehr
ersehnte Pfründe bot, verbunden mit einem ehrenvollen Titel,
der ihn aus der Anonymität herausholte. In der Tat ließ er sich
in ein sehr verworrenes Unternehmen ein, dessen Unannehmlichkeiten und Enttäuschungen er erst im Laufe von
Monaten und Jahren entdeckte. Man weiß nicht, wie er mit
diesem Erzbischof in Kontakt getreten ist, vielleicht durch
Vermittlung von Jean de la Tanne, dem »Direktor der Münzanstalt der Stadt Paris« oder dank einer anderen Beziehung,
der zu einem gewissen Arnauld Doziet, einem Kaufmann, der
in der Nähe von Vinzenz in der Rue-de-Seine wohnte. Sie
erscheinen beide in den Akten, die mit 14. und 17. Mai unterzeichnet sind.[94]

Das erste Dokument bestätigt, dass der Erzbischof »an Arnauld Dozier alle zeitlichen Einkünfte der genannten Abtei
(Saint-Léonard-de-Chaume), die Wohnungen und Nebengebäude, Herrenrechte, hohe, mittlere und niedrige Gerichtsbarkeit, Pachtzinsen, Renten, Gewinne aus Lehen für die Aus-
schüttung einer Summe von 3.600 Pfund jährlich« übergab.
Und Vinzenz übernahm die Bürgschaft »und bürgte ganz so,
wie wenn er der Hauptpächter wäre«.

Drei Tage später »legte der Erzbischof zugunsten von Vinzenz seine Abtei nieder und gewährte ihm alle Früchte, Rechte und Einkünfte der genannten Abtei für die Auszahlung einer Pension von 1.200 Pfund jährlich«.

Der zweite Verwaltungsakt führt genau aus, dass »Vinzenz berechtigt ist, den Pachtvertrag über die zeitlichen Einkünfte, der für Arnauld Doziet gemacht wurde, zu erhalten«. Trotz dieser etwas aufwendigen Vorgehensweise war die Sache scheinbar gut geregelt. Vinzenz, geistlicher Pfründeninhaber, erhob den Betrag der vom Erzbischof ausgehandelten Pacht und zahlte ihm einfach eine jährliche Pension aus. Aber in der Folgezeit war die Sache keineswegs so klar.

Das Dokument der Übergabe war auf den 17. Mai datiert und die königliche Urkunde, die Vinzenz die Abtei zuteilte, am 10. Juni unterzeichnet, aber nicht durch Heinrich IV., sondern durch Ludwig. Denn während Vinzenz mit diesem fantastischen Geschäft befasst war, erschütterte ein Drama das Königtum von Frankreich. Am 14. Mai 1610 wurde Heinrich IV. durch François Ravaillac ermordet. Der König bereitete sich vor, an der Spitze seiner Armee in einen neuen Krieg in die spanischen Niederlande zu ziehen. Der Vorwand dafür war eine sehr verworrene Nachfolgeregelung des Herzogs von Kleve. Dazu kamen noch die Qualen einer letzten Liebesleidenschaft Heinrichs IV. für die schöne Charlotte de Montmorency. Der König hatte sie an seinen Neffen, Henri de Bourbon, Prinz von Condé, verheiratet, der seine junge Frau zum großen Zorn seines Onkels entführt und nach Brüssel gebracht hatte, um sie vor den Unternehmungen ihres königlichen Verehrers zu schützen. Aus Vorsicht ließ Heinrich IV. vor seinem Kriegszug seine Gemahlin, Maria de Médici, am 13. Mai in der Basilika von Saint-Denis krönen. Der ganze Hof war anwesend, sogar die Königin Margot, die von einigen Leuten ihres Hauses umgeben war. Aber es ist unwahrscheinlich, dass Vinzenz zu diesem Gefolge gehörte, seine Stellung war noch zu bescheiden. Er verfolgte die Zeremonie wohl aus der Ferne und sah den kleinen neunjährigen Dauphin Ludwig und seine Mutter vorbeiziehen. Vinzenz konnte nicht ahnen, dass er ungefähr dreißig Jahre später am Totenbett dieses kleinen Dauphins, des späteren Königs Ludwig XIII., stehen würde!

Im Augenblick war Vinzenz voll Freude, die Abtei zu besitzen, aber er musste darauf warten, dass seine Ernennung zum Abt von Saint-Léonard-de-Chaume in Rom durch eine päpstliche Bulle bestätigt wurde. Im September wurde sie von Papst Paul V. unterzeichnet und sogleich dem Interessierten durch den Bischof von Dax, Jean-Jacques Dusault, übermittelt. Vinzenz konnte sich nun auf den Weg machen, um offiziell von seinem Gut Besitz zu ergreifen. Er wusste, dass der Konvent seit langem nicht mehr besetzt war, aber er erwartete nicht das Ausmaß der Verwüstung, das er am Samstag, dem 16. Oktober, entdeckte. Das Dokument über die »Besitzergreifung der Abtei« durch »den ehrenwerten und taktvollen messire Vincent de Paul« ist trotz seiner trockenen Amtssprache vielsagend: »Nach der Öffnung der Türen ein Rundgang durch die Plätze und Ruinen der Kirche …, wo es keinen Altar und nur einige Mauerreste gab; und durch die baufälligen Gebäude vor Ort – Häuser und Klostergänge … Ein Rundgang durch die Ruinen weiterer Gebäude … rund um die zerstörte und eingefallene Kirche, die nur mehr aus einigen Fundamenten und Mauerresten bestand.«[95]

Nicht nur die Gebäude waren in diesem beklagenswerten Zustand, auch die verschiedenen Besitzungen, die zur Abtei gehörten und die Einkünfte sichern sollten, waren teilweise veruntreut worden. Der Erzbischof von Aix hatte wohl in seinem offiziellen Verzichtschreiben auf die verschiedenen Prozesse, die im Gang waren und Saint-Léonard-de-Chaume betrafen, Anspielungen gemacht. Vinzenz jedoch war nicht klar, wie sehr die Situation belastet war. Allmählich begriff er, dass man ihn betrogen hatte. Jedenfalls hoffte er im Vertrauen auf seinen guten Stern, die Situation retten zu können. Er unterschrieb am 28. Oktober vor einem Notar eine Vollmacht für einen gewissen Pierre Gaigneur, der sich in seiner Abwesenheit mit den Geschäften der Abtei befassen sollte[96], und kehrte wieder nach Paris zurück.

1610 begegnete Vinzenz einem Menschen, der ihn später entscheidend darin beeinflusste, sein Leben auf Gott hin auszurichten. Er machte die Bekanntschaft von Pierre de Bérulle[97].

Im Adelsstand geboren, wusste er sich seit frühester Jugend zum Priestertum berufen. 1599 geweiht, wurde er zum Almosenverwalter des Königs ernannt. Er fiel sehr schnell durch sein theologisches Wissen und sein Talent für theologische Beweisführung auf und erreichte offenkundig Bekehrungen unter den großen Persönlichkeiten des Hofes. Kardinal du Perron[98], selbst durch seine Beredsamkeit berühmt, versicherte: »Wenn es sich darum handelt, Ketzer zu überzeugen, führt sie zu mir; wenn es darum geht, sie zu bekehren, präsentiert sie Monsieur de Sales; aber wenn es darum geht, sie zu überzeugen und zu bekehren, schickt sie zu Monsieur de Bérulle.«

Pierre de Bérulle schloß sich den Bemühungen seiner Cousine, Madame Acarie[99], um die Einführung der reformierten Karmelitinnen in Frankreich, an. Dazu erreichte er bei

König Philipp III. in Spanien einen Auftrag, der sechs spanische Nonnen ermächtigte, 1604 in Paris einen Karmel zu gründen. Bérulle bestimmte sich eigenmächtig zum ständigen Hauptvisitator des Karmels in Frankreich, was zum Konflikt mit Madame Acarie und den Karmelitermönchen führte. Denn Bérulle verfügte neben seinem würdevollen Auftreten über ein autoritäres Temperament. Er war fordernd in seinen Plänen und neigte dazu, alles lenken zu wollen. Jedenfalls war er beseelt von einer hohen Vision der priesterlichen Aufgabe, nach dem Beispiel Christi zu leben.

Vinzenz war von diesem Mann, der nicht viel älter war als er, tief beeindruckt. Bérulle übte später auf ihn einen entscheidenden Einfluss aus. Zunächst gab es jedoch nichts, was sie einander näherbrachte: auf der einen Seite der Aristokrat, der Intellektuelle, der ernste und strenge Mann, auf der anderen Seite der Bauer, der Pragmatiker, der schelmische und fröhliche Gascogner. Es entstand übrigens keine Freundschaft. Vinzenz wurde nicht verführt, er war fasziniert. Bérulle bot ihm seine Anleitung an, und Vinzenz richtete sich danach. Wenn er später über Bérulle sprach, versäumte er es nicht, sein Wissen und seine Heiligkeit zu betonen: »Er erlangte eine Heiligkeit und ein Wissen, so gründlich, dass man kaum seinesgleichen finden konnte.«[100]

Dank ihm wurde Vinzenz in den zugleich mystischen und reformerischen Kreis eingeführt, wo solche Geister glänzten wie der gelehrte Pater Duval[101], Doktor an der Sorbonne und königlicher Professor der Theologie, oder der Jesuitenpater Coton[102], Beichtvater des Königs.

Bérulle verstand es, bei diesem jungen Priester auf der Suche nach Titeln und Pfründen sein außergewöhnliches Wesen und seine Berufung zur Heiligkeit zu entdecken. Er half ihm, sich selber kennenzulernen. Vinzenz, auf der Suche nach materiellem Erfolg im Rahmen seines kirchlichen Standes, war bisher ganz auf sich konzentriert. Doch im Umgang mit Bérulle entdeckte er eine ganz andere Vision der Kirche und eine hohe Auffassung des »Priesterstandes«. Wie wenn man im Nebel geht und dieser plötzlich durch einen Windstoß aufgerissen wird, und man ferne Horizonte entdeckt, so hob sich Vinzenz' Blick mit einem Mal von der Betrachtung der zeitlichen Güter hin zu geistlichen Werten.

Aber man lässt nicht so leicht die Fangleine der zeitlichen Güter los. Noch mehrere Jahre lang wurde Vinzenz hin und her gezerrt zwischen seiner Neigung zu angenehmen Verhältnissen und guten Pfründen und seinem geistlichen Sehnen und Trachten. Zudem setzte ihm eine innere Krise hart zu.

Im Umfeld der Königin Margot lernte Vinzenz einen »berühmten Doktor« kennen, der sich als Theologielehrer (an einer Kathedralhochschule, Anm. d. Ü.) im Kampf gegen die Ketzer einen Namen gemacht hatte. Die Königin hatte ihn aufgrund seines Wissens und seiner Frömmigkeit in ihre Nähe geholt. Ist es die Langeweile oder eine schädliche Atmosphäre, die man am königlichen Hofe einatmete? Der gelehrte Doktor wurde »von sehr heftigen Glaubensversuchungen befallen«. Er teilte sie Vinzenz mit, der als Zeuge den schrecklichen Kampf berichtete[103], den dieser Unglückliche führen musste, bevor er, kurz vor seinem Sterben, »in Frieden und mit Gott versöhnt«, von seinem »erbarmungswürdigen Zustand« befreit wurde. Was Vinzenz nicht erzählte, was man aber bei Abelly glaubhaft bezeugt findet, ist die Art und Weise, wie der Theologe von seinen Versuchungen und seiner Verzweiflung befreit worden ist. Vinzenz, der als Zeuge der körperlichen und geistigen Krankheit dieses von einem »bösen Geist« gequälten Menschen sehr betroffen war, hatte die Eingebung, Gott zu bitten, den Kranken zu befreien und ihn selbst die Qualen ertragen zu lassen, an denen der arme Theologe litt. So verschied dieser in Frieden, Vinzenz aber lernte seinerseits die Ängste der Zweifel und Versuchungen kennen. Er durchlebte von da an eine lange Zeit düsterer Stimmung, aus der er erst nach mehreren Jahren wieder erwachte.

Die Lösung der zahlreichen Probleme, um die Abtei von Saint-Léonard-de-Chaume und die von ihr abhängigen Güter wiederherzustellen, zwangen Vinzenz sicherlich, mehrere Reisen in die Gegend von La Rochelle zu machen. In seinen »Unterredungen« spielt er indirekt darauf an.[104] Er musste sich vor allem wegen der vielen Prozesse um die Abtei nach La Rochelle begeben: Allein 1611 gab es nicht weniger als fünf Rechtssprüche des »Präsidialhofes der Stadt und der Regierung von La Rochelle«[105].

Diese Prozesse wurden zum Großteil durch Bruder André de la Serre, der sich »Prior der Abtei von Saint-Léonard-de-Chaume« titulieren ließ, gegen »messire Vincent de Paul, Abt der genannten Abtei« geführt. Jedenfalls holte Vinzenz zum Gegenangriff aus und lud den »sogenannten Prior« ebenso vor den Gerichtshof. All diese Rechtsstreitigkeiten beruhten auf der Auslegung des ursprünglichen Pachtvertrages, der im Mai 1610 unterzeichnet worden war und für den sich Vinzenz verbürgt hatte. Dieses Dokument legte im Besonderen vertragsmäßig fest, dass der Mieter, der Inhaber des Pachtvertrages, sich verpflichtete, in der Abtei »zwei Mönche des Ordens von Cîteaux einzustellen, die dem Herrn Abt von Cîteaux genehm sind und von denen einer Klosterprior sein soll«. Wer ernannte diesen André de la Serre, den Vinzenz ablehnte? Hatte dieser Prior ein Anrecht auf ein Drittel der Einkünfte der Abtei, einen Betrag, den der Rechtsspruch vom 17. März 1611 anführte? Die Sache war nicht ganz klar. Vinzenz aber war in ein Wespennest geraten, aus dem er sich nur mit größter Mühe befreien konnte.[106]

Im Mai 1611 wurde Vinzenz sogar von Msgr. Hurault de l'Hôpital verfolgt, der ihn wegen der verspäteten Zahlung seiner Pension gerichtlich belangte.[107]

Jedoch müssen wir uns das Denken der damaligen Zeit vor Augen führen. Wenn diese Abtei auch mehr Unannehmlichkeiten als Einkünfte brachte, so gab sie Vinzenz doch in der damaligen Gesellschaft eine nicht unbedeutende Stellung. Vinzenz war nicht mehr der bescheidene Priester, der sechzehn Monate vorher mit einem mageren Bündel in Paris angekommen war: Er war nun mit einem schönen Titel ausgestattet und damit eine ehrenhafte Persönlichkeit. Als daher Jean de la Tanne, der Direktor der Münzanstalt und Freund von Vinzenz, im Oktober 1611 dem Hospital der Charité diskret eine bedeutende Summe von 15.000 Pfund spenden wollte, geschah dies durch die Vermittlung von »messire Vincent Depaul, Kommendatarabt der Abtei Saint-Léonard«[108].

1611 besuchte Vinzenz immer öfter den Kreis um Pierre de Bérulle, obwohl er sich mit den Problemen, die mit seiner Ordenspfründe verbunden waren, herumschlagen musste. Bérulle war der Ansicht, dass die notwendige Erneuerung der Kirche nicht nur durch die Reform, sondern auch durch die Heiligung des Klerus erfolgen musste. Er dachte daran, eine Kongregation zu gründen, die die Idee des Priestertums wiederherstellen und verherrlichen sollte: »Der Priesterstand«, sagte er, »verlangt seinem Wesen nach zwei Punkte: erstens eine sehr große Vollkommenheit, ja Heiligkeit, und zweitens eine besondere Bindung an Jesus Christus«[109].

Bérulle war nämlich gerade dabei, den Ursprung der späteren Kongregation des Oratoriums zu gründen. Im November 1611 fasste er fünf Priester zu einer kleinen Gruppe zusammen, die er in einem Haus in der Rue Saint-Jacques unterbrachte (dem heutigen Val-de-Grâce). Er verlangte von Vinzenz nicht, sich ihnen anzuschließen, da er der Meinung war, dieser sei zu etwas anderem berufen. Unter seinen ersten Mitarbeitern befand sich François Bourgoing, Pfarrer der Pfarrei von Clichy-la-Garenne an den Toren der Hauptstadt. Bérulle verlangte von ihm, auf sein Amt zu Vinzenz' Gunsten zu verzichten. Ohne seine Funktionen als Almosenverwalter der Königin Margot aufzugeben, fügte sich Vinzenz wohl für einige Monate in den Rahmen dieses entstehenden Oratoriums ein, um sich auf seine neue Aufgabe vorzubereiten. Das Dokument der Übernahme der Pfarrei von Clichy datiert vom 2. Mai 1612.[110]

Nun leitete Vinzenz von Paul mit 31 Jahren endlich eine Pfarrei. Clichy-la-Garenne zählte damals ungefähr 600 Einwohner: Bauern und Gemüsegärtner, Leute mit bescheidenem Lebensstil, die ihn sicher auch an sein Heimatdorf erinnerten. Sie verkauften ihre Erzeugnisse auf den Pariser Märkten: Geflügel, Milchprodukte, Gemüse; die Landwirte von Pouy nutzten die in Dax abgehaltenen Märkte zum Verkauf ihrer Waren. Das Gebiet der Pfarrei erstreckte sich nahe den Mauern der Hauptstadt, im Norden von der Seine begrenzt, umgeben von den Pfarreien Saint-Ouen im Osten, Villiers im Westen und den Pfarreien La-Madeleine und Saint-Roche im Süden.[111]

Am Anfang fühlte sich Vinzenz nicht sehr wohl bei der Leitung der Gottesdienste und beim Anstimmen der Gesänge.

Wie oft hatte er seit seiner Weihe vor über zehn Jahren Gelegenheit gehabt, öffentlich zu zelebrieren? Später beschreibt er seine ersten Zeremonien so: »Ich muss zu meiner Beschämung sagen, dass ich nicht wusste, wie ich es anstellen sollte, als ich mich in meiner Pfarrei sah; mit Bewunderung hörte ich diese Bauern die Psalmen anstimmen, wobei sie nicht eine Note verpatzten. Da sagte ich mir, ›Du bist ihr geistlicher Vater und du kannst das nicht!‹ Ich war traurig.«[112] Aber sehr schnell überwand er seine anfängliche Schüchternheit und fühlte sich »seinem guten Volk« ebenbürtig. Er erfüllte nicht nur mit Eifer seine Pflichten als Hirte (Predigt, Katechese, Beichte), er besuchte auch seine Pfarrkinder, interessierte sich für die Kranken und Armen und versuchte, Streitigkeiten zu schlichten und Familienkonflikte zu lösen.

Die kleine Kirche von Clichy, den beiden Heiligen Sauveur und Médard geweiht, war in keinem guten Zustand: Taufbecken, Mobiliar und priesterliche Gewänder waren alt. Vinzenz machte sich gemeinsam mit seinem Vikar Égide Beaufils an die Arbeit, um das Heiligtum und seine Ausstattung zu erneuern. Aber die finanziellen Mittel der Pfarrei waren schwach. Daher zog Vinzenz die reichsten Mitglieder seiner Pfarrei ebenso zu Zahlungen heran wie seine Pariser Bekannten.

Der Seigneur von Clichy, der dort einen Landsitz sein Eigen nannte, war Alexandre Hennequin. Vinzenz, im gleichen Alter wie er, trat sofort in Kontakt mit ihm und es entwickelte sich bald eine freundschaftliche Beziehung.[113] Dieser Seigneur von Clichy hatte nicht nur Ehrenrechte, die mit seinem Titel verbunden waren, wie eine eigene Kirchenbank, Grabstätte und liturgische Ehren, sondern ihm oblag auch die Erhaltung und Erneuerung des Kirchenchores. Vinzenz erinnerte ihn sicher daran.

Mehr als die finanzielle Unterstützung brachte Vinzenz, dank Alexandre Hennequin, die Beziehung zu einer Familie, die in seinem späteren Leben eine wichtige Rolle spielte. Denn dieser junge Seigneur, der früh zur Waise geworden war, wurde von seinem Onkel und Vormund, Michel de Marillac, erzogen. Vielleicht begegnete Vinzenz in diesem Familienkreis Louise de Marillac und ihrer Cousine Isabelle du Fay, die eine unermüdliche Wohltäterin der vinzentinischen Werke wurde.

Der junge, dynamische und unternehmungslustige Pfarrer, der nicht zögerte, in seiner Kirche und auch im Gemüsegarten seines Pfarrhauses Hand anzulegen, zog die Pfarrjugend an. Über die Katechismus-Kurse hinaus stellte er einen ersten Schulentwurf auf die Beine. Einer der ersten Schüler war Antoine Portail, der einige Jahre später einer seiner engsten Mitarbeiter wurde.

Hat Vinzenz nach so vielen Abenteuern, flüchtigen Träumen und bitteren Enttäuschungen nun einen endgültigen Zufluchtsort des Friedens gefunden? Man könnte es glauben, wenn man ihn erklären hört: »Ich war Pfarrer auf dem Land. Ich hatte ein gutes Volk, das gehorchte, wenn ich es bat, etwas zu tun; wenn ich ihnen sagte, sie sollten am ersten Sonntag des Monats zur Beichte kommen, so fehlten sie nicht. Sie kamen und beichteten, und ich sah von Tag zu Tag den Gewinn, den diese Seelen daraus zogen. Das gab mir so viel Trost, und ich war darüber so glücklich, dass ich zu mir selbst sagte: ›Mein Gott, wie glücklich bist du, ein so gutes Volk zu haben!‹ Und ich fügte hinzu: ›Ich denke, dass der Papst nicht so glücklich ist wie ein Pfarrer inmitten einer Herde, die so guten Herzens ist.‹«[114]

Dieses idyllische Bild zeichnete Vinzenz vierzig Jahre später. Geschah dies unter dem Einfluss der Erinnerung, die seine

Erlebnisse verschönten, oder war er wirklich vollkommen glücklich in seiner Rolle als Landpfarrer? Warum also übernahm er nach etwas mehr als einem Jahr eine neue Aufgabe, die ihn von seiner Pfarrei Clichy-la-Garenne fernhielt?

6

## ERZIEHER BEI DEN GONDIS

### 1613 – 1616

*Weggang von Clichy – Die Geschichte der Gondis – Anfänge bei den Gondis – Vinzenz' düstere Stimmungen – Die Stiftsherrschaft von Écouis – Aufenthalt in Joigny*

»ICH DENKE, dass der Papst nicht so glücklich ist wie ein Pfarrer inmitten einer Herde, die ein so gutes Herz hat«, verkündete Vinzenz. Doch nach 16 Monaten Dienst trat er als Erzieher in das Haus einer großen Familie, der Gondis ein, behielt aber auch die Pfarrei von Clichy-la-Garenne. Kein Dokument erklärt das genaue Motiv für diese Situationsveränderung, außer die Behauptung von Abelly: »Das war ungefähr 1613, als der Hochwürdige Père de Bérulle Vinzenz dazu bewog, die Aufgabe eines Erziehers der Kinder von messire Emmanuel de Gondi zu übernehmen.«[115]

Auf den ersten Blick scheint es überraschend, dass Bérulle am Anfang dieser Entscheidung stand. Hielt er nicht im Gegenteil Vinzenz vom Hof der Königin Margarete fern?[116] Traf er nicht selbst die Wahl, ihn in eine Pfarrei zu bringen, um ihn seine wahre Berufung erkennen zu lassen? Sicher wusste

Bérulle, der mit dem Milieu des hohen Adels bestens vertraut war, dass die Gondis einen Erzieher für ihre Kinder suchten. Vielleicht war er sogar von ihnen beauftragt, einen zu finden. Zwischen damals und der Entscheidung, Vinzenz von der weiteren Betreuung einer erst kürzlich übernommenen Pfarrei abzuraten, bestand ein großer Unterschied. Es ist vorstellbar, dass Bérulle in Vinzenz' Anwesenheit auf diese mögliche Stelle anspielte und ihm die freie Wahl ließ, um die Wahrhaftigkeit seines Entschlusses, ein pastorales Leben zu führen, zu prüfen.

Dank Bérulle erkannte Vinzenz sicherlich den Adel seines kirchlichen Standes und war von der Perspektive, die er ihn entdecken ließ, begeistert: sein Leben nach dem Bild Christi zu gestalten. Doch zwischen seiner Erkenntnis und seiner tief greifenden Bekehrung gab es einen langen Weg zu durchlaufen. Damals war Vinzenz wahrscheinlich noch nicht bereit, sein ganzes Leben zu ändern.

Er war aufrichtig glücklich, eine pastorale Aufgabe zu erfüllen, die seinem Bedürfnis und seiner Vorliebe für die Tat entsprach. Er lernte ohne Zweifel ziemlich schnell jede Einzelheit dieser Tätigkeit kennen. Vinzenz war nicht frei von Ehrgeiz. Unbewusst fühlte er sich aufgerufen, große Dinge zu verwirklichen, und der Horizont von Clichy mag ihm ziemlich eng erschienen sein. Zudem fühlte er sich dazu fähig, mehreren Beschäftigungen nachzugehen, was er schon früher gemacht hatte und sein ganzes Leben hindurch tat.

Nun, Vinzenz hatte die besondere Gabe, Verbindungen herzustellen. Das zeigte sich schon in seiner Kindheit in Dax, dann in Toulouse und später in Avignon und Rom. Überall, wo er auftauchte, gewann er Freundschaften. In Paris wurde er geschätzt sowohl von den Großen, die im Palast der Königin Margarete aus- und eingingen, als auch von jener intellektuellen Elite, in der sich Bérulle bewegte. Selbst in der Landpfarrei von Clichy-la-Garenne gelang es ihm, sich zu einem Milieu Zugang zu verschaffen, das den Kreisen der Macht nahestand. Später stellte Vinzenz diese außergewöhnliche Begabung in den Dienst der Charité, im Augenblick, warum soll man es nicht zugeben, nützte er sie für sein eigenes Weiterkommen.

Möglicherweise erstrebte er diese Stelle bei den Gondis selbst. War er etwa nicht besonders geeignet, diese Funktion als Erzieher zu übernehmen, da er sie mit Erfolg in Dax und Toulouse ausgeübt hatte, über entsprechende Universitätstitel verfügte und einen guten Ruf genoss? Ob nach dem Willen von Bérulle oder auf Eigeninitiative von Vinzenz, der Beschluss wurde jedenfalls gefasst und die Bewerbung angenommen. Ein Vikar war in der Pfarrei von Clichy schon eingesetzt, aber Vinzenz blieb weiterhin der Pfarrer, machte Besuche und nahm so viel wie möglich am Pfarrleben teil.

Die Gondis gehörten einer alten Familie aus Florenz an, die verschiedene Schicksale teilte. Ein Antoine de Gondi[117] war am Beginn des 16. Jahrhunderts nach Lyon ausgewandert, um dort eine Bank zu leiten. Seine Gattin, Marie-Christine de Pierre-Vive, hatte ihm zehn Kinder geschenkt. Sie wurde 1530 von Katharina von Médici in Lyon ausgezeichnet, die sich auf Durchreise zu ihrer Hochzeit mit dem Dauphin, dem zukünftigen Heinrich II., befand. Katharina nahm die Familie der Gondis mit sich und begründete deren Wohlstand.

Antoine de Gondi wurde zum Haushofmeister des Dauphins ernannt, seine Frau zur Erzieherin der »Kinder von Frankreich«. Ihre eigenen Kinder sollten die höchsten Ämter des Staates und der Kirche erhalten. Ihr ältester Sohn, Albert, Günstling von Karl IX., häufte Titel und Güter an: Marquis de

Belle-Isle, Marschall von Frankreich, General der Galeeren, Gouverneur der Provence, und dank seiner Heirat Herzog de Retz. Später verband er sein Schicksal mit Heinrich IV., der seinen Geist und seinen Mut schätzte. Albert de Gondi hatte weder Skrupel noch moralisches Empfinden, sein Vorbild war Machiavelli. Gewisse Züge seines Charakters fanden sich später bei seinem Enkel, dem zukünftigen Kardinal de Retz wieder, dem Ränkeschmied und Memoirenschreiber.

Der zweite Sohn von Antoine Gondi, Pierre, bestimmt für die Kirche, wurde Bischof von Langres, dann Bischof von Paris, bevor er die Kardinalswürde erlangte. Er war ein ausgezeichneter Prälat, der versuchte, Ordnung in sein Bistum zu bringen, und der in der Annäherung zwischen Heinrich IV. und dem Heiligen Stuhl eine bedeutende Rolle spielte.[118] Er gab sein Bischofsamt 1596 zugunsten seines Neffen Heinrich de Gondi auf. Der Bischofssitz von Paris war so ohne Unterbrechung durch vier Gondis besetzt, die drei aufeinanderfolgenden Generationen angehörten. Das war eine richtige Familientradition geworden, wie das Amt des Generals der Galeeren, das in den Händen von vier Familienmitgliedern lag.

Albert de Gondi hatte wie sein Vater zehn Kinder. Sein Ältester erbte die Oberaufsicht der Galeeren, die Titel des Marquis de Belle-Isle und des Herzogs de Retz. Sein zweiter Sohn Heinrich folgte seinem Onkel auf den Bischofssitz von Paris, setzte sich für die Disziplin in seiner Diözese ein und begünstigte die Gründung und Entwicklung religiöser Einrichtungen. Zum Kardinal erhoben, nahm er den Titel des Kardinals de Retz an. Bei seinem Tod im Jahre 1622 legte sein Bruder Jean-François die Kutte der Kapuziner ab und folgte ihm auf den Bischofssitz, der in ein Erzbistum umgewandelt worden war.

Zwischen diesen beiden Brüdern befand sich Philippe-Emmanuel de Gondi, bei dem Vinzenz im September 1613 als Erzieher eintrat. Philippe-Emmanuel war damals 33 Jahre alt. Er war nach den Aussagen seines Sohnes »sehr stattlich und aufrecht und einer der wachsamsten Männer des König-reiches«. Zu diesem Zeitpunkt war er in die Intrigen und Ver-gnügungen des Hofes verstrickt. Beim Tod seines älteren Bruders Charles erhielt er sehr jung das Amt des Generals der Galeeren und wurde Generalleutnant des Königs »dès mers du Levant« (der Gewässer der Levante). Er zeichnete sich als Befehlshaber einer Galeerenflotte aus, die die Berber besiegte. 1604 heiratete er Françoise-Marguerite de Silly, eine sanfte und tugendhafte Frau, die ihm zwei Söhne schenkte. Sie waren sieben bzw. zwei Jahre alt, als Vinzenz seine Stelle als Erzieher antrat. Ein dritter Sohn kam am 20. September 1613 zur Welt; er wurde auf den Namen Jean-François Paul getauft, aber bekannt wurde er unter seinem Titel als Kirchenmann und Schriftsteller, als Kardinal de Retz.

Als Vinzenz seine Erziehertätigkeit begann, hatte er zu-nächst nur einen einzigen Schüler, Pierre de Gondi. Dieser hatte den schwierigen Charakter seines Großvaters Antoine geerbt. Sehr früh zeigte er einen seltenen Heldenmut, beson-ders bei der Belagerung von La Rochelle. Er trat zuerst gegen Richelieu an, später, zur Zeit der Fronde, gegen Mazarin. Philippe-Emmanuels zweiter Sohn Heinrich war laut Fami-lientradition für ein geistliches Amt bestimmt. Leider starb er im Alter von 11 Jahren. Also führte man den dritten Sohn dem kirchlichen Stand zu, obwohl er nach seinem eigenen Ge-ständnis »die am wenigsten kirchliche Seele im ganzen Uni-versum war«[119]. Das hinderte ihn nicht, Kardinal zu werden, allerdings mehr durch Intrige als durch Frömmigkeit.

Vinzenz war beauftragt, ihnen die Grundlagen der klassischen Studien und der christlichen Lehre beizubringen, wobei gerade letztere ihrer frommen Mutter besonders am Herzen lag. Mit ungefähr 12 Jahren sollten sie dann in ein Collège eintreten. Pierre de Gondi, der älteste Sohn, war also nur einige Jahre unter dem Einfluss von Vinzenz, da er später ins Collège eintrat und dann in die königliche Akademie, wo die jungen Adeligen, die für den Heeresdienst bestimmt waren, vom berühmten Reitlehrer Antoine de Pluvinel ausgebildet wurden. Sein Verhalten als Erwachsener war keineswegs erbaulich, er machte seinem ehemaligen Erzieher auf moralischer Ebene keine Ehre. Da der zweite Sohn Heinrich so früh starb, lassen sich Vinzenz' Erziehungserfolge leider nicht abschätzen. Der dritte Sohn blieb am längsten unter seiner Anleitung, bevor er zwölfjährig ins Collège von Clermont eintrat und dort durch seine Disziplinlosigkeit auffiel. Man muss feststellen, dass es seinem Erzieher nicht gelungen war, sein stürmisches Temperament zu zähmen. Die Zügellosigkeit seines ehemaligen Schülers, auch nach dem Empfang seiner Weihe, betrübten Vinzenz sicher sehr. Er hat ihm gegenüber jedoch immer eine gewisse Nachsicht walten lassen. In seinen Memoiren spielt der Kardinal de Retz nur an einer Stelle auf Vinzenz an, wo er von Weihe-Exerzitien berichtet, die er in Saint-Lazare machte: »Monsieur Vinzenz, der mir dieses Wort des Evangeliums auferlegt hatte: Ich besäße zwar nicht genug Frömmigkeit, sei aber vom Reiche Gottes nicht allzu weit entfernt.«[120]

Neben seiner Funktion als Erzieher war Vinzenz mit der religiösen Unterweisung der zahlreichen Dienerschaft des Hauses beauftragt. Später änderte sich Vinzenz' Aufgabe bei den Gondis zunehmend, als er die Familie auf ihre Ländereien begleitete.

Obwohl man nur wenige Zeugnisse über Vinzenz' Leben bei den Gondis kennt, spielte er zu Beginn seiner Erziehertätigkeit eine ziemlich unscheinbare Rolle und hielt sich bescheiden und diskret zurück. Er war noch in jener »tiefen Schwermut« versunken, die ihn seit dem Versuch, dem Doktor der Theologie am Hof der Königin Margarete beizustehen, gefangen hielt. Vielleicht hatte er eine gewisse Heiterkeit während der Zeit in Clichy-la-Garenne wiedergefunden, wo er ein aktives Leben geführt hatte, ganz so, wie er es brauchte. Aber er musste von Neuem gegen Versuchungen und gegen »sein aufbrausendes Wesen« kämpfen. Abelly weist auf sein »leicht erregbares und melancholisches Temperament« hin, das er selbst erkannte und sogar von Madame de Gondi bemerkt wurde. Vinzenz erklärte damals: »Ich wandte mich an Gott und bat ihn, mich aus dieser schlechten und abstoßenden Stimmung zu befreien und mir einen sanften und gütigen Geist zu geben. Durch die Gnade unseres Herrn und mit ein wenig Aufmerksamkeit, mit der ich mein aufbrausendes Wesen unterdrückte, habe ich ein wenig von meiner düsteren Stimmung verloren.«[121]

Als Vinzenz später seinen Missionaren eine Konferenz hielt, sprach er über »die Aufgabe eines Kaplans bei einem Großen«. Seine Erfahrung bei den Gondis hatte sicherlich diese Überlegungen inspiriert. Er behauptete, dass man »ein Mann des Gebetes« sein muss, um diese Aufgabe gut erfüllen zu können, und dass eine große Frömmigkeit mehr wert ist als großes Wissen. Jedenfalls zitierte er eine Anekdote, aus der hervorging, dass er einmal seine Zurückhaltung aufgab und sich gegenüber seinem Herrn behauptete: »Es gab einen Schlosskaplan, der wusste, dass sein Herr die Absicht hatte, sich im Duell zu schlagen; nachdem dieser Kaplan die heilige

Messe gefeiert hatte und sich alle zurückgezogen hatten, warf sich der Geistliche zu Füßen seines immer noch knieenden Herrn und sagte zu ihm: ›Mein Herr, erlauben Sie, dass ich Ihnen in aller Bescheidenheit ein Wort sage. Ich weiß, dass Sie die Absicht haben, sich im Duell zu schlagen. Ich sage Ihnen im Auftrag Gottes, den ich Ihnen eben gezeigt habe und den Sie eben angebetet haben, dass er, wenn Sie dieses schlechte Vorhaben nicht aufgeben, seine Gerechtigkeit über Sie und Ihre ganze Nachkommenschaft ausüben wird.‹ Nachdem er dies gesagt hatte, zog sich der Kaplan zurück.«[122]

Man weiß durch Abelly, dass der General der Galeeren, Philippe-Emmanuel, einen seiner nächsten Verwandten rächen wollte, den ein Seigneur des Hofes getötet hatte. Aufgerüttelt durch Vinzenz' Warnung verzichtete er auf das Duell und zog sich in schlechter Stimmung auf eines seiner Landgüter zurück. Dort erfuhr er wenig später, dass der Mörder durch den König verbannt worden war, was ihn besänftigte.

Geschah es infolge dieser Affäre, dass Vinzenz seinen persönlichen Rechtsstand scheinbar ein wenig änderte? Er fügte seiner begrenzten Aufgabe als Erzieher und Kaplan für die Hausangestellten jene eines persönlichen Seelsorgers der Gondis hinzu. Zur selben Zeit ließ ihm der General der Galeeren – um ihm seine Wertschätzung zu bezeugen – zur Aufbesserung seiner Besoldung als Erzieher im Februar 1614 die Pfarrei von Gamaches[123] als Pfründe zuschreiben.

Da die Gattin von Philippe-Emmanuel bemerkte, wie Vinzenz seine Aufgabe bei ihren Kindern erfüllte, fühlte sie sich ihrerseits zu diesem diskreten und aufmerksamen Priester hingezogen. Françoise-Marguerite de Silly war eine ängstliche und unruhige Seele. Sie bat Vinzenz, ihr geistlicher Begleiter zu sein. Er zögerte, diese Aufgabe anzunehmen, deren

Schwierigkeit er erriet, aber sie ließ Pierre de Bérulle für sie eintreten. Vinzenz beugte sich, wobei er versuchte, einige Distanz zu diesem Beichtkind zu bewahren, das seinem Beichtvater bald viel abverlangte. Sie wollte ihn ohne Unterlass bei sich haben, um ihm ihre Gewissensprobleme mitteilen zu können und seinen Rat einzuholen. Vinzenz versuchte diskret, sie darauf hinzulenken, die Kranken zu besuchen und die Mittellosen zu unterstützen, die auf ihren Gütern lebten. Schließlich setzte sie sich mit Eifer und Begeisterung dafür ein und Vinzenz musste sie dabei begleiten.

In Paris bewohnten die Gondis zunächst ein Palais in der Rue-des-Petits-Champs, dann zogen sie in die Rue-Pavé um. Sie lebten auf großem Fuß, selbst auf die Gefahr hin, in Schulden zu geraten[124] oder die finanzielle Hilfe des älteren Bruders, des Kardinals, erbitten zu müssen, der über sehr beträchtliche Einkommen verfügte. Oft hielten sich die Gondis auch in einem ihrer Provinzschlösser in Montmirail, in Folleville, in Villepreux oder in Joigny auf.

Neben seiner Würde als Marquis des Îles-d'Or (Îles-d'Hyères) und seiner Aufgabe als General der Galeeren war Philippe-Emmanuel de Gondi auch Baron de Plessis-Ècouis in der Normandie; er verfügte über wichtige Besitzungen in der Champagne, da er Baron von Montmirail und von Dampierre war, ebenso in der Île de France mit der Grafschaft von Villepreux (im Westen von Versailles). Von seinem Onkel, dem Kardinal Pierre de Gondi, hatte er die Grafschaft von Joigny erhalten. Seine Gemahlin Françoise-Marguerite de Silly hatte von ihrer Mutter die Besitzungen in der Picardie geerbt, sie war Herrin von Folleville, Paillart, Sérévillers und Gannes (südlich von Amiens), und durch ihren Vater »Damoiselle de

Commercy« und Herrin von Enville in Lothringen. Auf diesen Besitzungen, wohin Vinzenz Madame de Gondi bei ihren karitativen Besuchen begleitete, wurde ihm das große Elend bewusst, das in allen ländlichen Gebieten herrschte. Er stellte fest, dass viele Familien in einem Zustand äußerster Armut lebten und auch in religiöser Hinsicht nicht betreut waren, da der örtliche Klerus nicht entsprechend ausgebildet war. Also versuchte Vinzenz mit Zustimmung und manchmal auf Bitte von Philippe-Emmanuel und seiner Gattin, den fehlenden Klerus in den Dörfern, die zu den Besitzungen der Gondis gehörten, zu ersetzen. Er lehrte den Katechismus, hörte Beichte und predigte.

In einer Predigt zum Thema des Katechismus, deren Text erhalten geblieben ist, begann er mit folgenden Worten: »Ich steige nicht auf die Kanzel, um Euch wie gewöhnlich eine Predigt zu halten …, sondern weil der Herr Graf es gewünscht hat …, wissend, dass Gott die Herren nicht allein eingesetzt hat, um den Pachtzins seiner Untertanen einzuheben, sondern um sie gerecht zu verwalten, die Religion aufrechtzuerhalten und dafür zu sorgen, dass sie Gott lieben und ehren und ihm dienen.«[125] Vinzenz fand in dieser pastoralen Tätigkeit ein neues Gleichgewicht. In diesen Jahren 1614 und 1615 gelang es ihm, aus seiner dunklen Phase des Zweifels und der Schwermut herauszukommen. Die Gondis zeigten ihm ihre Zufriedenheit und Wertschätzung auf verschiedene Weise. Im Besonderen ließ ihm Philippe-Emmanuel am 27. Mai 1615 das Amt eines Finanzverwalters und Kanonikers der Stiftskirche von Écouis zuweisen, deren »collateur« er war.[126]

Diese Ernennung rief einigen Wirbel hervor, denn Vinzenz begab sich nur ein einziges Mal nach Écouis, und zwar im September 1615, um dort vor dem Generalkapitel »den Treueschwur« auszusprechen und um die Gesellschaft zu bitten, »am nächsten Tag zum Diner zu kommen«. Er nahm sich wohl auch die Zeit, das hohe Kirchenschiff und die schöne Gestaltung des Platzes mit einem Dutzend Kanonikerhäusern und ihren kleinen Gärten zu bewundern. Danach zog sich Vinzenz zurück und setzte keinen Fuß mehr nach Écouis. Aber ein Mitverantwortlicher der Stiftskirche, Pierre de Roucherolles, versammelte das Kapitel einige Monate später, um die Abwesenheit mehrerer seiner Mitglieder feststellen zu lassen – darunter auch den Schatzmeister (= Vinzenz). Er forderte sie auf, zu kommen und eine Erklärung zu geben. In Abwesenheit des Generals der Galeeren griff seine Frau zur Feder und erklärte, dass »Monsieur Vincent Depaul« durch seine hiesigen Verpflichtungen zurückgehalten wurde. Wie lange hat Vinzenz diese Pfründe nach diesem Zwischenfall behalten? Man findet darüber keine Angaben.

Vinzenz, der sich so lange um eine ehrenvolle Pfründe bemüht hatte, konnte nun zufrieden sein. Mit 35 Jahren vereinigte er eine beträchtliche Anzahl von Titeln mit den damit verbundenen Einkünften. Er besaß und verwaltete zwei Pfarreien: Clichy-la-Garenne und Gamaches. Er leitete immer noch die Abtei von Saint-Léonard-de-Chaume und erfreute sich des Amtes eines Schatzmeisters und Kanonikers der Stiftskirche von Écouis. Zudem nahm er in einem hochgeachteten Haus eine ehrenhafte und gut bezahlte Stelle ein.

Und jetzt, nach so vielen unerwarteten Schicksalswendungen, da er sein Ziel endlich erreicht hatte, begann Vinzenz die Eitelkeit all dessen, was er so brennend erwerben wollte, zu begreifen: materiellen Wohlstand, ehrenhafte Titel, Geschäfte mit den Großen. Es war seine Arbeit »beim armen Volk auf dem Land«, die ihm das Gefühl gab, er selbst zu sein.

Am Ende dieses langen, dunklen Tunnels sah er einen Schimmer des Lichtes und der Sicherheit.

Nach dem Tod des Kardinals Pierre de Gondi im Februar 1616 übernahm Philippe-Emmanuel ganz die Aufgaben eines Grafen von Joigny. Im Laufe dieses Jahres residierte seine Familie, von Vinzenz begleitet, dort längere Zeit.

Die Lage von Joigny auf einer Anhöhe über dem Tal der Yonne war bemerkenswert. Die von Mauern eingefasste Stadt wurde um die Bergkuppe erbaut, auf der sich seit dem 10. Jahrhundert eine Festung erhob. Auf dem Fundament dieser ehemaligen Festung wurde gegen 1570 mit dem Bau eines modernen Wohnsitzes begonnen. Der Kardinal de Gondi hatte nicht die Zeit, dieses Werk zu vollenden. Bewohnbar war ein einziger Pavillon mit einer eleganten Fassade im Renaissancestil. Ihm gegenüber, an der Stelle eines ehemaligen Klosters, erhob sich eine im 16. Jahrhundert erbaute Kirche. Die Innenarchitektur war besonders gepflegt, mit einem gewölbten Kirchenschiff und Fenstern, wodurch viel Licht ins Innere flutete. Ein mit Tieren geschmücktes Fries markierte den Übergang zwischen dem gotischen Teil dieses Gotteshauses und einem anderen im Renaissancestil.

Laut Überlieferung bewohnte Vinzenz ein Haus unterhalb des Schlosses. Er begab sich in diese schöne Kirche Saint-Jean hinauf, um die Messe zu feiern, bevor er sich mit seinen Schülern beschäftigte und der neuen Schlossherrin als Ratgeber diente. Dies war ihr sehr wichtig, denn ihr Gatte war durch seine Aufgaben als General der Galeeren in der Provence festgehalten. Zu regeln galt es Verwaltungsprobleme der Grafschaft von Joigny, die Überwachung der Bauarbeiten an einem Schloss und die Führung zahlreicher Prozesse. Sie bezogen sich besonders auf herrschaftliche Rechte, die mit Ländereien im benachbarten Dorf von Villecien verbunden waren. Der Herr von Villecien war kein anderer als Nicolas Hennequin, Cousin von Alexandre Hennequin, den Vinzenz in Clichy kennengelernt hatte. Die offizielle Versöhnung, die im September 1617 zwischen dem Grafen von Joigny und dem Herrn von Villecien zustande kam und unterzeichnet wurde, ist wohl der Vermittlung von »Monsieur Vincent« zu verdanken.[127]

Vinzenz ging in Zusammenarbeit mit dem Klerus der Grafschaft von Dorf zu Dorf, um Predigten zu halten und Beichte zu hören. Die Pfarrangehörigen wandten sich lieber an ihn als an ihren eigenen Pfarrer. Daher musste er beim Generalvikar des Bistums von Sens, zu dem die Grafschaft von Joigny gehörte, um die Berechtigung ansuchen, »Generalbeichten« abzunehmen.[128]

Vinzenz selbst war nicht geschützt vor Versuchungen, besonders jenen des Fleisches. Während dieses Aufenthaltes in Joigny machte er Exerzitien in der Kartause von Valprofonde in der Nähe dieser Stadt. In einem späteren Brief an einen seiner Missionare machte er eine diskrete Anspielung. Der Mönch, der diese Exerzitien leitete, sprach mit ihm »über einen heiligen Bischof, der unter diesen Dingen (den Versuchungen) litt, wenn er Frauen taufte«, und wie es ihm gelang, sie zu überwinden. Vinzenz schrieb in diesem Brief, dass er durch dieses Beispiel eine ähnliche Versuchung, an der »ich in der Ausübung meiner Berufung litt, überwinden konnte«[129].

Gegen Ende dieses Jahres, am 29. Oktober 1616, fasste Vinzenz einen wichtigen Entschluss. Er unterzeichnete den Akt, in dem er auf die Abtei Saint-Léonard-de-Chaume verzichtete.[130] Tatsächlich schien diese Abtei ihm mehr finanzielle Unannehmlichkeiten als Gewinn eingebracht zu haben.

War dieser Entschluss der Beweis, dass er – nach der Tilgung seiner Schulden – in der Lage war, eine Aufgabe zurückzulegen, weil sie mit seinen anderen Beschäftigungen und Verantwortlichkeiten kaum vereinbar war? Oder war es nicht vielmehr das erste Zeichen eines tiefgreifenden Wandels, im Zuge dessen Vinzenz beschlossen hatte, seinem Leben einen neuen Sinn zu geben?

7

## EIN ENTSCHEIDENDES JAHR

1617

*Ermordung von Concini – »Erste Missionpredigt« – Vinzenz' plötzliche Abreise – Pfarrer von Châtillon-les-Dombes – Erster Caritasverein – Rückkehr zu den Gondis*

BEIM TOD HEINRICHS IV. wurde die Regentschaft des Königreiches durch Beschluss des Parlaments seiner Witwe Maria von Médici anvertraut, da sein Sohn, der junge Ludwig, erst neun Jahre zählte und seine Volljährigkeit erst im Oktober 1614 proklamiert werden sollte. Die Regentin entfernte unter dem Einfluss ihrer Umgebung, vor allem ihrer Ziehschwester Léonora Dori, genannt die Galigaï, und deren Gatten Concino Concini, einem florentinischen Edelmann, sogleich die Minister des verstorbenen Königs, darunter den getreuen Sully. Es folgte die Plünderung des königlichen Schatzes durch diese italienische Gruppe, angeführt von Concini, der sich Marquis d'Ancre und Marschall von Frankreich nennen ließ.

Die Großen des Königreiches mit dem Prinzen Condé[131], den Guises und den Bouillons an ihrer Spitze rebellierten. Um sie zu beschwichtigen, ordnete die Regentin eine Versammlung der Generalstände an – in ihren Augen ein einfacher Ausweg. Jedenfalls erlaubte es diese Versammlung dem jungen Bischof der kleinen Diözese von Luçon, sich bekannt und bemerkbar zu machen. Bald darauf wurde er Kardinal de Richelieu. Die Volljährigkeit des Königs, die der Eröffnung dieser Generalstände einige Tage vorausgegangen war, änderte nichts am Regierungsstil, der immer noch in den Händen der Günstlinge der Regentin lag. Eine neue Rebellion der Großen erzwang ein weiteres Zugeständnis von Maria von Médici: Sie ernannte im Mai 1616 den Prinzen de Condé zum Chef du Conseil. Einige Monate später ließ sie ihn festnehmen und einsperren, da Concini die Zügel der Macht an sich riss.

Nun bildete sich ein Komplott, damit der junge König Ludwig XIII. wirklich seinen Thron besteigen konnte. Am 24. April 1617 wurde Concini auf dem Weg zum Louvre ermordet. Der Organisator dieses Gewaltstreiches war Charles d'Albert[132], Freund und Berater des jungen Königs, der mit der Leitung der Geschäfte betraut wurde. Maria von Médici wird in das Schloss von Blois ins Exil geschickt. Dieses Jahr 1617 war also für das französische Königreich eine Zeit der Wirren und Veränderungen.

In den ersten Tagen dieses Jahres hielt sich die Familie des Generals der Galeeren im Schloss von Folleville[133] in der Picardie auf. Man hatte Monsieur Vinzenz soeben benachrichtigt, dass ein Mann auf einem Landgut Madame de Gondis im Dorf Gannes, drei Meilen vom Schloss entfernt, im Sterben lag. Es handelte sich um einen angesehenen Bauern, der den Beistand eines Priesters verlangte, um sein Gewissen von schweren Vergehen zu entlasten, die er niemals gewagt hatte, dem Pfarrer seines Dorfes zu gestehen. Vinzenz begab sich sofort dorthin und nahm ihm die Beichte ab. Der Sterbende empfand eine wunderbare Erleichterung und einen großen Frieden. Madame Gondi gegenüber, die ihn besuchen kam, erklärte er, dass er verdammt gewesen wäre, wenn er diese Generalbeichte nicht hätte ablegen können, und er gestand ihr sogar öffentlich seine Vergehen.

Madame de Gondi war sehr bewegt und erklärte Vinzenz: »Ah, Monsieur, was haben wir soeben gehört? Zweifellos steht es so mit den meisten dieser armen Leute. Wenn dieser Mann, der als gut galt, im Zustand der Verdammung war, was wird mit den anderen sein, die schlechter leben?« Sie bat Vinzenz also, am 25. Januar in der Kirche von Folleville eine Predigt zu halten, um die Bewohner zu einer Generalbeichte zu ermutigen. Dies geschah mit einem außergewöhnlichen Ergebnis: »All diese guten Leute waren so von Gott angerührt, dass sie alle kamen, um ihre Generalbeichte abzulegen.«

Der Prediger war von seinem eigenen Erfolg überrascht: »Der Andrang war so groß, dass ich mit einem Priester, der mir half, nicht zu Rande kam. Madame wandte sich an die hochwürdigen Jesuitenpater von Amiens um Hilfe. Der Pater Rektor, der selbst kam, hatte nur wenig Zeit zu verweilen und schickte den hochwürdigen Pater Fourché aus derselben Gesellschaft, der uns half, Beichte zu hören, zu predigen und Katechese zu halten.« Denn es genügte nicht, sich im Beichtstuhl aufzuhalten, man musste die Pfarrangehörigen auch darauf vorbereiten, das Sakrament der Buße zu empfangen. Er wandte sich später an seine Missionare, um ihnen diesen Bericht zu geben, den er mit den Worten schloss: »Das war die erste Missionspredigt und der Erfolg, den Gott ihr gab.«[134]

Vinzenz hatte schon manche Gelegenheit gehabt zu predigen, sei es auf Bitte von Philippe-Emmanuel de Gondi auf seinen Besitzungen, sei es auf jene seiner Gattin auf ihren Gütern. Aber diese Predigten hatten nicht ein solches Echo gefunden. Soweit man nach den erhaltenen Texten urteilen kann, waren es Predigten über Kommunion und über Katechismusunterricht[135], eher kurze klassische Ansprachen mit biblischen Belegstellen und lateinischen Zitaten, die es in Kauf nahmen, über die Köpfe der Zuhörer hinweg zu verhallen. Sicherlich versuchte Vinzenz, sie lebendiger zu machen, indem er konkrete Beispiele verwendete, doch blieben es Predigten, die die Dorfbewohner ruhig und ergeben anhörten.

Das Neue an der Predigt von Folleville lag darin, dass Madame de Gondi, die die Bekenntisse jenes »angesehenen« Bauern gehört und öffentlich gemacht hatte, Vinzenz von der Schweigepflicht, die ihm durch das Beichtsakrament auferlegt war, befreit hatte. Er bestieg auf ihre Bitte hin die Kanzel und sprach ganz offen über dieses nun allen bekannte Beispiel, um seine Zuhörer zu ermutigen, sich von der Last ihrer begangenen Fehler frei zu machen. Immer noch ergriffen, wandte er sich an diese Landbevölkerung mit den Worten eines Mannes vom Land, eines Bauernsohnes, der in ihrer Sprache zu ihnen sprach. Und die Wirkung war außerordentlich!

Vinzenz erprobte bei dieser Gelegenheit auch die Zusammenarbeit mit den Patres, die von Amiens geschickt worden waren. Sie wurde für ihn zu einem Handlungsprinzip, von dem er niemals mehr abgewichen ist.

Mit dem Schwung dieses ersten Erfolges begab er sich anschließend mit anderen Priestern in die Dörfer, die in dieser Region Madame de Gondi gehörten, um dort mit ähnlich erfreulichen Ergebnissen zu predigen. Er stellte fast überall die Mittelmäßigkeit, um nicht zu sagen die Unwissenheit der Geistlichen fest, die in den Landpfarreien ihren Dienst taten. Madame de Gondi hatte ihm übrigens berichtet, dass Pfarrer in den Pfarreien auf ihren Besitzungen, bei denen sie beichtete, sehr oft die sakramentale Formel der Lossprechung nicht kannten und an ihrer Stelle einige unverständliche Worte stammelten. Sie hatte sich angewöhnt, den Wortlaut der Formel auf ein Stück Papier zu schreiben, das sie dem Priester reichte.

Zudem hatten die Dorfbewohner keine Achtung ihren Priestern gegenüber, die sich unfähig zeigten, sie zu unterweisen und die manchmal sogar durch ihre Lebensführung Gegenstand von Skandalen waren, da sie sich dem Trunke ergaben oder im Konkubinat lebten. Daher weigerten sie sich, bei ihnen zu beichten und verharrten so in einem Zustand ständiger Sünde. Vinzenz war von da an durch den Gedanken beunruhigt, dass »so viele Seelen ihr ewiges Heil aus Mangel an guten Hirten gefährden, die sie leiten«.

Im Verlauf dieser Predigtwochen auf den Besitzungen von Madame de Gondi läuterte und verdeutlichte sich alles, was Vinzenz im Laufe dieser letzten Jahre verworren entdeckt und gefühlt hatte. Ihm wurde bewusst, dass seine Berufung darin bestand, »den armen Leuten auf dem Lande Gott nahezubringen«, und dass er, um das zu erreichen, über eine außergewöhnliche Redegabe verfügte.

Nach diesen intensiv erlebten Wochen war die Rückkehr in den Alltag des Pariser Palais der Gondis für Vinzenz sehr mühsam. Er erstickte im pompösen Rahmen eines der Eleganz und den Festen zugewandten Hauses. Gewissenhaft erfüllte er seine Aufgaben als Erzieher, aber sie befriedigten nicht seinen

Tatendrang. Er überwachte die Studien von zwei Kindern, die sechs bzw. vier Jahre alt waren. Pierre, der älteste, war bereits in einem Collège, bevor er in die königliche Akademie eintrat, um dort mit anderen gleichaltrigen Adeligen eine militärische Ausbildung zu erhalten.

Vinzenz blieb noch seine Aufgabe als Gewissensberater bei Madame de Gondi. Er übte dies nur allzu gut aus, denn sie konnte nicht mehr auf ihn verzichten. Er musste ständig an ihrer Seite sein, um ihre unruhige Seele zu beruhigen und um ihre Frömmigkeit zu lenken, die eine starke Neigung hatte, sich dem Mystizismus zuzuwenden. Seit den gemeinsamen, prägenden Erlebnissen in Gannes und in Folleville fühlte sich Madame de Gondi noch mehr mit Vinzenz verbunden, und sie war überzeugt, dass er allein fähig war, ihre verwundbare Seele zum Heil zu führen.

Der General der Galeeren war selten bei seiner Familie, da er durch seine Aufgabe oft zurückgehalten wurde. Seine Arbeit machte lange Aufenthalte bei Hofe und in der Provence notwendig. Vinzenz befand sich also längere Zeit hindurch allein mit Madame de Gondi. Françoise-Marguerite war eine schöne junge Frau, ungefähr im selben Alter wie er. Man weiß um die Anziehung, die er auf Frauen ausübte, auch er selbst war nicht unempfindlich für ihren Charme. Die Exerzitien in der Kartause von Valprofonde hatten vielleicht nicht genügt, ihn von den Versuchungen des Fleisches gänzlich zu befreien. Oder war Vinzenz durch die andauernden Gewissenskonflikte, die ihm sein von argen Schuldgefühlen und Ängsten gequältes Beichtkind unterbreitete, überfordert?

Vinzenz hatte sich darüber bestimmt mit Pierre de Bérulle unterhalten. Als Superior des Oratoriums schlug er Vinzenz jedoch nicht vor, sich seiner Kongregation anzuschließen. Er erkannte, dass das nicht seine Berufung war. Dagegen war Bérulle unlängst vom Erzbischof von Lyon gebeten worden, ihm einen Priester seiner Kongregation vorzuschlagen, der die Pfarrei von Châtillon-les-Dombes in der Bresse übernehmen konnte. Er schlug Vinzenz diese Stelle vor, der sie sofort annahm. Unter dem Vorwand, eine kleine Reise machen zu müssen, verließ er Paris Ende Juli. Er wurde am 1. August 1617 offiziell in der Pfarrei von Châtillon eingesetzt.[136]

In der Tat ein seltsames Verhalten, sowohl von Seiten Pierre de Bérulles als auch von Vinzenz von Paul! Bérulle hatte Vinzenz den Gondis empfohlen und jetzt half er ihm, sich seiner Aufgabe in dieser Familie zu entziehen, ohne nach ihrer Meinung zu fragen oder sie zu benachrichtigen. Vinzenz erklärte später, »dass er es sich zur Maxime gemacht hatte, den Herrn General in Gott und Gott in ihm zu betrachten und ihm auf diese Weise zu gehorchen und seiner verstorbenen Gattin wie der hl. Jungfrau«[137]. Er rettete sich aus ihrem Haus ohne ein Wort der Erklärung. Er täuschte sie sogar über das Motiv seiner Abwesenheit. Zudem war er zu dieser Zeit noch immer mit der Pfarrei von Clichy-la-Garenne betraut, mit der er sich weiterhin regelmäßig befasste. Man hätte denken können, dass er sich damit zufriedengeben würde, in seine Pfarrei zurückzukehren und seine Funktion als Erzieher zu kündigen. Er fürchtete, dort zu nahe bei den Gondis zu sein, und dass sie seine Rückkehr unter ihr Dach verlangen könnten. Es war notwendig, dass er durch diese Entfernung bis an die Grenze des Königreiches seinen freiwilligen und endgültigen Bruch mit seinen ehemaligen Herrschaften verdeutlichte.

Vinzenz äußerte sich nie über seine wirklichen Beweggründe, die ihn dazu gedrängt hatten, diesen überraschenden Entschluss zu fassen.

All das ereignete sich zu einer Zeit, in der die Hauptstadt gerade durch eine Palastrevolution in Aufruhr versetzt wurde. Der Günstling der Regentin, Concini, wurde am 24. April ermordet, seine Frau verurteilt und am 8. Juli hingerichtet. In welchem Maße waren die Gondis, die wie Maria von Médici Florentiner waren, in all diese Ereignisse verwickelt? Sie waren wohl geschickt genug, die Tumulte und das Durcheinander, das aus dem Staatsstreich für das Hofpersonal folgte, zu überstehen. Sie haben ihre Stellung und ihre Aufgaben, sowohl die des Erzbischofs von Paris, als auch die des Generals der Galeeren, behalten. Übrigens, Philippe-Emmanuel de Gondi war nun in der Provence. Man muss also von dieser Seite keine Erklärung für die plötzliche Abreise von Vinzenz suchen, der das Palais der Gondis ohne ein Wort verließ. Sein Verschwinden verursachte aber bald einige Aufregung.

In der Postkutsche, die Vinzenz über Beaune und Mâcon durch die Bresse in seine neue Pfarrei brachte, entdeckte er die Gegend der Dombes mit ihren Teichen, die ihn an seine heimatlichen Landes erinnerten. Er betrat eine kleine Siedlung, in eine heiter anmutende Talmulde eingebettet, auf deren Berghängen Wald und Wiesen abwechselten und man mit Wein bepflanzte Hügel sehen konnte. Auf einer Anhöhe erhoben sich die Ruinen einer Festung, Castellum-Dunbarum, das Schloss der Dombes. Die Stadt war von alten Wällen umgeben, die aus der Epoche stammten, in der sie als Grenze zwischen Savoyen und Burgund gedient hatte. Im Jahre 1602 war die Grafschaft Bresse durch den Herzog von Savoyen an den König von Frankreich abgetreten worden.[138] Aber die Region blieb weiterhin unter protestantischem Einfluss, um so mehr, als der Marschall von Lesdiguières[139], einer der Anführer der hugenottischen Partei, weniger als vier Meilen von Châtillon-les-Dombes entfernt, das Herrschaftsgut von Pont-de-Veysle besaß, ein leuchtendes Zentrum der reformierten Religion.

Die Stadt Châtillon zählte ungefähr zweitausend Einwohner, von denen ein beträchtlicher Teil Protestanten waren. Die Pfarrei gehörte seit vierzig Jahren »Benefizianten«, Kanonikern der Kirche Saint-Jean in Lyon, die nur kamen, um ihre jährlichen Einkünfte von 500 Pfund abzuholen. Der Inhaber der Pfarrei von Châtillon, Jean Lourdelot, hatte sein Amt im April niedergelegt.[140] Das Ernennungsdekret von »Vincentio de Paul, Priester, Bakkalaureus der Theologie, aus der Diözese d'Ascqs« wurde vom Erzbischof von Lyon, Denis de Marquemont, am 29. Juli ausgestellt.[141] Kraft dessen ergriff Vinzenz »Besitz und kommt in den Genuss der Pfarrei der genannten Kirchen von Saint-Martin de Buenens und von Saint-André, vom genannten Châtillon«. Am 1. August, »nachdem Vinzenz das große Kirchenportal von Buenens nach traditionellem Ritus geöffnet und mit Weihwasser besprengt hatte, verrichtete er sein Gebet vor dem Hauptaltar«, dann folgte dasselbe in der Kirche von Saint-André.[142]

Diese Zeremonie erfolgte in Gegenwart der zwei Vikare der Pfarrei, Messire Sauvageon und Messire Hugues Rey. Vinzenz fand vor Ort weder einen missratenen Klerus vor noch ein verfallenes Pfarrhaus und ein verlassenes Gotteshaus, wie die meisten Biografen behauptet haben.[143] Ein Protokoll des Pastoralbesuchs von Msgr. de Marquemont 1614 bezeugt den guten Zustand der Kirche Saint-André, in der er 900 Gläubigen »die Kommunion reichte und drei Stunden lang das Firmsakrament spendete«. Im folgenden Jahr 1615 wurden dort zwei neue Kapellen gebaut.[144] Eine durch einen Pater des Oratoriums gehaltene Mission brachte einen erfreulichen Erfolg.

Das Pfarrhaus, das sich gemäß bischöflichem Protokoll in gutem Zustand befand, war noch im Umbau, da Vinzenz bei einem Vornehmen des Ortes, Monsieur Beynier, der in der Nähe der Kirche ein Haus hatte, untergebracht war. Kurz nach seiner Installation zog sich der Vikar Sauvageon zurück und wurde durch einen Priester der Region, Louis Girard, Doktor der Theologie, ersetzt, der für sein Wissen und seine Tugendhaftigkeit berühmt war.[145]

Vinzenz, der von seinen zwei Vikaren und von einigen Priestern, die in Châtillon wohnen, unterstützt wurde, machte sich sogleich ans Werk.[146] Sie arbeiteten gemeinsam, bildeten eine kleine Familie und führten vorbildlich ein geregeltes Leben mit Morgenlob, Anwesenheit bei den regelmäßigen Gottesdiensten, Besuchen bei den Armen und Kranken. Sie verbrachten viele Stunden im Beichtstuhl, wohin die Pfarrkinder, von ihrem Ruf angezogen, immer zahlreicher kamen.

Da in dieser Gegend das reformierte Christentum dominierte, suchte Vinzenz nicht, sie anzugreifen und sich in theologische Streitigkeiten einzulassen. Er gab sich damit zufrieden, nach den evangelischen Weisungen zu leben. Sein beispielhaftes Leben und seine persönliche Ausstrahlung trugen bald Früchte. Unter den von ihm erreichten Bekehrungen hatte jene des Grafen von Rougemont große Auswirkungen in der Provinz. Er war ein Seigneur aus Savoyen, der sich anlässlich der Überlassung der Bresse an Frankreich nach Bugey zurückgezogen hatte. Neugierig, den neuen Pfarrer von Châtillon zu treffen, über den er schon viel gehört hatte, ging er Vinzenz besuchen. Er war von der ersten Unterredung an tief bewegt und beschloss wenig später, ihm seine Seelenführung anzuvertrauen. Dieser Graf hatte große Mühe damit, auf das Duellieren zu verzichten. Vinzenz erzählt später, wie sein Beichtkind den Entschluss fasste, sich nicht mehr im Duell zu schlagen:

»Ich kannte einen Edelmann aus Bresse, der ein richtiger Draufgänger war … Er sagte mir, und es ist kaum zu glauben, wie viele Menschen er geschlagen, verwundet und getötet hatte. Schließlich berührte ihn Gott so stark, dass er in sich ging und den unglücklichen Zustand erkannte, in dem er sich befand. Er beschloss, sein Leben zu ändern … Eines Tages, als er auf Reisen ging, prüfte er sich, ob ihm seit der Zeit, als er auf alles verzichtet hatte, irgend eine Anhänglichkeit geblieben war … Er durchsuchte seine Sachen … und stieß auf sein Schwert. ›Warum trägst du es?‹, dachte er. ›Wie würdest du seine Entbehrung ertragen? Was, mich von diesem teuren Schwert trennen, das mir bei so vielen Gelegenheiten so gute Dienste leistete und mich nach Gott aus tausend Gefahren errettete! Wenn man mich angreifen würde, wäre ich ohne es verloren; aber du kannst auch in irgendeinen Strcit geraten und dann nicht mehr die Kraft haben, dich des Schwertes zu bedienen, das du trägst, und Gott erneut beleidigen.‹ In diesem Augenblick befand er sich gerade vor einem großen Stein; er stieg vom Pferd, nahm dieses Schwert, schlug auf diesen Stein ein, brach es schließlich in Stücke und ging weg.«[147]

Dieser lebendige, ohne weitere Vorbereitung formulierte Bericht ist ein gutes Beispiel von Vinzenz' Redestil, wenn er sich später an seine Missionare oder an seine Barmherzigen Schwestern wendete.

Die herausragende Tat seines kurzen Aufenthalts in Châtillon-les-Dombes war die Gründung des ersten Caritasvereins. Man muss ihn selbst erzählen hören – dreißig Jahre später – wie es dazu gekommen ist: »Eines Sonntags, da ich mich ankleidete, um die heilige Messe zu feiern, sagte man mir, dass in einem abgelegenen Haus alle krank waren, und es niemanden gab, um die anderen zu pflegen und zu versorgen. Alle befanden sich in unvorstellbarer Armut und Not. Das ging mir sehr zu Herzen.«

Damit dieser Familie geholfen wurde, richtete Vinzenz in der Predigt einen ergreifenden Aufruf an die Gläubigen. Und als er sich am Nachmittag an Ort und Stelle begab, traf er zahlreiche Menschen, die auch unterwegs waren, um die Kranken zu besuchen oder sogar schon von dort zurückkamen: »Da es Sommer war, setzten sich die guten Damen bei der Hitze entlang des Weges nieder, um sich auszuruhen und zu erfrischen. Schließlich … gab es ihrer so viele, dass man schon von einer Prozession sprechen konnte.« Nachdem er selbst diese Familie getröstet und ihnen die Kommunion gebracht hatte, versammelte er einige Menschen guten Willens, um zu überlegen, wie man diese Hilfe weiterführen sollte: »Ich schlug allen diesen guten Leuten, die die christliche Nächstenliebe zu einem Besuch beseelt hatte, vor, sich zusammenzutun, damit jeder an einem Tag das Essen zubereitete, für diese und auch für nachfolgende Bedürftige.«[148]

Gesagt, getan: Vinzenz brachte ab dem 23. August, weniger als einen Monat nach seiner Ankunft in Châtillon, die ersten acht Damen zusammen, denen er einen ersten Entwurf einer Art Vereinsregel übergab. Dessen Mitglieder verpflichteten sich, den Bedürftigen an einem festgesetzten Tag zu helfen und zwar »körperlich und geistlich«, und sich selbst »sorgfältig in der Demut, Einfachheit und christlichen Liebe zu üben«. Nach drei Monaten Erfahrung verfasste Vinzenz ein detailliertes Statut für die »Confrèrie de la Charité« (Caritasverein), deren Mitglieder »Dienerinnen der Armen oder der Charité«

(später vor allem ›Damen der Charité‹) genannt wurden.[149] Er übergab dieses Statut am 8. Dezember feierlich in der Kapelle des alten Hospizes von Châtillon. Dieses Dokument diente allen Caritasvereinen, die sich bald im ganzen Königreich Frankreich ausbreiteten, als Vorbild. So beruhte das erste von Vinzenz gegründete Werk auf der Tätigkeit von Laien, ganz besonders von Frauen in Zusammenarbeit mit Geistlichen; beide Gruppen hatten sowohl einen materiellen als auch spirituellen Dienst zu erfüllen.

Vinzenz hatte Paris verlassen, ohne jemanden in Kenntnis zu setzen, außer Pierre de Bérulle. In Châtillon angekommen, schrieb er dem General der Galeeren, der damals in der Provence weilte, um sich zu entschuldigen, dass er seinen Posten verlassen hatte. Als Vorwand führte er an, »dass er keine erforderliche Ausbildung und Eignung habe, um Erzieher in einer so vornehmen Familie zu sein«[150]. Er hatte jedoch diese Aufgabe seit mehr als vier Jahren bedenkenlos erfüllt!

Der General der Galeeren benachrichtigte sogleich seine Gattin, die darüber zutiefst bestürzt war. Sie teilte dies Vinzenz in einem Brief mit: »Die Angst, in der ich mich befinde, ist unerträglich.« Sie erklärte ihm, dass sie auf seinen Beistand, den ihr Gatte ebenso brauchte, nicht verzichten konnte: »Seien Sie doch dem Segen, den Sie durch die Mitwirkung an seinem Heile stiften, nicht entgegen, da er eines Tages dem Seelenheil vieler anderer nützen wird.« Sie schloss ihren Brief mit einem Appell an sein Mitleid: »Erinnern Sie sich der Befürchtung, in der Sie mich in meiner letzten Krankheit in einem Dorf sahen. Ich bin in Gefahr, in einen schlimmeren Zustand zu geraten, und schon die alleinige Angst davor würde mir so zusetzen, dass ich nicht weiß, ob ich nicht daran sterben werde.«[151]

Vinzenz berührte dieser herzzerreißende Appell, aber er

blieb standhaft und schickte Madame de Gondi Ermutigungen, und »lädt sie ein, sich dem Willen Gottes zu ergeben«[152]. Die Gondis schalteten nun all jene ein, die auf Vinzenz Einfluss haben konnten: den Bischof von Paris, Charles du Fresne, seinen engen Freund; man ließ sogar die Kinder schreiben. Philippe-Emmanuel de Gondi richtete auch einen Appell an ihn – allerdings in einem gemäßigteren Ton als seine Gattin: »Ich bitte sie nur zu bedenken: Es scheint Gottes Wille zu sein, dass durch ihre Vermittlung der Vater und die Kinder gute Menschen seien.«[153]

So stimmte Vinzenz zu, im Dezember nach Paris zu kommen, um die Situation nochmals zu überdenken. In die Hauptstadt zurückgekehrt, traf er am 23. Dezember Pierre de Bérulle, der ihn dazu brachte, am nächsten Tag wieder in das Palais Gondi einzuziehen.

Während in Châtillon die Pfarrangehörigen über die plötzliche Abreise ihres Hirten betrübt waren, waren die Gondis mit dieser Lösung sichtlich zufrieden. Jedenfalls verstanden sie, dass sie Vinzenz nicht mehr auf die Aufgabe als Erzieher und Gewissensberater der Familie festlegen konnten. Er hob besonders die umfangreiche Arbeit hervor, die bei den Armen auf dem Land zu tun blieb. Madame de Gondi bot ihm nun an, sein Amt zum Wohle all jener auszuüben, die auf ihren Besitzungen in der Picardie, in der Champagne und in Burgund lebten – etwa 8.000 Seelen – und sie zu evangelisieren. Vinzenz nahm diesen Vorschlag an. Er reichte sogleich am 31. Januar 1618 seinen offiziellen Rücktritt von der Pfarrei von Châtillon ein und wurde dort durch seinen Vikar Louis Girard ersetzt, der gut darauf vorbereitet war, das begonnene Werk weiterzuführen. Vinzenz behielt den Titel des Erziehers der Kinder, ließ sich aber dabei unterstützen. Er erhielt vollständige Handlungsfreiheit, um Missionen zu organisieren und Caritasvereine auf den Besitzungen der Gondis zu gründen.

Sieben Jahre lang widmete er sich nun vollständig dieser Aufgabe.

Das Jahr 1617 war also für Vinzenz von Paul ein entscheidendes Jahr. In ihm hatte sich eine grundlegende Wandlung vollzogen. Der junge, ehrgeizige Priester auf der Suche nach Pfründen und Anerkennung war ein neuer Mensch geworden, der seinen Weg gefunden hatte und nun von einem höheren Ehrgeiz beseelt war. Dieser Wandel hatte sich nicht plötzlich vollzogen, sondern war das Ergebnis langer Zeiten des Suchens, des Tastens und der Unzufriedenheit.

Aber im Laufe dieses Jahres 1617 brachten ihn zwei Ereignisse dazu, sich infrage zu stellen: Ringsum wurde er mit seelischem und körperlichem Elend konfrontiert. Da erkannte er in einer Art innerer Erleuchtung, dass es seine persönliche Berufung war, sich in den Dienst der Armen und Kranken zu stellen, dort, wo sie am verlassensten waren: in den ländlichen Gebieten. Er war durchdrungen von einem Verlangen, das die Grundlage seines zukünftigen Handelns wurde: den am meisten Benachteiligten materiell und geistlich beizustehen. Die Botschaft Christi zeigte ihm dabei seinen Weg.

Gewiss, es lag noch ein langer Weg vor ihm, um den alten Menschen vollständig abzulegen, aber er wusste jetzt, wohin sein Weg führte.

# ZWEITER TEIL

# Im Dienst der armen Leute auf dem Land

# 8
## DIE ERSTEN MISSIONEN
### 1618 – 1624

*Organisation einer Mission – Vinzenz unterwegs – Begegnung mit Franz von Sales – Königlicher Seelsorger der Galeeren – Die Bettler von Mâcon – Heimfahrt nach Pouy*

VOM ANBEGINN SEINES APOSTOLATES erwies sich Vinzenz von Paul als Mann der Tat, als Organisator und Verwalter. Er stürzte sich nicht ins Abenteuer mit seinem Unternehmen. Er legte ein Programm und eine Methode fest und sorgte sich darum, über genügend Mittel zu verfügen.

In Übereinstimmung mit Madame de Gondi bestimmte er Orte und Zeiten für die Durchführung der ersten Missionen. Den Anfang bildeten die Pfarreien von Villepreux, in der Nähe von Versailles, dann Joigny in der Bourgogne und in Montmirail in der Champagne, bevor sie in die Dörfer der Picardie, nach Folleville, Paillart und Sérévillers gingen. Dann legte er seine Methode dar:

Sie wollen sich für mehrere Wochen in einer Pfarrei niederlassen, um dort zu predigen, den Katechismus zu lehren und Beichte zu hören. Der Schwung dieser »Mission« ermöglicht die Gründung eines Caritasvereins, um das neu entstandene Werk materiell und spirituell zu sichern. Vor allem anderen ist es notwendig, die nötigen Mittel zusammenzubringen, um ein solches Vorgehen durchzuführen. Es geht zuerst um die Aufstellung einer Gruppe von Geistlichen, die während der Missionsphase miteinander arbeiten.

Vinzenz sprach dazu seine Bekannten an, sowie jene der

Gondis, Priester oder Mitglieder verschiedener Orden, die durch seine Begeisterung und seine Überzeugungskraft gewonnen wurden.

Zweitens ist es unerlässlich, Rücklagen zu sammeln, denn es geht nicht an, zu Lasten der Pfarreien zu leben, in denen die Missionen durchgeführt werden. Ganz im Gegenteil, es ist nützlich, materielle Hilfe zu leisten, um dem schlimmsten Elend abzuhelfen und die Kranken mit Medikamenten zu versorgen, um ihr Los zu erleichtern. Solche Missionen müssen in den verschiedenen Pfarreien regelmäßig erneuert werden. Aber damit ihre wohltätigen Auswirkungen zwischenzeitlich nicht wie Strohfeuer wieder erlöschen, ist es unerlässlich, dass ein am Ende der Mission gegründeter Caritasverein die in den Herzen entzündete Flamme unterhält.

Als guter Organisator hielt es Vinzenz für notwendig, diesen Vereinen der Charité eine Regel zu geben, um ihre Dauerhaftigkeit zu sichern. Als Vorbild nahm er die Regelung, die er für den Caritasverein von Châtillon getroffen hatte.

In diesem Text formuliert er Einzelheiten, beispielsweise wie »die Dienerinnen der Armen« mit den Kranken umgehen sollen: »Jene, die an diesem Tag das Essen zu bringen hat, wird es zu den Kranken tragen, sie freundlich ansprechen und grüßen, das Tablett auf dem Bett zurechtrücken, eine Serviette darauflegen, einen Teller, einen Löffel und Brot, sie wird die Kranken die Hände waschen lassen und das Benedicite sprechen, dann die Suppe in die Schale gießen und das Fleisch auf eine Platte legen … Nun wird sie den Kranken liebevoll ermuntern zu essen, um der Liebe Jesu und seiner heiligen Mutter willen. All das muss wirklich mit Liebe geschehen, als ob sie es mit ihrem eigenen Sohn oder besser noch mit Gott zu tun hätte, der das Gute, das sie den Armen erweist, so wertet, als ob es ihm selbst erwiesen worden wäre.« Aber Vinzenz geht in seinen Empfehlungen noch weiter, er legt genau die Ordnung fest, in der die Kranken betreut werden sollen: »Man wird immer mit demjenigen beginnen, der jemanden bei sich hat und mit denen enden, die allein sind, um länger bei ihnen bleiben zu können.« Er erinnert schließlich daran, dass all diese materiellen Zuwendungen nicht Selbstzweck sind: »Der Zweck dieser Einrichtung besteht nicht nur darin, den Armen körperlich beizustehen, sondern auch spirituell. Diese Dienerinnen der Armen … (sind bestrebt), sie gleichsam an der Hand zu Gott zu führen.«

Dieses Statut, das Vinzenz in einem einzigen Zug abgefasst hat, ist bemerkenswert durch seine Genauigkeit, ja, man spürt, dass es das Ergebnis langer Überlegung ist. Vor allem ist es inspiriert von einer großen Liebe zu den Armen, gemäß den Worten Christi: »Denn was ihr den Geringsten von diesen da getan habt, das habt ihr mir getan« (Mt 25,40).

Anfang Februar 1618 ließ sich Vinzenz mit seiner kleinen Gruppe, bestehend aus Jean Coqueret, einem Doktor der Theologie, und zwei geistlichen Beratern im Parlament von Paris, Berger und Gontière, im Dorf von Villepreux nieder. Auf einem von einem Esel gezogenen Karren brachten sie das notwendigste Mobiliar und ihre eigenen persönlichen Habseligkeiten mit, um unabhängig in einem leeren Haus leben zu können, das ihnen zur Verfügung gestellt worden war. Die Dorfbewohner beobachteten zunächst mit Neugierde und einer gewissen Angst diese »Fremden«, von denen ihr Pfarrer ihnen erzählt hatte. Dann sahen sie sie durch die Straßen eilen, bis in die letzten Winkel, um Versammlungen und Predigten anzukündigen.

Die Missionare begannen damit, Kindern den Katechismus

zu lehren und mit ihnen Gesänge für den Gottesdienst einzuüben. Die Dorfbewohner überwanden ihr Misstrauen, näher-
ten sich schüchtern und füllten bald ihre Kirche. Die Atmosphäre wurde nach und nach wärmer, aus Zuschauern werden
Teilnehmer. Als die Mission nach drei Wochen zu Ende ging,
drängten sich alle vor die Beichtstühle, um sich auf die
Schlussliturgie vorzubereiten, wobei man sich am Altar ein-
fand. Am Nachmittag des 23. Februar versammelte Vinzenz in
einer Kapelle die Frauen und Mädchen, die sich bereit erklärten, den Caritasverein von Villepreux zu gründen. Er erklärte
ihnen ein weiteres Mal sehr ausführlich, wozu sie sich verpflichteten: Sie stellen sich in den Dienst der Armen und somit in den Dienst Christi. Er sprach bildreich und anschau-
lich, unterstützt durch Gesten, die die Wichtigkeit dieser
Unterredung unterstrichen; er gewann ihre Aufmerksamkeit
und fand Worte, die sie ergriffen und erschütterten. Er strahlte eine solche Wärme und eine solche Überzeugung aus, dass
sie alle willens waren, sich in diesem Kampf gegen das Elend,
den er ihnen vorschlug, zu engagieren.

Danach reiste Vinzenz nach Joigny, um dort und in der
Umgebung dieser Stadt, besonders in Villecien und in Paroy-
sur-Tholon[155], zu missionieren. Unter dem Antrieb von Madame de Gondi stellten sich ungefähr 40 Damen von Joigny
unter das Banner des Caritasvereins, der am 6. September
gegründet wurde.[156] Für die Finanzierung bot Madame de
Gondi als Gräfin von Joigny den Ertrag der von den Fluss-
schiffern eingehobenen Brückengebühr, die an Sonn- und
Feiertagen unter den Brücken der Stadt verkehrten. In Villecien war Vinzenz kein Unbekannter. Der Herr des Ortes war
Nicolas Hennequin, dem er sicher schon bei seinem Cousin
Alexandre Hennequin in der Pfarrei von Clichy-la-Garenne

begegnet war. Vor allem traf er dort auf die gute Mademoiselle du Fay, später eine der großen Wohltäterinnen seiner Werke.

Ohne sich auszuruhen, begab sich Vinzenz 1618 gemeinsam mit seiner Gruppe nach Montmirail in der Champagne, wo er sofort eine Mission begann. Am 6. Oktober gründete er einen Caritasverein, dazu bestimmt, sich nicht nur um die armen Kranken, sondern auch um die Gefangenen zu kümmern. Mit der Erstellung der Vereinsregel der Charité wurde zugleich auch die Finanzierung festgelegt. Dazu ermächtigte der Bischof von Soissons, von dem Montmirail und die benachbarten Pfarreien abhingen, »die Personen des genannten Vereins ..., an Sonn- und Feiertagen in der genannten Pfarrei von Montmirail Spenden zu sammeln und an anderen Orten, die von der genannten Madame de Comtesse abhängen«[157].

Am Beginn waren also diese Caritasvereine einzig Frauensache. Lediglich als »Verwalter« waren Männer autorisiert, um die finanziellen Angelegenheiten zu kontrollieren. Vinzenz merkte an, »dass es nicht schicklich war, dass Frauen in diesem Bereich die alleinige Verantwortung hätten«[158].

Vinzenz war ein Pionier. In einer Epoche, in der die Rolle der Frau als Hausfrau und Mutter festgelegt war, fern jeder öffentlichen Verantwortlichkeit, in der Frauen sich zufrieden geben mussten, gehorsame Gefährtinnen des Mannes, ihres Herrn und Meisters zu sein, in einer Zeit, in der die Kirche selbst sie nur hinter strengen Klostermauern tolerierte, übertrug Vinzenz ihnen eine bedeutende Rolle: die Repräsentantinnen dieser Kirche und darüber hinaus der Kongregation bei allen Unglücklichen und allen Ausgeschlossenen zu sein.

Mit den Frauen verwirklichte Vinzenz von Paul das Wesentliche seiner Werke der Charité, dank ihnen fand er dazu meist die finanziellen Mittel; seine erste Mitarbeiterin, Madame de

Gondi, lieferte ihm die notwendigen Grundlagen, um seine ersten Missionen durchzuführen und stand ihm tatkräftig zur Seite, um die ersten Caritasvereine zu gründen.

Ende 1618 traf Vinzenz von Paul mit einer Persönlichkeit zusammen, die seinen Charakter und seine Spiritualität tiefgreifend beeinflusste. Pierre de Bérulle hatte gewiss eine entscheidende Rolle in der Orientierung des jungen Priesters gespielt, der neu in Paris angekommen und auf der Suche nach einer »guten Stelle mit ausreichender Versorgung« war. Vinzenz brauchte damals einen Lehrer, der ihm seinen Weg wies, und ihn den Adel und die hohen Anforderungen des Priesterstandes erkennen ließ. Aber Bérulle war zu intellektuell und wohl auch zu autoritär, als dass sich Vinzenz auf Dauer ihm anvertraut hätte. Als Oberer des Oratoriums und als Mann der Tat, zugleich Geistlicher und Politiker, richtete er seine Gedanken mehr und mehr auf die Ausarbeitung einer von Mystizismus geprägten Lehre. Indem er Jesus Christus in das Zentrum des Universums stellte, orientierte er seine Spiritualität ganz am Begriff der »Inkarnation« und entwickelte so eine »kontemplative Theologie«[159]. Zur selben Zeit wurde Vinzenz tiefgreifend durch seine Begegnung mit menschlichem Elend in Folleville und Châtillon geprägt, sodass er sich – im Gegensatz zu Bérulle – einer aktiven »Spiritualität des Handelns« zuwandte.

Vinzenz blieb Bérulle verbunden, aber er wurde unabhängiger und suchte seinen eigenen Weg. Bei Bérulle jedoch begegnete er persönlich einem »Mann Gottes«: Franz von Sales[160].

Der Bischof von Genf begleitete den Kardinal von Savoyen, der gekommen war, um die Heirat des Prinzen von Piémont, Victor-Amédée, mit der Schwester Ludwigs XIII., Christine de France, auszuhandeln. Diese Vermittler hielten sich ein ganzes Jahr in der Hauptstadt auf, um das heikle Abkommen, das eine solche königliche Verbindung mit sich brachte, zu klären. Franz von Sales war nicht nur ein großer Bischof und Kirchenlehrer, er genoss auch einen hervorragenden Ruf als Prediger, den er durch seine Erfolge in der Mission bei den Calvinisten und durch seine allseits bekannten Werke erworben hatte. 1608 erschien seine »Einführung in das gottesfürchtige Leben« und 1616 seine neu herausgegebene »Abhandlung über die Liebe Gottes«. Mit seinen 55 Jahren war er am Höhepunkt seiner Karriere. Sein Ruf als Prediger und sein durch seine Schriften erworbener Einfluss zogen all jene an, die in Paris Rang und Namen hatten.

Die Anwesenheit dieser Botschafter war Anlass für manche Feste und Empfänge am Hof und in den Palais der Großen. Wahrscheinlich war auch Vinzenz mit den Gondis und mit Bérulle bei gewissen Festlichkeiten dabei. Er hatte sich mit den Büchern des Franz von Sales schon vertraut gemacht. Sicher wollte er ihn kennenlernen und mit ihm sprechen. Doch welch Abstand bestand zwischen dem hohen Prälaten aus einer alten und vornehmen Familie aus Savoyen und dem kleinen Kleriker, der einer bäuerlichen Familie der Landes entstammte! In den reich ausgestatteten Salons, in denen sich hohe Würdenträger und vornehme Damen drängten, kann man sich Franz von Sales vorstellen, der diese Menge beobachtete und den Blick dieses jungen Priesters in seinem einfachen Talar auf sich zog. Von diesem Blick musste eine solche Anziehungskraft ausgegangen sein, dass der Bischof sich erkundigte und erfuhr, wer dieser bescheidene Priester war und mit ihm zu sprechen verlangte. Schon bei ihren ersten Gesprächen sprang der Funke zwischen diesen beiden ungleichen und einander doch so nahen Persönlichkeiten über.

In einer Zeit, in der Intoleranz und Gewalt regierten, in der die Religionskriege noch unerbittlich wüteten, predigte Franz von Sales das Erbarmen und die Nächstenliebe. In der calvinistischen Hochburg von Genf hatte er sich mit Milde und Bescheidenheit durchgesetzt. Er strahlte eine Atmosphäre von Frieden und innerer Freude aus. Vinzenz hatte schon einen langen Weg hinter sich, auf dem er die Dämonen des Zweifels, die ihn in seinen Pariser Anfängen überfallen hatten, besiegt und die Versuchungen des Fleisches gemeistert hatte. Es blieb ihm noch die Aufgabe, sein gascognisches Temperament zu besiegen, um vollständig Herr seiner selbst zu werden. Franz von Sales ließ ihn das Geheimnis der Freude und inneren Heiterkeit entdecken, die einer Nachahmung Christi voll Güte und Demut entspringen.

Zehn Jahre später erklärt Vinzenz als Zeuge beim Seligsprechungsprozess von Franz von Sales: »Ich bin oft durch seinen vertraulichen Umgang beehrt worden … Ich sah in ihm den Menschen, der am besten den Sohn Gottes auf Erden nachahmte … Seine Sanftmut und Güte griffen auf jene über, die die Gunst seiner Gespräche erfahren durften, und ich zählte zu diesen.«[161]

Vinzenz erzählte später von der Lektion der Demut, die ihn Franz von Sales lehrte, als er gebeten wurde, am Fest des Heiligen Martin in der Kirche des Oratoriums zu predigen. Der Königshof war eingeladen worden, die Predigt zu hören, und die Menschenmenge war so dicht gedrängt, dass der Bischof von Genf auf eine Leiter steigen musste, um durch ein Fenster hineinzukommen und die Kanzel zu erreichen. »Jeder erwartete«, schreibt Vinzenz, »eine geniale und geistvolle Rede, wodurch er gewöhnlich jedermann begeisterte«, aber »um sich vor so berühmten Zuhörern zu demütigen«, gab er sich damit zufrieden, das Leben des hl. Martin schlicht und einfach darzulegen. Und Franz von Sales hörte eine Person, die ausrief: »Seht euch diesen Stümper und Bergbewohner an, wie anspruchslos er predigt, man muss wohl von weit herkommen, um uns zu sagen, was er sagt, und die Geduld aller auf die Probe zu stellen.«[162] Dieses Beispiel der Demut traf Vinzenz tief, der von da an keine Gelegenheit versäumte, sich zu demütigen.

Wie viele Male sprach Vinzenz, sei es in einem kleinen Kreis, sei es unter vier Augen, mit Franz von Sales, der von Oktober 1618 bis Oktober 1619 in der Hauptstadt blieb? Man weiß es nicht genau; diese Begegnungen waren der Zahl nach begrenzt, da beide sehr beschäftigt waren. Doch spielten diese Gespräche im Leben von Vinzenz mit Sicherheit eine wichtige Rolle. Er war schon mit vielen Prälaten, die sich in ihre Würde gehüllt hatten, zusammengetroffen, oder mit Doktoren der Theologie, die sich oft hinter ihrer Wissenschaft verschanzten, aber zum ersten Mal sah er sich – nach seinem eigenen Ausdruck – dem Bild des »Sohnes Gottes auf Erden« gegenüber. Franz von Sales' Tugenden prägten ihn für den Rest seines Lebens: Sanftmut, Güte und Demut. Von jetzt an setzte er seine ganze Kraft dafür ein, dieses Vorbild nachzuahmen, das in seinem Geist sein ganzes Leben lang gegenwärtig blieb.

Im Verlauf dieser Gespräche hatte Vinzenz Gelegenheit, mit Personen Kontakt zu pflegen, die vertraulichen Umgang mit Franz von Sales hatten und die bald auch ihm nahestanden, wie beispielsweise Madame de Lamoignon, Louise de Marillac und Johanna von Chantal[163].

Letzere war die Witwe des Barons von Chantal. Sie hatte sich unter die geistliche Leitung von Franz von Sales gestellt, der mit ihr den »Orden der Heimsuchung« gründete. Das erste Haus dieses Ordens wurde 1610 in Annecy eröffnet. Anlässlich seines Aufenthaltes in Paris rief der Bischof von Genf Johanna von Chantal dorthin, um dort ein Haus ihres Ordens zu gründen. Dieses wurde 1619 im Vorort Saint-Jaques bescheiden errichtet, bevor es vergrößert und auf das rechte Ufer der Seine in das Hôtel du Petit-Bourbon verlegt wurde.

Franz von Sales erklärte Vinzenz, dass er ursprünglich eine kontemplative Schwesternkongregation gründen wollte, deren Mitglieder aber in der Welt leben und die Armen und Kranken besuchen sollten, daher auch der Name der »Heimsuchung«[164].

Der Widerstand des Erzbischofs von Lyon zwang ihn aber, seinen Plan zu ändern und daraus eine Schwesternkongregation mit strenger Klausur zu machen. Doch er blieb von der Richtigkeit seiner ersten Idee überzeugt und glaubte fest daran, sie eines Tages wieder aufzugreifen. Vinzenz wurde also in seiner noch nicht formulierten Absicht bestärkt, später im Geist der Caritasvereine auch eine Schwesternkongregation zu gründen.

Um das Haus der Heimsuchung in Paris zu beaufsichtigen, musste noch ein Superior bestellt werden. Nach der Ordensregel sollte der Bischof der Diözese diese Funktion übernehmen, doch konnte er dies auch an einen seiner Priester delegieren. Keineswegs war es zunächst Vinzenz von Paul, wie man oft geschrieben hat, sondern Charles de la Saussaye[165], Pfarrer der Kirche Saint-Jaques. Er starb kurze Zeit später, im Laufe des Jahres 1621. Franz von Sales hatte nun die schwierige Wahl, um dem Bischof von Paris den Namen eines anderen hervorragenden Geistlichen oder eines bedeutenden Ordensmannes, den er während seines Pariser Aufenthaltes kennengelernt hatte, vorzuschlagen. In Übereinstimmung mit Johanna von Chantal wurde Vinzenz von Paul dem Bischof von Paris präsentiert und Anfang 1622 in dieses Amt eingesetzt. Darin zeigt sich die hohe Wertschätzung, die Franz von Sales diesem bescheidenen Priester entgegenbrachte. Er hatte es verstanden, hinter dem noch etwas groben Äußeren des Bauern aus den Landes die außergewöhnlichen Eigenschaften seines Geistes und seines Herzens zu sehen.

Als nun Vinzenz seine Zeit abwechselnd bei Missionen auf den Landgütern der Gondis und seinen Pariser Aufenthalten verbrachte, bei denen er Gespräche mit Franz von Sales führte, wurde ein königliches Edikt veröffentlicht, das ihm ein neues Betätigungsfeld der christlichen Nächstenliebe eröffnete. Durch den Beschluss des Königs vom 8. Februar 1619 wurde er offiziell mit der Aufgabe eines »königlichen Oberseelsorgers der Galeeren« betraut. »Der Graf von Joigny, General der Galeeren von Frankreich, brachte seiner Majestät nahe, dass es für das Wohl und die Erleichterung der Gefangenen notwendig wäre, einen geeigneten Geistlichen für diese Aufgabe auszuwählen … und übertrug die genannte Aufgabe Monsieur Vinzenz von Paul, Bakkalaureus der Theologie.«[166]

Dank seiner Stellung im Dienst des Generals der Galeeren hatte Vinzenz die Verurteilten schon früher besuchen können. Diese verkamen in den stinkenden Verliesen, besonders in der Conciergerie, wo sie in Ketten auf ihren Abtransport nach Marseille, der Basis der königlichen Galeeren, warteten. Er war von den Bedingungen erschüttert, unter denen die Galeerensträflinge in den kalten und feuchten Kerkerräumen ohne Luft und Licht zusammengepfercht lebten und den Launen der Gefängniswärter ausgeliefert waren, die sie wie Vieh behandelten. Das erinnerte ihn wohl an die schreckliche

Behandlung während seiner Gefangenschaft in Nordafrika. Diese unglücklichen Gefangenen waren mit einem vernieteten Ring um den Hals an Balken, die am Boden befestigt waren, angekettet; sie konnten weder aufrecht stehen noch sich setzen. Das Vorbeigehen eines Priesters provozierte sie zu Schmähreden und gehässigen Blicken. Vinzenz ging unter diesen halbnackten Wesen umher, die auf verfaultem Stroh kauerten, von Ungeziefer übersät, in einem unbeschreiblichen Gestank, und er erkannte das Elend ihrer Körper und ihrer verzweifelten Seelen. Daher beschloss er, darüber mit dem General der Galeeren zu sprechen und ihn um die Erlaubnis zu bitten, das Los jener, deren Gesundheitszustand am alarmierendsten war, zu erleichtern. Sie wurden in ein zu einem Gefängnis umgebautes Mietshaus gebracht, in der Nähe der Kirche Saint-Roch, woher es auch seinen Namen erhielt: Gefängnis von Saint-Roch[167]. Aber das erforderte finanzielle Mittel. Vinzenz sprach darüber mit dem Kardinal de Retz, den er regelmäßig im Palais der Gondis sah; es gelang ihm, ihn für dieses Liebeswerk zu gewinnen. In einem Hirtenbrief im Juni 1618 rief der Kardinal seinen Klerus auf, diese Unglücklichen der Liebe ihrer Gläubigen zu empfehlen. Und bald flossen die Gaben reichlich, Besuche wurden organisiert, um aufopfernden Frauen zu erlauben, die Kranken zu pflegen und zu stärken. Vinzenz selbst brachte ihnen mithilfe seines getreuen Antoine Portail geistlichen Beistand.

Diese Aktivitäten wurden dem König berichtet und führten zur Beauftragung als »königlicher Oberseelsorger«, der die Aufsicht über alle Galeeren-Seelsorger hatte. Sobald Vinzenz mit dieser Funktion betraut war, ging er nach Marseille, wo er denselben beklagenswerten Zustand der Galeerensträflinge an Bord der Schiffe feststellte. Mutig machte er den Gefängniswärtern und Bordoffizieren darüber Vorhaltungen. Einen Augenblick lang vergaß er Franz von Sales' Rat zur Sanftmut und brüllte sie in einem Wutanfall an. Er empfahl auch die Errichtung eines Spitals, um die Sträflinge dort zu pflegen, ein Vorhaben, das aus Mangel an finanziellen Mitteln erst viel später verwirklicht werden konnte.[168]

Sein Titel als »königlicher Seelsorger« hielt Vinzenz nicht von seinen Missionen beim »armen Landvolk« ab. Im September und Oktober 1620 war er wieder in Folleville, dann in Paillart und in Sérévillers, zwei großen benachbarten Dörfern, die auf dem Grund der Gondis in der Picardie lagen. Er gründete dort selbstständige Caritasvereine von Frauen und von Männern.[169]

Im selben Jahr, als er eine Mission in Montmirail durchführte, bekam er es mit einem »Häretiker« zu tun. Vinzenz erzählte später seinen Missionaren die Einwände, die der Hugenotte ihm entgegenhielt, als er ihn zu bekehren versuchte: »Sie haben zu mir gesagt, dass die Kirche von Rom vom Heiligen Geist geleitet wird, aber das kann ich nicht glauben, weil einerseits die Katholiken auf dem Land lasterhaften und unwissenden Hirten überlassen sind … Andererseits sieht man in den Städten viele Priester und Mönche, die nichts tun; vielleicht finden sich in Paris zehntausend, die jedoch die armen Leute auf dem Land in dieser schrecklichen Unwissenheit verkommen lassen.«

Vinzenz versuchte, ihm zu antworten, konnte ihn aber nicht überzeugen. Sehr beeindruckt durch diesen Misserfolg, kehrte Vinzenz im folgenden Jahr mit einer Gruppe von Klerikern, seinen Pariser Freunden, zurück, um in Montmirail und den benachbarten Dörfern erneut eine Mission abzuhalten. Derselbe Häretiker wohnte aus Neugierde den Predigten und Katechismusunterweisungen bei. Anschließend suchte er Vinzenz auf, berührt durch den Eifer, den die Missionare entfalteten, um ihm zu sagen, dass er nun überzeugt und bereit sei zu konvertieren, was er dann auch tat.[170]

Vinzenz beschränkte seine Liebestätigkeiten nicht auf die Missionen auf den Besitzungen der Gondis. Der Generalsuperior des Ordens der Minderbrüder verlieh ihm im Februar 1621 eine »Affiliationsurkunde«, als Anerkennung für die Dienste, die er den Mitgliedern seines Ordens erwiesen hatte.[171]

Seine Missionstätigkeit fortsetzend, kehrte Vinzenz im Frühjahr 1621 nach Joigny zurück, wo er einen Caritasverein, »zusammengesetzt aus Männern, Frauen und Mädchen« gründete; die Männer kümmerten sich um die Invaliden und Gebrechlichen, die Frauen betreuten nur die Kranken. Dies war der erste Versuch eines gemischten Vereins. Vinzenz legte Wert darauf festzustellen, dass »unser Herr den Dienst der Frauen nicht weniger schätzt als den der Männer«. Das Statut dieses Vereins, veröffentlicht am 8. Mai 1621, sieht alles bis ins Detail vor, besonders die Finanzierung: »Die Kosten dieses Werkes werden mit 500 Pfund, die der Herr Graf von Joigny jährlich spendet, mit 80 bichets Getreide, die der Herr Prior von Joigny jedes Jahr beisteuert, und mit einigen Reserven aus den Einkünften des Hôtel-Dieu der genannten Stadt«[172] bestritten. Vinzenz gründete niemals einen neuen Verein, ohne sicher zu sein, dass er über die nötigen finanziellen Mittel verfügte, um sein Überleben zu gewährleisten. Anfang September befand sich Vinzenz in der Gegend seiner ehemaligen Pfarrei von Châtillon-les-Dombes, die er vielleicht besuchte. Er nutzte die Gelegenheit, um nach seiner Methode Vereine der Charité in den Städten und benachbarten Dörfern zu gründen, besonders in Trévoux an der Saône, einem Ort nahe von Villefranche-sur-Saône. So kam er auch nach Mâcon. Er war sehr betroffen über die Zahl der Bettler, die in den Straßen und unter den Portalen der Kirchen herumlungerten. Er erfuhr, dass ein guter Domherr, Nicolas Chandon, Dekan der Kathedrale, seit ungefähr zehn Jahren eine Institution der christlichen Nächstenliebe unterhielt, »l'Aumône«, um den Armen und Kranken zu helfen. Aber das Ergebnis war, dass alle Landstreicher, Bettler und Armen der Gegend in diese Stadt strömten und dort die Vorübergehenden belästigten.

Nachdem er sich informiert und darüber mit dem Domherrn Chandon gesprochen hatte, schlug Vinzenz, der sich zu einem mehrtägigen Aufenthalt in Mâcon entschlossen hatte, Lösungen vor, um das Problem der Bettelei zu regeln. Die erste Reaktion darauf war Spott und Ungläubigkeit: »Als ich den Verein von Mâcon einrichtete, machten sich alle über mich lustig und zeigten in den Straßen mit Fingern auf mich«, schrieb er später an Louise de Marillac.[173] Vinzenz ließ sich nicht aus der Fassung bringen, es gelang ihm, genügend Menschen zu überzeugen, sodass der Gemeinderat am 16. September zu einer außerordentlichen Sitzung zusammentrat. Der Sitzungsbericht bestätigt, »dass ein Geistlicher, Priester des Herrn General der Galeeren«, vorschlägt, einen Verein der Charité zu gründen, um für »die Linderung der Not der Armen zu sorgen«. Schon am nächsten Tag, dem 17. September, wurde in einer neuen Versammlung, in Gegenwart des Generalleutnants, »die Gründung einer Christlichen Charité« offiziell anerkannt, ebenso die von Vinzenz vorgeschlagene Vorgehensweise. Zuerst musste die große Zahl der Armen gezählt werden, die sich auf ungefähr 300 belief. Er riet zur Gründung eines Fonds, um ihnen regelmäßig Hilfe zukommen lassen zu können. Dieser Fonds basierte auf Spenden des Klerus und der wohlhabenden Mitbürger, auf Einnahmen aus Abgaben für dieses Werk und schließlich auf regelmäßig durchgeführte Sammlungen an den Sonntagen.

Vinzenz erstellte schließlich eine Regel, die strikt zu befolgen war: Diesen Bettlern sollte jeden Sonntag, nachdem sie die Messe gehört hatten, »Brot und Geld gegeben werden, je nach ihrer Armut und der Zahl der Kinder«, unter der Bedingung, dass sie an den restlichen Tagen der Woche nicht bettelten, da sonst die Hilfe eingestellt wurde. Aber Vinzenz wollte auch nicht von berufsmäßigen Bettlern ausgenützt werden, daher erklärte er: »Da wir nicht die Faulheit der arbeitsfähigen Armen hegen wollen, wird man ihnen nur die notwendige Ergänzung zu ihrem kargen Arbeitslohn geben.« Die Ergebnisse waren erstaunlich und überzeugend: Die Stadt war frei von Bettlern, die die Vorübergehenden belästigten.

Als er nach drei Wochen Mâcon verließ, nachdem er einen gemischten Verein der Charité gegründet hatte, musste er es »im Geheimen« tun, um die Ehrungen durch die Stadträte und den »Beifall« der Bevölkerung zu vermeiden.[174]

So arbeitete Vinzenz – mit einem besonderen Problem konfrontiert – sogleich eine passende Lösung aus. Er machte es in Zusammenarbeit mit dem Domherrn Chandon und den lokalen Autoritäten und erhielt allgemeine Zustimmung, wohingegen er, am Anfang noch unbekannt, als »sogenannter Kaplan des Herrn General der Galeeren« behandelt worden war. Dies beweist deutlich sein Charisma und sein Organisationstalent.

Im Laufe dieser Jahre, von 1617 an, hatte sich die Situation im Königreich von Frankreich sehr geändert. Der junge König

Ludwig XIII. hatte, von der Vormundschaft Concinis befreit, seinen Freund Charles d'Albert zum Ratgeber erwählt und bald in den Rang eines Herzogs von Luynes erhoben. Aber die Königin-Mutter, Maria von Médici, schürte aus Zorn über ihre Entmachtung eine Revolte unter dem Adel. Sie entfloh aus ihrem Exil in der Residenz von Blois und trat gegen die königliche Armee zum Kampfe an. Ihre Truppen wurden in einer kurzen Begegnung bei Ponts-de-Cé zerschlagen. Dank der geschickten Vermittlung des Bischofs von Luçon, des zukünftigen Kardinals de Richelieu, versöhnte sich Ludwig XIII. im März 1619 mit seiner Mutter.

Aber der König musste nun mit seiner Armee gegen die Stadt Pau ziehen, um die Bevölkerung des Béarn zu unterwerfen.[175] Sie hatte sich gegen einen königlichen Beschluss aufgelehnt, der die Rückgabe der Güter des Klerus in dieser Provinz befahl, damals die älteste protestantische Hochburg. Der Einmarsch des Königs in die Hauptstadt des Béarn und die im November 1620 angeordnete Wiedererrichtung des katholischen Ritus veranlassten die protestantische Partei, eine Generalversammlung der Hugenotten in La Rochelle einzuberufen. Die Religionskriege entflammten erneut.

Ludwig XIII. befahl die Auflösung der Versammlung von La Rochelle, aber die Protestanten weigerten sich, dem königlichen Befehl zu gehorchen. Nun begann eine sieben Jahre andauernde Belagerung des Hugenottengebietes zu Wasser und zu Land, bis zur Übergabe im Oktober 1628. Im Rahmen dieser Aktionen führte Philippe-Emmanuel de Gondi im Juni 1622 zehn seiner Schiffe nach Bordeaux, um an einem Angriff durch den Herzog von Guise, dem Kommandanten der königlichen Flotte, teilzunehmen. Er nahm im Oktober an Kämpfen teil, in deren Verlauf die Flotte der Anhänger von La Rochelle teilweise zerstört wurde. Es wurde nun eine Waffenruhe vereinbart, die drei Jahre lang anhielt.

Bevor die Galeeren wieder in ihrem Heimathafen in Marseille eintrafen, verbrachten sie den Winter in Tonnay-Charente nahe bei Rochefort, dann in der Trichtermündung der Gironde auf der Höhe von Bordaux. Bei dieser Gelegenheit suchte Vinzenz als »königlicher Oberseelsorger« die Galeeren auf und predigte in den ersten Monaten des Jahres 1623 den Galeerensträflingen eine Mission.[176] Da er sich in unmittelbarer Nähe seiner heimatlichen Landes befand, besuchte er auch seine Familie, die er seit fast zwanzig Jahren nicht gesehen hatte.

Viel später, bei einer Konferenz seiner Missionare, erinnerte sich Vinzenz an seine Rückkehr in die Heimat. Er hatte gezögert, diese Reise zu unternehmen, und bevor er Paris verließ, fragte er zwei seiner Freunde um Rat: »Meine Herren, ich habe in der Nähe meines Heimatortes eine Aufgabe zu erfüllen; ich weiß nicht, ob ich gut daran tue, daheim einen kurzen Besuch zu machen.« Auf ihr Zureden hin beschloss er, einen Abstecher von Bordeaux nach Pouy zu machen, wo er von einem Verwandten, dem Pfarrer des Dorfes, aufgenommen wurde. Er traf seine Brüder und Schwestern, lernte seine Neffen kennen und sah die Orte seiner Kindheit mit Ergriffenheit wieder. Man bereitete ihm ein Fest. Sein Erfolg und seine Titel beeindruckten seine Familie, die sich davon sicher auch einen finanziellen Gewinn erhoffte. Aber diese acht oder zehn Tage in Pouy waren für ihn gleichzeitig eine Prüfung, da er geteilt war zwischen der Freude, die Seinen wiederzusehen, und seiner Pflicht, »sie vom Verlangen nach materiellen Gütern abzubringen, und ihnen zu sagen, nichts von mir zu erwarten; dass ich, wenn ich Koffer mit Gold und Silber hätte, ihnen nichts geben würde, weil ein Geistlicher, der etwas hat, es Gott und den Armen schuldet«. Vinzenz gestand, dass die Abreise für ihn schmerzlich war: »Am Tag meiner Abreise schmerzte es mich so sehr, meine armen Verwandten zu verlassen, dass ich auf dem ganzen Weg nur weinte.«[177]

Dieser Wille, alle Bande, die ihn noch an seine Familie und ebenso an materiellen Besitz fesselten, zu durchtrennen, kennzeichnete einen neuen Abschnitt auf Vinzenz' innerem Weg. Bis jetzt hatte er Ämter und verschiedene Güter angehäuft, ohne scheinbar jemals etwas aufzugeben, außer jener Abtei von Saint-Léonard-de-Chaume, deren Erwerb ihm nur Schwierigkeiten gebracht hatte. Außer seinen Funktionen bei den Gondis und seiner kürzlichen Ernennung zum »königlichen Oberseelsorger der Galeeren« hatte er seine Pfarrei von Clichy-la-Garenne behalten. Besaß er noch die Pfarrei de Gamaches und das Stift von Écouis? Das Fehlen von Dokumenten erlaubt keine gesicherte Aussage. Dank den Einkünften aus diesen verschiedenen Gütern hätte er übrigens seiner Familie helfen können, was, ehrlich gesagt, eine gerechte Rückerstattung gewesen wäre: Hatten seine Eltern nicht schwere Opfer auf sich genommen, um ihm seine Studien zu ermöglichen?[178]

In deutlichem Widerspruch zu seinen Entschlüssen, sich von den Gütern dieser Welt zu lösen, nahm Vinzenz einige Monate später, im Februar 1624, die Pfründe des Priorats von Saint-Nicolas-de-Grosse-Sauve an! Das notariell beglaubigte Schriftstück, mit dem er einen gewissen Monsieur Pierre Mauferet bevollmächtigte, das »genannte Priorat wie der genannte Besitzer« in Besitz zu nehmen, verdeutlicht, dass es sich um eine Entscheidung »Seiner Heiligkeit« handelte, und dass dieses Priorat vom Orden des Heiligen Augustinus in der

Diözese von Langres lag.[179] Vinzenz hatte kein Glück. In Rom hatte man übersehen, dass dieses Priorat schon im Juni 1623 durch den Bischof von Langres, Msgr. Sébastien Zamet, den Oratorianern zugeteilt worden war. Die Situation wurde noch komplizierter, da sich die Domherren von Saint-Mamès gegen die Entscheidung des Bischofs von Langres auflehnten und sich allein für berechtigt hielten, diese Pfründe zu vergeben. Da die Angelegenheit vor Gericht ausgetragen wurde, wurde Vinzenz indirekt in einen Prozess hineingezogen, der drei Jahre dauern sollte. Die durch den Bischof Zamet unterstützten Oratorianer gewannen schließlich diesen Prozess. Vinzenz wäre sicher froh gewesen, einen Interessenskonflikt mit Pierre de Bérulle zu vermeiden, da sich die Beziehung zu seinem ehemaligen Gewissensberater scheinbar aufzulösen begann.

Die Zuteilung dieser Pfründe rechtfertigte sich dahingehend, dass Vinzenz einen Monat später, am 1. März 1624, die Verantwortung für ein Collège bekam – der erste Schritt zur Gründung der Kongregation der Mission (Gemeinschaft der Lazaristen oder Vinzentiner, Anm. d. Ü.).

9

# Gründung der Kongregation der Mission
## 1624 – 1632

*Das Collège des Bons-Enfants – Gründung der Mission –*
*Anerkennung der Kongregation durch Rom – Louise de Marillac –*
*Die Partei der Devoten*

ANFANG 1624 GLAUBTE VINZENZ, dass er nahe daran war zu
erreichen, was er bisher nicht zu hoffen wagte: die Gründung
seiner eigenen Kongregation. Er überlegte lange, was er
machen sollte. Er misstraute der blinden Begeisterung seines
gascognischen Temperaments und wollte sicher sein, einen
dem Willen Gottes entsprechenden Weg zu gehen. Aus einem
späteren Brief an einen seiner Missionare wird die geistige
Verfassung deutlich, in der er sich damals befand: »Erinnern
Sie sich, dass Sie und ich für tausend Einfälle zugänglich
waren. Erinnern Sie sich, was ich Ihnen sagte, in welchem
Zustand ich mich am Beginn der Planung der Mission befand,
in dieser ständigen Beschäftigung des Geistes, und wie mich
das misstrauisch werden ließ, ob die Sache von der Natur oder
vom bösen Geist kam. Erinnern Sie sich auch, dass ich eigens
in Soissons Exerzitien machte, damit es Gott gefalle, mir das
Vergnügen und die Geschäftigkeit, die ich in dieser Sache
hatte, aus dem Sinn zu nehmen.«[180]

Vinzenz hatte immer größere Schwierigkeiten, Priester zu
finden, die ihn bei seinen Missionen auf dem Land begleiten
wollten. Andererseits wünschte Madame de Gondi, die über
seine Erfolge bei den Missionen auf ihren Besitzungen begeistert war, die regelmäßige Fortsetzung dieser Unternehmun-

gen. Sie bat ihn, eine Kongregation ausfindig zu machen, die bereit wäre, das unternommene Werk weiterzuführen. Aber die diesbezüglichen Ansuchen blieben bei den verschiedenen Orden, vor allem bei den Oratorianern und Jesuiten, ohne Echo. Da sie schon eigene Missionen durchführten, wünschten sie nicht, mit Vinzenz zusammenzuarbeiten.

Nachdem die Gondis den Erzbischof von Paris zu Rate gezogen hatten, legten sie Vinzenz nahe, selbst eine Kongregation zu gründen, die zu Missionen in den ländlichen Gegenden bestimmt sein sollte. Um zu einer endgültigen Entscheidung zu gelangen, machte er also Exerzitien in Soissons.

Von da an, als Vinzenz sicher war, in Übereinstimmung mit dem göttlichen Willen zu handeln, regelte sich alles schnell. Madame de Gondi, die schon krank und in der Vorahnung ihres nahen Todes war, wünschte sehnlichst, die Angelegenheit ohne Verzögerung zum Abschluss zu bringen. Zuerst musste ein Haus für die Mitglieder der neuen Kongregation gefunden werden. Das Collège des Bons-Enfants[181] nahe des Stadttores Saint-Victor war fast leer. Es unterstand der Autorität des Erzbischofs von Paris, der seine Zustimmung gab, es Vinzenz zur Verfügung zu stellen. Der Leiter dieses Hauses, Louis de Guyard, Doktor der Theologie, trat es für eine jährliche Rente von 200 Pfund gerne ab. Die Dokumente, die Vinzenz zum Direktor des Collèges des Bons-Enfants ernannten, sind auf den 1. März 1624 datiert. Antoine Portail übernahm sogleich dieses Haus als getreuer Stellvertreter.

Die bei dieser Ernennung ausgestellten Dokumente zeigen, dass Vinzenz nicht nur »Bakkalaureus der Theologie«, sondern auch »Lizenziat des kanonischen Rechts«[182] war. Wann hatte er diesen Titel erworben? Vielleicht während seiner ersten Jahre in der Hauptstadt, denn seine Stelle als Almosenverwalter der Königin Margot ließ ihm genug Zeit, um die Kurse an der Universität zu besuchen, oder in den letzten Jahren, denn er führte diesen Titel erst ab März 1624.

Ein Jahr später, am 15. April 1625, unterzeichneten die Gondis in ihrem Palais in der Rue-Pavée in der Pfarrei von Saint-Sauveur den Gründungsvertrag der Kongregation der Mission.[183] Die Begründungen in dieser Urkunde legten fest, dass es sich im Wesentlichen darum handelte, dem »armen Volk auf dem Land, das allein und verlassen ist«, geistliche Hilfe zu bringen. Um dieser Situation abzuhelfen, wurde »die fromme Vereinigung einiger Geistlicher gegründet …, die auf alle Güter, Ämter und kirchliche Würden verzichten wollen, um sich mit dem Wohlwollen der jeweiligen Diözesanbischöfe gänzlich und mit allen Kräften um das Heil des armen Volkes zu kümmern, indem sie auf Kosten ihrer gemeinsamen Kasse von Dorf zu Dorf ziehen … und den armen Zuchthäuslern geistlich beistehen«. Zu diesem Zweck übergaben die Gondis die Summe von 45.000 Pfund an Vinzenz von Paul mit dem Auftrag, sechs Geistliche auszuwählen, um unter seiner Leitung an diesem Werk zu arbeiten. Es folgten genaue Anweisungen über die Verwaltung des Fonds, über die regelmäßige Wiederholung und Dauer der Missionen; und es wurde ganz genau festgelegt, was die »Kongregation der Mission« sei. Man erkennt in diesem Text Vinzenz' Stil sowie seine Sorge, alles gut zu regeln und für die Finanzierung zu sorgen.

Nur zwei Monate nach der Unterzeichnung des Vertrages, am 23. Juni, starb Françoise-Marguerite de Silly, die Gattin von Philippe-Emmanuel de Gondi. Sie starb ruhig und friedlich, da sie ihre Aufgabe bei der Gründung der Mission erfüllt hatte. Vinzenz stand ihr bis zu ihrem letzten Atemzug bei. Zuletzt äußerte sie den Wunsch, Vinzenz möge in ihrer Familie bleiben, was aber mit der Verantwortung eines Superiors einer neu entstehenden Gemeinschaft unvereinbar war. Der General der Galeeren verstand dies und gab ihn frei, damit er sich im Collège des Bons-Enfants niederlassen konnte.[184]

Philippe Emmanuel de Gondi, leidgeprüft durch den Verlust seiner Gattin, legte seine Ämter und Aufgaben zugunsten seines ältesten Sohnes, Pierre de Gondi, nieder, der ihm schon im Oberbefehl über die Galeeren beigestanden hatte. Der Jüngste, Jean-François Paul, nun zwölf Jahre alt, kam in das Collège der Jesuiten von Clermont, wo er die Studien glänzend absolvierte, sich aber als stolzer und leichtsinniger Schüler erwies. Von allen seinen Bindungen befreit, beschloss Philippe-Emmanuel, sich aus der Welt zurückzuziehen. Er bat Vinzenz, ihn in seine Kongregation aufzunehmen, doch dieser führte ihn in weiser Entscheidung dem Oratorium zu, in das er im April 1627 eintrat.[185]

Vinzenz war 44 Jahre alt, als er die Kongregation der Mission gründete. Da es aus dieser Zeit kein Porträt von Vinzenz gibt, muss man sich auf Abelly berufen, der ihn damals schon kannte. Nach seiner Beschreibung war er »von mittlerer Größe und wohlgestaltet; er hatte einen ziemlich großen, aber gut geformten Kopf mit breiter, majestätischer Stirn; sein Gesicht war weder zu voll noch zu mager, sein Blick sanft, aber durchdringend; er hatte ein feines Gehör, seine äußere Haltung war ernst, aber gütig«. Abelly fügt an: »Sein Wesen war einfach und natürlich«[186], also spontan und ungekünstelt. Ohne Zweifel verband sich mit seiner offenen Art ein diskreter Charme, der vor allem Frauen ansprach.

Die Anfänge der neuen Kongregation waren sehr bescheiden. Die aus dem 13. Jahrhundert stammenden Gebäude des Collège des Bons-Enfants waren trotz der kürzlich durchgeführten Reparaturen in sehr schlechtem Zustand. Sie befanden sich nahe der alten Stadtmauer von Philippe-Auguste, neben dem Tor von Saint-Victor. Von den drei um einen kleinen Innenhof aneinandergereihten Gebäudeteilen war einer eine Ruine und deshalb unbewohnt. Einer der ersten Schritte, die Vinzenz als Direktor des Collèges unternahm, ist die Meldung an den Zunftvorsteher der Händler von Paris, dass »die Gebäude des genannten Collèges aufgrund ihres Alters fast zerstört sind«, verbunden mit der Bitte um die Vermittlung »von zwei beeideten Maurermeistern«, die die dringendst notwendigen Arbeiten am Gebäude feststellen und durchführen sollten.[187]

Als Vinzenz mit seinen Begleitern auf Mission ging, überließ er das leere Collège der Aufsicht der Nachbarn: »Monsieur Portail und ich selbst nahmen einen guten Priester mit, dem wir 50 Ecus (150 Pfund) pro Jahr gaben. So gingen wir drei von Dorf zu Dorf, um zu predigen und zu missionieren. Wenn wir weggingen, gaben wir den Schlüssel einem der Nachbarn und baten, dass jemand nachts im Haus schlafe.«[188]

Im folgenden Jahr, am 24. April 1626, genehmigte der Erzbischof von Paris, Jean-François de Gondi, offiziell das Werk, das »durch unseren sehr teuren Bruder Philippe-Emmanuel de Gondi ... und durch unsere teure Schwester Madame Françoise-Marguerite de Silly ... von einigen Geistlichen, die sich ganz für die Missionen einsetzen, indem sie den Katechismus lehren, predigen und dem armen Landvolk die Generalbeichte abnehmen«, geschaffen worden war. Diese Geistlichen waren erst zu viert, als sie am 4. September vor Notaren des Königs im Châtelet de Paris einen Vereinigungsvertrag unterschreiben.[189] Am selben Tag vermachte Vinzenz all seine Güter aus dem väterlichen Erbe seiner Familie und regelte die Schenkungen, die er früher seinen Brüdern und Schwestern gemacht hatte.[190] Zur selben Zeit gab er die Pfarrei von Clichy-la-Garenne auf.[191] Der anderen Pfründen hatte er sich wohl schon entledigt, aber diesbezügliche Dokumente sind verschwunden.

Da nun alle Bindungen, die ihn noch zurückhielten, aufgelöst waren, konnte sich Vinzenz mit Leib und Seele seinem Werk widmen, was er auch in seinen restlichen 34 Lebensjahren tat.

Zunächst musste er lange um die Anerkennung seiner Kongregation kämpfen. Vom Erzbischof von Paris, einem Gondi, hätte er leicht die Zustimmung zur Gründung des Werkes der Mission erhalten. Im folgenden Jahr, im März 1627, erhielt er sogar amtliche, von Ludwig XIII. unterzeichnete Patentbriefe, die die »Kongregation der Mission« billigten und ihre Mitglieder ermächtigten, »an allen Orten des Königreiches, wo sie es wünschen, zu wohnen, und dass sie, wenn sie wollen, Vermächtnisse und Almosen annehmen und empfangen können«[192]. So konnte Vinzenz sogleich in einem »Unionsakt« das Collège des Bons-Enfants, dessen persönlicher Inhaber er bisher war, mit der Kongregation der Mission vereinen, dessen Eigentümer sie dadurch wurde.

Nun galt es noch, die offizielle Anerkennung der Kongregation durch den Heiligen Stuhl zu erreichen, was in Anbetracht der königlichen Approbation nur eine einfache Formalität zu sein schien. Ludwig XIII. schickte im Juni 1628 ein Schreiben an Papst Urban VIII. mit der Bitte, »die Mission«

zur Kongregation zu erheben, »damit sie wachsen und für die Zukunft Bestand haben könne«. Der König schrieb zur selben Zeit an seinen Botschafter in Rom, Monsieur de Béthune, und empfahl ihm, alles Notwendige zu unternehmen, um die Angelegenheit zu einem guten Ende zu bringen, »zum Ruhm und Dienst Gottes und zum Trost meiner armen Untertanen«[193].

Vinzenz hatte nichts außer Acht gelassen, um mit seiner im Juni 1628 an den Papst gesandten Bittschrift[194] Erfolg zu haben, und die Gondis hatten ihren ganzen Einfluss zu seinen Gunsten spielen lassen. Doch die Entscheidung der Propaganda-Kongregation (die zuständige Vatikanische Stelle für die Missionen, Anm. d. Ü.), die zwei Monate später, am 22. August, eintraf, war negativ![195]

In Rom wünschte man die Zahl der Kongregationen nicht zu erhöhen, da sie das Vermögen des Weltklerus verminderten, indem sie Pfründen an sich rissen und der päpstlichen Autorität mehr oder weniger entgingen. Wozu sollte es gut sein, eine neue Kongregation zu gründen, deren einzige Bestimmung darin bestand, Missionen zu predigen? Die Notwendigkeit dieser Gründung würde von selbst verschwinden, wenn die Missionen gute Ergebnisse erzielten. Daher gab der Heilige Stuhl nur die Zustimmung für eine Gemeinschaft von höchstens 20 bis 25 Priestern, doch weder als Kongregation noch als Bruderschaft. Diese Gemeinschaft sollte ihre missionarische Tätigkeit unter der Autorität der Diözesanbischöfe auf Frankreich beschränken.

Gegen Vinzenz von Pauls Vorhaben regten sich weitere feindliche Reaktionen, die einen auf diskrete Art und Weise, andere ganz offen. So zeigte sich Pierre de Bérulle, der 1627 zum Kardinal erhoben wurde, dem Unternehmen seines ehemaligen Schülers nicht gewogen. Das Oratorium hatte sich unter anderen Vorhaben auf die Durchführung von Missionen in den verschiedenen Provinzen des Königreiches festgelegt. Es waren schon gegen zwanzig Häuser dieser Kongregation in Frankreich errichtet worden. Bérulle war der Meinung, dass Vinzenz' Unternehmen eine unnötige Verdoppelung seiner eigenen missionarischen Tätigkeit darstellte. Daher schickte er im November diesbezüglich ein in feindseligem Ton verfasstes Schreiben an Pater Bertin, seinen Vertreter in Rom, da Vinzenz trotz der negativen Entscheidung der Propaganda-Kongregation weiterhin von gewissen Kreisen in Rom unterstützt wurde: »Die Pläne derjenigen, die diese Angelegenheit unterstützen, scheinen so unausgereift, dass man sie sehr bezweifeln muss. Sie würden uns zwingen, jene Zurückhaltung und Schlichtheit aufzugeben, die ich in der Verfolgung der Angelegenheiten Gottes als angemessen erachte, wenn jeder auf diese Weise handeln würde.« Bérulle verlangte von Pater Bertin, den Botschafter von Frankreich beim Heiligen Stuhl einzuschalten.[196] Nach dem Tod des Kardinals im Oktober 1629 setzte sein Nachfolger, Pater Bourgoing, diesen »Feldzug« gegen die Mission nicht fort.

Eine andere Gegnerschaft kam ein wenig später ganz offen zum Ausbruch, und zwar von Seiten des Sprechers der Pariser Pfarrervereinigung. Er sprach sich »im Namen der Pfarrer dieser Stadt und der Vororte von Paris« gegen die amtlichen Briefe aus, durch die der König die Mission gebilligt hatte. Diese Haltung war wesentlich von materiellen Interessen motiviert: »Denn wie viele solcher Kongregationen sind ursprünglich und in ihrer ersten Gründung sehr rein und aus großer Frömmigkeit entstanden, doch Ehrgeiz und Habsucht verändern sie im Lauf der Jahre vollständig … Wenn sie, sei es in den kleinen Städten oder in den Dörfern, eine gewisse Zahl erreicht haben, werden sie an den Einkünften der Pfarreien teilhaben wollen und sagen, dass sie ja derselben Kirche dienen.«[197]

Vinzenz hatte wohl vorausgesehen, dass vom Weltklerus solche Reaktionen kommen könnten. Daher ließ er in den Gründungsvertrag einfügen, dass die Missionare auf alle Güter und Ämter verzichten mussten und dass sie im Verlauf ihrer Missionen »keine Bezahlung oder Vergütung irgendwelcher Art annehmen durften«. Dieses Vorgehen der Pfarrer von Paris beeinflusste keineswegs das Parlament, das in seiner Sitzung vom 4. April 1631 die amtlichen Briefe des Königs zugunsten »der Missionspriester« registrierte.

Die ablehnende Antwort der Propaganda-Kongregation entmutigte Vinzenz nicht. Sein Aufenthalt in Rom im Haus von Msgr. Montorio gab ihm die Möglichkeit, die Geheimnisse des Heiligen Stuhles zu ergründen. Er wusste, dass es notwendig war, geduldig zu sein und die Einflüsse der verschiedenen Eminenzen spielen zu lassen, manchmal sogar zu warten, bis der Thron des Hl. Petrus mit einem neuen Amtsträger besetzt wurde. Im Mai 1631 schickte er François du Coudray, einen seiner ersten Missionare, nach Rom, um seine Angelegenheit voranzubringen. In einem Brief wiederholte er, wie er vorgehen sollte: »Sie müssen ihnen verständlich machen, dass sich das arme Volk ins Verderben stürzt, da es die zum Heil notwendigen Dinge nicht kennt und nicht zur Beichte geht. Wenn Seine Heiligkeit von dieser Notwendigkeit wüsste, hätte sie keine Ruhe, bevor sie nicht das ihr Mögliche getan hat, um hierin Ordnung zu schaffen.« Vinzenz fügte diesem Schreiben einen Bericht von Monsieur Duval, Doktor an der Sorbonne, bei, der nach dem Tod von Bérulle sein geistlicher Begleiter geworden war und der ihm riet, nichts an seinem Text zu ändern. Vinzenz übersetzt dies in seiner direkten Sprache: »Soweit, was die Worte betrifft, doch der Inhalt muss zur Gänze gleich bleiben.«[198]

Schließlich sprach Papst Urban VIII. dank der Hartnäckigkeit und Ausdauer von François du Coudray die offizielle Anerkennung der Kongregation der Mission aus, indem er am 18. Januar 1633 die Bulle »Salvatoris Nostri« unterzeichnete.

Mit dieser Anerkennung der Kongregation durch Rom hatte sich Vinzenz in all diesen Jahren gedanklich oft beschäftigt. Von jetzt an nannte man ihn sehr oft »Monsieur Vinzenz«. Dennoch predigte er weiterhin sehr aktiv Missionen und warb um neue Mitglieder. Im Laufe der ersten sechs Jahre führten die anfangs nur sieben Priester in den Dörfern 140 Missionen durch. Im Jahre 1631 umfasste die Gemeinschaft 26 Mitglieder, darunter 14 Priester.[199]

Da Vinzenz viele dieser Missionen selbst leitete, wurde ihm das ernste Problem der mangelhaften Priesterausbildung immer bewusster. In den ländlichen Pfarreien begegnete er oft Pfarrern, die selbst keine Unterweisung erhalten hatten und darum nicht imstande waren, ihr Amt gültig auszuüben – von jenen ganz zu schweigen, die ein ihres Standes unwürdiges Leben führten, indem sie im Konkubinat lebten, sich dem Trunke ergaben oder faul waren. Obwohl die Eröffnung von Seminarien schon im 16. Jahrhundert durch das Konzil von Trient vorgesehen und befürwortet worden war, hatte diese Maßnahme die französische Kirche erst teilweise aufgegriffen. Das Oratorium von Bérulle hatte seit 1612 Seminare in Paris, in Rouen und dann in einigen anderen Städten eröffnet. Monsieur Bourdoise[200], Pfarrer von Saint-Nicolas-du-Chardonnet, hatte auch um 1620 ein Seminar organisiert, das zu seiner Pfarrei gehörte, bevor er versuchte, seine Erfahrung in der

Provinz auszubreiten. Aber diese Versuche waren noch begrenzt und auf den Stadtklerus ausgerichtet. Mehrere Diözesen hatten Seminare eröffnet, aber ohne großen Erfolg. Sie nahmen zwölfjährige Buben auf, um sie mit 24 Jahren zur Priesterweihe zu führen: Die Kandidaten waren gegen eine so lange Vorbereitung und gaben frühzeitig auf.

Vinzenz unterhielt sich über diese Frage mit dem Bischof von Beauvais, Augustin Potier[201], der sich selbst um die Priesterausbildung in seiner Diözese Sorgen machte. Sie kamen auf die Idee, für die Ordinanden, also jene, die sich auf die Priesterweihe vorbereiteten, Exerzitien von zwei oder drei Wochen zu organisieren. So befand sich Vinzenz im September 1628 in Beauvais zur Eröffnung der ersten Exerzitien dieser Art. Am Ton eines Briefes, den er von dort an François du Coudray schickte, der während seiner Abwesenheit das Collège des Bons-Enfants leitete, spürt man, wie glücklich Vinzenz jetzt war, da er seinen Weg gefunden hatte und ihn mit Freude ging: »Wie geht es der Gemeinschaft? Sind alle wohlauf und fröhlich?«, und er schloss seinen Brief mit einer freundschaftlichen Note: »Adieu, mein lieber kleiner Priester!«[202]

Wenn Vinzenz von Exerzitien oder von der Missionsarbeit zurückkam, fand er in seinem Haus eine Atmosphäre inneren Friedens vor. Da er sich gemäß der Gründungsurkunde jede Tätigkeit im Stadtgebiet untersagte, lebte er in Paris mit seinen Mitbrüdern ganz zurückgezogen. »Wir führen in Paris ein fast ebenso abgeschiedenes Leben wie die Kartäuser; da wir in der Stadt weder predigen noch Beichte hören, haben wir es mit niemandem zu tun, und niemand mit uns, und diese Abgeschiedenheit schürt unsere Sehnsucht nach der Arbeit auf dem Land, und jene Arbeit wiederum die nach der Abgeschiedenheit.«[203]

Diese Ruhe und Zurückgezogenheit dauerten nicht lange. Der Erzbischof von Paris, Msgr. de Gondi, griff das Beispiel der Weiheexerzitien, wie sie in Beauvais gehalten wurden, auf und beschloss, dass alle jene, die sich in seiner Diözese auf das Sakrament der Priesterweihe vorbereiteten, zuvor Exerzitien bei Monsieur Vinzenz machen mussten. So nahm das Collège des Bons-Enfants ab 1632 vor jeder Priesterweihe in der Pariser Kathedrale ungefähr 60 bis 80 Weihekandidaten auf – eine schwere Aufgabe für die junge Kongregation!

Zum Zeitpunkt, als Madame de Gondi starb, die Vinzenz so viele Sorgen bereitet hatte mit ihrer ewigen Unruhe und ihrem unstillbaren Bedürfnis nach innerer Beruhigung durch ihren geistlichen Begleiter, ihn andererseits aber auch in seinem entstehenden Missionswerk so gut unterstützt hatte, nahm eine andere gequälte Seele ihren Platz ein: Louise de Marillac[204]. Sie gehörte einer großen Familie an, die dem Staat Diplomaten und Finanzleute gestellt hatte. Jedenfalls hinterließ ihre uneheliche Geburt – sie war die leibliche Tochter von Louis de Marillac, der sie auch anerkannt hatte – tiefe Spuren. Beim Tod ihres Vaters war sie erst dreizehn Jahre alt und von den Marillacs mehr oder weniger verstoßen worden. Sie wäre gerne in den Konvent der Kapuzinerinnen eingetreten, ein Orden, der sich soeben in Paris niedergelassen hatte und sich durch ein aszetisches Leben und eine glühende Frömmigkeit auszeichnete. Aber man riet ihr ab, diesen Weg zu wählen, den man für sie ob ihrer schwachen Konstitution als zu hart erachtete. Sie wurde zu einer Vernunftehe gedrängt und heiratete einen kleinen Angestellten am königlichen Hof, Antoine le Gras, einen ehrenhaften Mann von niederem Adel. Dieser starb nach einer langen Krankheit und ließ sie 34-jährig als Witwe zurück, mit wenig Geld und einem Sohn, Michel, der ihr ständig Sorgen bereitete.

Ihr geistlicher Begleiter, Jean-Pierre Camus[205], ein Freund von Franz von Sales, führte sie sanft und liebevoll und half ihr, eine schwere Nervenkrise während der Krankheit ihres Gatten zu überwinden. Camus verließ, als er zum Bischof von Belley ernannt wurde, die Hauptstadt und riet Louise, sich Monsieur Vinzenz anzuvertrauen.

Ihm war sie bereits bei den Hennequins in Clichy-la-Garenne und bei Bérulle begegnet. Ihre erste Reaktion, als Camus ihr von Vinzenz erzählte, war ablehnend. Sie selbst hielt fest, dass sie zunächst Widerwillen spürte, aber zustimmte, da sie glaubte, dass dies der Wille Gottes sei.[206] So wurde Vinzenz ab 1625 der geistliche Begleiter von Louise de Marillac.

Sie ließ sich in einer bescheidenen Wohnung im Viertel von Saint-Victor in der Nähe des Collège des Bons-Enfants nieder. In seiner Korrespondenz sieht man, wie Vinzenz Louise nach und nach dazu brachte, sich von ihrer »mütterlichen Weichheit« ihrem Sohn gegenüber zu lösen und sie von ihrer »ständigen Niedergeschlagenheit« heilte. Er schrieb ihr: »Seien Sie freudig in der Haltung, alles zu wollen, was Gott will.«

Er war bestrebt, ihr bewusst zu machen, dass sie ihr Gleichgewicht und ihren inneren Frieden finden würde, wenn sie sich an seiner Seite in den Dienst der Armen stellte. Er kannte die Aufgabe, die er ihr anvertrauen wollte: all jene Gemeinschaften zu betreuen, die im Zuge der Missionen geschaffen wurden. Diese Caritasvereine mussten besucht, angespornt und nötigenfalls neu gestaltet werden. So schickte er Louise nach vier Jahren Ausbildung zu einer ersten Inspektion des Vereins von Montmirail, wo er selbst im Mai 1629 eine Mission halten musste. Er ermutigte sie mit folgenden Worten: »Gehen Sie also, Mademoiselle, gehen sie im Namen unseres Herrn. Ich bitte seine göttliche Güte, dass sie Sie auf Ihrem Weg begleite, möge sie Ihr Schatten sein gegen die Hitze der Sonne, Ihr Schutz in Regen und Kälte, Ihr weiches Bett in Ihrer Müdigkeit, Ihre Kraft in Ihrer Arbeit, und möge er Sie schließlich in voller Gesundheit und mit vielen guten Werken zurückbringen.«[207]

Und siehe da, die zerbrechliche und ängstliche Louise fuhr mit ihren Dienerinnen in einer Kutsche nach Montmirail, nach Villepreux oder nach Verneuil, mit ihrem kleinen Gepäck und einem dicken Ballen mit Wäsche, Medikamenten und Süßigkeiten, um den Kranken und Mittellosen Hilfe zu bringen. In der Herberge des Dorfes untergebracht, versammelte sie die Mitglieder des örtlichen Caritasvereins, erkundigte sich nach ihren Problemen, ermahnte sie und gab ihnen Anweisungen für die durchzuführenden Tätigkeiten.

Bei ihrer Rückkehr berichtete sie Vinzenz, der sie ermutigte und tröstete, da sie nicht immer gut aufgenommen wurde. Die örtlichen Autoritäten, seien es Laien oder Ordensfrauen, fragten sich manchmal, was diese Pariser Dame, deren genauen Auftrag man nicht kannte, hier zu tun hatte. Vinzenz musste sie beruhigen, als sie einmal in der Champagne unterwegs war und durch den Bischof von Châlons vorgeladen wurde. Sie fragte, was sie machen sollte? Er antwortete ihr: »Es scheint mir, dass Sie gut daran tun werden, ihn zu besuchen und ihm ganz einfach zu sagen, warum der ehrenwerte Pater de Gondi Sie gebeten hat, die Mühe auf sich zu nehmen, in die Champagne zu reisen, und was Sie machen. Bieten Sie an, von Ihrem Vorhaben zu streichen, so wie es ihm gefällt oder alles aufzugeben, wenn er es wünscht. Das ist der Geist Gottes.«[208]

Gründung und Aufbau der Kongregation der Mission, auf dem Land durchgeführte Missionen, Exerzitien für Priesteramtskandidaten, nicht zu vergessen die geistliche Leitung des Konvents der Heimsuchung – dies alles schaffte Vinzenz nebeneinander. Er hatte nicht viel Freizeit, noch hatte er Lust, sich mit politischen Angelegenheiten zu befassen, die in dieser Zeit sehr verworren waren.

Während Vinzenz von Paul klug und bedacht auf die Verwirklichung eines noch nicht klar umrissenen Zieles zusteuerte, ging ein anderer Kirchenmann, Armand du Plessis[209], der spätere Kardinal de Richelieu, entschlossen auf das Ziel zu, das er sich gesteckt hatte: an die Macht zu gelangen. Er war für den Dienst an der Waffe vorgesehen. Als sich aber sein älterer Bruder entschied, zu den Kartäusern zu gehen, wurde er dazu bestimmt, den Bischofssitz von Luçon zu übernehmen. Er war erst 20 Jahre alt, als er die Mitra erhielt. Er erwies sich als eifriger Prälat und wurde vom Klerus 1614 in den Staatsrat gewählt und im November 1616 durch die Gunst von Maria von Médici zum Staatssekretär befördert. Im folgenden Jahr diente er der Königin-Mutter in ihrem Exil und setzte sich für eine Versöhnung mit ihrem Sohn ein, die er im März 1619 in Angoulême erreichte. Sein diplomatisches Geschick und seine Flexibilität ermöglichten ihm, sich in einer besonders turbulenten Zeit den Weg zur Macht zu bahnen. 1622 empfing er aus den Händen Ludwigs XIII. den Kardinalshut, zwei Jahre später wurde er in den Staatsrat aufgenommen. Dort sollte er die Interessen der Königin-Mutter vertreten, aber sehr schnell stellte er sich auf die Seite des Königs, der ihn im August 1624 zum Chef seines Rates ernannte. Fast 20 Jahre lang spielte Kardinal de Richelieu die Rolle eines allmächtigen Premierministers, da er das volle Vertrauen seines Herrschers besaß.

Zu Beginn seiner Amtszeit musste er noch die Königin-Mutter, Maria von Médici, rücksichtsvoll behandeln. Um sie gruppierte sich eine Partei von Katholiken, mehr oder weniger die Nachkommen der Liga, die man die Devoten nannte. Sie wünschten eine Politik, die nach innen und außen den Lehren und Interessen der Kirche und den Empfehlungen Roms entsprach. Das bedeute, dem Kampf gegen die protestantische »Häresie« den Vorrang einzuräumen und Bündnisse mit den katholischen Mächten, also mit den Habsburgern in Spanien und Österreich einzugehen.

Unter diesen Devoten zeichneten sich besonders die Marillacs[210] und Pierre de Bérulle aus. Diese Partei wurde durch die Jesuiten gestützt, doch man fand dort auch Personen, die wenig später die Gesellschaft vom Heiligsten Sakrament bildeten.

Andere Katholiken, die sich selbst »die guten Franzosen« nannten und dem Heiligen Stuhl treu ergeben waren, wurden von gallikanischen Anschauungen beeinflusst. Das Interesse das Staates, verkörpert in einem König von Gottes Gnaden, musste das oberste Gesetz sein. Sie wünschten, dass sowohl die Innen- als auch die Außenpolitik in erster Linie französisch sei, beseelt durch die alleinigen Interessen des Königreiches. Das brachte sie dazu, den Kampf gegen die herrschsüchtigen Absichten der Habsburger zu befürworten und, wenn nötig, Bündnisse mit den protestantischen Mächten zu schließen.

Der Kampf gegen die Hugenotten erhielt jedoch bald Vorrang, denn eine durch den Herzog von Buckingham angeführte englische Flotte setzte im Juli 1627 eine Truppe von 8.000 Mann auf der Insel Ré ab. Sie sollten den französischen Protestanten, die immer noch in La Rochelle belagert wurden, zu Hilfe kommen. Die englische Expedition scheiterte, und diese Truppe schiffte sich wieder ein, ohne die Belagerung aufheben zu können. Ganz im Gegenteil, Richelieu nahm nun die Sache selbst in die Hand. La Rochelle musste sich im Oktober 1628 nach einem heroischen Widerstand ergeben. Nun mussten noch in Südfrankreich die durch den Herzog von Rohan aufrechterhaltenen rebellischen Zentren der Hugenotten niedergekämpft werden. Im Rat des Königs standen sich darin zwei Parteien gegenüber. Die Königin-Mutter, unterstützt durch die Devoten, drängte dazu, gegen die Protestanten zu kämpfen, während Richelieu zuerst in Italien intervenieren wollte, wo die Nachfolge des Herzogs von Mantua[211] auf dem Spiel stand. Aber dadurch stellte sich der Kardinal gegen die spanischen Interessen, die im Geheimen von Maria von Médici verteidigt wurden. Da sich die Ansichten Richelieus im Rat durchsctztcn, untcrnahm Ludwig XIII. mit seinem Minister einen Blitzfeldzug in Italien.

Von da an wollte die Königin-Mutter den Kardinal ausschalten und ihn durch den Kanzler Michel de Marillac ersetzen. Das geschah am 11. November 1630, den man später »den Tag der Betrogenen (Geprellten)« nannte, da Maria von Médici, obwohl sie geglaubt hatte zu erreichen, dass Richelieu bei ihrem Sohn in Ungnade fiel, sich selbst in der Residenz überwacht vorfand. Von dort floh sie in ein endgültiges Exil. Michel de Marillac wurde nun vom Rat ausgeschlossen und zog sich auf seine Güter zurück, wo er aus Kummer zwei Jahre später starb. Sein jüngerer Bruder, der Marschall de Marillac, wurde in Italien, wo er die Armee befehligte, verhaftet. Nach einem äußerst ungerechten Prozess wurde er unter dem Vorwand der Untreue zur Höchststrafe verurteilt und im Mai 1632 enthauptet.

Die Schicksalsschläge in der Familie Marillac fanden schmerzlichen Widerhall im Herzen von Louise de Marillac.

Vinzenz schrieb ihr in einem Brief tröstliche Gedanken und ermutigte sie, diese Prüfung anzunehmen: »Es soll uns nichts bedeuten, wie unsere Verwandten zu Gott gehen, wenn sie nur zu ihm gehen. Nun denn, der gute Gebrauch von dieser Todesart ist einer der sichersten Wege zum ewigen Leben. Klagen wir also nicht darüber, sondern ergeben wir uns in den anbetungswürdigen Willen Gottes.«[212]

In dieser stürmischen Zeit politischer Unruhen hielt sich Vinzenz von Paul davon entfernt. Auch wenn er bedeutende Mitglieder der Partei der Devoten gekannt und besucht hatte, so nahm er keineswegs an ihren Versammlungen oder Aktionen teil. Er bewegte sich vor allem in seinem eigenen Bereich und konzentrierte seine Kraft auf die Gründung seiner Werke, die er nicht gefährden wollte.

<br>

## 10
## Das Priorat von Saint-Lazare
### 1632 – 1633

*Ein unerwartetes Geschenk – Unionsvertrag mit der Mission – Die Dienstagskonferenzen – Anfang der Barmherzigen Schwestern – Vinzenz' Empfehlungen für eine Mission*

Vinzenz von Paul erhielt gegen Ende 1630 einen Besuch, der ihn seinen eigenen Worten nach sehr verwirrt zurückließ: »Ich war durcheinander, wie ein Mann, der vom Schuss einer Kanone, die in der Nähe unerwartet abfeuert, überrascht wird. Er ist verwirrt von diesem unerwarteten Donner.«[213]

Was war geschehen? Der Pfarrer von Saint-Laurent, Guillaume de Lestocq, war gekommen, um ihm Adrien Le Bon[214], den Superior des Priorats von Saint-Lazare, vorzustellen. Le Bon schlug Vinzenz vor, zu seinen Gunsten auf sein Amt zu verzichten, das heißt, er bot ihm an, die Mission, für die es im Collège des Bons-Enfants zu eng wurde, in den weiträumigen Gebäuden von Saint-Lazare unterzubringen und mehr noch, die Kongregation sollte der Nutznießer eines Priorats mit guten Einkünften werden. Die erste Reaktion von Vinzenz war, diesen Vorschlag, der mit der geringen Größe der erst entstehenden Kongregation nicht vereinbar zu sein schien, abzulehnen. Er kannte auch die Probleme des Priors von Saint-Lazare und fürchtete, sich auf eine Sache einzulassen, die ihn in Schwierigkeiten hineinziehen konnte.

Das im 12. Jahrhundert gegründete Priorat von Saint-Lazare hatte anfangs die Aufgabe der Pflege und Unterbringung der Leprakranken in Paris. Man dachte damals, dass der Beruf des Bäckers mehr als andere für diese schreckliche Krankheit anfällig machte. Noch im 17. Jahrhundert hielten die Pariser Bäcker die Tradition aufrecht, der Krankenabteilung von Saint-Lazare Spenden zukommen zu lassen. Dieses Priorat war im Mittelalter einer der bedeutendsten kirchlichen Gutshöfe der Île-de-France.[215] Bei ihrem Regierungsantritt hielten sich die Könige dort auf, um den Treueschwur aller Orden der Stadt entgegenzunehmen. Ebenso wurde bei ihrem Tod ihr Sarg dorthin gebracht, bevor er den Mönchen der Abtei von Saint-Denis zur Beisetzung übergeben wurde. Am Beginn des 16. Jahrhunderts hatte der Bischof von Paris die Verwaltung dieses Priorats den Rittern von Saint-Lazare genommen und den Kanonikern von Saint-Victor übertragen, wobei er bestimmte, dass er diese Zuweisung widerrufen konnte.

Das Gebiet von Saint-Lazare[216] außerhalb der Stadtmauern war sehr weitläufig und umfasste ca. 40 Hektar. Man erntete dort Weizen, Korn und Gerste. Es gab zahlreiche Gebäude: Unterkünfte der Kanoniker, die Kirche und ihr Kreuzgang, die Krankenabteilung, das herrschaftliche Gefängnis, das Haus für die sichere Unterbringung von Geisteskranken, zudem in einem anderen Teil des Grundstückes eine Reihe kleiner Häuser für die Aussätzigen, viele Nebengebäude mit Pferdeställen, Viehställen, Kellern und verschiedenen Scheunen. Das Priorat besaß noch viele andere Grundstücke in Paris und in den benachbarten Pfarreien. Es verfügte über verschiedene Steuereinnahmen, besonders über jene, die man auf den Märkten von Saint-Laurent in nächster Nähe der Umfriedung eintrieb. Wenn auch die Einkünfte bedeutend waren, so verschlang die Restaurierung der Gebäude doch beträchtliche Summen, denn die Erhaltung des Priorats war lange Zeit vernachlässigt worden. Saint-Lazare nahm keine Leprakranke mehr auf und in der Irrenanstalt gab es nur mehr drei oder vier Geisteskranke und einige schwierige Jugendliche, die auf Verlangen ihrer Familien dort interniert waren.

Die zehn Mönche von Saint-Victor waren in ständigem Konflikt mit ihrem Prior, der, müde und entmutigt, die Idee hatte, das Priorat Vinzenz von Paul anzubieten, dessen Verdienste man weithin lobte. Trotz Vinzenz' anfänglicher Weigerung bestand Adrien Le Bon auf seinem Entschluss und suchte ihn wieder auf, nachdem er ihm sechs Monate Bedenkzeit gegeben hatte. Von Neuem stieß er auf dieselbe Ablehnung, da der Superior der Mission die Bescheidenheit seiner Kongregation anführte und die Tatsache, »dass er nicht ins Gerede kommen wolle und dass dies zweifellos Aufsehen erregen würde«. Vinzenz fürchtete sowohl die Reaktionen von

Seiten der Pariser Pfarrer als auch die der anderen Kanoniker-konvente, die in der Kongregation von Frankreich unter der energischen Leitung des Pater Faure[217] zusammengeschlossen waren. Adrien Le Bon schaltete also André Duval, Vinzenz' großen Freund ein, dessen Rat er immer befolgte. Dieser befand den Vorschlag als für die Kongregation günstig, und Vinzenz gab nach. Es blieben noch die Klauseln des Vertrags zu erstellen, was nicht leicht war. Ein langer Brief von Vinzenz an Guillaume de Lestocq zählte die vielen Schwierigkeiten auf, die zu lösen waren, im Besonderen, wie die Kanoniker von Saint-Victor und die Missionspriester miteinander leben sollten, da ihre Regeln und ihre Lebensweise sehr verschieden waren, und welche materiellen Vorteile Adrien Le Bon und seinen Mönchen zu genehmigen waren.[218]

Der Unionsvertrag des Priorats Saint-Lazare mit der Kongregation der Mission wurde schließlich am 7. Januar 1632 vor dem Notar unterzeichnet und am nächsten Tag durch den Erzbischof von Paris genehmigt. Dieser verdeutlichte, dass er seine Gerichtsbarkeit über die geistlichen und weltlichen Angelegenheiten, über das Priorat und die Missionspriester behalte. Sie mussten zumindest zwölf an der Zahl sein, davon acht dauerhaft damit beschäftigt, unentgeltlich in der Diözese von Paris Missionen abzuhalten. 14 Tage pro Jahr sollten sie dazu verwenden, den Klerus der Diözese auf die Priester-weihe vorzubereiten.[219] War Vinzenz nach ungefähr zwei Jahren schwieriger Verhandlungen endlich am Ziel angekommen?

Die amtlichen Briefe des Königs, die diese Übernahme bestätigten, wurden am 22. Januar 1632 unterzeichnet, aber ihre Eintragung in das Register wurde durch das Parlament blockiert, denn die Mönche von Saint-Victor sowie »die Pfarrer der Stadt und der Vorstädte von Paris« machten Einwendungen. Besonders die Mönche von Saint-Victor reichten ein Gesuch um das andere ein, um die Vereinigung mit der Mission für ungültig erklären zu lassen, obwohl das Priorat von Saint-Lazare seit 1625 nicht mehr von ihrer Abtei abhing. Vinzenz, der so lange gezögert und sich beraten hatte, bevor er sich in diese Sache einließ, war einen Augenblick entmutigt. Er vertraute sich einem Freund an: »Sie wissen wohl, dass die Mönche von Saint-Victor uns Saint-Lazare streitig machen … Es wird geschehen, was unserem Herrn gefallen wird.«[220]

Die Intervention eines Landsmannes von Vinzenz, Jean Duvergier de Hauranne, Abt von Saint-Cyran, hatte nun einen glücklichen Einfluss. Vinzenz hatte ihn 1609, während der ersten Monate in Paris, kennengelernt. Vielleicht hatten sie sogar eine Zeit lang zusammengewohnt. Später erwiesen sie sich einige Dienste: Vinzenz setzte sich bei Madame de Gondi, der Schwägerin des Botschafters von Frankreich in Madrid, Monsieur de Fargis, ein, um die Befreiung eines Neffen von Saint-Cyran, der in Spanien gefangen gehalten wurde, zu erwirken; und Saint-Cyran zog Verwandte von Vinzenz, die in »eine ärgerliche Sache verwickelt waren, aus dieser unangenehmen Lage heraus«. Saint-Cyran nützte seine guten Beziehungen, besonders beim Generalanwalt Bignon, der mit dem Akt von Saint-Lazare befasst war, und erreichte, dass er ernsthaft zugunsten der Kongregation der Mission eintrat und dass die Mönche von Saint-Victor abgewiesen wurden.[221]

Schließlich verfügte das Parlament am 7. September 1632 die Registrierung der Patentbriefe des Königs. Die Schwierigkeiten waren deshalb aber noch nicht aufgehoben. Der Erzbischof von Paris hatte in seinem Zustimmungsakt vertragsmäßig festgesetzt, dass er für sich »das Recht der Visitation sowohl im weltlichen als auch im geistlichen Bereich beanspruche«. Vinzenz zögert nicht, ihn aufzusuchen, um ihn zu bitten, auf diese Forderung zu verzichten: »Ich bat ihn inständig, uns davon zu befreien. Da er es nicht machen wollte, sagte ich ihm, dass wir uns lieber zurückziehen würden, und wir hätten es zweifellos getan, wenn er darauf bestanden hätte.«[222] Nachdem Vinzenz so lange geschwankt hatte, Saint-Lazare anzunehmen, und nachdem er hatte kämpfen müssen, um es zu behalten, war er bereit, es eher aufzugeben als auch nur etwas von seiner Autonomie abzutreten!

Mit der Unterzeichnung des Unionsvertrags von Saint-Lazare und der Mission bürdete sich Vinzenz schwere finanzielle Lasten auf. Er stimmte zu, dem Prior eine jährliche Pension von 2.100 Pfund auszuzahlen und für jeden der zehn Kanoniker 500 Pfund, ohne den Unterhalt der acht Priester zu rechnen, die nur in der Diözese von Paris missionieren durften. Zudem war es dringend, wichtige Instandsetzungsarbeiten und Umgestaltungen der Prioratsgebäude zu unternehmen. Aber wie es eben manchmal geschieht, schritt die göttliche Vorsehung in Form eines großzügigen Spenders ein, Nicolas Viviers, Ratgeber und Rechnungsmeister des Königs, der Vinzenz eine Summe von 10.000 Pfund für eine Gründung von Missionen im Zuständigkeitsbereich der Parlamente von Toulouse, Bordeaux und der Provence übergab.[223]

Die Errichtung der Mission in Saint-Lazare bedeutete für die junge Kongregation einen entscheidenden Schritt. Sie erlaubte ihr die Ausdehnung aller Aktivitäten, die in ihr aufblühten. Vinzenz nahm sich für Entscheidungen länger Zeit. Lange wog er das Für und Wider ab, brauchte den Rat anderer, um seiner Sache sicher zu sein. Das war sein bäuerliches Wesen, aber auch Ausdruck seiner Bescheidenheit und Demut. Er fand, dass dieses Geschenk für seine »kümmerliche Gemeinschaft« zu schön war. Aber wenn er eine Entscheidung einmal getroffen hatte, zeigte er sich äußerst entschlossen. Und wenn es notwendig war, einen Prozess zu führen, was er nicht gerne tat, zögerte er nicht, ihn auf sich zu nehmen. Er war auch hinsichtlich des Autoritätsprinzips für seine Kongregation unnachgiebig: Er war der Superior und gab kein Stück seiner Macht ab. Dieses Prinzip verteidigte er vor dem Erzbischof von Paris und auch später vor dem Heiligen Stuhl.

Saint-Lazare war bald mit Leben gefüllt. Da waren zuerst die Exerzitien für die Weihekandidaten der Diözese von Paris, mit sechs jährlichen Kursen, von denen jeder ungefähr 70 Teilnehmer umfasste. In einem Brief an einen Freund beschreibt Vinzenz den Ablauf dieser Exerzitien: »Der Herr Erzbischof … hat angeordnet, dass von jetzt an in seiner Diözese jene, die den Wunsch haben, geweiht zu werden, sich vor jeder Weihe zehn Tage bei den Priestern der Mission zurückziehen, um dort eine geistliche Einkehr zu halten, sich in der Meditation zu üben, wenn notwendig, eine Generalbeichte über ihr ganzes bisheriges Leben abzulegen, eine Wiederholung der Moraltheologie vorzunehmen, besonders was den Gebrauch der Sakramente betrifft, die Zeremonien gut auszuführen zu lernen … und sich schließlich alle anderen für die Kleriker notwendigen Dinge anzueignen.«[224]

Jeder wurde kostenlos untergebracht und versorgt – eine schwere Belastung, die durch die Aufnahme von Weihekandidaten aus den Provinzen und von Laien, die Exerzitien machen wollten, noch erhöht wurde. Die Zahl der Gäste von Saint-Lazare betrug dadurch dauerhaft 70 bis 100. Vinzenz gewann dafür die Damen der Charité, die sich ständig großzügig zeigten. So verpflichtete sich die Präsidentin de Herse[225], für jede Priesterweihe fünf Jahre lang 1.000 Pfund zu spenden. Die Marquise de Maignelay, die Schwester von François de Gondi, dem Erzbischof von Paris, folgte ihrem Beispiel und finanzierte beinahe alle Unternehmungen von Vinzenz.

Um diese Exerzitien zu leiten, war es ratsam und notwendig, erfahrene und kompetente Geistliche zu finden. Vinzenz gelang es dank seiner Überzeugungskraft, die talentiertesten Prediger der Hauptstadt nach Saint-Lazare zu holen. In diesem Rahmen verzeichneten Nicolas Pavillon und François-Etienne de Caulet[226], beide zukünftige Bischöfe, und später Jacques-Bénigne Bossuet ihre ersten Erfolge, um nur die bekanntesten anzuführen.

Vinzenz dachte über eine Möglichkeit nach, die Kleriker in der guten Verfassung zu erhalten, in der sie sich nach ihren Weihexerzitien befanden. Er griff die Anregung eines Teilnehmers auf, einmal pro Woche die ehemaligen Exerzitienteilnehmer zu versammeln. Das war der Anfang der »Dienstagskonferenzen«[227], die zu Vinzenz' Lebzeiten von mehr als 250 Klerikern aus mehreren Diözesen besucht wurden. Es lag ihm am Herzen, diesen Versammlungen persönlich vorzustehen. Dort herrschte ein familiärer Ton, jeder konnte sich frei zu jenem Thema äußern, das er vorgeschlagen hatte und das in der Vorwoche angenommen worden war. Die Themen dieser Konferenzen waren auf das Leben Jesu Christi, das Modell des Priesters, und auf die Liebe zu den Armen ausgerichtet. Beinahe 30 Jahre lang zwang sich Vinzenz trotz seiner zahlreichen Aufgaben, sich ruhig in diesen Klerikerkreis zu setzen. Mit seinem einfachen und bildhaften Sprechen meditierte er mit lauter Stimme über die Berufung der Priester und über ihr Vorbild: Jesus Christus. Unter so vielen von Vinzenz geschaffenen Werken waren die Dienstagskonferenzen vielleicht jene, bei denen seine persönliche Ausstrahlung am meisten spürbar war.

Die Mitglieder dieser Konferenzen organisierten sich bald formlos zu einer Gemeinschaft, für die Vinzenz ein Reglement vorschlug, eine Regel des gemeinschaftlichen Lebens, die sie befolgen sollten, während sie nebenbei ihre jeweiligen Aufgaben in den Pfarreien oder Diözesen ausübten.[228] Der Ruf dieser Gemeinschaft zog die hervorragendsten Mitglieder der Kirche an, Doktoren an der Sorbonne, Superioren von Kongregationen, Direktoren von Seminarien. So wurde sie zu einer Bildungsstätte von Prälaten: 20 ihrer Mitglieder wurden zu Bischöfen oder Erzbischöfen ernannt. Vinzenz war übrigens trotz seiner Demut diesen Auszeichnungen gegenüber nicht gleichgültig. Er schreibt 1637 an einen seiner Korrespondenten sichtlich zufrieden: »Die Versammlung der Herren Kleriker dieser Stadt wird, wie es mir scheint, immer besser. Drei Bischöfe sind soeben daraus hervorgegangen.«[229]

Die Organisation der Weiheexerzitien und der Dienstagskonferenzen lenkten Vinzenz nicht von seinem Werk, den Caritasvereinen, ab. Diese vervielfachten sich, da sie in allen Pfarreien, wo Missionen abgehalten wurden, entstanden. Louise de Marillac suchte sie regelmäßig auf, um den Eifer ihrer Mitglieder wachzuhalten. Sie war im Jahr 1632 in Villeneuve-Saint-Georges, Launois, Herblay und im folgenden Jahr in Verneuil, Pont-Saint-Maxence, Gournay, Neufville-le-Roy. Vinzenz unterhielt mit ihr einen regen Briefwechsel, in dem er sie ermutigt oder auch leicht tadelt, wenn sie sich in ihren Krisen und Ängsten gehen ließ: »Ich kann nicht umhin, Ihnen zu sagen, dass ich mir vorgenommen habe, Sie morgen recht zu tadeln, weil Sie sich so in grundlosen und nichtigen Befürchtungen ergehen. Oh! bereiten Sie sich vor, sehr ermahnt zu werden!«[230] Er hielt sie gleichfalls über das tägliche Leben in Saint-Lazare auf dem Laufenden: »Ich bin ganz außer mir über die große Zahl der Exerzitanten: ein ernannter Bischof, ein erster Präsident, zwei Doktoren, ein Professor der Theologie und Monsieur Pavillon.« Dann bat er sie, sich nach Villeneuve-sur-Yonne zu begeben, da der dortige Caritasverein einen Ansporn brauchte. Er erklärte ihr ausführlich die Reisemöglichkeiten, sei es im Wagen mit Madame Goussault und Madame Poulaillon, sei es im Boot bis Joigny. Er sagte ihr, wo sie untergebracht werden konnte und trug ihr auf, dem Pfarrer des Ortes einen Besuch abzustatten und die kleinen Mädchen den Katechismus zu lehren: »Das wird es Ihnen erleichtern, ihre Mütter für Gott zu gewinnen.«[231] In diesen Worten zeigt sich nicht mehr der manchmal fordernde geistliche Leiter, sondern der aufmerksame Freund, der liebevoll über diese zerbrechliche Frau wachte, die er auf gefährliche Wege schickte.

Jedenfalls war sich Vinzenz darüber im Klaren, dass das Modell der Caritasvereine auch an eigene Grenzen stieß: Der gute Wille endete durch Ermüdung. Die verheirateten Frauen wurden durch die Sorgen um ihren Haushalt im Hause zurückgehalten. Und die großen Damen, die ihre Kleider in den Hütten, in denen der Großteil der Kranken und Armen lebte, nicht beschmutzen wollten, vertrauten ihren Dienerinnen die Aufgabe an, den Bedürftigen den Suppentopf zu bringen. Auch war es notwendig, fähige Personen zu finden, um die Landmädchen zu unterrichten, was für die Damen der Charité schwierig war. Der Versuch eines »gemischten Caritasvereins« erwies sich als wenig erfolgreich. Vinzenz gab ihn schließlich auf, da er feststellte, dass »sich die Männer und Frauen hinsichtlich der Verwaltung nicht einigen konnten«.

Angesichts all dieser Probleme dachte Louise de Marillac daran, sich von wirklichen Dienerinnen helfen zu lassen. Vinzenz seinerseits überlegte mit seiner üblichen Klugheit und Umsicht. Er mäßigte Louises Eifer, um sie vor verfrühten Initiativen zu bewahren: »Man soll die Vorsehung nicht übergehen«, wiederholte er gerne. Gegen 1629 oder 1630 erscheint nun ein Mädchen von bewundernswerter Bereitschaft: Marguerite Naseau. Als einfache Kuhhirtin in Suresnes hatte sie ganz allein lesen gelernt und sich aus eigenem Antrieb vorgenommen, die Mädchen ihres Dorfes zu unterrichten. Sie stellte sich Vinzenz zur Verfügung, der sie nach Villepreux schickte, wo sie anderen Mädchen guten Willens begegnete. Danach traf sie auf den Caritasverein von Saint-Nicolas-du-Chardonnet, als eine Pestepidemie in der Stadt wütete. Sie starb im März 1633, als sie eine Pestkranke pflegte, mit der sie ihr Lager teilte. Marguerite Naseau lieferte Vinzenz das Beispiel dessen, was er noch unklar suchte: Sie wurde die erste »Fille de la Charité«[232] (im deutschsprachigen Raum »Barmherzige Schwester« oder »Vinzentinerin« genannt, Anm. d. Ü.). Ab November 1633 nahm Louise de Marillac, die schließlich die Einwilligung von Vinzenz erhalten hatte, in ihrer Wohnung in der Nähe von Saint-Nicolas-du-Chardonnet vier oder fünf Mädchen auf. Sie bildeten den Kern der »Gemeinschaft der Barmherzigen Schwestern«. Am Anfang betrachtete sie Vinzenz nur als Hilfe für die Damen. Bis 1647 handelte es sich, wenn er von Schwestern sprach, um Damen der Charité, die anderen waren »les Filles«. Später nannte er sie »meine Schwestern« und anerkannte nach und nach ihre Eigenständigkeit.

Inmitten seiner vielfältigen Beschäftigungen blieben die Missionen auf dem Land für Vinzenz das Herzstück seines Wirkens und seines Apostolats. Er hielt daran fest, sich selbst so oft wie möglich an ihnen zu beteiligen. Auf einer seiner Reisen stolperte sein Pferd und stürzte. Er wurde unter seinem Reittier eingeklemmt, aber konnte sich ohne allzu großen Schaden daraus befreien. Er erzählte sein Missgeschick Louise de Marillac: »Der Sturz vom Pferd war für mich sehr gefährlich, und der Schutz unseres Herrn auffallend … Es ist mir davon nur eine kleine Verstauchung meines Fußes geblieben, die mir gegenwärtig keinen Schmerz bereitet.« Nach der damals üblichen ärztlichen Behandlungsmethode beeilte man sich, ihn zur Ader zu lassen: »Ich muss morgen und übermorgen zur Ader gelassen werden. Ich werde mit der Kutsche an einen Ort reisen, etwa vier Kilometer von hier entfernt.«[233]

Wenn ihn etwas Außerordentliches hinderte und er eine Mission nicht begleitete, schrieb er ausführlich an den Verantwortlichen. Im vorliegenden Fall handelte es sich um Antoine Portail, der in Montmirail war und sich mit seinen Missionaren in das 25 Meilen entfernte Joigny begeben sollte. Vinzenz gab ihm für diese Reise folgende Anweisungen: »Wenn Sie zu Fuß gehen und nur ein Pferd nehmen, bitte ich Sie um zwei Dinge: Machen Sie kleine Tagemärsche und lassen Sie jene, die ermüdet sind, abwechselnd das Pferd besteigen.« Vinzenz legte genau fest, welche Befugnisse die zehn Priester dieser Gruppe haben sollten: »Monsieur Pavillon wird die Predigten halten, und Messieurs Renar, Roche, Grenu und Sergis sprechen: der erste über das Glaubensbekenntnis; der zweite über die Gebote Gottes; der dritte über das Vaterunser und das Ave Maria und der vierte über die Sakramente; und für den kleinen Katechismus gilt, dass die Herren Roche und

Sergis entlastet werden sollen, wenn sie den großen Katechismus halten; und Sie, Monsieur, werden für die Leitung der Gruppe Sorge tragen.« Man glaubt, einen Kapitän zu hören, der seinen Offizieren Befehle für ein Manöver erteilt!

Vinzenz empfahl in diesem Brief Portail auch, auf die Einhaltung der Regel zu achten, »beginnend mit dem Aufstehen, dem Schlafengehen, dem Gebet, dem Gottesdienst, dem Betreten und Verlassen der Kirche zum festgesetzten Zeitpunkt«. Er bemerkte: »Niemals oder sehr selten versäumen es Justizbeamte, zur selben Stunde aufzustehen oder sich schlafen zu legen, in den Justizpalast zu gehen und von dort zu kommen; die meisten Handwerker machen es ebenso; nur wir Geistlichen lieben so sehr unsere Bequemlichkeit, dass wir uns nur nach unseren Neigungen in Bewegung setzen. Um der Liebe Gottes willen, Monsieur, arbeiten wir daran, uns aus dieser erbärmlichen Sinnlichkeit zu befreien, die uns zu ihren Gefangenen macht.«

Dann warnte er Portail vor den mit dieser Mission verbundenen Schwierigkeiten in einem Land, das er gut kannte: »Sagen Sie unseren Herren, dass es von allen bisherigen Missionen keine schwierigere und bedeutendere gibt als Joigny, sowohl in Hinblick auf die guten Eigenschaften der Menschen des Ortes als auch der Herrschaft des Bösen in bestimmten Bereichen.«

Vinzenz warnte seine Missionare vor zwei besonderen Fehlern, die bei der vorhergehenden Mission an diesem Ort bemerkt worden waren: »die Unbeherrschtheit« und »die übertriebene Eigenliebe«. Die »Unbeherrschtheit« erklärte die Tatsache, dass Joigny ein Weinland war und die Mitglieder der Pfarrgemeinde den Missionaren, an den Weingenuss wenig gewöhnt, oft zu trinken anboten. Mit der »übertriebenen Ei-

genliebe« spielte Vinzenz auf die große »Eitelkeit in den Predigten« an bzw. auf die Redner, die sich in schönen Gedanken-
flügen gefielen und sich gerne selbst reden hörten. In seinen
Briefen an seine Missionare kam er oft darauf zurück und führte als Beispiel die sehr einfache Art an, in der Jesus predigte:
»Obwohl er die unerschaffene Weisheit des Ewigen Vaters war,
wollte er seine Lehre in einem kurzen, viel schlichteren und
einfacheren Stil darlegen, als es jener seiner Apostel war.«

Nachdem er die Fehler, in die die Mitglieder seiner Kongregation fallen könnten, aufgezeigt hatte, schlug er am Ende seines langen Briefes an Antoine Portail demütig an seine eigene
Brust: »Und weil ich Armseliger Grund habe zu fürchten, die
Ursache aller dieser Fehler zu sein, weil sie im Grunde alle in
mir sind und sich von mir auf die Kongregation ausbreiten …,
bitten Sie Gott für mich, dass er es mir verzeihe.«[234]

Autorität und Demut, das sind die zwei Züge, die von diesem Brief ausgehen, in dem Vinzenz sich so zeigte, wie er sich
sein Leben lang in seiner Rolle als Superior der Kongregation
der Mission verhielt.

# 11
## SUPERIOR DER MISSION
### 1633 – 1635

*Vinzenz' Beziehungen – Seine Fähigkeiten als Wirtschaftsverwalter
– Der Caritasverein des Hôtel-Dieu – Die Visitation und Johanna
von Chantal – Weiterführung der Missionen*

VINZENZ VON PAUL überschritt bereits das 50. Lebensjahr, in
seiner Zeit ein vorgerücktes Alter. All jene, die ihn geformt
und geprägt hatten, waren tot: seine Eltern, der Richter de
Comet, der Nuntius Montorio, Pierre de Bérulle, Franz von
Sales, Madame de Gondi. Er selbst hatte sich weiterentwickelt,
er war nicht mehr der Gleiche. Wie weit war er gekommen,
der junge ehrgeizige Kleriker auf der Jagd nach einer guten
Pfründe, der Sklave, eingeführt in die Geheimnisse der
Alchimie, der Erzieher bei den Gondis auf der Suche nach seiner eigentlichen Berufung! Er war jetzt Monsieur Vinzenz, der
Superior der Kongregation der Mission in seinem Priorat von
Saint-Lazare, der Direktor der Klöster der Heimsuchung und
der königliche Oberseelsorger der Galeeren. Er hatte nicht nur
seinen Weg gefunden, sondern war aus der Anonymität her-
ausgetreten. Er war nun eine bekannte Persönlichkeit, sowohl
unter den Ärmsten als auch in den höchsten, dem Thron nahe-
stehenden Kreisen. Wer hat nicht von ihm gehört oder wer ist
ihm nicht begegnet, diesem lächelnden Priester in seiner
bescheidenen Soutane?

Er hatte überall, wo er hinkam, durchschlagenden Erfolg
und sein Beispiel weckte den guten Willen anderer, um alles
Elend, sei es materiell oder spirituell, zu erleichtern.

In dieser ersten Hälfte der 17. Jahrhunderts blühten die neuen Kongregationen auf und die karitativen Werke breiteten sich aus. Vinzenz integrierte sich in diese allgemeine Bewegung, in diese Strömung der Gegenreformation, die die katholische Kirche belebte. Aber er nahm darin aufgrund seiner Ausstrahlung und der Vielfalt seiner von ihm geprägten Werke einen besonderen Platz ein. Ausgehend von seiner anfänglichen Berufung, die ländlichen Gebiete zu evangelisieren und die Not der armen Bevölkerung zu erleichtern, weitete er seinen Aufgabenbereich auf die Ausbildung von Priestern, die ihres kirchlichen Standes würdig sein sollten aus, und gründete zahlreiche Caritasvereine, um die wohltätige Aktion der Missionen in den Pfarreien weiterzuführen, was seine Werke am meisten auszeichnete. Zur selben Zeit dehnte er sein Einflussgebiet aus. Er zog von den Besitzungen der Gondis fort und arbeitete in der Diözese von Paris. Bald schickte er seine Missionare in alle Provinzen, bevor er sie außerhalb des Königreiches einsetzte. Während er das schreiende Elend auf dem Land erleichterte, entdeckte er andere Nöte, denen er sich zuwandte: die Galeerensträflinge, die auf die schiefe Bahn geratenen Mädchen, die ausgesetzten Kinder. Er übernahm sich nicht, aber war offen für alle Hilferufe und fand für jede Anfrage eine geeignete Antwort.

Um wirken zu können, war es notwendig, über entsprechende Mittel zu verfügen, was oft hieß, über bares Geld. Um diese Geldmittel zu erhalten, besaß Vinzenz einen sehr großen Trumpf: seine bemerkenswerte Eignung, Beziehungen zu knüpfen und Verbindungen zu allen großen Familien zu schaffen, die verschiedene Machtpositionen im Königreich innehatten.

Von Jugend an hatte Vinzenz seine Begabung weiterentwickelt, die Sympathie jener zu wecken, die ihm auf seinem Weg begegneten. So wurde er vom Richter de Comet beschützt und unterstützt und blieb weiter in Kontakt mit seinen Verwandten, den Saint-Martins. So war es ihm auch gelungen, seine Herren in der Berberei und dann den Nuntius Montorio in Avignon zu faszinieren. Als junger, mittelloser Priester genoss er die Unterstützung des Bischofs von Dax, und rasch gelang es ihm, Bekanntschaften zu schließen, die ihm den Zutritt zum Hof der Königin Margot und zur Gesellschaft von Pierre de Bérulle ermöglichten. Als er für die Pfarrei von Clichy-la-Garenne bestellt wurde, suchte er sogleich die großen Herren des Ortes auf, die Hennequins, die ihrerseits mit der mächtigen Familie der Marillacs verbunden waren. Während seines Aufenthaltes bei den Gondis lebte er innerhalb eines großen Familienverbandes, der den Bischofssitz von Paris innerhalb der Familie vererbte und Zutritt zum Königshof hatte. Als er Franz von Sales vorgestellt wurde, erhielt er bald die Aufgabe, Superior der in der Hauptstadt neu gegründeten »Heimsuchung« zu werden. So kam er mit der ganzen Aristokratie in Berührung, deren Töchter in diesen Konvent eintraten, besonders mit den Fouquets, von denen fünf Töchter dort den Schleier nahmen. Er wurde von Kardinal de la Rochefoucauld[235] geschätzt, der ihm heikle Angelegenheiten anvertraute, beispielsweise die Beurteilung der Guerinnets[236], einer Gruppe von Mystikern, und der ihn sogar bat, über seine zwei Neffen Louis und Claude de Chandenier[237] zu wachen und sie auszubilden. Sie wurden treue Schüler und Freunde von Vinzenz.

Richelieus Beziehung zu Vinzenz war zuerst von einer gewissen Kälte geprägt. Der Kardinal wusste sehr gut über alles

Bescheid, was der Superior der Kongregation der Mission machte, und er hatte keine Bedenken, Vinzenz um eine Liste derjenigen Mitglieder der Dienstagskonferenzen zu ersuchen, die ihm für das Bischofsamt würdig erschienen. Aber da Vinzenz dem Kreis der Gondis und Marillacs zugezählt wurde, neigte der Kardinal dazu, ihm zu misstrauen. In der Folge unterstützte er jedoch die Mission aktiv und seine eigene Nichte, die Marquise de Combalet, die spätere Herzogin d'Aiguillon[238], wurde eine der großzügigsten und treuesten Wohltäterinnen von Vinzenz' Werken.

In diesem Beziehungsnetz, aus dem es Vinzenz verstand, geschickt seinen Vorteil zu ziehen, musste man der Gesellschaft vom Heiligsten Sakrament einen besonderen Platz einräumen. Diese Vereinigung wurde im Jahre 1630 vom einem adligen Herrn, Henri de Lévis, Herzog von Ventadour[239], gegründet. Er wollte Priester und Laien versammeln, um »die Ehre Gottes mit allen Mitteln zu fördern«. Die Gesellschaft wollte von ihrer Gründung an geheim bleiben und ihre Statuten schrieben allen Mitgliedern diese Geheimhaltung vor. Bald hatte sich dort eine katholische Elite gesammelt. Zu den Laien zählten unter anderem der Graf d'Argenson, der Herzog de Liancourt, die erste Präsidentin de Lamoignon, die Feldmarschälle de Schomberg und de la Meilleraye; unter den geistlichen Würdenträgern waren François Fouquet, Bischof von Bayonne, Alain de Solminihac, Bischof von Cahors, Antoine Godeau, Bischof von Grasse und von Vence und Augustin Potier, Bischof von Beauvais. Man fand dort auch viele Freunde von Vinzenz wie Pater de Condren, den Superior des Oratoriums, Monsieur Olier, den Pfarrer von Saint-Sulpice, François de Perrochel, den späteren Bischof von Boulogne, Louis de Chandenier, den Abt von Tournus, Louis Abelly, den späteren Bischof von Rodez, Jacques-Bénigne Bossuet, um nur die bekanntesten zu nennen.

Die Kongregation bildete ein Netz, das nach und nach das gesamte Königreich überspannte. Sie kümmerte sich um alle Werke der christlichen Nächstenliebe und des Apostolats: Besuch der Gefangenen, Hilfe für die durch den Krieg verwüsteten Provinzen, Evangelisierung ferner Länder, Verteidigung des reinen katholischen Glaubens. Vinzenz lernte die Gesellschaft vom Heiligsten Sakrament 1633 oder 1634 kennen. Sein Wirken und das der Vereinigung hatten oft das gleiche Ziel oder arbeiteten zusammen, obgleich Vinzenz in manchen Fällen, besonders im Kampf gegen die Reformierten, deren Standpunkt keineswegs billigte. Aber er fand in ihr Männer, die ihn tatkräftig bei der Verwirklichung einiger seiner Vorhaben unterstützten. Ebenso diente diese Gesellschaft bei so mancher Gelegenheit als Forum für die Verbreitung seiner Ideen.[240]

Vinzenz von Paul hatte lange aus persönlichen Gründen für sich selbst und zur Unterstützung seiner Familie eine »ehrenvolle Pfründe« gesucht. Nachdem er Superior der Mission geworden war, legte er das Gelübde der Armut ab und veräußerte alle seine Güter. Für seine Werke aber suchte er weiterhin unaufhörlich nach finanziellen Mitteln. Er appellierte nun nicht mehr bloß an die Großmut seiner zahlreichen Bekannten, sondern erwies sich auch als ausgezeichneter Verwalter. Geprägt von seiner bäuerlichen Denkweise schätzte er den Wert, der im Besitz von Grund und Gebäuden lag. Als umsichtiger Finanzmann bemühte er sich jedoch um verschiedene Einnahmequellen, seien es Bezüge aus direkter oder indirekter Steuer oder Transportgesellschaften.

Am Anfang war das Vermögen der Kongregation durch eine Schenkung der Gondis in Höhe von 45.000 Pfund und einer jährlichen Rente von 12.000 Pfund aus der Salzsteuer gesichert. Dieses Vermögen wurde durch die Schenkung des Collège des Bons-Enfants vermehrt. Den Kern der Güter der Kongregation bildete ab 1632 aber das Priorat von Saint-Lazare mit allen Besitzungen und den damit verbundenen Rechten. Diese Güter umfassten außer dem eingezäunten Grundstück von 40 Hektar an den Toren der Hauptstadt mehrere Bauernhöfe auf der Île-de-France, Grundstücke und zahlreiche Häuser in den Vororten und in Paris. Als herrschaftlicher Gutsbesitz erhob Saint-Lazare Steuern und verfügte über verschiedene Rechte, darunter vor allem hohe Gebühren für den Markt von Saint-Laurent.

Die Bauernhöfe waren verpachtet und die Pacht wurde teilweise mit Geld, teilweise in Naturalien bezahlt. So war der Hof von Gonesse beispielsweise für 100 Livre Tournois und 6 Maß Weizen, 6 Kapaune und ein fettes Schwein verpachtet.[241] Die Mieteinnahmen der verschiedenen Häuser und Herrschaftshäuser betrugen regelmäßig etwa 10.000 Livre Tournois.[242]

Vinzenz gab sich nicht damit zufrieden, diese Einnahmen zu erheben, er überwachte sie aufmerksam. Er war sich über die Nutzung der Bauernhöfe im Klaren und zögerte nicht, genaue Anweisungen für den Anbau oder die Heuernte zu geben. Er nutzte jede günstige Gelegenheit, diesen Besitz durch Kauf oder Tausch von Grundparzellen zu vergrößern. Er verfolgte mit ebenso großer Aufmerksamkeit die Einnahmen aus Rechten und Gebühren. Besonders interessierte er sich für die Transportwege zu Wasser und zu Land und hielt sich über die Schwankungen ihrer Gewinne auf dem Laufenden, um geeignete Entscheidungen treffen zu können. Das eingenommene Geld legte er so an, dass er von den Einkünften leben und das Kapital bewahren konnte. Um das ganze Vermögen, das im Laufe der Jahre anwuchs, zu verwalten, musste sich Vinzenz oft an Finanzräte und Rechtsanwälte wenden. Seine Unterschrift findet sich auf vielen notariellen Akten. Er war besorgt, alles nach gutem Rechtsverfahren regeln zu lassen, denn er wusste aus Erfahrung, dass hastig abgeschlossene Verträge sehr oft in eine Reihe von Prozessen münden konnten: Saint-Léonard-de-Chaume und Grosse-Sauve waren ihm eine Lehre. Um dieses Vermögen zu verteidigen, musste er ab und an sogar gegen die Macht des Königs kämpfen, da dieser manchmal bei knappen Kassen gewisse Besitzungen, die zu Saint-Lazare gehörten und auf die die Krone Rechte zu haben meinte, verkaufen wollte.[243] Vinzenz setzte sich außerdem dafür ein, die Räumlichkeiten von Saint-Lazare gewinnbringend umzugestalten, indem er die zahlreichen Seminaristen und Exerzitanten für Kost und Logis entsprechend ihren Möglichkeiten zahlen ließ; ebenso verfuhr er bei den im Priorat untergebrachten Gefangenen und Geisteskranken.[244] Dank dieser aufmerksamen Verwaltung war er imstande, seine Kongregation zu erhalten und wachsen zu lassen und Saint-Lazare und das Collège des Bons-Enfants durch vorübergehende oder dauerhafte Unterbringung vieler Missionare, Kleriker, Weihekandidaten und Seminaristen zu erhalten. Zudem konnte er regelmäßig reichlich Almosen an alle Notleidenden verteilen, die an der Pforte des Priorats anklopften.

Vinzenz hatte genügend eigene Verantwortung zu tragen, sodass er keineswegs weitere suchen musste. Aber es fiel ihm schwer, jemanden abzuweisen, der ihn um Rat und Hilfe bat. So wurde er auch mit der Gründung des Caritasvereins des

Hôtel-Dieu betraut. Dieses Spital wurde von den Domherren von Nôtre-Dame verwaltet und geleitet, während die Schwesterngemeinschaft der Augustinerinnen die Kranken pflegte. Damen, die auf Besuch kamen, brachten den Kranken Leckerbissen, um die Alltagskost des Spitals zu verbessern und sie durch gute Worte zu ermuntern. Es kam deshalb zu Reibereien zwischen den ausgelaugten Schwestern und den Damen, die manchmal ihre Aufgabe übertrieben.

Die zunehmende Zahl an Kranken, die 1618 den Zubau des Spitals Saint-Louis notwendig gemacht hatte, bedeutete für die Schwestern ein Übermaß an Arbeit, obwohl ihre Zahl auf 100 Professschwestern und 50 Novizinnen angewachsen war. Die Zusammenarbeit von Schwester Geneviève Bouquet[245] und einer Besuchsdame, Madame Goussault, erwies sich für beide Seiten von Vorteil. Madame Goussault bat Vinzenz um seine Zustimmung zur Errichtung eines Caritasvereins des Hôtel-Dieu. Er zögerte, sich auf ein Werk der Spitalkrankenpflege einzulassen, da dies seiner ersten Berufung, der Hilfe für die Landbevölkerung, nicht entsprach. Aber einerseits kannte Vinzenz Geneviève Bouquet, der er bereits bei Königin Margot begegnet war; andererseits war Madame Goussault hartnäckig und kam immer wieder, schaltete sogar den Erzbischof von Paris zugunsten ihres Vorhabens ein.

Vinzenz musste nachgeben und Anfang 1634 einer Versammlung bei Madame Goussault beiwohnen, die einige interessierte Damen aus der vornehmen Pariser Gesellschaft zusammengerufen hatte. Dies war die Gründung des Caritasvereins des Hôtel-Dieu, der rasch eine Gruppe von 100 Mitgliedern umfasste. Das Tätigkeitsfeld reichte später über das Hôtel-Dieu hinaus. Dieser Verein übernahm schnell die Findelkinderhilfe, später auch die Hilfe für die durch Krieg verwüsteten Provinzen. Vinzenz, der anfänglich gezögert hatte, beglückwünschte sich bald zu diesem Werk. Er schrieb im Juli 1634 an François du Coudray, seinen Vertreter in Rom: »Wir haben die Caritasvereine in mehreren Pfarreien dieser Stadt errichtet. Vor kurzem gründeten wir einen, der sich aus 100 oder 120 Damen mit besten Eigenschaften zusammensetzt. Sie besuchen jeden Tag zu viert 800 oder 900 Arme oder Kranke und versorgen sie über die gewöhnliche, vom Haus angebotene Nahrung hinaus mit Gelee, Kraftbrühe, Konfitüre und allen anderen Arten von Süßigkeiten. So wollen sie die armen Leute bewegen, eine Generalbeichte über ihr vergangenes Leben abzulegen und dafür sorgen, dass die Sterbenden in gutem seelischem Zustand aus dieser Welt scheiden und jene, die gesund werden, den Entschluss fassen, Gott niemals mehr zu beleidigen.«[246]

Eine der Damen dieses Caritasvereins des Hôtel-Dieu, die gute Madame Poulaillon, gründete ihrerseits ab 1630 eine Gesellschaft zur Bewahrung und zum Schutz junger Mädchen, »die in Gefahr sind, sich zu verlaufen«, wie Monsieur Vinzenz sich ausdrückte. Vinzenz, der geistliche Begleiter dieser Gründerin, stimmte zu, Superior dieses Werkes zu sein und entsprechende Regeln zu verfassen. Einige Jahre später erreichte er, dass der Erzbischof von Paris diesem »Werk der Vorsehung« die Approbation erteilte und dass es das alte Hôpital-de-la-Santé erhielt, um die Mädchen dort unterzubringen.[247]

Eine weitere Unternehmung bat Vinzenz um Unterstützung und Rat. Es hatte 1618 bescheiden begonnen, als der Edelmann Robert de Montry und der Kapuziner Athanasius, ein Bruder des Präsidenten Molé, sich zusammengetan hatten, um »den auf die schiefe Bahn geratenen Mädchen« zu helfen, ihr Leben zu ändern und ihr Ansehen wiederherzustellen. Die

Marquise von Maignelay sicherte ihre finanzielle Unterstützung zu, wodurch es möglich wurde, das Haus La-Madeleine in der Rue-des-Fontaines zu erwerben. Dort wurden Mädchen »mit schlechtem Lebenswandel« aufgenommen und eingewiesen. Der König dotierte diese Einrichtung 1625 mit einer jährlichen Rente von 3.000 Pfund und bestätigte sie 1634 offiziell mit amtlichen Briefen. Vinzenz stimmte zu, dieses Werk zu unterstützen und gab ihm eine Verfassung, die von Papst Urban VIII. gebilligt wurde. Vier Schwestern aus dem Konvent der Heimsuchung leiteten diese Einrichtung, die nun den Namen »Kloster der hl. Maria-Madeleine« annahm und deren Zöglinge »die Madelonetten« genannt wurden.[248]

Während sich die karitativen Werke ausweiteten, erlebte man zur selben Zeit Neugründungen religiöser Gemeinschaften. So entstand 1632 in Avignon die Kongregation der Missionspriester des Allerheiligsten Sakramentes. Ihre Sendung bestand darin, Missionen zu halten und Seminare zu eröffnen. Ihr Gründer Christophe d'Authier schrieb an Vinzenz von Paul und schlug ihm den Zusammenschluss ihrer beiden Gemeinschaften vor. In einem Brief von Vinzenz an François du Coudray wird sein Zögern deutlich: »Ich lobe Gott dafür, dass er in diesem Jahrhundert so viele gute und heilige Seelen für den Beistand des armen Volkes zu erwecken beliebt ... Was den Zusammenschluss betrifft, ist er zu wünschen. Aber von beiden Gemeinschaften sind derselbe Glaube, derselbe Stil und auch der gleiche Geist verlangt. Obwohl man dieselben Ziele hat, kommt es oft zu Differenzen. Alle Orden der Kirche haben denselben Glauben, der die christliche Liebe ist. Durch den verschiedenen Stil vertragen sie sich nicht immer. Selbst in einem Orden, wo derselbe Glaube, derselbe Stil und derselbe Geist vorhanden sind, gibt es oft Schwierigkeiten.«[249]

Vinzenz war vorausschauend und vorsichtig. Er wusste aus Erfahrung, wie schwer ein Zusammenschluss gelang. Seine Übernahme von Saint-Lazare hatte mancherlei Probleme mit den ehemaligen Bewohnern und sogar mit dem Prior Adrien Le Bon, der sie so sehr gewünscht hatte, mit sich gebracht. Vinzenz mäßigte also den Eifer dieses jungen Mitbruders, der ihn mehrmals erfolglos umzustimmen versuchte.

Obwohl Vinzenz die vielfachen Werke, die an ihn herangetragen wurden, immer mehr beanspruchten, vernachlässigte er seine ersten Verpflichtungen nicht. 1622 war er zum Superior des ersten in Paris gegründeten Konvents der Heimsuchung ernannt worden. Er führte seither jeden Monat den Vorsitz im Kapitel dieses Klosters und nahm alle Jahre die kanonische Visitation vor, in deren Verlauf er alle Schwestern empfing und sie mit Aufmerksamkeit und Wohlwollen anhörte. Anlässlich verschiedener Zeremonien, wie der jährlichen Erneuerung der Gelübde, hielt er Ansprachen, die er sorgfältig vorbereitete.[250] Die Schwestern der Heimsuchung wurden so zahlreich, dass es bald notwendig war, das Kloster zu vergrößern, indem man das Hôtel-Cossé kaufte, das an die Gärten des Klosters angrenzte. 1626 wurde in der Rue-du-Faubourg-Saint-Jacques ein zweites Haus eröffnet, für das Vinzenz ebenfalls zuständig war. Die Leitung der Konvente nahm ihm viel Zeit und entsprach nicht seiner anfänglichen Berufung. Er unterließ es nicht, dies bei mancher Gelegenheit auszusprechen, wobei er sich moralisch an diese Aufgabe gebunden fühlte: »Es ist wahr«, sagte er bei einer Konferenz, »dass mich der selige Franz von Sales trotz meiner Armseligkeit mit der Leitung des Hauses der Heimsuchung dieser Stadt beauftragte und dass die selige Mutter de Chantal mich drängte, es zu tun.«[251] Er versuchte, sich davon frei zu machen, aber ohne Erfolg. Er behielt diese Aufgabe bis zu seinem Tod.

Die Beziehung zwischen Johanna von Chantal und Vinzenz von Paul war zugleich von Vertrauen und einer gewissen Zurückhaltung geprägt. Nach dem Tod von Franz von Sales bat sie Vinzenz, ihr als Beichtvater zu dienen. Er war von seinem Beichtkind beeindruckt und begegnete ihr mit großem Respekt. Seine Briefe an sie unterscheiden sich von seinem sonst üblichen Stil, als ob er versuchte, den Platz Franz von Sales' einzunehmen und dessen Wendungen nachzuahmen: »Nun, meine teure Mutter, erlauben Sie, dass ich Sie frage, ob Ihre unvergleichliche Güte mir noch das Glück des Genusses jenes Platzes lässt, den sie mir in Ihrem teuren und so liebenswürdigen Herzen gegeben hat?«[252]

Johanna von Chantal ließ ihn in Schlichtheit an ihren inneren Leiden und ihren Problemen in der Leitung des Hauses teilnehmen. Sie fragte ihn um Rat, aber bewahrte dennoch ihre Freiheit des Denkens und Handelns. Als Vinzenz ihr vorschlug, ihre Häuser von dazu bevollmächtigten Geistlichen visitieren zu lassen, in der Absicht, in ihrem Orden eine gewisse Einheitlichkeit zu erreichen und zu wahren, sowie mögliche Abweichungen zu vermeiden, zögerte sie nicht, ihm ihr Missfallen auszudrücken. Sie war der Meinung, dass die Regel des Gründers, die die Häuser unter die Autorität des jeweiligen Diözesanbischofs stellte, genügte. Sie schrieb an Vinzenz: »Unsere liebe Schwester, die Oberin von Faubourg-Saint-Jacques in Paris, hat den Ratschlag, den es Ihnen gefallen hat, uns zu geben, mitgeteilt … Er ist gut und gediegen, aber ich habe mein Herz dennoch nicht daran binden können.«[253]

Vinzenz hielt an seiner Idee fest, da diese Visitationen in den meisten religiösen Orden üblich waren. Daher präsentierte er Johanna von Chantal wenig später erneut seinen Vorschlag. Sie wies ihn ebenso zurück, und Vinzenz gab nach: »Ich kann Ihnen versichern, meine liebe und teure Mutter, dass wir nicht den geringsten Gedanken der Welt hatten, der dem Ihren nicht entsprach, ich wiederhole, nicht den geringsten.«[254]

Welch anderer Ton, wenn Vinzenz sich an sein anderes Beichtkind wandte, Louise de Marillac, für die er eine ebenso starke Zuneigung hegte! Er zeigte sich dann einfach und gutmütig: »Sie denken zu viel über sich selbst nach. Man muss redlich und einfach vorgehen.« Auch zögerte er nicht, eine strenge und beinahe schroffe Haltung einzunehmen, wenn Louise de Marillac über ihren Sohn und dessen Zukunft klagte: »Ich sah nie eine solche Frau wie Sie, die gewisse Dinge so schnell als Strafe für ihre Sünden ansieht. Die Wahl Ihres Herrn Sohnes, sagen Sie, sei ein Beweis der Gerechtigkeit Gottes Ihnen gegenüber. Sie tun mit Sicherheit unrecht, diesem Gedanken Raum zu geben und noch mehr, es auszusprechen … Im Namen Gottes, Mademoiselle, bessern Sie sich hierin.«[255]

Obwohl er von seinen zahlreichen Aufgaben, der geistlichen Leitung, den Sorgen der Verwaltung völlig in Anspruch genommen wurde, blieb Vinzenz von Paul dennoch seiner eigentlichen Berufung treu, Missionen »für das arme Landvolk« zu organisieren. Die Priester der Kongregation wurden in immer mehr Diözesen angefragt. So arbeiteten sie 1634 in der Diözese von Bordeaux. Vinzenz selbst begab sich im November in die Normandie nach Neufchâtel-en-Braye, um dort einen Caritasverein zu begründen.[256] Von 1635 an wurde dank einer Stiftung eines Schülers und Wohltäters von Vinzenz, dem Kommandanten de Sillery[257], eine Mission in Brie-Comte-Robert gehalten. Antoine Portail, der mit ihrer Leitung beauftragt war, schrieb an Vinzenz, dass er sich beim Predigen seinen Missionsgefährten unterlegen fühlte. Dieser antwortete ihm mit aufmunternden Worten und bestand darauf, dass er im Geist der Demut und des Mitgefühls predigte: »Man glaubt einem Menschen nicht, weil er gelehrt ist, sondern weil wir ihn schätzen und lieben … Man wird uns niemals glauben, wenn wir nicht Liebe und Mitgefühl jenen gegenüber bezeugen, von denen wir wollen, dass sie an uns glauben.« Und Vinzenz warnte vor jenen, die nur auf rednerische Wirkung aus waren: »Wenn Sie so predigen, wird Gott Ihre Arbeit segnen, wenn nicht, werden Sie nur Lärm machen und keine Frucht bringen.«[258]

Im August desselben Jahres befand sich Antoine Portail in den Cevennen, wo er mehrere Monate lang missionierte. Vinzenz überbrachte ihm Nachrichten über die Kongregation, die von Bitten überhäuft wurde, denen sie trotz der neuen Mitarbeiter, die nach Saint-Lazare strömten, nicht entsprechen konnte: »Monseigneur de Mende hat mir seine große Zufriedenheit über Ihre Dienste bezeugt. Monseigneur de Béziers hat mir geschrieben, um ähnliche Dienste von Ihnen und den anderen Herren zu erhalten. Aber wie sie ihm geben? Monseigneur de Viviers ist zu uns gekommen mit derselben Bitte. Nur Gott kann überall sein.«[259]

Zudem war es notwendig, Geldmittel aufzutreiben, um die Kosten für all diese Missionen zu decken. Vinzenz war dafür, dass jede Mission ihre eigene Finanzierung hatte. So erhielt er im Juli 1635 von der »guten Madame Präsidentin de Herse« eine Schenkung in Form von zwei Bauernhöfen nahe bei Etampes, Mespuits und Fréneville. Diese Schenkung war mit der Verpflichtung verbunden, auf den Ländereien der genannten Dame alle fünf Jahre eine Mission abzuhalten, und zwar

»für alle Zeit«. Eine andere Gruppe von Missionaren war im Mai 1635 unter der Leitung von Jean-Jacques Olier abgereist, um sich nach Saint-Ilpize in der Auvergne zu begeben. Nach elf Tagen Marsch erreichte diese Gruppe ihren Bestimmungsort. Vinzenz erhielt von Olier diesen begeisterten Bericht: »Das Volk kam zu Beginn, so wie wir es wünschten, das heißt, dass wir ihm die Beichte abnehmen konnten … Aber am Ende drängte uns das Volk so sehr und die Menge war so groß, dass wir manchmal … zwölf oder dreizehn Priester brauchten, um den Andrang zu bewältigen. Man sah sie von Tagesbeginn an, inmitten extremer Hitze, bis zur letzten Predigt ausharren, ohne zu trinken noch zu essen.«[260]

Dank ähnlicher Briefe kennt man den Ablauf dieser Missionen: Zunächst ein zurückhaltender und ein wenig misstrauischer Empfang durch die Bevölkerung und den örtlichen Klerus; dann wird über die Kinder und durch den Katechismusunterricht der Kontakt hergestellt; die Erwachsenen beginnen nun, Vertrauen zu fassen, und die Zeremonien und Predigten stellen für die Landbevölkerung eine Abwechslung und Zerstreuung dar, die es sonst nicht gibt. Schließlich sind die Seelen berührt und bereit für die Beichte. Die Mission schließt mit dem Empfang der Kommunion. Man kommt von den Nachbardörfern, es gibt ein Fest, und wenn Gott es will, dann wirkt die Gnade weiter.

# 12

## DER TAMBOUR SCHLÄGT DIE TROMMEL
## IN SAINT-LAZARE
### 1636 – 1639

*Saint-Lazare im Kriegsgewirr – Vinzenz' Gesundheit – Das Werk der Findelkinder – Die ersten Häuser der Mission – Die Entwicklung der Barmherzigen Schwestern*

WIE AUS HEITEREM HIMMEL breitete sich im August 1636 eine Nachricht wie ein Lauffeuer in Paris aus. Sie rief allgemeine Bestürzung hervor und versetzte die Stadtbevölkerung in Panik: Die Festung von Corbic an der Somme bei Amiens war soeben in die Hände der Spanier gefallen. Die Straße nach Paris war für den Feind offen! Man muss dieses Ereignis in seinen Zusammenhang stellen und auf die Ursachen des Krieges, der seit 1618 das Heilige Römische Reich Deutscher Nation zerriss, zurückgehen. Dieser Krieg hielt 30 Jahre an, was ihm auch seinen Namen verlieh: Dreißigjähriger Krieg. Er entstand aus dem Widerstand, den die protestantischen Fürsten der katholischen kaiserlichen Autorität entgegenbrachten und nahm europäische Dimensionen an, da sich ausländische Mächte in einen Konflikt einmischten, der zunächst eine rein deutsche Angelegenheit war. Die französische Politik, die seit 1624 von Kardinal de Richelieu gelenkt wurde, bestand darin, sich den ehrgeizigen Bestrebungen der Habsburger von Wien und Madrid entgegenzustellen und deshalb die Gegner des Kaisers heimlich zu unterstützen. So drängte Richelieu König Gustav Adolf von Schweden, in Deutschland einzugreifen. Dort traf er 1630 ein und trug bis zu seinem Tod in der Schlacht von

Lützen im November 1632 Sieg auf Sieg davon. Die Kaiserlichen revanchierten sich, indem sie im September 1634 in Nördlingen dank der Unterstützung durch eine starke spanische Armee, die aus Mailand gekommen war und die Alpen überquert hatte, die Schweden vernichtend schlugen. Die verbündeten Truppen zogen anschließend weiter Richtung Rheintal.

Richelieu war zu diesem Zeitpunkt der Ansicht, nicht mehr verhindern zu können, dass Frankreich offen in diesen Krieg hineinzog. Seit 1632 hatte er vorsichtshalber Lothringen besetzen lassen, dessen Herzog Karl IV. bereit war, sich auf die Seite des Kaisers zu stellen, zumal dieser Herzog in seinen Ländern den Bruder von Ludwig XIII., Gaston d'Orléans, aufgenommen hatte, der nach einem gescheiterten Aufstand aus dem Königreich geflohen war. Im Januar 1632 hatte Karl IV. sogar die heimliche Heirat seiner Schwester Marguerite de Vaudémont mit Gaston d'Orléans begünstigt und damit die französische Königswürde aufs Äußerste beleidigt!

Die Spanier waren im März 1635 in das Kurfürstentum Trier eingedrungen, hatten die Stadt besetzt und den Erzbischof, der sich unter den Schutz des Königs von Frankreich begeben hatte, gefangen genommen. Das gab Richelieu endlich Anlass (»Casus belli«), um offiziell in den Krieg zu ziehen. Er endete erst 1648 durch den mit dem Kaiser unterzeichneten Vertrag von Westfalen. Seinen endgültigen Abschluss fand er 1660 im Pyrenäenvertrag, der mit Spanien unterzeichnet wurde. Über 25 Jahre lang wurden die Provinzen entlang der Grenzen des französischen Königreiches verwüstet. Die Bevölkerung wurde den Zwangsvollstreckungen der beiden Armeen unterworfen, die Freund und Feind gleichermaßen niedermetzelten, wie die Chronisten dieser Zeit berichteten.

In diesem Kriegszustand verbrachte und wirkte Vinzenz von Paul sein restliches Leben lang.

Die Eroberung von Corbie rief landesweites Entsetzen hervor. Nach einem Moment der Verzweiflung reagierte Richelieu. Er ließ durch den König einen Aufruf an die Pariser Bevölkerung senden, die Verteidigung der Hauptstadt zu organisieren. Im Rathaus wurden Freiwillige angeheuert, die Pferde und Wagen überprüften, während man in der Ebene Saint-Denis begann, Verteidigungsanlagen zu errichten. Das Priorat Saint-Lazare wurde beschlagnahmt, um als Exerzierplatz zu dienen, wo sich die Rekruten sammelten. Vinzenz beschrieb in einem Brief an Antoine Portail, der sich damals auf Mission in der Dordogne befand, die Atmosphäre im August 1636: »Paris erwartet die Belagerung durch die Spanier, die in die Picardie eingedrungen sind und sie mit einer mächtigen Armee verwüsten. Ihre Vorhut hat sich uns bis auf 10 oder 12 Lieues (38 bis 45 km, Anm. d. Ü.) genähert, sodass die Bevölkerung des Flachlandes nach Paris flieht. Paris selbst aber ist so in Schrecken versetzt, dass viele in andere Städte fliehen. Der König bemüht sich dennoch, eine Armee aufzustellen, um den Spaniern entgegenzutreten, denn seine Truppen befinden sich außerhalb oder an den Grenzen des Königreiches. Der Ort, an dem die Kompanien zusammengestellt und bewaffnet werden, ist unser Stall, der Holzschuppen, die Säle und das Kloster. Alles ist voller Waffen und die Höfe voller Kriegsleute … Der Tambour beginnt, dort die Trommel zu schlagen, obwohl es erst sieben Uhr morgens ist, sodass um acht Uhr 72 Kompanien aufgestellt sind.« Vinzenz musste für die Personen, für die er verantwortlich war, Schutzmaßnahmen ergreifen und ließ sie aufs Land ziehen, »damit, falls es zu einer

Belagerung kommt, der Großteil außer Gefahr ist, die so ein Ereignis mit sich bringt«[261].

Daraufhin erhielt er Ende August eine Instruktion des Kanzlers Pierre Séguier, die ihm auferlegte, 20 seiner Priester nach Senlis zu schicken, wo sich die königlichen Truppen sammelten, um dort als Militärseelsorger zu dienen. Laut Abelly begab sich Vinzenz selbst nach Senlis, um dort die Befehle des Königs direkt entgegenzunehmen. Um seine Priester nicht ohne genaue Anweisungen für die zu übernehmende Aufgabe zu lassen, gab er sofort eine kleine Verordnung heraus:

»Die Missionspriester werden das tun, wozu Unser Herr sie zu dieser heiligen Verwendung gerufen hat:

1) Ihre Gebete und Gottesdienste für den glücklichen Ausgang der guten Absichten des Königs und für die Erhaltung seiner Armee darbringen.

2) Den Soldaten, die in der Sünde leben, helfen, sich von ihr zu befreien, und jene, die im Stand der Gnade sind, darin bewahren. Und schließlich jenen, die sterben werden, so gut wie möglich helfen, aus dieser Welt im Stand des Heiles zu scheiden.

3) Sie werden dafür dem Namen besondere Ehrfucht entgegenbringen, den Gott in der Heiligen Schrift annimmt, ›Gott der Heerscharen‹, und dem Gefühl, mit dem Unser Herr sagte: ›Non veni pacem mittere, sed gladium (Ich bin nicht gekommen, den Frieden zu bringen, sondern das Schwert, Mt 10,34)‹, um uns den Frieden als Ende des Krieges zu geben.«[262]

Angesichts dieser Krisensituation zeigte sich Vinzenz als Mann der Tat. Als guter Patriot wünschte Vinzenz »den glücklichen Erfolg für den König und seine Armee« und fürchtete nicht, »den Gott der Heerscharen« anzurufen. Als er einige

Tage danach an Robert de Sergis schrieb, den er bestimmt hatte, als Geistlicher in einem Kavallerieregiment zu dienen, fühlt man, dass Vinzenz von einer heiligen Freude erfasst und bereit war, selbst »in der Kavallerie der Vorhut« mitzureiten. »Gehen Sie also im Namen des Herrn, im Geist, in dem der heilige Franz Xaver nach Indien ging.«[263]

Die als Militärseelsorger dienenden Missionare kamen Ende November, nachdem die königliche Armee die Festung von Corbie zurückerobert hatte, wieder nach Saint-Lazare, und die Spanier zogen sich ohne großen Kampf zurück. Dieses kriegerische Zwischenspiel offenbarte eine andere Seite an Vinzenz von Paul, vom Bild eines sanften Pazifisten weit entfernt. Keiner wollte diese Züge von Vinzenz darstellen. Als der Tambour im Hof von Saint Lazare die Trommel schlug, schlug auch das heiße Blut des Gascogners in seinem Herzen. Man hätte sich gut vorstellen können, ihn zu sehen, wie er sich auf das Pferd schwang, um an der Seite des Königs »im Namen des Herrn« loszuziehen!

Da der Krieg sehr oft Epidemien mit sich brachte, flammten da und dort Pestherde auf. Auch in Saint-Lazare wurde ein Pestfall festgestellt, aber es kam zu keiner weiteren Ansteckung: »Alle unsere Kranken sind fieberfrei, und seither ist, durch die Gnade Gottes, kein neuer Fall aufgetreten«, schrieb Vinzenz im November 1636.

Er selbst ging nach Orléans auf Mission und besuchte unterwegs den Bauernhof von Fréneville, den die Präsidentin de Herse der Kongregation geschenkt hatte. Als er müde von diesen Reisewochen zurückkehrte, entschuldigte er sich bei Louise de Marillac, sie »infolge einer kleinen Unpässlichkeit« nicht besuchen zu können. Da sich seine Gesundheit jedenfalls nicht besserte, gab er den Bitten der Seinen nach, die ihn drängten, sich eine Weile auszuruhen. Er reiste gegen Jahresende nach Fréneville: »Meine Leute haben mich gedrängt, wegen meines kleinen Fieberchens, das nicht so bald heilen wollte, aufs Land zu gehen.«[264]

Vinzenz von Paul verfügte über eine robuste körperliche Verfassung. Nur so hielt er seine Lebensführung und seinen Arbeitsrhythmus durch, ganz zu schweigen von den Entbehrungen, dem Fasten und den Abtötungen, die er sich auferlegte.[265] Ständig war er unterwegs, zu Fuß oder zu Pferd, um an Missionen teilzunehmen, Caritasvereine zu besuchen oder die Besitzungen der Kongregation zu inspizieren. Eine Vorstellung seines Arbeitspensums vermittelt der Auszug aus einem Brief an Louise de Marillac: »Ich bin soeben angekommen und werde mich nach Pontoise begeben, um morgen Abend zurückzukehren und am nächsten Tag in die Nähe von Dourdan zu reisen, von wo aus ich am Donnerstag oder Freitag nächster Woche hoffe zurück zu sein.«[266]

Wenn er sich in Saint-Lazare aufhielt, so geschah dies nicht, um sich auszuruhen. Er stand um 4 Uhr morgens auf und betete in der Kirche eine Stunde lang auf den Knien, bevor er seine Messe feierte; dann ging er seinen Beschäftigungen nach: verschiedene Versammlungen, Besuch der Kranken oder der Gefangenen. Dabei war er stets nüchtern, denn die erste Mahlzeit, das Mittagessen, wurde erst um 10.30 Uhr eingenommen. Danach gönnte er sich eine Stunde Erholung mit seinen Mitbrüdern, bevor er Vesper und Komplet auf den Knien betete. Gleich darauf folgten verschiedene Begegnungen außerhalb des Hauses oder in Saint-Lazare, dann die gemeinsame Lesung des Breviers vor dem Abendessen um 18 Uhr. Nach einem letzten Besuch des Allerheiligsten Sakramentes zog er sich in sein Zimmer zurück, einem kleinen Raum ohne Kamin, einfach möbliert mit einem Holztisch, zwei Stühlen und einem Bett mit einem dicken Strohsack als Auflage. Es gab weder Matratzen noch Teppiche, um die Zugluft abzuhalten, die im Winter durch die schlecht abgedichteten Wände zog. Ein umfangreicher Briefwechsel hielt ihn bis zu später Stunde wach, lange nachdem um 21 Uhr die Abendglocke geläutet hatte.[267] Oft war er so müde, dass er am Tisch einschlief, wenn er bei Kerzenlicht einen letzten Brief schrieb.

Schon seit einiger Zeit war Vinzenz über das Schicksal der Kinder erschüttert, die von ihren Müttern vor einer Haustür oder unter einem Kirchenportal ausgesetzt worden waren. Sie wurden durch das Polizeikommissariat des Viertels aufgelesen und in das Haus La-Couche gebracht. Diese Einrichtung nahm jährlich 300 bis 400 Kinder auf. Laut Vinzenz hatte seit fünfzig Jahren keiner mehr gehört, dass nur ein einziges dieser Findelkinder am Leben geblieben wäre. Alle starben auf die ein oder andere Weise. Sie waren bereits halb tot, wenn sie am frühen Morgen aufgelesen wurden, und aus Mangel an Mitteln war ihre Versorgung in La-Couche sehr schlecht: »Man war darüber informiert, dass diese armen kleinen Wesen schlecht betreut waren, eine Amme für vier oder fünf Kinder. Man gab ihnen Opiumpillen, um sie zum Schlafen zu bringen, für diese Kinder ein Gift.« Vinzenz bestätigt, dass man sie um je acht Sols an Bettler verkaufte. Sie brachen den Kindern Arme und Beine, um die Leute zum Mitleid zu bewegen und Almosen zu erhalten, und ließen sie dann verhungern.« Was Vinzenz jedoch am meisten berührt, »ist die Tatsache, dass viele starben, ohne getauft zu sein«[268].

Lange dachte er über diese quälende Frage nach, aber er wollte keine leichtfertige Entscheidung treffen. Gegen Ende 1637 brachte er dieses Thema zum ersten Mal in einem Brief an Louise de Marillac zur Sprache: »Ich habe daran gedacht, mit dem Herrn Generalprokurator über diese Angelegenheit gründlich zu sprechen und über die Mittel, diesen armen Wesen, den Findelkindern, zu helfen.«[269] Vielleicht brachte er selbst eines Tages eines dieser Kinder, in seinen Mantel gehüllt, mit? Gewiss ist, dass er diese Frage vor den versammelten Damen des Caritasvereins des Hôtel-Dieu aufgriff. Dort beschloss man, Louise de Marillac die Aufgabe anzuvertrauen, einen ersten Versuch zu starten: Zunächst wollte man nur zwei oder drei Kinder auflesen, um zu sehen, »ob sie mit Kuhmilch ernährt werden könnten«.

Vinzenz war eher damit einverstanden, mit Louise de Marillac eine neue Einrichtung zu eröffnen, als zu versuchen, sich um die Kinder des Hauses La-Couche zu kümmern: »Der Versuch, den Sie mir mit einer Amme und einigen Ziegen bei Ihnen vorschlagen, das geht!«[270] So begann »die Findelkinderhilfe« sehr bescheiden. Später haben sich die Barmherzigen Schwestern mit Ammen in einem Haus nahe der Pforte Saint-Victor niedergelassen. Die Zahl der Findelkinder wuchs schnell. Doch mit dem Erfolg wurden auch die finanziellen Erfordernisse immer größer. Vinzenz von Paul bereitete dies später große Sorgen.

Im Übrigen wurde Vinzenz immer dringender gebeten, in den verschiedenen Diözesen Häuser der Mission zu eröffnen. Er fühlte sich noch nicht bereit, allen Problemen mutig entgegenzutreten, die ähnliche Gründungen mit sich brachten. Doch er stimmte zu, auf Bitte des Bischofs Charles de Gournay, 1635 einen ersten Versuch in Toul zu machen. Es ging um die Übernahme eines Spitals, das bis dahin von zwei Ordensmitgliedern vom Heiligen Geist geführt worden war, sowie um die Durchführung von Missionen in dieser Diözese und die Abhaltung von Priesterexerzitien. Aber die Verwaltung des Spitals nahm für die Missionare zu viel Zeit in Anspruch, da sie nur zu zweit waren. Sie baten, davon entbunden zu werden, um sich ganz der Missionsarbeit widmen zu können. Sie kamen mit dem Bischof und den örtlichen Zivilbehörden überein, was aber viele Proteste und Prozesse auslöste, sogar bis nach Rom.[271] Bis zur endgültigen Regelung dieser Angelegenheit (es ging im Wesentlichen um die Frage der Zuteilung der Einkünfte, die mit der Führung des Spitals verbunden waren) vergingen 20 Jahre. Beendet wurde sie schließlich durch den königlichen Beschluss, die Komturei (Benefizium) des Ordens vom Heiligen Geist in Toul der Kongregation der Mission zu übereignen.[272]

Diese erste Erfahrung zeigte Vinzenz, dass er vor jeder Gründung die rechtlichen und finanziellen Probleme eindeutig regeln musste, damit das neue Haus unabhängig leben konnte und über eine ausreichende Anzahl an Missionaren verfügte, um ausreichend große Gruppen entsenden zu können. 1636 zählte die Kongregation weniger als 50 Priester. Der immer klug vorgehende Vinzenz wollte nicht allzu schnell möglichst viele neue Mitglieder aufnehmen. Er bereitete alles sorgfältig vor, indem er 1637 ein internes Seminar organisierte, dessen Leitung er einem seiner ersten Mitarbeiter, Jean de la Salle, anvertraute. Er schickte ihn für einige Monate zu den Jesuiten, um deren Ausbildungsmethoden zu studieren. Von da an nahm die Kongregation jährlich ungefähr 15 Priester und einige Brüder auf.[273]

Vinzenz begann nun eine Reihe von Gründungen: Innerhalb von drei Jahren wurden fünf neue Häuser geschaffen. Zuerst eröffnete er in Notre-Dame-de-la-Rose, einem Wallfahrtsort bei Agen, ein Haus, dessen Wohltäterin die Herzogin d'Aiguillon war. Am 18. August 1637 übereignete sie ihm die vertraglich festgesetzte Summe von 20.000 Pfund für den Unterhalt von vier Priestern, verbunden mit dem Auftrag, in den Dörfern und Marktflecken ihres Herzogtums Missionen abzuhalten und täglich eine Messe für sie und ihre Familie in ihrer Kapelle zu zelebrieren. Die folgende, besonders wichtige Gründung, entstand in der Stadt Richelieu, die vom Kardinal ganz neu erbaut worden war. Dieser rief Vinzenz in sein Schloss von Rueil, wo er am 4. Juni 1638 einen Vertrag unterzeichnete, in dem sich die Kongregation dazu verpflichtete, sieben Priester nach Richelieu zu schicken und die Zahl in den folgenden zwei Jahren auf zehn zu erhöhen. Diese Priester mussten in seinem Herzogtum der Reihe nach Missionen halten, in den Bistümern Luçon und Poitiers die Weihekandidaten vorbereiten und Exerzitien für den jeweiligen Ortsklerus leiten. Der Kardinal übernahm später die Kosten für Unterkunft und Unterhalt dieser Gruppe, indem er ihnen die Einkünfte der Kanzleien von Loudun vermachte, die um 4.550 Pfund jährlich verpachtet waren. Leider starb er noch vor der Vertragsunterzeichnung. Seine Erben fochten ihn an, weshalb er später keine weitere Beachtung fand.

Als Leiter des Hauses in Richelieu bestimmte Vinzenz einen versierten Missionar, Bernard Codoing, an den er einen langen Brief mit Empfehlungen und Anweisungen schrieb: »O Monsieur, wie viel geistliche Not ist in diesem Land, wo es eine Menge Häretiker gibt, weil sie in der katholischen Kirche nicht von Gott sprechen gehört haben – sagen sie! In diesem Land hat sich die Häresie zuerst ausgebreitet, ausgeweitet und hartnäckig verteidigt.« Und nachdem er seine Ermutigungen und seinen Segen erteilt hatte, beendete er seinen Missionsauftrag mit der knappen Formulierung: »Ich werde keine andere Antwort erwarten als jene Ihres Aufbruchs.«[274] Das klingt fast wie ein Militärbefehl. Obwohl Vinzenz sich zu beherrschen bemühte, besaß er im Grunde einen autoritären Charakter. Im vorliegenden Fall kannte er Bernard Codoings Neigung, zu nörgeln und Ausflüchte zu suchen, weshalb er darauf bestand, ihm unverzüglich zu gehorchen.

Bald schien es zweckmäßig, dieses Haus von Richelieu zu teilen und eine Hälfte nur für die Diözese von Luçon zu eröffnen. Bernard Codoing wurde beauftragt, dieses neue Projekt Ende 1638 zu verwirklichen. Aber noch 1637 erfolgte eine Gründung in Troyes. Ihre Wohltäter waren der Ortsbischof, René de Breslay, und der Kommandant de Sillery, die eine jährliche Rente von 3.000 Pfund zusicherten. Die Kongregation verpflichtete sich vertraglich am 3. Oktober, sechs Priester und zwei Brüder zur Verfügung zu stellen, um die Diözese zu evangelisieren und alle fünf Jahre auf dem Gebiet der Commanderie Missionen abzuhalten.

Und schon bereitete Vinzenz dank der Großzügigkeit von Kommandant de Sillery eine neue Gründung vor, nämlich jene des Hauses von Annecy. Er spendete dafür im Juni 1639 45.000 Pfund, wobei die Stadt Melun die Bürgschaft übernahm. Der Vertrag sah die Einstellung von zwei Priestern und einem Bruder vor, um in Savoyen Missionen durchzuführen. Dank einer zusätzlichen Schenkung von 10.000 Pfund wurde die Zahl im Januar 1640 verdoppelt.

So wuchs ein ganzes Netz an Häusern der Kongregation, das sich innerhalb von 20 Jahren über alle Provinzen des Königreiches und sogar über die Grenzen hinaus ausbreitete. Vinzenz von Paul widmete einen Großteil seiner Zeit und Energie diesen Häusern, führte mit ihren Superioren eine regelmäßige Korrespondenz und besuchte sie, wann immer er konnte.

Daneben bemühte sich Vinzenz gemeinsam mit Louise de Marillac, dass in den Provinzen kleine Gemeinschaften der Barmherzigen Schwestern Fuß fassen konnten. Im Mai 1636 war ihr Mutterhaus in einer kleinen gemieteten Unterkunft im Dorf de La Chapelle unweit von Saint-Lazare errichtet worden. Da es bald zu klein wurde, zogen sie 1641 in zwei Häuser in der Rue-du-Faubourg-Saint-Denis, gegenüber der Kirche von Saint-Lazare, um. Diese Gebäude hatte die Kongregation der Mission bereits gekauft.[275] Die Barmherzigen Schwestern waren als Kongregation noch nicht anerkannt und hatten daher keinen offiziellen Status. Louise de Marillac nahm dort die Postulantinnen auf, gemäß den Kriterien, die Vinzenz später in diesem Brief an einen der Superioren der Mission, Guillaume Delville, formulierte: »Wenn Sie gesunde und robuste Mädchen finden, geeignet für die Caritasarbeit, von tadellosem Lebenswandel, entschlossen, sich zu verdemütigen und an der Tugend zu arbeiten, und den Armen aus Liebe zu Gott zu dienen, können Sie ihnen die Hoffnung geben, aufgenommen zu werden.«[276]
Ihre Ausbildung bestand darin, die Armen zu besuchen, im Krankenhaus zu helfen und sich um den Unterricht der kleinen Mädchen zu kümmern. Das Mutterhaus nahm außerdem weltliche Frauen auf, die kamen, um dort unter der Leitung von Louise de Marillac und durch Vinzenz' Begleitung Exerzitien zu machen. Er wünschte, dass diese Exerzitantinnen

konkrete Entscheidungen trafen: »Es wird gut sein, jene, die in Zukunft ihre Exerzitien bei Ihnen machen, darauf einzuüben. Das Übrige ist nur Wirken des Geistes, der, wenn er einmal eine gewisse Leichtigkeit und sogar einen gewissen Geschmack an der Betrachtung einer Tugend gefunden hat, sich schmeichelt in dem Gedanken, recht tugendhaft zu sein.«[277]

Die erste Einrichtung der Barmherzigen Schwestern wurde in Saint-Germain-en-Laye errichtet, wo man kurz zuvor einen Caritasverein gebildet hatte. Vinzenz war gebeten worden, dort im Januar 1638 eine Mission zu halten, als dort gerade der Königshof residierte. Nicolas Pavillon, Mitglied der Dienstagskonferenzen, unlängst zum Bischof von Alet ernannt, leitete diese Mission. Sie zeitigte einen lebhaften Erfolg. Ludwig XIII. und Anna von Österreich hatten scheinbar bei dieser Gelegenheit einen ersten Kontakt mit Vinzenz von Paul.

Der Erfolg dieser Mission rief den Unmut einiger hoher Herren hervor. In der Tat begannen die Hofdamen und adeligen Mädchen, von heiligem Eifer ergriffen, sich bescheiden zu kleiden, um die Armen und Kranken besuchen zu gehen, und vernachlässigten so die vornehmen Zusammenkünfte. Man beklagte sich beim König und äußerte die Befürchtung, dass durch die Krankenbesuche ansteckende Krankheiten an den Hof gebracht werden könnten und die königliche Familie gefährdeten. Die Königin selbst musste die Verteidigung jener tugendhaften Hofdamen übernehmen. Vinzenz jedoch fürchtete ganz im Gegenteil um die Tugend der Missionare. Er schrieb an einen seiner Mitbrüder: »Man hatte schließlich bei dieser Gelegenheit zu leiden wegen der entblößten Hälse.« Aber er mochte nicht weiter auf diesem Punkt beharren: »Im Namen Gottes, Monsieur, man möge bei der Erklärung des sechsten Gebotes sehr vorsichtig sein. Wir werden dafür eines Tages einen Sturm aushalten müssen.«[278]

Nach dieser ersten Niederlassung der Barmherzigen Schwestern schickte Vinzenz eine Gruppe nach Richelieu und im folgenden Jahr nach Angers, wo sich acht Schwestern um Kranke in einem Spital kümmerten. Louise de Marillac beschloss, ihre Schwestern auf dieser langen Reise zu begleiten. Von Richelieu aus, wo Vinzenz zu Besuch weilte, schickte er ihr Ratschläge, wie sie diese lange Reise am besten bewältigen konnte: »Bitte nehmen Sie die Postkutsche von Châteaudun. Sie werden über Chartres fahren und dort Ihre Andacht verrichten können. Von Châteaudun haben Sie noch elf Lieue (ca. 40 km) bis nach Orléans und vielleicht weniger bis Notre-Dame-de-Cléry, wo der Fluss vorbeifließt … Sobald Sie in Orléans ankommen, begeben Sie sich zum Hafen, um ein Schiff zu finden.«[279] So kam Louise de Marillac nach 14 Tagen per Postkutsche und Schiff gemeinsam mit ihrer Begleitung, Mädchen in grauen Kleidern und mit einer weißen Haube, in Angers an. Die Pest war in der Stadt ausgebrochen. Ohne Furcht vor der Epidemie machte sich die Gruppe der Barmherzigen Schwestern im Spital an die Arbeit.

Als Vinzenz diese Nachrichten erhalten hatte, schrieb er sogleich an Louise de Marillac: »Ich flehe sie vor allen Dingen an, gut auf sich aufzupassen in den großen Gefahren, denen Sie in Angers begegnen werden.«[280] Aber ein Bote brachte ihm die Nachricht, dass sie krank geworden sei. Nun brachte er, der sie noch vor wenigen Monaten wegen ihrer übergroßen Sorge um ihren Sohn streng getadelt hatte, offen seine Unruhe zum Ausdruck – man kann seine zärtlichen Gefühle für sie erahnen: »Ich bitte Sie inständig, Mademoiselle, Ihr Möglichstes zu tun, um wieder gesund zu werden, und in nichts zu sparen …

Für Ihre Rückkehr wird es notwendig sein, eine Sänfte zu nehmen; wir werden uns bemühen, Ihnen eine zu schicken, wenn Ihr Zustand es Ihnen erlauben wird zu reisen.«[281]

Vinzenz klang nun nicht mehr wie der fordernde geistliche Begleiter, der sein Beichtkind mit Strenge führt. Jetzt ist er der aufmerksame Freund, der sich um ein ihm teures Wesen Sorgen macht.

## 13
## DER BEISTAND FÜR LOTHRINGEN
### 1638 – 1640

*Die Affäre Saint-Cyran – Vinzenz in Fréneville – Das Drama von Lothringen – Hilfe für die leidgeplagten Lothringer*

IM JUNI 1638 hatte Richelieu Vinzenz in seinem Schloss in Rueil empfangen, um mit ihm den Vertrag zur Gründung eines Hauses der Kongregation der Mission in seinem Lehen zu unterzeichnen. Dieser Akt verdeutlicht die Wertschätzung, die der Kardinal für ihn hegte und zeigte, wie sehr er seine Missionstätigkeit im Königreich schätzte.

Nun, kurze Zeit später, rief Richelieu Monsieur Vinzenz erneut zu sich. Dieses Mal empfing er ihn kühl und unterwarf ihn einer strengen Befragung hinsichtlich einer Angelegenheit, die, wie er behauptete, die Ruhe des Landes und die Einheit der Kirche aufs Spiel setzte.

Was war geschehen? Es handelte sich um die Festnahme und die Gefangensetzung des Abtes von Saint-Cyran am 15.

Mai desselben Jahres 1638 im Schloss von Vincennes. Ihm wurde vorgeworfen, gegen den Kardinal ein Komplott zu planen und Ansichten zu vertreten, die gegen die wahre Glaubenslehre verstießen. Unter den Dokumenten des genannten Abts hatte man die Kopie eines langen Schreibens gefunden, das Saint-Cyran am 20. November 1637 an Vinzenz von Paul gerichtet hatte.

Der mit der Prozessvorbereitung beauftragte Untersuchungsrichter Sieur de Laubardemont[282], der beauftragt war, den Prozess vorzubereiten, hatte gehofft, dass dieses Schreiben ein unwiderlegbares Beweistück der Anklage gegen den Beschuldigten war. Er hatte Vinzenz für ein vorschriftsmäßiges Verhör angefordert. Dieser hatte sich geweigert, vor einem Laien gerichtlich über eine religiöse Angelegenheit auszusagen. So wurde er zweimal durch den gefürchteten Kardinal vorgeladen. Dieser versuchte vergeblich, von ihm Einzelheiten, die Saint-Cyran belasten könnten, zu erhalten. Laut eines Zeugen der letzten Unterredung behandelte ihn Richelieu »mit ausgesprochener Kälte und verabschiedete ihn, wobei er sich den Kopf kratzte«, als Zeichen seiner Ratlosigkeit.[283]

Wer war nun dieser Abbé Saint-Cyran und in welcher Beziehung stand er zu Vinzenz von Paul? Er hieß Jean Duvergier de Hauranne und war 1581 in Bayonne geboren.[284] Er hatte an der von Jesuiten geleiteten Universität von Löwen Theologie studiert, und dort einen jungen Studenten, Cornelius Jansen[285], getroffen, bekannt unter dem Namen Jansenius. Sie waren eng befreundet und nach Beendigung ihrer Studien zogen sie sich gemeinsam auf den Familienbesitz von Jean Duvergier, in der Nähe von Bayonne, zurück. Sie arbeiteten dort fünf Jahre lang an Texten aus der Heiligen Schrift und den Kirchenvätern, insbesondere an den Schriften des heiligen

Augustinus. Dann kehrte Jansenius in die Niederlande zurück, wo er geweiht wurde und in Löwen Theologie lehrte. Er widmete sich der Herausgabe eines Gesamtwerkes des augustinischen Gedankengutes, das erst nach seinem Tod 1638 veröffentlicht wurde. Dieses Werk »Augustinus« wurde zum Grunddokument der jansenistischen Lehre. Jean Duvergier wurde nach einem ersten Aufenthalt in Paris 1618 geweiht und erhielt wenig später die Ordenspfründe der Abtei von Saint-Cyran bei Poitiers, deren beträchtlicher Ertrag ihm eine große Unabhängigkeit sicherte. Er ließ sich nun endgültig in Paris nieder, wo er 1622 zum Hofkaplan der Königin-Mutter ernannt wurde.

Der Abt von Saint-Cyran machte die Bekanntschaft von Pierre de Bérulle. Vinzenz von Paul begegnete ihm sicher in diesem Kreis um Bérulle. Sie standen sich aufgrund ihres Alters und ihrer südfranzösischen Herkunft nahe. Rasch waren sie sich sympathisch und wurden bald gute Freunde. Sie erwiesen sich, wie man sehen konnte, gegenseitige Dienste: Vinzenz erlangte dank der Intervention der Gondi die Befreiung eines Neffen von Saint-Cyran, der in Spanien festgehalten wurde, und Saint-Cyran regelte wiederum eine Angelegenheit für die Familie de Paul. Saint-Cyran soll Vinzenz sogar das Priorat von Bonneville angeboten haben, das er schon vor seiner Abtei besaß, und »er wollte, dass es nur der zuvor genannte Sieur Vinzenz habe«[286].

Am Beginn ihrer freundschaftlichen Beziehung war Vinzenz von der Sicherheit und natürlichen Autorität von Saint-Cyran beeindruckt. Pater Rapin sagte über ihn: »Eines seiner wesentlichen Talente war es, Autorität über andere auszuüben, wenn man ihm einmal zuhörte.«[287] Saint-Cyran, der gute Beziehungen zu den Großen pflegte, half Vinzenz in mehreren Situationen, besonders bei der Überwindung einiger Schwierigkeiten zum Zeitpunkt der Niederlassung im Collège des Bons-Enfants und beim späteren Abschluss der Schenkung des Priorats Saint-Lazare. Danach lockerte sich ihre Beziehung. Saint-Cyran wollte Vinzenz bezüglich seines Leitungsstils der Kongregation beeinflussen, was Vinzenz immer weniger duldete. Ebenso wie er Bérulle gegenüber unabhängig geblieben war, blieb er auch Saint-Cyran gegenüber frei. Umso mehr, als ihn bald Äußerungen seines Freundes beunruhigten, wie beispielsweise: »Die arme Kirche existiert seit 500 Jahren nicht mehr … Calvin sah richtig, aber konnte sich nicht mehr richtig ausdrücken … Wer wird uns von den Jesuiten befreien!«[288]

Die übertriebenen Erklärungen von Saint-Cyran, die er nicht nur Vinzenz gegenüber äußerte, begannen das Gerücht in Umlauf zu setzen, dass er geheime Pläne habe und eine Verschwörung vorbereite. Seit Bérulles Tod 1629 war er der Anführer der Partei der Devoten. Auf politischer Ebene kritisierte er die von Richelieu vertretenen Positionen, unter anderem das Bündnis mit den protestantischen Mächten, um sich der Vorherrschaft der Habsburger entgegenzustellen. Ebenso missbilligte er auf religiöser Ebene die gallikanischen Tendenzen des Kardinals, die auf eine fortschreitende Distanz zwischen der französischen Kirche und dem Papsttum hinsteuerte.[289]

Als Vinzenz im Oktober 1637 erfuhr, dass Saint-Cyran nach Poitou abreisen wollte, um sich auszuruhen, beschloss er unter dem Vorwand, vor seiner Abreise auf Wiedersehen zu sagen, ihm einen Besuch abzustatten, aber mit der Absicht, ihn wegen seiner Irrtümer zu warnen. Seine brüderliche Warnung traf Saint-Cyran sehr, der ihm von Dissais aus, wo er sich beim Bischof von Poitiers aufhielt, ein langes Schreiben schickte, in dem er sich rechtfertigte. Dieser Brief, dessen Kopie zum Zeitpunkt der Festnahme von Saint-Cyran gefunden wurde, war die Ursache von Vinzenz' Vorladung beim Kardinal.

Nach seiner Unterredung mit Richelieu musste Vinzenz vor Jacques Lescot[290], dem Beichtvater des Kardinals, eine Aussage machen. Klug und vorsichtig wie er war, fasste er diese Aussage sorgfältig zusammen, die im Laufe von drei Sitzungen vom 31. März bis 2. April 1639 aufgezeichnet wurde. Dieses Dokument zeigt, wie geschickt es Vinzenz vermied, seinen Freund zu belasten, dabei aber die Wahrheit nicht verletzte. Hier ein Beispiel: »(Ich werde gefragt), ob ich Herrn von Saint-Cyran nicht habe sagen hören, dass Gott seine Kirche seit 500 oder 600 Jahren zerstöre, indem er diese Worte Salomons hinzufügte: ›tempus destruendi‹; und dass die Verderbtheit sich darin eingeschlichen hätte, selbst in die Lehre; ich antworte, dass ich ihn nur einmal diese Worte sagen hörte … Zuerst hat mich diese Behauptung geschmerzt, aber dann habe ich gedacht, dass er es in dem Sinne sagte, in dem es Papst Clemens VIII. (wie mir gesagt wurde) gesagt hat, dass er darüber weine, zu sehen, dass die Kirche, wie ihm scheine, sich hier zerstöre, während sie sich bis nach Indien ausdehne.«[291] So machte Vinzenz, indem er die Autorität eines päpstlichen Ausspruches ins Spiel brachte, das unwirksam, was an der Erklärung von Saint-Cyran ketzerisch zu sein schien.

Schließlich gelang es der Anklage nicht, die Anschuldigungen gegen Saint-Cyran zu erhärten, den man für schuldig angesehen hatte, Ansichten zu vertreten, die im Widerspruch zur katholischen Lehre und zu den durch das Konzil von

Trient bestätigten Dogmen standen. Aber auf persönliche Anordnung von Richelieu hin und aus politischen Gründen blieb
er im Gefängnis. Erst im Februar 1643, nach dem Tod des
Kardinals, wurde er befreit. Durch seine Gefangeschaft sehr
mitgenommen, starb er kurz darauf im Oktober, ohne Vinzenz noch einmal gesehen zu haben.

Aufgrund seiner Beziehungen und Freundschaften mit
Persönlichkeiten wie dem Bischof von Poitiers, Augustin
Potier, und anderen Mitgliedern der Gesellschaft vom Heiligsten Sakrament wurde Vinzenz zum ersten Mal in eine politische Angelegenheit verwickelt. Er wurde gänzlich gegen seinen Willen als Anhänger des Kreises der Devoten eingestuft.
In diesem Fall bewies er seine Geschicklichkeit und Sou-
veränität. Weder ließ er sich von Richelieu beeindrucken noch
in ein anderes Thema verwickeln als jenes der reinen katholischen Lehre. Aber die Tatsache selbst, dass man versucht hatte, seine Zeugenaussage zu erhalten, zeigt seine Bekanntheit
und Autorität auch außerhalb des kirchlichen und karitativen
Bereichs.

Zu der Zeit, als die Affäre Saint-Cyran begann, hielt sich Vinzenz auf dem Bauernhof von Fréneville auf, um sein häufig
wiederkehrendes Fieberchen zu behandeln. Auf dem Land
erlebte er sich wieder als Bauer. Es ist die Zeit der Heuernte, er
schickte dem Verantwortlichen des Hofes von Bourget seine
Anweisungen: »Man darf das Gras nicht mähen, solange diese
Regenperiode andauert … Der Wiesenverwalter gegenüber
der Kirche von La Chapelle versteht sich gut auf die Bewirt-
schaftung. Wenn Sie erfahren, dass er das seine mäht, können
auch Sie das unsere mähen lassen.«[292] Er kümmerte sich in
gleicher Weise um die Art, wie »unser Bauer in Gonesse zwei-

mal hintereinander das Weizenfeld eggt, auf dem der Herr Prior seine Esparsette gepflanzt hat, hinter der Scheune. Es scheint mir, dass das erste Mal die Egge auf einer Seite verkehrt herum gewesen ist und dass das zweite Mal mit der Egge in der richtigen Position das Feld gepflügt worden ist«[293].

Allem Anschein nach fand Vinzenz Freude daran, sich mit landwirtschaftlichen Fragen zu befassen, da es ihn an seine Jugend erinnerte. Aber er machte es als umsichtiger Verwalter. Wenn es darum ging, einen Vertrag für den Hof von Fréneville zu überprüfen, so gab er dem zuständigen Gerichtssachverständigen genaue Ratschläge: »Ein Preis von 1.200 Pfund, von dem wir einerseits den Betrag von 50 Pfund als Pacht zurückhalten müssen, und von 10 Pfund andererseits. Es wäre gut, wenn die genaue Zahl der Morgen an Grund angegeben würde, man sagt, es seien 150, von denen ein Großteil brachliegt.«[294] Er bestand auch darauf, selbst die Rechnungen aller Häuser der Mission zu überprüfen: »Ein Vorfall, der sich in der Kongregation ereignet hat, lässt mich sehen, dass es notwendig ist, dass ich selbst die Belege der Ausgaben und Einnahmen sehe.«[295]

In seinen Briefen wechselte er ungezwungen von materiellen Fragen zu persönlichen Problemen seiner Briefpartner. Er versäumte es nicht, nach ihrer Gesundheit zu fragen, und empfahl ihnen, sich zu schonen, um fähig zu bleiben, gemäß ihrer Berufung den Armen zu dienen: »Im Namen unseres Herrn, mein Herr, tun sie Ihr Möglichstes, die Gesundheit wiederzuerlangen und sie zu schonen, um damit Gott und den Armen länger zu dienen.«[296] Er gab auch gern Ratschläge für Heilmittel. Hatte er dieses Interesse für medizinische Fragen bei seinem Meister in der Berberei entwickelt? Oft empfahl er diesen oder jenen Arzneitrank: »Der Herr Präsident

Fouquet wurde von seiner Wassersucht durch folgenden Trank geheilt: ein halbes Glas Kerbelsaft und ebenso viel Weißwein gut miteinander vermischen und durch ein Leinentuch sieben; nüchtern einnehmen; erst nach zwei Stunden essen und pro Mahlzeit nur ein Viertel eines Getränkes zu sich nehmen … Das ist ein unübertreffliches und leichtes Mittel.«[297]

Als Superior der Kongregation sorgte er sich natürlich am meisten um die seelisch-moralische Gesundheit seiner Missionare. Die Tugenden, die er ihnen empfahl, waren vor allem Sanftmut, Bescheidenheit und Demut. Er betonte diese Aufforderung schon bei der Gründung seines ersten Caritasvereins und kam in seinen Briefen immer wieder darauf zurück: »Ich möchte Sie nur bitten, dass Sie daran arbeiten, sich frei zu machen von der Wertschätzung des Tugendglanzes und vom Beifall der Welt, den Unser Herr mied und uns oft empfahl, beides zu fliehen.«[298] »Jeder sagt, dass der Geist des Missionars der Geist der Demut und Bescheidenheit ist. Halten Sie sich daran. Der Geist der Sanftmut, der Bescheidenheit und der Demut ist der Geist Unseres Herrn; der Stolz aber wird nicht lange in der Mission bestehen.«[299] »Einer der wichtigsten Liebesdienste ist, seinen Nächsten zu ertragen; man muss es als einen zweifelsfreien Grundsatz betrachten, dass die Schwierigkeiten mit unserem Nächsten eher unserer schlecht abgetöteten Laune entspringen als von etwas anderem.«[300]

Durch seine Missionare, die gemeinsam mit den Mitgliedern der »Gesellschaft vom Heiligsten Sakrament« in allen Provinzen arbeiteten, war Vinzenz über die Ereignisse im Königreich sehr gut informiert. Er erhielt immer alarmierendere Berichte über die Situation der Bevölkerung in Lothringen. Dieses unglückliche Herzogtum traf sehr viel Unglück:

schlechte Ernten von 1628 bis 1630 aufgrund ungünstiger Witterung, ab 1629 eine Pestepidemie, und schließlich tauchten es französische und fremde Armeen in Feuer und Blut. Lothringens Lage an der Grenze zwischen dem habsburgischen Kaiserreich und dem Königreich von Frankreich war in der Tat kritisch. Ein Teil der Besitzungen des Herzogs von Lothringen stand unter der Herrschaft des Kaisers, während der andere, die Barrois, in die Zuständigkeit des französischen Königs fiel, der gleichfalls vor fast einem Jahrhundert die drei Bischofsstädte von Metz, Toul und Verdun annektiert hatte. Um zwischen diesen beiden benachbarten Mächten überleben zu können, musste Lothringen politisch streng neutral bleiben. Aber seit 1626 hatte sich der neue Herzog, Charles IV., in antifranzösische Machenschaften hineinziehen lassen. Zudem hatte er auf seinem Gebiet Gaston d'Orléans aufgenommen, dessen Aufstand gegen seinen Bruder Ludwig XIII. gescheitert war. Charles IV. hatte sogar der heimlichen Heirat zwischen diesem Rebellen und seiner Schwester, Marguerite de Vaudémont, zugestimmt. Das gab dem König von Frankreich einen guten Grund, 1632 ein weiteres Mal in Lothringen einzufallen und Ende 1633 die Hauptstadt Nancy in Besitz zu nehmen, während sich Charles IV. mit seiner Armee in den Dienst des habsburgischen Kaisers stellte.

Im Mai 1635 erfolgte die Kriegserklärung zwischen Frankreich, den Habsburgern und Spanien. Die Kaiserlichen und die Schweden, unter dem Befehl eines gefürchteten Kriegsherren, Jean de Werth, zogen auf lothringischem Gebiet weiter, während die Spanier in den Norden des französischen Königreichs eindrangen. Von da an verwüsteten die durchziehenden alliierten als auch feindlichen Armeen mehrere Jahre hindurch die Picardie, die Bourgogne und Lothringen. Überall waren die Menschen der Gewalt und Unterdrückung preisgegeben; zurück bleiben geplünderte und niedergebrannte Dörfer, gefolterte Bauern, verschreckte Überlebende, die sich in die befestigten Marktflecken flüchteten oder sich ganz tief in den Wäldern versteckten, verlassene Gehöfte und brachliegende Felder. Der Hunger war allgegenwärtig, Epidemien entwickelten sich. Man meldete sogar Fälle von Kannibalismus.

Vinzenz war schockiert, als er die Schilderungen über diese schrecklichen Zustände las, über das weit verbreitete Elend der dortigen Bevölkerung. Die Gesellschaft vom Heiligsten Sakrament organisierte seit 1636 Hilfsaktionen für die Bauern in der Umgebung von Nancy, und die in Toul niedergelassenen Missionare machten es ebenso. Doch angesichts des Ausmaßes der Tragödie waren sie machtlos und baten um Unterstützung. Also beschloss Vinzenz selbst, eine Hilfssendung für die unglücklichen Lothringer zu organisieren. Er schrieb am 10. Mai 1639 an einen seiner priesterlichen Vertreter in Rom: »Wir haben mithilfe Unseres Herrn die Unterstützung der armen Leute in Lothringen übernommen und haben die Herren Bécu und Bondet, die Brüder Guillard, Aulent, Baptiste und Bourdet dorthin geschickt, je zwei in die Städte Toul, Metz, Verdun und Nancy. Ich hoffe, sie mit 2.000 Pfund monatlich versorgen zu können.«[301]

So begann eine außergewöhnliche Hilfsaktion für die Bevölkerung einer ganzen Provinz. Sie dauerte zehn Jahre lang, wobei es Vinzenz gelang, ohne offiziellen Auftrag Hilfe in Höhe von mehr als 1.500.000 Pfund und 14.000 Ellen verschiedener Stoffe nach Lothringen zu bringen.[302]

Zu Beginn verfügte Vinzenz über keine finanziellen Mittel, um sich in ein solches Abenteuer zu stürzen. Er appellierte wieder einmal an die Großzügigkeit seiner Damen der Charité, die er versammelte, um ihnen von der aktuellen Tragödie, die die Lothringer durchleben mussten, zu berichten. So sammelte er die ersten Mittel, die schnell erschöpft sind. Man benötigte immer mehr Geld und der gute Wille erlahmte. Er wandte sich nun an höhere Autoritäten. Ging er, wie Abelly berichtet, auch zu Kardinal Richelieu, um ihn zu beschwören, »Frankreich den Frieden zu geben«? Seine Eminenz soll geantwortet haben: »Ach, Monsieur Vinzenz, ich wünsche diesen Frieden ebenso wie Sie, aber der Friede hängt nicht von mir ab.« Kein anderes Dokument berichtet von dieser Unterredung. Sicher ist, dass er sich auch an Ludwig XIII. wandte, der ihm eine bedeutende Summe anvertraute. Vinzenz kündigte es in einem Brief vom Juli 1640 an Bernard Codoing, dem Superior des Hauses von Annecy, an: »Der König gibt dafür 45.000 Pfund, die von mir verteilt werden sollen, gemäß dem Auftrag des Herrn Intendanten der Justiz.«[303]

Vinzenz gab sich nicht damit zufrieden, Gelder zu sammeln. Er organisierte auch ihre Weitergabe und Verteilung. Ihr Transport durch Gegenden, in denen Banden, Straßenräuber und mehr oder weniger disziplinierte Truppen umherstreiften, war nicht leicht. Diese Aufgabe wurde einer erstaunlichen Persönlichkeit, Bruder Mathieu Regnard[304], übertragen. Innerhalb von zehn Jahren unternahm er mehr als 50 Reisen von Paris nach Lothringen und transportierte jedes Mal Geldsummen von 20.000 bis 50.000 Pfund. Es gelang ihm immer, all jenen zu entkommen, die ihn abzufangen versuchten. Darüber hinaus brachte er auf dem Rückweg möglichst viele Notleidende mit. Vinzenz berichtete es ausführlich in einem Brief vom Oktober 1639: »Er brachte uns im vergangenen Monat 100 von ihnen mit, darunter 46 Mädchen, junge

Frauen und andere, die er begleitet und bis in diese Stadt geführt hatte.«[305]

Da Vinzenz großen Wert auf eine gute Organisation und Wirtschaftlichkeit legte, gab er für die Mitglieder der Kongregation, die nach Lothringen geschickt wurden, eine kleine Sonderregel heraus. Bei der Verteilung der Hilfsgüter sollte der Geist der Gerechtigkeit herrschen. Deshalb sollte man in Zusammenarbeit mit dem örtlichen Klerus Armenlisten gemäß deren Bedürftigkeit aufstellen. Diese Listen sollten regelmäßig überprüft werden. Schließlich sollten die Missionare häufig Berichte über ihre Aktionen zusenden, damit man die großzügigen Wohltäter über die Verwendung ihrer Spendengelder auf dem Laufenden halten konnte und um »ihre Großmut noch anzufeuern«.[306]

Für Vinzenz waren Taten der Nächstenliebe weder einmalig noch unvorbereitet. Er war der Meinung, dass Nächstenliebe, um auch wirkungsvoll zu sein, geplant und kontrolliert werden musste. Er schrieb darüber an François du Coudray, den Superior des Hauses von Toul, und gab ihm genaue und ausführliche Anweisungen: »Es ist notwendig, dass Sie die Verteilung nach der Anordnung von Monsieur de Villarceaux durchführen lassen … Was die Verteilung an die anderen Städte betrifft …, schärfen Sie ihnen ein, dass sie ganz und gar der Weisung zu folgen haben, die Monsieur de Villarceaux ihnen gegeben hat, und dass sie sich eine Quittung über das geben lassen, was sie ihnen übergeben, weil wir darauf sehen müssen, dass unter keinem wie immer gearteten Vorwand auch nur ein Heller unterschlagen oder anderweitig angewendet wird.« Und er bestand darauf, die Buchführung einzuhalten: »Und lassen Sie mich jeden Monat die Summen wissen, die Sie verteilt haben.«[307]

Aber es genügte ihm nicht, wenn diese Hilfe rein materiell war. Es ging Vinzenz darum, »dem armen Landvolk, das sich in die Städte zurückgezogen hatte, körperlich und spirituell beizustehen«. Er formulierte seinen Gedanken ganz klar: »Körperlich, indem man ihnen monatlich in jeder Stadt Brot für 500 Pfund zuteilt, das beläuft sich auf 2.500 Pfund, die man monatlich aufbringen muss …, und geistlich, indem man sie alles für ihr Heil Notwendige lehrt und sie eine Generalbeichte über ihr ganzes vergangenes Leben ablegen lässt.«[308]

Durch die von den Missionaren geschickten Rechenschaftsberichte verfügt man über ein lebendiges Bild der extremen Not in Lothringen. So schickte Julien Guérin, Missionspriester, der Anfang 1640 nach Saint-Mihiel geschickt worden war, an Vinzenz diesen Brief: »Ich finde so viele Arme, dass ich nicht allen etwas geben kann; es gibt 300 in großer Bedürftigkeit und dazu 300 andere, die die Grenze des Erträglichen erreicht haben. Monsieur, ich sage es Ihnen ehrlich, es gibt mehr als 100, die mit Haut bedeckte Skelette zu sein scheinen und so schrecklich aussehen, dass ich sie nur ansehen kann, weil Unser Herr mich stärkt: Ihre Haut ist wie braungebrannter Marmor, die Zähne scheinen ganz trocken und entblößt, die Stirne gerunzelt.«[309]

Bei ihrer Ankunft in Paris gingen alle, die sich aus der Hölle von Lothringen retten konnten, allein oder in Gruppen sogleich auf Saint-Lazare zu. Sie wussten, dass sie dort Hilfe und Trost fanden, sodass in der Hauptstadt das Gerücht umging: »Monsieur Vinzenz muss selbst Lothringer sein, da er den armen Lothringern so viel Gutes tut.« Denn damals gehörte Lothringen nicht zu Frankreich und seine Bewohner wurden als »Ausländer« angesehen. Umso mehr bewunderte man Vinzenz, der ihnen Hilfe brachte. Aber inmitten dieser verlorenen Flüchtlinge fand man auch verborgenes Elend: »Adelige oder bedeutende Personen« wagten nicht zu betteln, nachdem sie ihre Mittel erschöpft und die mitgenommenen Wertgegenstände verkauft hatten. Darüber alarmiert, wandte sich Vinzenz an einige Edelleute, die er in Saint-Lazare versammelte. Er erkannte sofort, dass es ratsam wäre, um die Betroffenen durch die Hilfe nicht zu verletzen, Personen derselben sozialen Schicht einzuschalten. Er schrieb darüber an die Herzogin d'Aiguillon, die kurz zuvor 15.000 Pfund für die Lothringer gespendet hatte: »Monsieur de Liancourt, de la Ville-aux Clers, de Fontenay und einige andere bedeutende Persönlichkeiten versammelten sich gestern hier, um mit der Arbeit für die vornehmen Persönlichkeiten von Lothringen, die in dieser Stadt sind, zu beginnen.«[310]

Unter diesen Edelleuten tat sich bei dieser Aufgabe einer besonders hervor: Baron von Renty[311]. Er gehörte der Gesellschaft vom Heiligsten Sakrament an. Dieser Einsatz zugunsten der vornehmen Lothringer zeigte die Zusammenarbeit dieser Gesellschaft mit den Herren von Saint-Lazare. Die Initiative dazu kam bald von den einen, bald von den andern. Vinzenz, der immer bereit war, mit anderen zusammenzuarbeiten, vereinte meist ihren guten Willen und ihre Energie. Er verstand es, die notwendigen Mittel zu finden, damit seine Werke keine Strohfeuer waren, sondern wirkungsvoll und nachhaltig. Daher zögerte er nicht, sich für die Lothringenhilfe der Öffentlichkeit zu bedienen, indem er Briefe seiner Missionare, in denen sie die dortige Notlage schilderten, abschreiben und verteilen ließ. Zahlreiche Briefe[312] von Bürgermeistern der lothringischen Städte an Vinzenz aus dem Jahre 1640 bezeugten ihre große Dankbarkeit für die Hilfe, die er ihrer Bevölkerung geleistet hatte, und baten ihn, sie auch weiterhin zu unterstützen. Die zugunsten der Lothringer durchgeführte Aktion war bemerkenswert. Es war der erste Versuch einer organisierten Hilfe für eine ganze betroffene Region. Ohne Beauftragung übernahm Vinzenz von Paul die Aufgabe eines Staatssekretärs für die Flüchtlinge und Opfer des Krieges. Er ging weit über seine Aufgabe als Superior der Kongregation der Mission hinaus. Eigenverantwortlich leitete er einen nationalen karitativen Einsatz.

## 14
## DIE REGELN DER KONGREGATION
### 1640 – 1642

*Regeln und Organisation der Kongregation – Hilfe für die Galeerensklaven – Schaffung von Seminaren – Vinzenz' Beziehungen zu den Großen – Die Tugend der Demut*

IN KATASTROPHALEN SITUATIONEN wie jener im heimgesuchten Lothringen erwies sich Vinzenz von Paul entschlossen als Mann der Tat. Er zögerte nicht, sich selbstverantwortlich in ein Unternehmen zu stürzen, das auf den ersten Blick die Mittel einer Kongregation von bescheidener Größe bei weitem überstieg. In solchen Situationen vertraute er ganz der Vorsehung und verwendete gerne die Formulierung: »Glaubt mir, drei erreichen mehr als zehn, wenn Unser Herr dabei Hand anlegt.«[313] Obwohl er sich bei solchen Aktionen mutig erwies, war er ebenso vorsichtig, wenn es galt, Entscheidungen zur Organisation und Entwicklung seiner Kongregation zu treffen.

Sie war bereits vor 15 Jahren gegründet worden und im Gründungsvertrag stand klar und deutlich, »dass jene, die in das genannte Werk aufgenommen werden, die Absicht haben müssen, darin Gott zu dienen … und die aufgestellten Regeln zu befolgen«. Nun waren diese Regeln immer noch nicht vollständig herausgegeben[314]; ebenso fehlte ihre Billigung durch die zuständigen Autoritäten. Das machte Vinzenz Sorgen. 1635 schrieb er an einen Freund: »Ich wurde ernsthaft krank, was mich an den Tod denken ließ …, und ich erforschte mich, was mir irgendeine Pein machen könnte. Ich fand nichts, außer dass wir unsere Regeln noch nicht gemacht hatten.«[315]

Bezüglich der Veröffentlichung dieser Regeln quälte ihn vor allem ein Punkt, über den er lange nachdachte: die Frage der Gelübde. Er wünschte sich sehr, dass die Missionare Gelübde ablegten, aber er wollte auch nicht, dass die Kongregation ein religiöser Orden wurde, sondern hielt daran fest, sie im Rahmen des weltlichen Klerus zu belassen. Diesen Gesichtspunkt legte er im Februar 1640 Louis Lebreton dar, der die Mission in Rom vertrat: »Ich bin ratlos angesichts meiner Zweifel und angesichts des zu fassenden Entschlusses …: würde es wohl genügen, ein Gelübde der stabilitas (Beständigkeit, Anm. d. Ü.) abzulegen und für die Einhaltung von Armut und Gehorsam im Kapitel feierlich mit der Exkommunikation zu drohen, oder sollte man jedes Jahr das feierliche Versprechen machen, die Regel der Armut, der Keuschheit und des Gehorsams einzuhalten …, und dabei wissen, dass das eine Gelübde der stabilitas den Ordensstand ausmacht?«[316]

Anders gesagt, Vinzenz wollte zwei sich scheinbar widersprechende Forderungen miteinander verbinden: das Gelübde der stabilitas auszusprechen, um die Mitglieder daran zu hindern, die Kongregation zu verlassen und in eine andere einzutreten, dabei aber zu vermeiden, dass diese Verpflichtung durch Gelübde die Mission einem religiösen Orden gleichstellte und so die direkte Unterordnung unter Rom mit sich brachte.[317] Er unterbreitete sein Problem sogar Richelieu, damit er ihn beim Heiligen Stuhl unterstützte. Aber der Kardinal war in keinem guten Einvernehmen mit Papst Urban VIII.[318] und riet Vinzenz, die Wahl eines neuen Papstes abzuwarten, um dann sein Gesuch einzureichen. Louis Lebreton teilte er mit, »dass der, der in dieser Sache alles vermag (Richelieu), es nicht für gut befand …, seine Heiligkeit zu informieren, und mir selbst vor nur drei Tagen sagte, dass wir erst einen anderen (Papst) abwarten sollen und er dann unsere Angelegenheit erledigen wird«. Vinzenz legte sich also auf die Formulierung eines »einfachen Gelübdes der stabilitas im zweiten Seminarjahr« fest, das »nach acht oder zehn Jahren feierlich abgelegt werden soll«. Die Gelübde der Armut, der Keuschheit und des Gehorsams bedurften noch einer Lösung, ohne in den Rahmen des Ordensstandes zu gelangen, »obwohl man dessen Geist anstrebt«[319].

Während Vinzenz auf eine diesbezügliche Entscheidung wartete, beschäftigte er sich mit der Festigung der Strukturen seiner Kongregation, indem er eine jährliche Visitation der Häuser durch den Generalsuperior oder seinen Vertreter einführte. Er nahm sich die Kartäuser zum Vorbild, die »unter den Maßnahmen, um ihren ursprünglichen Geist zu bewahren, auch die jährliche Visitation« pflegen. So besuchte er selbst zweimal – 1638 und 1639 – das Haus in Richelieu und ebenfalls 1639 jenes von Troyes. Er berief im Oktober 1642 zum ersten Mal eine Generalversammlung der Kongregation der Mission ein. Dort wurden die Hauptregeln festgelegt und eine Kommission gebildet, »um das Ganze abzuschließen«. In dieser Versammlung beschloss man auch, dem Generalsuperior Assistenten zu geben, was Vinzenz mit diesen Worten ankündigte: »So kann ich sterben, wenn es Gott gefällt, die Schandtaten meines Lebens nicht mehr zu ertragen.«[320]

Diese lange Bedenkzeit für die entgültige Organisation der Kongregation und die Festlegung ihrer Regeln ist für Vinzenz charakteristisch. Er erklärte es selbst in einem Brief an den Superior des Hauses von Annecy, Bernard Codoing, der den Start eines Seminars schneller vorantreiben wollte und den Fehler machte, gewisse Initiativen zu ergreifen, ohne Vinzenz darüber berichtet zu haben: »Es wäre sinnvoll gewesen, mich darüber zu informieren, wie Sie sich für das Seminar, das Sie begonnen haben, einsetzen wollen … Sie werden mir entgegnen, dass ich zu langsam bin, dass Sie manchmal sechs Monate auf eine Antwort warten, die man in einem Monat geben könnte, und dass inzwischen die Gelegenheiten verloren gehen und alles beim Alten bleibt. Worauf ich Ihnen, Monsieur, antworte, dass es wahr ist, dass ich mit der Antwort und mit der Erledigung der Dinge zu lange zuwarte, aber dass ich dennoch noch nie gesehen habe, dass irgendeine Sache durch diese Verzögerung schiefgelaufen ist, sondern dass alles rechtzeitig und mit den notwendigen Vorsichtsmaßnahmen erledigt wurde. Sie werden sich also darin bessern, die Dinge schnell zu lösen und auszuführen, und ich werde daran arbeiten, meine Langsamkeit zu bessern.«

Er ging in seiner Erklärung noch weiter und enthüllte die Grundlage seines Denkens: Er fasste einen Beschluss erst nach reiflicher Überlegung und vor allem, nachdem er viel gebetet hatte, um von der göttlichen Vorsehung inspiriert zu werden. »Wenn ich darüber hinaus alle früheren wichtigen

Angelegenheiten dieser Kongregation aufgreife, scheint es mir
– und das ist sehr bezeichnend – dass sie, verfrüht unternommen, nicht gelungen wären ... Deshalb habe ich eine besondere Verehrung für die anbetungswürdige Vorsehung Gottes.
Und der einzige Trost, den ich habe, ist, dass wohl Unser Herr
allein die Angelegenheiten dieser kleinen Kongregation
geführt hat und unaufhörlich führt.«[321]

Vinzenz hatte seine Aufgabe als Seelsorger der Galeeren nicht
vergessen. Er nahm sie wahr, als er die Galeeren in Marseille
besuchte, dann als er 1623 in Bordeaux eine Mission organisierte und für die Galeerensträflinge, die sich nur auf Durch-
fahrt befanden, in diesem Hafen predigte. In Paris jedoch gab
ihm sein Titel keinerlei Vollmacht über die Sträflinge, die auf
ihren Abtransport warteten. Sie standen unter der Jurisdik-
tion des Generalprokurators, der die diözesanen Autoritäten
ermächtigte, die Verurteilten religiös zu unterstützen. Vinzenz hütete sich wohl, in fremde Vorrechte einzugreifen. Dessen ungeachtet erreichte er 1632, nachdem er die beklagenswerten Lebensbedingungen dieser Unglücklichen festgestellt
hatte, dass die Schwerstkranken in den Turm Saint-Bernard
auf dem Quai-de-la-Tournelle überstellt wurden, wo die Bedingungen ihrer Gefangenschaft menschlicher waren.

Er besuchte sie, soweit ihm seine vielfältigen Beschäftigungen dazu Zeit ließen. Wegen fehlender Mittel konnte er
ihnen nur tröstende und ermutigende Worte geben. Aber einige Jahre später, Anfang 1640, erhielt er von Claude Cornuel,
einem ehemaligen Präsidenten der Finanzkammer, ein Vermächtnis in Form einer Rente von 6.000 Pfund. Dieser bestimmte diesen Fonds in seinem Testament zur Unterstützung
und Hilfe für Gefangene.

Vinzenz, der die Genehmigung des Generalprokurators Mathieu Mole erhalten hatte, verwendete diesen Fonds einerseits zur Entschädigung von Priestern der Pfarrei von Saint-Nicolas-du-Chardonnet, damit sie die Aufgaben als Betreuer bei den Gefangenen, die im Turm Saint-Bernard festgehalten wurden, erfüllten, andererseits für den Unterhalt von drei Barmherzigen Schwestern, die mit der Pflege der kranken Strafgefangenen beauftragt waren. Sie brachten ihnen Essen, kümmerten sich um ihre Wäsche und gaben ihnen durch ihre Anwesenheit und ihre Worte moralische Unterstützung. Vinzenz bat später Louise de Marillac, die dem Caritasverein von Saint-Nicolas vorstand, die Damen zu einem Gefangenenbesuch anzuregen, wenn die Barmherzigen Schwestern sie pflegen kamen. Sie konnten ihnen einige Süßigkeiten bringen und für deren Schicksal Interesse zeigen.

Vor allem in Marseille, dem Stützpunkt der Galeeren, konnte Vinzenz seine Aufgabe als königlicher Seelsorger voll ausüben. Die Umstände ermöglichten es ihm bald, wirkungsvoll zu handeln.

Ab 1640 stürzte sich Vinzenz von Paul in ein neues Unternehmen: die Eröffnung von Seminaren. Dies geschah in direkter Verbindung mit einem anderen Betätigungsfeld der Kongregation, den Exerzitien für Weihekandidaten. Darüber hinaus war es notwendig, gute Priester heranzubilden, um die Pfarreien in den Marktflecken und Dörfern zu betreuen; der Erfolg der Landmissionen konnte dadurch nachhaltig bleiben. Von einem Zeitgenossen und Freund von Vinzenz, Adrien Bourdoise, der sich auch mit Missionen in den Pariser Pfarreien befasste, stammt folgender Ausspruch: »Eine Mission halten heißt, einem ausgehungerten Volk eine Mahlzeit geben.

Ein Seminar errichten bedeutet, es ein ganzes Leben lang zu ernähren.«

Die Errichtung von Seminaren war also eine unerlässliche und dringende Notwendigkeit. Ein Brief eines Bischofs an Vinzenz macht dies deutlich. Dieser Prälat arbeitete, so gut er konnte, zum Wohle seiner Diözese, aber, wie er schrieb, »mit wenig Erfolg wegen der großen und unerklärlichen Zahl unwissender und lasterhafter Priester meines Klerus', die nicht gebessert werden können, weder durch Worte noch durch Beispiele. Es schaudert mich, wenn ich denke, dass es in meiner Diözese beinahe 7.000 trunksüchtige und unsittliche Priester gibt, die jeden Tag zum Altar treten und keine Berufung haben«[322].

Vinzenz wurde von vielen Bischöfen bestürmt und er stellte fest: »Unsere Prälaten wünschen scheinbar alle Priesterseminare für junge Männer.«[323] Er war übrigens nicht der Einzige, dem diese dringende Notwendigkeit bewusst war und der sich an diese Aufgabe machte. In der Tat wurden in den Jahren von 1640 bis 1642 zahlreiche Seminare im Königreich eröffnet: in Paris, in der Pfarrei Saint-Nicolas mit Adrien Bourdoise, in Vaugirard mit Jean-Jacques Olier und in Saint-Magloire mit dem Pater Bourgoing, dem Superior des Oratoriums, der auch in Rouen und Toulouse Seminare gründete, während Pater Eudes dasselbe in Caen tat.[324]

Vinzenz hatte schon ein kleines Seminar im Collège des Bons-Enfants eingerichtet. Er war aber mit den Ergebnissen wenig zufrieden. Die Schüler kamen dorthin, um ihre klassischen Studien zu machen, hatten aber kein Verlangen, sich an den kirchlichen Stand zu binden. Vinzenz war von der Notwendigkeit überzeugt, jene, die sich zum Empfang der heiligen Weihen berufen glaubten, nicht nur durch die Weiheexerzitien zu schulen, sondern sie ein bis zwei Jahre lang über ihre Pflichten und Aufgaben als Priester zu unterweisen. In diesem Geist hatte er ab Juni 1637 ein Noviziat eröffnet, »das interne Seminar«, im Priorat Saint-Lazare, in dem die zukünftigen Missionare ausgebildet wurden. Er zögerte jedoch noch, in Eigeninitiative mit der Gründung von Seminaren in der Provinz zu beginnen.

Nach Abelly soll es Kardinal Richelieu gewesen sein, der Vinzenz in einem Gespräch über die Situation der Kirche in Frankreich anregte, Seminare zu eröffnen, und ihm zu diesem Zweck eine Summe von 1.000 Ecus (3.000 Pfund) bewilligte. Dadurch ermutigt, eröffnete Vinzenz im Februar 1642 feierlich ein erstes großes Seminar im Collège des Bons-Enfants und nahm dort zwölf Priesteramtskandidaten auf. Ihre Zahl wuchs schnell und die Räumlichkeiten wurden zu eng. Um Platz zu schaffen, wurden nun die Schüler des kleinen Seminars in ein Gebäude im Bereich von Saint-Lazare verlegt, das den Namen Saint-Charles trug.

Der Bitte des Bischofs von Genf, Juste Guérin, entsprechend, eröffnete das Haus von Annecy zur selben Zeit ein Seminar in dieser Stadt. Bei dieser Gelegenheit betonte Vinzenz die eigentliche Bestimmung der Seminare, nämlich jene auf die Priesterweihe vorzubereiten, die schon die niederen Weihen empfangen hatten, und nicht die Aufgabe eines katholischen Collèges zu übernehmen: »Ich bestehe immer auf dem Gedanken, dass es zweckmäßig ist, nur Priester oder Personen, die vor den Weihen stehen, aufzunehmen und nicht, um ihnen nur die Theorien zu vermitteln, sondern sie in ihrer Anwendung zu unterrichten, so wie dies auch bei den Priesteramtskandidaten geschehen soll.«[325]

Bald baten die Bischöfe von Alet, Nicolas Pavillon, von

Saintes, Jacques Raoul, und von Cahors, Alain de Solminihac, die Kongregation der Mission, die in ihren Diözesen eröffneten Seminare zu übernehmen und zu betreuen. Diese Bewegung setzte sich fort, ein Dutzend anderer Seminare wurden zu Vinzenz von Pauls Lebzeiten durch die Kongregation gegründet.[326] In seiner Korrespondenz und in seinen Gesprächen mit den Priestern, die mit der Leitung der Seminare beauftragt waren, bestand er vor allem auf der moralischen Ausbildung der jungen Seminaristen. Die Direktoren sollten sich bemühen, »sie im wirklichen Geist ihres Standes, der besonders im inneren Leben und in der Praxis des Gebetes und der Tugenden besteht, zu erziehen. Denn es ist zu wenig, ihnen nur den Gesang, die Zeremonien und ein wenig Moral beizubringen. Die Hauptsache ist, sie zu einer grundlegenden Frömmigkeit zu führen«[327]. Vinzenz nannte als Beispiel die Methode von Monsieur Bourdoise in Saint Nicolas-du-Chardonnet, wo die Seminaristen sich in den pfarrlichen Aufgaben übten, aber auch ihre Studien fortsetzten, »denn es gibt kein besseres Mittel zu lernen als zu sehen, wie etwas getan wird«.

Vor allem wollte er aus den Seminaristen keine Gelehrten machen, sondern bescheidene und tugendhafte Menschen: »Es braucht Wissen, meine Brüder, und wehe jenen, die ihre Zeit nicht gut nützen! Aber fürchten wir, meine Brüder, fürchten wir …, denn jene, die intelligent sind, haben sehr zu fürchten: scientia inflat (Wissen bläst auf); und bei den weniger intelligenten ist es noch schlimmer, wenn sie sich nicht verdemütigen!«[328]

Die Organisation und Leitung von Seminaristen durch Priester der Kongregation gereichte der Errichtung neuer Häuser nicht zum Schaden. 1641 eröffnete Vinzenz auf Bitte des

Bischofs von Meaux ein Haus der Mission in Crécy-en-Brie. Sicher konnten all diese Gründungen nur mit der Zustimmung der kirchlichen Autoritäten und der finanziellen Hilfe von Adeligen und der reichen Bürgerschaft verwirklicht werden. Vinzenz wusste, dass er immer mit der Unterstützung des Erzbischofs von Paris rechnen konnte, umso mehr, als dieser 1643 seinen eigenen Neffen, François-Paul de Gondi, den zukünftigen Kardinal de Retz, zum Koadjutor einsetzte. Er war Vinzenz' Schüler und war ihm stets ein sehr guter Gesprächspartner, trotz seiner Launen und seines stürmischen Lebens. Die guten Beziehungen zwischen Vinzenz und den Gondis sind bekannt. Dazu gehörte auch die Schwester des Erzbischofs, die Marquise de Maignelay[329], eine Wohltäterin der Kongregation und der Barmherzigen Schwestern.

Vinzenz wurde oft von Kardinal de Richelieu über Fragen zur Situation der Kirche zu Rate gezogen. Aufgrund seiner guten Beziehung zu dem mächtigen Premierminister zögerte man nicht, sich an Monsieur Vinzenz zu wenden, wenn man von »Seiner Eminenz« eine Gunst oder eine Gnade erhalten wollte. Ebenso suchte man seine Vermittlung, um ein Gesuch an »Madame la Duchesse« zu richten. Die Herzogin d'Aiguillon, eine Nichte des Kardinals, war eine der aktivsten Damen der Charité. Da sie allen von Vinzenz geschaffenen Werken sehr wohlgesinnt war, unterstützte sie sie großzügig.

Als Gegenleistung wurde Vinzenz oftmals als Ratgeber oder Tröster zu diesen großen Damen gerufen. So schrieb er zum Beispiel im August 1640 an Louise de Marillac: »Ich versäumte gestern unseren Termin, da ich Madame la Duchesse, die Herzogin von Aiguillon, und Madame du Vigean wegen des Todes ihres Sohnes besucht habe. Ihre Leute kamen mich deshalb abholen.«[330]

Hierher gehört eine Anekdote, die es verdient, erzählt zu werden. Nachdem er der leidgeprüften Madame du Vigean sein Beileid und Gebetsversprechen für den verschiedenen Sohn, der ein junger wertvoller Offizier gewesen war, ausgesprochen hatte, zog sich Vinzenz, begleitet von der jüngsten Tochter des Hauses, zurück. Diese, Martha mit Namen, stand mit 19 Jahren in der Blüte ihrer Jugend. Sie war sehr verliebt in einen schönen Prinzen, der auch in sie verliebt war. Dieser Prinz war Louis de Bourbon, Herzog von Enghien, der sich später im Kampf den Titel »der Große Condé« verdiente. Als Vinzenz von Martha Abschied nahm, sagte er zu ihr: »Mademoiselle, Sie sind nicht für diese Welt gemacht.«[331] Sie rief aus, dass sie keinesfalls die Absicht habe, Nonne zu werden. Vinzenz ging, ohne etwas zu erwidern. Im folgenden Jahr wurde der Herzog von Enghien gegen seinen Willen aus rein politischen Gründen mit einer Nichte von Richelieu, Claire-Clémence de Maillé-Brézé, verheiratet. Einige Zeit später nahm Martha du Vigean den Schleier bei den Karmeliterinnen und wurde Schwester Martha de Jésus.

Die Beziehungen von Vinzenz von Paul beschränkten sich nicht nur auf die großen Familien im Umfeld des Königshofes, sondern ebenso auf den Kreis der hohen Verwaltung. Das zeigt ein Brief vom Februar 1642 an Bernard Codoing, den Superior in Annecy, der sich nach Rom begeben musste. Geschickt spielt Vinzenz mit Empfehlungen bei Kardinal Mazarin, beim Minister Chavigny und beim Herzog de Liancourt[332]: »Hier ist ein Brief von Monsieur, den Kardinal Mazarin zu unserer Empfehlung an den Kardinal Antonio, den Neffen Seiner Heiligkeit, schrieb … Sie haben gut daran getan, mich zu warnen, nicht Seine Eminenz (Richelieu) für den Plan des Monseigneur von Genf einzuschalten; sonst hätte ich morgen an Monsieur de Clavigny in Lyon geschrieben, um mit ihm darüber zu sprechen.« Da er wusste, dass Richelieu nicht in den Hofstaat des Heiligen Stuhls aufgenommen worden war, fasste er eine andere Vermittlung durch den Herzog von Liancourt ins Auge, dessen Gemahlin eine Dame der Charité war. Vinzenz setzte seinen Brief fort: »Ihre Gegenwart in Rom könnte viel beim Herrn Botschafter in dieser Angelegenheit erreichen. Ich lasse ihm darüber durch Monsieur de Liancourt schreiben, der sein guter Freund ist, mit der besten Tinte, die er hat.«[333]

Von da an war Vinzenz eine Autorität, nicht nur in der klerikalen Welt – zahlreich waren die Bischöfe, die in Saint-Lazare herangebildet worden waren –, sondern auch in den Pariser Salons und in den Kreisen, die der Regierung und dem Königshof nahestanden.

Da ihm die Gefahr dieser wachsenden Berühmtheit für sich selbst und seine Kongregation immer stärker bewusst wurde, betonte er in den Unterredungen mit den Missionaren und in seinen Briefen an die Superioren der Häuser der Mission zunehmend die Tugend der Demut. So gab er sich in einem Brief an Johanna von Chantal alle Mühe, die Meinung zu schmälern, die sie von der Kongregation hatte: »Ich habe Ihnen viele Dinge gesagt und den Vorteil dieser kleinen Kongregation aufgezeigt ... Ich bitte Sie, vieles davon zu streichen und es niemandem weiterzusagen. Das zu große Ansehen schadet sehr. Ach, meine würdige Mutter, wenn Sie unsere Unwissenheit und das Wenige an Tugend, das wir haben, kennen würden, Sie hätten große Sorge um uns!« Und er fuhr fort, an seine eigene Brust zu schlagen und die »Schandtaten seiner Seele«[334] zu bekennen.

Wiederholt wies er auf seine Unwürdigkeit und seine niedrige Herkunft hin: »Ich bin nur ein armseliger Sünder, der auf Erden nur Schlechtes tut und der wünschen muss, dass es Gott gefalle, ihn bald von hier abzuberufen.«[335]

Dem Generalvikar der Diözese von Bayonne, der ihn um einen Rat fragte, erklärte er, dafür unwürdig zu sein: »Weil ich nur ein armer Landarbeiter und ein Schweinehirt bin, und was schlimmer ist, der widerlichste und verachtenswerteste aller Menschen der Welt, bitte ich Sie, nichts von dem zu halten, was ich Ihnen sage.«[336]

Seiner Zeit entsprechend, beendete er seine Briefe mit der Formulierung: »Ihr sehr bescheidener Diener«, oder auch: »Ihr sehr bescheidener und gehorsamer Diener«. Ab 1640, also in seinem 60. Lebensjahr, unterzeichnete er seine Briefe nicht mehr mit »Vinzenz von Paul, Missionspriester«, sondern verwendete die Formulierungen: »Unwürdiger Missionspriester«, oder: »Unwürdiger Superior der Kongregation der Mission«.

# DRITTER TEIL

# Im Dienst für das Elend der Welt

# 15

# DER GEWISSENSRAT
## 1643 − 1645

*Der Tod Ludwigs XIII. – Mitglied des Gewissensrates – Mazarins Eifersucht – Neue Gründungen – Marseille und die Galeeren – Vinzenz als Wirtschaftsverwalter – Die Missionen jenseits des Königreiches*

IM GEISTE DER DEMUT und Abtötung hielt sich Vinzenz von Paul für einen »unwürdigen Priester«. Dessen ungeachtet wurde er zusammen mit anderen Persönlichkeiten im Mai 1643 an das Sterbebett des Königs von Frankreich gerufen.

Ende 1642 überstürzten sich die Ereignisse: Ludwig XIII. war an der Spitze einer Armee in das Roussillon marschiert, um die Spanier von dort zu vertreiben. Diese Schlacht endete mit der Eroberung der Stadt Perpignan am 29. August. Nun deckte man ein Komplott auf, das ein junger Günstling des Königs, der Marquis de Cinq-Mars, angeführt hatte.[337] Man plante, Richelieu zu ermorden und daraufhin den Frieden mit Spanien zu unterzeichnen. Gaston d'Orléans, der Bruder des Königs, sowie zahlreiche Gutsherren waren in diese Affäre verwickelt, die der Kardinal aber rechtzeitig vereiteln konnte. Es war der letzte Kampf Richelieus. Er war schon sehr krank, sein Körper von Geschwüren übersät, als er mühsam auf einer Sänfte von Südfrankreich hinauf in die Hauptstadt gebracht wurde, um dort am 4. Dezember zu sterben.

Ludwig XIII., in kaum besserem Gesundheitszustand als sein verstorbener Premierminister, bestimmte auf dessen letzten Rat hin Kardinal Mazarin zu seinem Nachfolger in diesem

Amt. Während seiner letzten Lebensmonate wandte sich der König mehrmals um Rat an Vinzenz von Paul, damit er ihm Namen von Kandidaten nannte, die er in den vakanten Erzbistümern als Bischöfe einsetzen konnte. »Seine Majestät hat mich durch seinen Beichtvater bitten lassen, dass ich ihm die Liste jener schicke, die mir dieser Würde fähig erscheinen«, schrieb Vinzenz im April 1643 an seinen Vertreter in Rom.[338]

Kurze Zeit später, als sich der Gesundheitszustand des Königs verschlechterte, legte Königin Anna von Österreich ihrem Gemahl nahe, den Besuch von Monsieur Vinzenz zu empfangen. Innerhalb der ersten beiden Maiwochen begab er sich zweimal an das Krankenbett des Königs. Anlässlich einer Konferenz, die er bei den Barmherzigen Schwestern hielt, erzählte er eine Anekdote über einen dieser Besuche: »Womit denken Sie, dass man die Könige ernährt, wenn sie krank sind? Man gibt ihnen Eier und Bouillon. Gott erwies mir die Gnade, beim Tod des letzten Königs dabei zu sein. Und genau diese Speise ist es, die er verweigerte, weil er keinen Appetit danach verspürte und weil er sah, dass er dem Tode nahe war. Danach erwies er mir die Ehre, mich zu rufen und mir zu sagen: ›Monsieur Vinzenz, die Ärzte haben mir geraten, das zu essen, und ich habe mich geweigert, weil ich sowieso sterben muss. Was würden Sie mir raten?‹ Ich sagte zu ihm: ›Majestät, die Ärzte haben Ihnen geraten, etwas zu essen, weil sie den Grundsatz vertreten, die Kranken immer etwas essen zu lassen. Solange noch ein Lebenshauch bleibt, hoffen sie immer, einen Weg zu finden, wie sie die Gesundheit wiederherstellen können. Deshalb werden Sie, wenn es Eurer Majestät gefällt, gut daran tun zu nehmen, was der Arzt Ihnen verordnet hat.‹ Dieser gute König hatte nun die Gnade, den Arzt zu rufen … und ließ sich die Suppe bringen.«[339]

Erstaunlich, das vertrauliche Gespräch dieses großen Monarchen, der ganz schlicht Rat holte bei diesem Bauernsohn. Der Schatten des nahen Todes hob die Distanz auf. Zwei Männer waren es, die einfach über irdische Nahrung sprachen, bevor sie auf geistliche Themen übergingen. In jenem Zustand, in dem sich der unglückliche König befand, konnte der Genuss einer Bouillon übrigens nicht mehr den unausweichlichen Lauf der Ereignisse ändern. Am 15. Mai befand sich Vinzenz unauffällig unter einer großen Zahl von Menschen, die dem König beistanden, als er seine Seele in die Hände Gottes zurücklegte: »Seit ich auf Erden bin, habe ich niemanden christlicher sterben sehen«, schrieb Vinzenz sogleich an Bernard Codoing.[340]

Bald nach dem Tod Ludwigs XIII. ließ sich Anna von Österreich vom Parlament zur Regentin des Königreiches ernennen. Sie präsentierte sich dieser Versammlung mit ihrem fünfjährigen Sohn an der Hand und erreichte die Aufhebung des Testaments des Verstorbenen, das die Errichtung eines Regierungsrates vorsah. Wenig erfahren in der Politik, aber von autoritärem Charakter, fand sie in Mazarin den idealen Premierminister, der ihr die Regierungspflichten vollständig abnahm, ihr aber zugleich die Privilegien der Macht ließ. In ihrer Jugend war die schöne spanische Infantin fröhlich und kokett, sie hatte sich sogar leichtsinnig auf Intrigen eingelassen, die sie ihrer neuen Heimat gegenüber dem Hochverrat gefährlich nahe brachten. Da sie nach mehr als 20 Ehejahren der Krone noch keinen Erben geschenkt hatte, war ihre Lage kritisch, als sie das glückliche Ereignis der Geburt von Ludwig Dieudonné (Ludwig der Gottgegebene), dem späteren Ludwig XIV., vor der Verstoßung und dem Exil rettete.

Von nun an war sie von einem einzigen Gedanken besessen: die königliche Macht zu wahren und den Thron ihres Sohnes solange zu schützen, bis er zur Inthronisation fähig war. Von ihrer spanischen Erziehung her hatte sie sich eine große Frömmigkeit bewahrt, die durch die überstandenen Prüfungen noch gefestigt wurde. Regelmäßig ging sie in den Konvent der Benediktinerinnen in der Rue Saint-Jacques, den sie schließlich in eine schöne Abtei (Val-de-Grâce) umgestalten ließ, um Gott zu danken, dass er ihr einen Nachkommen geschenkt hatte.

Sie bestätigte Kardinal Mazarin in seinem Amt als Premierminister und beschloss, eine von Richelieu geschaffene Einrichtung für kirchliche Angelegenheiten, den sogenannten »Gewissensrat«, beizubehalten. Sie behielt sich dessen Vorsitz vor und ernannte folgende Mitglieder: Mazarin, den Kanzler Séguier, die Bischöfe Potier und Cospéan, den Großpönitenziar von Paris, Jacques Charton, und Monsieur Vinzenz. Er teilte seine Ernennung in einem Brief vom 18. Juni 1643 seinem Vertreter in Rom, Bernard Codoing, mit: »Ich bin niemals des Mitleids würdiger gewesen, als ich es jetzt bin, noch habe ich jemals das Gebet nötiger gehabt, als gegenwärtig in der neuen Verantwortung, die ich habe. Ich hoffe, dass es nicht für lange Zeit sein wird.«[341] Letztendlich waren es fast zehn Jahre!

Worin bestanden nun die Funktionen dieses Gewissensrates? Sein Begründer Richelieu hatte gewünscht, dass dieses Regierungsorgan »dem König helfe, die kirchliche Lage und den Zustand der kirchlichen Verwaltung kennenzulernen«[342]. Unter der Regentschaft von Anna von Österreich hatte sich dieser Rat mit allen religiösen Angelegenheiten zu befassen, sowohl mit der Aufrechterhaltung der kirchlichen Disziplin und der Ahndung von frevelhaften Handlungen wie den Duellen, die immer noch eine deutliche Wunde in der Gesellschaft darstellten, als auch mit dem Widerstand gegen die Übergriffe der Protestanten oder der Überwachung der Jansenisten. Darüber hinaus hatte der Gewissensrat alle Bewerbungen für die Ämter der Bischöfe und Äbte zu prüfen, für deren Ernennungen laut Konkordat von 1516 die königliche Autorität zuständig war.[343] Er musste außerdem über die Zuteilung der kirchlichen Pfründe beraten.

Diese letzte Funktion war von großer Wichtigkeit, wenn man sich die beträchtlichen Einkünfte bewusst macht, die mit den Erzbistümern, Abteien oder Prioraten verbunden waren. Die Kirche war damals der größte Grundbesitzer des Königreiches. Man weiß, dass die Zuteilung von Pfründen infolge einer unheilvollen Entwicklung ein Mittel geworden war, eine Person oder eine Familie zu belohnen oder sie an sich zu binden, ohne die persönliche oder geistliche Eignung der betreffenden Benefizianten zu berücksichtigen. Gegen diesen Missbrauch hatten im Übrigen Ludwig XIII. und Richelieu zu reagieren begonnen und dabei manchmal Monsieur Vinzenz zu Rate gezogen, um ihnen Priester vorzuschlagen, die würdig waren, das Amt eines Bischofs oder Abtes zu erhalten. Anna von Österreich handelte im gleichen Sinne, als sie den Generalsuperior der Kongregation der Mission zum Mitglied des Gewissensrates ernannte.

Die kirchlichen Angelegenheiten beschränkten sich nicht nur auf die Zuteilung von Ämtern und Pfründen. Die Kirche von Frankreich hatte in dieser Epoche die Hauptverantwortung für die Krankenpflege und das Schulwesen sowie die Universitätsbelange im Königreich. All diese vielen verschiedenen Fragen waren dem Gewissensrat unterworfen.

Am Beginn ihrer Regentschaft suchte Anna von Österreich oft den Rat von Vinzenz von Paul. Man findet davon Zeugnisse in seiner Korrespondenz oder in seinen aufgezeichneten Gesprächen: »Ich bin verpflichtet, morgen auszugehen, um die Königin nach dem Abendessen in Val-de-Grâce zu treffen«[344], schrieb Vinzenz an Louise de Marillac, und: »Ich komme von der Königin, sie hat mit mir über euch gesprochen«, erklärte er den Barmherzigen Schwestern.[345]

Anna von Österreich interessierte sich für die Werke der Mission, die von ihrer Großzügigkeit profitierten. Als sie an den Exerzitien der Weihekandidaten im Collège des Bons-Enfants teilgenommen hatte, war sie davon tief berührt. Mehrere Jahre hindurch machte sie dafür Schenkungen. 1644 unterstützte sie die Aktion zugunsten der vornehmen Lothringer, die nach Paris geflüchtet waren: »Die Königin hat uns 2.000 Pfund für den Adel von Lothringen in die Hand gelegt«[346], meldete Vinzenz an Antoine Portail.

Im Gewissensrat genoss Monsieur Vinzenz unbestrittene Autorität. Sobald es sich um die Ernennung für ein kirchliches Amt handelte, schloss sich Anna von Österreich systematisch seinem Standpunkt an. Der Staatssekretär Michel Le Tellier bezeugte dies in einem Brief vom Juli 1645: »Sie fühlt sich verpflichtet, seiner Meinung zu folgen, und beharrt auf dem Vorschlag des genannten Vinzenz, wenn Monseigneur le Cardinal ihr eine andere Person für die Pfründe vorschlägt, die der genannte Monsieur Vinzenz nicht für fähig hält. Sie besteht vollkommen auf dem, was er festgesetzt hat, und weder die Empfehlung Seiner Eminenz (Mazarin) noch irgendeines anderen kann sie dazu bringen, von ihrer vorgefassten Meinung zuungunsten von Monsieur Vinzenz' Urteil abzuweichen.«[347]

Mazarin höchstpersönlich bestätigt diese Meinung in einem Schreiben an denselben Empfänger: »Was den Bischof von Soisson betrifft, hat Monsieur Le Tellier Ihnen ausführlich berichtet und Ihnen nur die Wahrheit gesagt, wenn er der Meinung ist, dass Monsieur Vinzenz in dieser Sache bei der Königin mehr Kredit hat als ich.«[348]

Jedenfalls wollte der Kardinal eine solche Situation nicht länger ertragen. Er zeigte sich sehr eifersüchtig jedem gegenüber, der versuchte, sich zwischen Anna von Österreich und ihn zu drängen. In seinen privaten, in Italienisch abgefassten Notizheften fanden sich seine Reaktionen Vinzenz gegenüber. Er verdächtigte ihn, der Gruppierung der Devoten anzugehören und ihm gegenüber feindlich gesinnt zu sein. Im Juni 1643 notierte Mazarin: »Monsieur Vincenz will für P. Gondi eine höhere Stelle«[349] (es handelte sich um Philippe-Emmanuel de Gondi, der als Witwer in das Oratorium eingetreten war und der Pierre de Bérulle nachfolgen sollte, aber von Richelieu nach Lyon ins Exil geschickt wurde), und drei Monate später: »P. Gondi hat zu meinem Nachteil gesprochen, ebenso wie P. Lambert und Monsieur Vincenz.« Immer misstrauisch, schrieb er kurz darauf: »Monsieur Vincenz in der Gruppe um Maignelay … ist der Kanal, wodurch alles zu den Ohren Ihrer Majestät gelangt.« Und in den ersten Monaten von 1644 notierte Mazarin noch, dass er eine Intrige gegen sich fürchtete: »Zwei Personen haben mir Informationen gebracht, dass Klöster, Brüder, Priester, fromme Männer und Frauen unter dem Vorwand, die Königin in der Frömmigkeit zu unterstützen, ihr die ganze Zeit nehmen, damit sie für ihre eigenen Angelegenheiten keine mehr habe und damit ich nicht mehr mit ihr sprechen könne; sie hoffen, zu ihrem Ziel zu gelangen und ihren letzten Zug zu vollenden, wenn alles bereit sein wird für Frau Maignelay, Frau la Dans, die Priorin von Val-de-Grâce und den Père Vinzenz.«[350]

Bei dieser Einstellung gab es ausreichend Gelegenheiten für Reibereien zwischen dem Kardinal und Vinzenz. Anlässlich einer Ratssitzung im Februar 1644 verlangte Mazarin die Zuteilung einer Pfründe an einen Sohn von Monsieur de la Rochefoucauld. Vinzenz widersetzte sich und ließ sie an Monsieur Olier, den Pfarrer von Saint-Sulpice, vergeben.[351] Der Kardinal rächte sich, indem er die Zusammenkünfte des Gewissensrates aussetzte. Er schrieb in seine Notizhefte: »Den Gewissensrat einige Zeit nicht abhalten.« So entstand das Gerücht, dass Monsieur Vinzenz bald in Ungnade fallen würde. Sein Vertreter in Rom war darüber aufgebracht, da das Gerücht bis zum Heiligen Stuhl gelangt war. Vinzenz beruhigte ihn im Januar 1645: »Es ist wahr, dass es einigen Anschein hatte, mich nicht mehr in dem Amte leiden zu wollen, aber meine Sünden sind schuld daran, dass man so mit mir verfährt.«[352]

Im Gegensatz zu dem, was Mazarin zu denken und fürchten schien, war Vinzenz fest entschlossen, sich zumindest im Moment einzig für religiöse Angelegenheiten gewissenhaft einzusetzen. Im Februar 1643 schrieb er an den Superior des Hauses in Sedan, der, im Herzen einer hugenottischen Hochburg sitzend, mit den konfliktreichen Angelegenheiten der Katholiken und Protestanten Schwierigkeiten hatte. Vinzenz empfahl ihm: »Es ist nicht ratsam, uns in weltliche Angelegenheiten einzumischen, welche Beziehung sie auch immer zu geistlichen Dingen haben.« Er wandte diesen Grundsatz auf seine eigene Stellung im Gewissensrat an und machte deutlich: »Ich mische mich in der Stellung, die mir die Königin im

Rat der kirchlichen Angelegenheiten zu geben beliebte, nur in jene Dinge ein, die den geistlichen Stand betreffen und die Situation der Armen, ganz gleich wie fromm oder wohltätig andere Fragen, die an mich herangetragen werden, auch scheinen mögen.«[353]

Aufgrund fehlender Archivaufzeichnungen des Gewissensrates muss man sich auf Vinzenz' Korrespondenz stützen, die zahlreiche Anspielungen auf seinen Einfluss im Kreis dieser vornehmen Institution enthält. So schrieb er im Februar 1645 an den Erzbischof von Toulouse, um sich über Jean de la Valette, den Pfründeninhaber der Abtei von Beaulieu, zu erkundigen, »der sehr darauf drängt, den Bischofssitz zu erhalten«. Sein verstorbener Bruder, der Bischof von Vabres, hatte ihn bisher inne, da dieses Amt seit mehr als 100 Jahren in seiner Familie war. Vinzenz bestand darauf zu erfahren, »ob er fähig und fromm ist und ob er die entsprechenden Fähigkeiten für diese Würde hat und vor allem, ob er Priester ist«, und er fügte hinzu: »Er sagt, dass er es ist, aber einige, die mit mir darüber gesprochen haben und die ihn besser kennen, wissen nichts davon.«[354]

Im Juni desselben Jahres schickte Vinzenz im Namen des Gewissensrates einen Brief an den Grafen von Brienne, um »gewisse skandalöse Vorkommnisse« abzustellen, die am Fronleichnamsfest in Aix-en-Provence geschehen waren.[355] Im Juli fühlte er sich verpflichtet, die Verleihung einer Abtei an das minderjährige Kind des Staatssekretärs Monsieur de Chavigny zu verweigern: »Gott hat mir die Kraft gegeben, fest zu bleiben«, erzählte er einem seiner Missionare. Als ihm aber klar wurde, dass er durch diese Information vielleicht eine Indiskretion begangen hatte, fügte er die charmante Formulierung hinzu: »Das sei in das Ohr Ihres Herzens gesagt … Ich weiß nicht, warum ich mich hinreißen ließ, Ihnen so viel darüber zu erzählen.«[356]

Die aktive Teilnahme im Gewissensrat brachte Vinzenz von Paul ein Übermaß an Arbeit, vor allem durch eine reichliche Korrespondenz. Er akzeptierte nun, Bruder Bertrand Ducournau[357] als seinen Sekretär zu sich zu nehmen. Dieser stammte aus den Landes, hatte eine gewisse Erfahrung und zudem eine schöne Schrift. Vinzenz konnte sich zu dieser Wahl nur beglückwünschen. Bruder Ducournau, seinem Generalsuperior und der gesamten Kongregation ganz ergeben, erwies beiden große Dienste.

Als ob er nicht schon genügend Aufgaben zu erfüllen gehabt hätte, musste Vinzenz ab 1643 das Generalvikariat der Abteien von Saint-Ouen in Rouen, von Marmoutiers in der Bretagne und von Saint-Martin-des Champs in Paris annehmen. Sie waren Amador de Vignerod, dem Großneffen des Kardinals Richelieu, zugewiesen worden. Seine Tante und Beschützerin, die Herzogin d'Aiguillon, hatte Vinzenz gebeten, die Überwachung dieser Abteien zu übernehmen, deren Abt 1643 erst elf Jahre (!) alt war. Als Amador volljährig geworden war und keinerlei geistliche Berufung zeigte, verzichtete er 1652 auf seine Abteien zugunsten seines jüngeren Bruders Emmanuel, sodass dieses Generalvikariat bis zu seinem Tod auf Vinzenz' Schultern lastete.[358]

Trotz all seiner Aufgaben vernachlässigte Vinzenz keineswegs die Kongregation der Mission, die ihm stets ein Herzensanliegen blieb. In der Zeit von 1643 bis 1645 breitete sich die Kongregation sowohl innerhalb als auch jenseits der Grenzen des Königreiches aus. 1643 eröffnete Vinzenz dank der Großzügigkeit der Herzogin d'Aiguillon ein Haus in Marseille, um sich um die Galeerensträflinge kümmern zu können, und mit der aktiven Unterstützung des Ortsbischofs, Alain de Solminihac, ein Haus in Cahors. 1644 ließ sich die Kongregation in Sedan, auf häretischem Gebiet, nieder; diese Gründung finanzierte die königliche Kasse.[359] Ein anderes Haus wurde dank einer Schenkung des Herzogs de Retz in Montmirail in der Champagne auf den Ländereien der Gondis eröffnet, und ein drittes Haus auf Wunsch und mithilfe des Bischofs von Saintes, Jacques Raoul, in dieser Stadt errichtet. Schließlich wurde 1645 auf Wunsch des Bischofs Emmanuel de la Ferté ein Haus in Le Mans gegründet, während der Bischof von Saint-Malo Monsieur Vinzenz bat, seine Missionare in der Abtei von Saint-Méen, inmitten seiner Diözese, anzusiedeln.

Obwohl all diese Gründungen auf Schenkungen beruhten, durch die sie eigenständig bestehen konnten und vom Mutterhaus oder den zu missionierenden Pfarreien unabhängig waren, stellte die Vielzahl dieser Niederlassungen die Kongregation vor ein finanzielles Problem. Vor allem mussten Priester und Brüder ausgebildet werden, die diesen neuen Häusern zugewiesen werden konnten, während die bisherigen Aufgaben weitergeführt wurden: Weiheexerzitien, Einkehrtage, Seminare, ganz zu schweigen von der weiterhin regelmäßig geleisteten Hilfe für Lothringen. So widmete Vinzenz einen Großteil seiner Zeit und Energie der Beschaffung finanzieller Mittel.

Eine erste Schwierigkeit trat bald nach Kardinal Richelieus Tod auf. Dieser hatte der Kongregation die Einnahmen der Kanzleien von Loudun bewilligt, was im Gründungsvertrag des Hauses von Richelieu klar festgehalten worden war. Kurz vor seinem Ableben hatte der Kardinal seine Rechte auf die Kanzleien abgetreten, um dieses Kapital in Grundbesitz zu überführen. Er hatte nicht mehr die Zeit, ein Schriftstück zu verfassen, das diese Umwandlung zugunsten der Kongregation regelte. Alles hing nun vom guten Willen der Erben ab, besonders der Herzogin d'Aiguillon, die zugleich Testamentsvollstreckerin ihres Onkels und seine Haupterbin war. Es gab aber auch andere Verwandte, die einen bedeutenden Teil des Nachlasses erhalten sollten, vor allem Armand de Vignerod, dem der Titel des Herzogs von Richelieu zukam, und ein weiterer Großneffe, Armand de Maillé[360], dessen Schwester, Claire-Clemence, den Herzog d'Enghien geheiratet hatte. Da Claire-Clemence im Testament des Kardinals nicht erschien, focht ihr Schwiegervater, der Prinz de Condé, das von Richelieu erstellte Dokument vor Gericht an. Daraus entstand ein langer Prozess, der schließlich Condé eine beträchtliche Summe einbrachte. Die Kongregation erlitt jedoch dank des Wohlwollens der Herzogin d'Aiguillon keinen Schaden.

Eine weitere Schwierigkeit trat hinsichtlich des Hauses von Crécy auf, das acht Priester und zwei Brüder zählte. Es war 1641 auf Wunsch des Königs gegründet worden, der dafür der Kongregation ein Schloss und 8.000 Pfund Rente aus den Einkünften von fünf Bauernhöfen und aus den Rechten des Salzspeichers von Lagny-sur-Marne überlassen hatte. Der Gründungsvertrag setzte fest, dass die Kongregation jedes Jahr in der Umgebung Almosen im Wert von 4.000 Pfund verteilen und zudem auf Wunsch des Bischofs von Meaux Missionen und Weiheexerzitien durchführen sollte. Da es mit den Finanzen des Königreiches zu dieser Zeit schlecht stand, kam der König seinen Verpflichtungen ab Ende 1642 nicht mehr nach. Daher musste Vinzenz den Gesamtbestand auf drei Priester reduzieren. Damals versiegten auch andere Einnahmequellen und Vinzenz informierte seinen Vertreter in Rom:

»Der König zieht dieses Jahr und ein Viertel des nächsten unsere Renten von Agen und jene der Ponts-de-Cé ab, mehr als 20.000 Pfund, und wir wissen nicht, ›quid futurum sit‹ (was die Zukunft bringen wird, Anm. d. Ü.) in den folgenden Jahren. Gott sei gepriesen!«[361]

Glücklicherweise unterstützte die Herzogin d'Aiguillon weiterhin großzügig die Kongregation. So konnte Vinzenz die Eröffnung eines Hauses in Rom ins Auge fassen. Bisher verfügte er in dieser Stadt nur über einen Priester, der beauftragt war, die Interessen der Gemeinschaft beim Heiligen Stuhl zu vertreten. Im Mai 1643 schrieb er an Bernard Codoing: »Ich habe Ihnen eine Vollmacht für den Kauf des Hauses geschickt … und für die neue Gründung eine Rente von 5.000 Pfund, die von den Reisekutschen in Rouen erhoben wurden und von Madame der Herzogin stammen.«[362]

Unter allen Gründungen war jene von Marseille in Vinzenz' Augen besonders bedeutend. Diese Stadt war der Heimathafen der Galeeren, für die Vinzenz als »königlicher Seelsorger« die geistliche Verantwortung hatte. Ein Zusammentreffen von günstigen Umständen ermöglichte es ihm 1643, Vorhaben zu verwirklichen, die er bisher mangels finanzieller und personeller Mittel hinausgeschoben hatte.

Ein neuer Bischof, Jean-Baptiste Gault, Priester des Oratoriums, wurde ernannt, um den Bischofssitz von Marseille zu übernehmen. Bei seiner Weihe in Paris bot sich Gelegenheit zu einer Zusammenkunft der Herzogin d'Aiguillon mit Vinzenz, bei der mögliche Maßnahmen zugunsten der armen Galeerensträflinge angedacht wurden.

Zunächst wurde eine große Mission organisiert und im März und April an Bord der Galeeren durchgeführt, die zu dieser Jahreszeit vor Anker lagen. Da jedes Schiff mit ungefähr 260 Sträflingen besetzt war, benötigte man für eine Flotte von mindestens 20 Galeeren sehr viele Missionare. Da Vinzenz nur fünf stellen konnte, wurde um Mitglieder der von Msgr. d'Autier gegründeten Kongregation angefragt, ebenso wie um Jesuiten und Oratorianer. Die Mission endete Anfang Mai, als die Galeeren nach Katalonien in See stachen. Diese vom Bischof persönlich angeregte Mission hinterließ wohl einen tiefen Eindruck bei den Galeerensträflingen. Ein Chronist schrieb, sicher auch mit einiger Übertreibung: »Die Galeeren waren so verändert, dass man sie mit Klöstern verglich.«

Nach diesem Erfolg wurde in Marseille die Gründung des Hauses der Mission beschlossen. Die Herzogin d'Aiguillon unterzeichnete am 25. Juli mit Vinzenz eine Vereinbarung, in der sie sich verpflichtete, 14.000 Pfund für den Unterhalt von vier Priestern zur Verfügung zu stellen, die sich der Aufgabe widmen sollten, auf den Galeeren Missionen abzuhalten. Darüber hinaus wurde dem Superior des genannten Hauses durch Vinzenz die Vollmacht eines »königlichen Seelsorgers« übertragen, die ihn zur Kontrolle der auf jeder Galeere eingesetzten Seelsorger berechtigte und zur Überwachung der Lebensbedingungen der Galeerensklaven verpflichtete. Ein königliches Edikt von Juni 1644 anerkannte diese Übertragung offiziell.

In Marseille blieb noch die Aufgabe, den Bau eines Spitals für kranke Sträflinge in Angriff zu nehmen, ein Vorhaben, das seit 1618 von Philippe-Emmanuel de Gondi und Vinzenz angestrebt worden war, dann aber aus Mangel an finanziellen Mitteln aufgegeben wurde. Dank der Tatkraft eines Mitglieds der Kongregation vom Heiligsten Sakrament, Gaspard de Simiane, einem Freund von Vinzenz, und des Engagements von Msgr. Gault, wurde das Spital innerhalb von zwei Jahren vollendet. Noch einmal ermöglichte die Herzogin d'Aiguillon durch ihre Großzügigkeit, dieses Unternehmen zu einem guten Ende zu führen.

Da die Familien dieser Unglücklichen den Einsatz von Monsieur Vinzenz für die Belange der Galeerensträflinge kannten, wandten sie sich an ihn, wenn sie kleine Gaben an die Sträflinge weiterleiten wollten. So findet man in allen Briefen, die jede Woche dem Superior von Marseille geschickt wurden, Notizen, die die Übergabe von einigen Pfund oder sogar von einigen Sols »an einen gewissen Sträfling betreffen …, der sich auf einer bestimmten Galeere befindet«, ein bescheidenes Zeugnis der karitativen Taten eines Mannes, der von so vielen anderen Gesuchen und so vielen Sorgen bestürmt wurde.

Als umsichtiger Verwalter überwachte Vinzenz aufmerksam die Eingänge der verschiedenen Einkünfte der Kongregation. Er bemerkte Ende 1642, dass die Einnahmen von den Reisekutschen von Soissons nicht mehr regelmäßig eintreffen, »obwohl man sie täglich verlangt«. Daher beschloss er, sie abzugeben: »Wir werden uns bemühen, die Reisekutschen von Soissons zu verkaufen, die uns 2.500 Pfund an Einkünften eingebracht haben. Aber sie sind zurückgegangen, und der Pächter bittet außerdem um Preisnachlass wegen der Forderungen der Postboten.«[363] Diese Kutschen bereiteten ihm fortwährend Unannehmlichkeiten, denn als der Herzog von Bellegarde aus dem Exil zurückkehrte, verlangte er die Rückgabe aller Kutschen, die sein Eigentum gewesen waren, bevor er in Ungnade gefallen war. Vinzenz musste in dieser Angelegenheit die Regentin selbst um Hilfe bitten. Zudem erfuhr er im Februar 1644, dass der Pächter dieser Kutschen soeben Bankrott gemacht hatte. Daraufhin wurden neue Tarife festgelegt: »Der König hat für Ihre Kutschen (in Rouen) eine andere Steuer festgelegt; wir arbeiten daran, Ihnen eine Entlastung zu verschaffen«, schrieb Vinzenz dem Superior des Hauses von Rom, dem die Einkünfte der Kutschen von Rouen zugeteilt waren. Jedenfalls konnte er einige Monate später Bernard Codoing versichern: »Ich habe einen Urteilsspruch des Königs erhalten, dass Ihre Kutschen nur dann weggenommen werden können, wenn man sie entsprechend erstattet, und dass sie, vor dem Empfang der Einschreiben, die Sie uns gesandt haben, nicht finanziell belastet werden können.«[364] Man stelle sich nur alle von Vinzenz zurückgelegte Wege, gemachte Besuche und abgeschickte Bittschriften vor, um zu diesem Ergebnis zu kommen!

Die andauernden Kämpfe gegen Spanien und das Kaiserreich wurden immer kostspieliger. Die königlichen Finanzen sahen nicht rosig aus, und alle Mittel waren recht, um die Kassen des Staates aufzufüllen, wie beispielsweise der stillschweigende Verkauf einiger Güter des königlichen Besitzes. So wurden im April 1645 zwei Pachthöfe zum Verkauf angeboten: die Mühlen von Gonesse und Bourget. Der Pachtzins dieser Höfe war seit dem 12. Jahrhundert für das Priorat von Saint-Lazare bestimmt, für den Unterhalt der Leprakranken und jetzt für die Werke der Mission. Vinzenz verwaltete sie, als wäre er ihr Eigentümer, tatsächlich gehörten sie jedoch der Krone. Er musste am 19. Juni 1645 eine notariell beglaubigte Bittschrift erstellen, um sich dem Verkauf dieser Höfe zu widersetzen. In diesem Dokument erkennt man eine weitere Einschränkung der königlichen Großzügigkeit. Ludwig XIII. hatte eine Rente von 4.000 Pfund aus den Einkünften der herrschaftlichen Rechte des Schlossbesitzes von Gonesse zugunsten des Werkes der Findelkinder und der Barmherzigen Schwestern, die sie betreuten, bewilligt. Der Zuteilungsakt wurde im Juli 1642 ausgestellt. Doch im April 1643 versteigerte der König die genannten Rechte von Gonesse. Der Erwerber, Marschall d'Estrées, fühlte sich nicht an die Abgabe einer Rente gebunden, die mit dieser Übernahme verbunden war. Aufs Neue musste Vinzenz kämpfen, um zu erreichen, dass ein kleiner Teil dieser Rente im Lauf der Jahre ausgeschüttet wurde.[365]

So bereiteten ihm die Vielzahl an Gründungen und die von ihm ins Leben gerufenen Werke ständig Sorgen und Schwierigkeiten, umso mehr, als auf staatlicher Ebene die Finanzen immer knapper wurden und sich eine Krise mit Unruhen und Zwischenfällen in verschiedenen Provinzen wie in der Normandie, im Limousin und im Périgard abzuzeichnen begannen. Es handelte sich dabei meist um Volksaufstände gegen eine zu hohe Steuerbelastung, während das Land von einer Reihe schlechter Ernten heimgesucht wurde. Unter diesen Umständen fielen die erwarteten Hilfen aus der königlichen Kasse immer geringer aus, und die großen Wohltäter der Kongregation zeigten sich weniger freigebig.

In der Zeit von 1643 bis 1645 stürzte sich Vinzenz von Paul in Unternehmungen jenseits des französischen Königreiches. Für einen Menschen, der von einer großen Leidenschaft beseelt und von einem tiefen Glauben getragen war, waren diese Schwierigkeiten kein Hindernis, sondern Ansporn, um über sich hinauszuwachsen.

Ein erstes Vorhaben widmete sich der Hilfe für christliche Sklaven, die in der Berberei festgehalten wurden. War das eine Idee von Vinzenz oder von Ludwig XIII. kurz vor seinem Tod?

Der König war über den erbärmlichen Zustand der Gefangenen informiert, die in den Verliesen von Algier und Tunis eingesperrt waren oder von den Türken verkauft wurden, um unter schrecklichen Bedingungen zu arbeiten. Er hatte mit dem Großsultan einen Vertrag unterzeichnet, um der Piraterie im Mittelmeer ein Ende zu setzen. Aber die Mächtigen in Algier und Tunis hielten sich nicht an die in Konstantinopel getroffenen Vereinbarungen. Hatte Vinzenz sich mit dem König über diese Frage unterhalten, da er mehr darüber wusste als jeder andere? Im Testament von Ludwig XIII. befand sich unter den Vermächtnissen zugunsten der Kongregation ein besonderes »für den Loskauf der Gefangenen in der Berberei«.

Schon andere Ordensleute kümmerten sich um den Freikauf christlicher Sklaven, wie die im 13. Jahrhundert gegründeten Mercedarier und die zeitgleich entstandenen Mathuriner, auch Trinitarier genannt. Aber die Aufgabe war so umfangreich, dass sich auch andere ihr widmen sollten. Im Januar 1643 wies Vinzenz in einem seiner Briefe auf die Möglichkeit hin, dass »die kleine Kongregation von Zeit zu Zeit eine Art Mission unter den armen Sklaven halte …, dass man vielleicht, um einen ersten Versuch zu machen, den Loskauf einer kleinen Zahl von Sklaven zum Vorwand nehmen wird.«[366]

Diese Idee war bis Juli erfolgreich. Der Gründungsvertrag des Hauses von Marseille setzte fest, dass die vier dort eingesetzten Priester eine doppelte Aufgabe zu übernehmen hatten: zum einen die Sorge um die Galeerensträflinge, indem sie an Bord der Galeeren Missionen halten oder sich um jene kümmern sollten, die im Spital gepflegt wurden; zum anderen, »wenn sie es für angemessen hielten, die Priester der genannten Kongregation der Mission in die Berberei zu schicken, um die armen christlichen Gefangenen zu trösten und zu unterweisen«[367]. Noch war es notwendig, einen Weg zu finden, Priestern Zugang zur Berberei zu verschaffen, da dies die Türken noch nicht erlaubten. Um dieses Hindernis zu umgehen, berief man sich auf folgende Vertragsklausel, dass sich der König von Frankreich in Tunis und Algier durch einen Konsul vertreten lassen konnte und dieser berechtigt war, einen Kaplan bei sich zu haben. So reiste im November 1645 Julien Guérin als erster Missionar mit dem Konsul nach Tunis.

Ohne sich aller Konsequenzen ihres Handelns bewusst zu sein, erwarb die Herzogin d'Aiguillon wenig später die Konsulatsstellen von Tunis und Algier, um sie der Kongregation anzuvertrauen. Das war der Beginn der Mission in der Berberei, die Vinzenz von Paul und seinen Missionaren später viel Kummer und Leid abverlangte.

Zur selben Zeit, als das Hilfsprojekt in der Berberei Gestalt annahm, eröffnete sich für Vinzenz eine weitere Perspektive: die Einrichtung einer Mission in Babylon! Die Propaganda-Kongregation schlug ihm vor, »in diesen fernen Ländern« Missionare einzusetzen und das Erzbistum von Babylon »einem aus der Kongregation zuzuteilen«. Im Brief an Bernard Codoing fühlt man, dass Vinzenz von diesem Vorschlag zunächst sehr angetan war. Dann aber besann er sich und schrieb: »Es gibt dafür wohl ein Für und Wider.« Er hielt seine Antwort klug zurück, da er warten wollte, bis »es der göttlichen Güte gefalle, diesbezüglich ihren Willen offensichtlicher kundzutun«[368].

Ein Jahr später, im August 1644, brachte er das Vorhaben von Babylon, das keine Fortschritte machte, nochmals zur Sprache, diesmal jedoch in Verbindung mit einem weiteren

Vorhaben in Ostindien: »Ihr letzter Brief spricht von der Angelegenheit von Babylon und jener von Ostindien. Es gibt jedenfalls gewisse Probleme, Geld in diese Länder kommen zu lassen … von Lissabon nach Goa und von dort nach Isfahan.« Besonders der Amtsinhaber, Msgr. de Babylon, verlangte als Gegenleistung für seine Abdankung die Zusicherung eincr Pension. Vinzenz, der Sache keineswegs überdrüssig, hielt die Angelegenheit für umfassend genug, um sich noch Bedenkzeit zu nehmen.[369] Dies umso mehr, als zur selben Zeit die Frage auftauchte, ob ein Haus der Kongregation in Barcelona eröffnet werden sollte, um Missionen in Katalonien durchzuführen; diese Provinz befand sich damals unter der Kontrolle Frankreichs. Vinzenz verhielt sich diesem Vorschlag gegenüber reserviert; er war wegen der fehlenden Mittel beunruhigt, um eine solche Gründung überhaupt realisieren zu können.[370]

Neben diesen unausgeführten Vorhaben wurden zwei weitere ab 1645 verwirklicht. Auf Bitte des Kardinals Durazzo, des Erzbischofs von Genua, der die Tätigkeit von Bernard Codoing und seiner Missionare des römischen Hauses sehr schätzte, schickte Vinzenz einige Missionare nach Genua, um die Gründung einer dortigen Niederlassung der Kongregation vorzubereiten.[371] Andererseits schrieb der Präfekt der Propaganda-Kongregation, Kardinal Barberini, im Februar 1645 an Vinzenz und flehte ihn an, Missionare nach Hibernia (Irland) zu schicken: »Die Kardinäle der Propaganda-Kongregation haben mich beauftragt, Sie zu bitten …, einige Ihrer Arbeiter nach Hibernia zu schicken, um dort den Klerus, der sich in tiefster Unwissenheit befindet, die Praxis der Zeremonien und heiligen Riten zu lehren.«[372] Bald reisten die Missionare nach Irland ab, wo sie jedoch auf enorme Schwierigkeiten stießen.

All das schien weit entfernt von der anfänglichen Berufung der Kongregation der Mission, die darin bestand, das arme Landvolk in Frankreich zu evangelisieren. Ließ sich Vinzenz über die Grenzen des Königreiches hinausziehen, weil er die Hilferufe der unglücklichen Sklaven in der Berberei oder der Katholiken Irlands, die von den protestantischen Autoritäten unterdrückt wurden, nicht ignorieren wollte? Oder konnte er sich einem dringlichen Ansuchen nicht widersetzen, meinend, dass seine Kongregation die Berufung hatte, allem materiellen und geistigen Elend der Welt die Stirn zu bieten?

Vinzenz handelte sonst nur entsprechend der Not, mit der er konfrontiert wurde, und den Mitteln, über die er verfügte. Lange Zeit war er scheinbar hin und her gerissen zwischen dem Wunsch, auf alle Hilferufe seitens der Armen zu antworten, denen die Kenntnis Gottes fehlte, wo auch immer sie sich befanden, und seiner großen Klugheit, die ihn zurückhielt, sich in ferne Abenteuer zu stürzen. Er schrieb an Bernard Codoing, der immer bereit war, sich auf neue Unternehmungen einzulassen: »Die Werke Gottes geschehen nicht auf diese Weise, sie geschehen von selbst; und jene, die nicht Er bewirkt, gehen bald zugrunde … Gehen wir also in unseren Bestrebungen sachte vor!«[373]

Vinzenz musste viel beten, bis er überzeugt war, den Willen Gottes zu erfüllen, als er sich für diese fernen Missionen entschied. Er meditierte auch viel über die Situation des Katholizismus und kam zu dem düsteren Schluss, dass die Kirche dabei war, sich in Europa zu verlieren, und dass es ratsam war, »sie anderswo auszubreiten«. Vinzenz' Analyse vom August 1645 verdient, ausführlich zitiert zu werden: »Ich gestehe, dass mir viel an der Ausbreitung der Kirche in den heidnischen Ländern liegt, der Auffassung entsprechend, dass Gott die Kirche hier nach und nach zugrunde gehen lässt und dass in 100 Jahren, von jetzt an gerechnet, nichts oder nicht viel von ihr übrig sein wird. Dies liegt an unserem Sittenverfall und an den neuen Lehren, die mehr und mehr anwachsen, sowie am allgemeinen Zustand. Sie hat in den letzten 100 Jahren durch zwei neue Irrlehren den größten Teil des Kaiserreiches, die Königreiche Schweden, Dänemark und Norwegen, Schottland, England, Irland, Böhmen und Ungarn verloren, sodass nur noch Italien, Frankreich, Spanien und Polen bleiben, wobei in Frankreich und Polen viele Irrlehren auftreten. Nun, diese Kirchenverluste in den letzten 100 Jahren geben uns Anlass, gegenwärtig zu befürchten, dass wir in den nächsten 100 Jahren die Kirche in Europa gänzlich verlieren; und was diese Furcht betrifft, sind jene glückselig, die zusammenarbeiten können, um die Kirche anderswo auszubreiten.«[374]

Von solchen Gedanken beseelt, zögerte Vinzenz nicht, seine Missionare auf alle Straßen der Welt zu schicken.

# 16
## KONFRONTIERT MIT DEM
## BEGINNENDEN JANSENISMUS
### 1645 – 1648

*Die Barmherzigen Schwestern und die Findelkinder – Die Affäre von Saint Méen – Die Kongregation wächst – Neue Häuser im Ausland – Vinzenz' Opposition gegen den Jansenimus*

DURCH SEINE BERUFUNG in den Gewissensrat war Monsieur Vinzenz eine Amtsperson geworden. Er wurde an den Hof, der im Louvre oder in Saint-Germain zusammenkam, gerufen, um an Versammlungen unter dem Vorsitz von Anna von Österreich oder von Mazarin teilzunehmen. Er traf dort mit Prinzen, Ministern und hohen Prälaten zusammen. Doch änderte er deshalb weder Haltung noch Kleidung, sondern erschien in seiner einfachen Soutane und seinen groben Schuhen. Man berichtete, Mazarin habe einmal eine ironische Bemerkung über seine Kleidung gemacht. Doch Vinzenz habe ihm einfach geantwortet, dass seine Soutane zwar abgetragen, aber nicht durchlöchert und fleckig sei. Man erzählte auch, dass der Prinz de Condé eines Tages im Ruhm seiner ersten Siege verlangte, dass Vinzenz sich im Louvre an seine Seite setzte. Dieser lehnte diese Ehre bescheiden ab, indem er sagte, dass er »der Sohn eines armen Dorfbewohners« sei. Condé, der ranghöchste, aber auch fein gebildete Prinz antwortete ihm: »Moribus et vita nobilitatur homo« (durch Sitten und durch das Leben wird der Mensch geadelt).

Seine bescheidene und reservierte Haltung hinderte Vinzenz aber nicht, zu seiner Meinung zu stehen und sie mit

Nachdruck zu verteidigen, selbst wenn er sich dem Kardinal oder auch diesem oder jenem Seigneur widersetzte, beispielsweise bei der Zuteilung einer Pfründe oder der Ernennung in ein bischöfliches Amt. Man erzählte sich dazu eine Anekdote: Eine hohe Dame des Hofes bat die Königin um einen Bischofssitz für ihren Sohn. Diese fragte Vinzenz, ob er dieser Ernennung zustimmen würde. Er antwortete ihr, dass der genannte Sohn nicht würdig sei, einen solchen Posten einzunehmen. Die Königin beauftragte nun Vinzenz, der Herzogin die ablehnende Antwort zu übermitteln. Diese überschüttete Vinzenz mit Beleidigungen und im Zorn schleuderte sie ihm ein Tabouret (Schemel) an den Kopf, das ihn an der Stirn verwundete. Er zog sich zurück ohne ein Wort zu sagen, verneigte sich respektvoll und bedeckte sein blutendes Gesicht mit einem Taschentuch. Der Bruder, der ihn begleitete, war empört und wollte eingreifen. Vinzenz beruhigte ihn, indem er sagte: »Ist es nicht etwas Wunderbares zu sehen, wie weit die Zärtlichkeit einer Mutter für ihren Sohn geht?«[375]

Man könnte meinen, dass Vinzenz zwischen seinen offiziellen Verpflichtungen, seinen Gründungen von neuen Häusern der Mission und seinen Missionsprojekten in fernen Ländern einige Distanz zu seinen ersten Werken, besonders jenem der Barmherzigen Schwestern, entwickelt hatte.[376] Keineswegs! In einem Brief vom August 1645 an den Erzbischof von Paris legte er den Stand dieses Werkes dar, um seine Genehmigung einzuholen, »diese Gesellschaft von Mädchen und Witwen als Verein zu errichten«. Er erinnerte ihn daran, dass überall, wo seine Kongregation Missionen abgehalten hatte, Caritasvereine errichtet worden waren und wie ihm dadurch die Idee der Barmherzigen Schwestern gekommen war: »Denn weil die Damen, die diesen Caritasverein bilden, zum Großteil aus Verhältnissen stammen, die es ihnen nicht erlauben, die niedrigsten Tätigkeiten auszuführen …, wie den Suppentopf durch die Stadt zu tragen, zur Ader zu lassen, Essen einzugeben, zu waschen, die Wunden zu verbinden, die Betten zu machen, bei den Kranken, die allein und dem Tod nahe sind, zu wachen, haben sie einige gute Mädchen vom Land genommen, denen Gott den Wunsch gegeben hatte, den armen Kranken beizustehen.«[377]

Vinzenz legte ihre Aufgaben genau fest: zwei oder drei Mädchen lebten in jeder der Pariser Pfarreien, um die Kranken zu pflegen und die kleinen armen Mädchen zu unterrichten, drei Mädchen standen den Damen der Charité im Hôtel-Dieu bei, zehn oder zwölf befassten sich mit den Findelkindern, zwei oder drei pflegten die Gefangenen in Paris, andere schließlich arbeiteten in den Provinzspitälern, so etwa in Angers, in Richelieu und in Sedan. Louise de Marillac (Mademoiselle Le Gras), die diese Schwesternschaft leitete, brachte ungefähr 30 bei sich unter, um sie auszubilden, bevor sie sie an diesen verschiedenen Stellen einsetzte. Und da es notwendig war, für ihre Bedürfnisse aufzukommen, gingen die Barmherzigen Schwestern neben ihren Diensten bei den Armen arbeiten, um etwas Geld zu verdienen, und so die empfangenen Almosen und die Einkünfte der Schenkungen von Seiten der Königin und der Herzogin d'Aiguillon zu ergänzen.

Vinzenz pflegte täglich Kontakt mit Louise de Marillac, sei es durch persönliche Treffen oder durch Briefe. Daher war er auch stets auf dem Laufenden über Probleme bezüglich der Barmherzigen Schwestern. Er nahm sich außerdem die Zeit, mit ihnen regelmäßig zu sprechen, um sie über ihre Berufung, ihre Lebensregel oder über die Tugenden, in denen sie sich üben sollten, zu unterrichten. Die Texte dieser Gespräche, von denen das Wesentliche gesammelt und aufgeschrieben worden ist, widerspiegeln jene Einfachheit und Güte, die in diesen Versammlungen herrschte.[378] Vinzenz pflegte das Gespräch mit diesen rechtschaffenen Landmädchen mit großer Güte und stellte sich ganz auf die gleiche Ebene mit ihnen. Man kann sich leicht vorstellen, wie er mitten unter ihnen saß, sich mit einem schelmischen Lächeln an sie wandte, bei manchen ihrer Entgegnungen einen Ausruf hören ließ und seine Worte mit ausdrucksvoller Mimik begleitete. Er kam gerade vom Königshof oder hatte soeben in feierlichem Stil an irgendeinen römischen Prälaten geschrieben, und suchte nun mit fröhlicher Miene diese guten Mädchen auf, rief vor ihnen seine Jugenderinnerungen wach, sein Leben als kleiner Bauer, seine Liebe für die armen Leute und seine zärtliche Sorge für die kleinen Kinder.

Vinzenz hatte eine besondere Vorliebe für sein Werk der Findelkinder. Er versäumte es nicht, sie zu besuchen, wenn er einen Augenblick frei hatte. Nach bescheidenen Anfängen hatte sich dieses Werk schnell entwickelt. Die Zahl der aufgenommenen Kinder war zwischen 1638 und 1644 auf 1.200 gestiegen, mit allen damit verbundenen Problemen der Unterbringung und Finanzierung.[379] Um 1644 wurden die jährlichen Unterhaltskosten auf 40.000 Pfund geschätzt, die teilweise durch Schenkungen des Königs und der Königin abgedeckt und durch Sammlungen sowie durch den Beitrag der Damen der Charité ergänzt wurden.[380] Das Problem der Unterbringung wurde 1645 durch den Bau von dreizehn kleinen Häusern[381], die an das Grundstück von Saint-Lazare angrenzten und an die Damen der Charité für die Findelkinder vermietet wurden, vorübergehend gelöst. Aber da die Zahl der Kinder kontinuierlich anstieg, erwiesen sie sich bald als ungenügend. Die Räume wurden zu klein, und die vorhandenen Mittel erschöpften sich.

1647 wurde die Situation derart kritisch, dass die damit beauftragten Damen der Charité schon aufgeben wollten. Vinzenz suchte sie auf und beschwor sie mit leidenschaftlichen Worten, in ihrer Aufgabe auszuharren: »Nun, Mesdames, das Mitgefühl und die Liebe haben Sie diese kleinen Wesen als Ihre Kinder aufnehmen lassen. Sie sind ihre Mütter geworden, seit ihre leiblichen Mütter sie verlassen haben; Überlegen Sie, ob Sie sie nun auch verlassen wollen. Seien Sie einen Augenblick lang nicht ihre Mütter, sondern ihre Richter; ihr Leben und ihr Tod sind in Ihren Händen … Es ist Zeit, ihr Urteil zu sprechen und zu erfahren, ob Sie keine Barmherzigkeit mehr für sie aufbringen wollen.«[382]

Noch einmal konnte das Werk gerettet werden. Man beschloss nun, die Kinder in das Schloss von Bicêtre bei Paris zu bringen, in ein großes Gebäude, das die Königin Monsieur Vinzenz zur Verfügung stellte. Diese Lösung, die schon seit einiger Zeit im Raum stand, war von Louise de Marillac aufgrund der Entfernung und Abgeschiedenheit dieser Bleibe bisher abgelehnt worden.[383] Ihre Befürchtungen erwiesen sich als gerechtfertigt. Nach vielen unerwarteten Vorkommnissen war es zwei Jahre später nötig, die Kinder nach Paris zurückzubringen.

Vinzenz von Paul verfolgte zur selben Zeit die Errichtung der Häuser der Kongregation. Manchmal stieß er auf unvorhergesehenen Widerstand. Das geschah beispielsweise bei Saint-Méen in der Bretagne. Der Bischof von Saint-Malo, Achille de Harlay de Sancy, war Kommendatarabt der altehrwürdigen Benediktinerabtei von Saint-Méen im Herzen seiner Diözese.

Die Räumlichkeiten der Abtei beherbergten nur noch zwei alte Mönche, die bereit waren, sich mit einer kleinen Pension in einem Haus, das man ihnen in nächster Nähe der Abtei zur Verfügung stellte, niederzulassen. Der Bischof beschloss nun, in Saint-Méen ein Seminar zu eröffnen, und bat Monsieur Vinzenz, dies zu übernehmen. Am 14. Juli 1645 wurde ein Vertrag unterzeichnet, in dessen Wortlaut sich die Kongregation der Mission verpflichtete, fünf Priester zu schicken, drei zur Leitung des Seminars und zwei weitere, um in der Diözese Missionen zu halten.

Gleich nach ihrer Ankunft im August begannen die Missionare, die stark beschädigten Räume zu renovieren. Eine fromme Pfarrangehörige übergab ihnen dafür 7.000 Pfund. Aber die Benediktiner der Provinz waren verärgert, als sie erfuhren, dass ihnen ihre alte Abtei, die berühmteste der Bretagne, ein Bischof, der obendrein nur Kommendatarabt war, weggenommen hatte. Sie hielten diese Entscheidung für unrechtmäßig, da Ludwig XIII. im November 1640 erklärt hatte, »dass sich kein Orden und keine neue Kongregation ohne Einwilligung der Stände, die noch vom Parlament bestätigt und registriert werden musste, an irgendeinem Ort der Provinz niederlassen darf und kann«. Der Bischof, der entschlossen war, sein Seminar in Saint-Méen zu errichten, hatte seine Initiative durch eine Diözesansynode billigen lassen und Demissionsbriefe der zwei Benediktinermönche erhalten. Er begab sich nach Paris, um seine Entscheidung gerichtlich bestätigen zu lassen und die königliche Bestätigung der Säkularisation der Abtei zu erhalten. Diese legte er dem bretonischen Parlament vor, damit es dort eingetragen wurde. Aber diese Versammlung, die eifersüchtig ihre Vorrechte hütete, weigerte sich, die königlichen Briefe anzuerkennen. Sie untersagte dem Bischof, die Abtei von Saint-Méen zu säkularisieren, und verlangte von den Benediktinern, sie wieder zu übernehmen. Der Bischof ließ sich nicht beeindrucken und erhielt in Paris eine neue, vom Grand Conseil gebilligte Bevollmächtigung. Die Benediktiner aber waren der Meinung, dass diese königliche Entscheidung die Rechte des bretonischen Parlaments und die kirchlichen Gesetze verletzte, und weigerten sich, sich zu beugen. Ein Jahr nach ihrer Einsetzung wurden die Missionare am 17. Juli 1646 durch eine Entscheidung des Parlaments aufgefordert, die Abtei zu verlassen. Das war der Anfang eines bitteren, heftigen Kampfes zwischen den Machthabern, die sich für die Benediktiner einsetzten, und jenen, die vom Bischof entsandt wurden, um die Mission vor Ort durchzusetzen.

Am 20. Juli um sechs Uhr morgens klopfte ein Kommissar des bretonischen Parlaments an die Pforte der Abtei. Er wurde von zehn Benediktinermönchen begleitet, die gekommen waren, um diesen Ort zu besetzen. Sie fanden die Pforte verschlossen und versperrt. Nach drei Tagen verschiedenster Verhandlungen gelang es dem Kommissar, sich gewaltsam Zutritt zu verschaffen und die Mönche in den Konventräumen unterzubringen. Die Missionare zogen sich mit ihren Seminaristen in die klösterlichen Wohnräume zurück. Zwei Wochen lang wohnten die zwei ›Lager‹ nebeneinander. Die jungen Seminaristen nutzten das Chaos aus, um den Benediktinern schlimme Streiche zu spielen. Gereizt wandten sie sich erneut an das Parlament, das der Mission befahl, die Abtei zu verlassen. Zur selben Zeit verhängte der Generalvikar von Saint-Malo als Vertreter des Bischofs die Exkommunikation über die Benediktiner. Da diese moralische Verurteilung wenig Wirkung zeigte, wandte sich der Bischof an den königlichen Generalleutnant der Bretagne, den Marschall de la Meilleraye, und erklärte ihm, dass die königliche Autorität missachtet und verhöhnt wurde; der Bischof bat ihn einzuschreiten. Am 20. August kam eine Truppe von 20 Reitern nach Saint-Méen und drang mit gezückten Schwertern in die Kirche ein, in der die Mönche gerade die Prim sangen. Nachdem sie die Kirche geräumt hatten, zogen sich die Reiter zurück. Am nächsten Tag ging ein Bescheid des Parlaments ein, den Generalvikar und die Missionare festzunehmen. Die dazu Entsendeten fanden die Abtei leer: Nur ein einziger Priester, dessen Aufgabe es war, das Haus zu hüten, war anwesend. Er wurde festgenommen, eingekerkert und seine Füße in Eisen gelegt. Aber die Benediktiner hatten den Kampf noch nicht gewonnen, denn der Bischof erhielt am 7. September einen königlichen Bescheid zu seinen Gunsten. Ein Vertreter des Bischofs stellte sich mit dem königlichen Beschluss in Saint-Méen ein und verlangte von den Benediktinern, den Ort zu verlassen. Er wurde von 40 Soldaten begleitet, die die Mönche unverzüglich vor die Pforte der Abtei setzten. Sie kamen nicht mehr zurück.

Man sah Vinzenz die Betrübnis an, als er all das erfuhr. Er schrieb am 1. September einen langen Brief an den unglücklichen Superior des Hauses von Saint-Méen, der sich nicht sehr heldenhaft benommen hatte. Er war alleine zu Pferd geflohen aus Angst, von den Gerichtsdienern des Parlaments eingesperrt zu werden. Vinzenz war innerlich zerrissen angesichts der widersprüchlichen Anforderungen, die diese Situation an ihn stellte: die Dankbarkeit, die er dem Bischof schuldete, da er ihm die Abtei angeboten hatte, und die Entscheidungen des bretonischen Parlaments, andererseits die königlichen Bescheide und darüber hinaus die Lehren des Evangeliums. Er sah sich gezwungen, in diesem Fall seine ganze Redekunst und juristische Argumentation anzuwenden, um dieses Durcheinander zu entwirren: »Der hl. Paulus und Unser Herr haben geraten, eher alles zu verlieren, als einen Prozess zu führen. Aber der eine wie der andere wurden gezwungen, vor Gericht aufzutreten, und verloren ihren Prozess und darin auch ihr Leben … Der Grundsatz der Kongregation ist es, eher zu verlieren, als vor Gericht zu gehen; das ist wahr …, aber das gilt nur, wenn es von uns abhängt.«[384]

Vinzenz war sehr betrübt, als bedeutendes Mitglied des Gewissensrates gegen seinen Willen in einen Streitfall zwischen einem Bischof und einer Ordensgemeinschaft verwickelt zu sein.

Als Superior der Kongregation der Mission stand Vinzenz noch vor weiteren Problemen, wie er in seiner Korrespondenz andeutete. So hatte der Verantwortliche des Hauses in Sedan, Guillaume Gallais, einige Mühe, sich aus weltlichen Angelegenheiten herauszuhalten. Er war nämlich mitten in einer hugenottischen Region eingesetzt, was seine Situation erschwerte. Vinzenz bremste seinen Eifer: »Es ist nicht ratsam, mein Herr, dass wir uns in weltliche Dinge einmischen, welche Beziehung sie auch immer zu den geistlichen Dingen haben mögen …, weil niemand zwei Herren dienen kann, Gott und der Welt, dem Geistigen und dem Zeitlichen, wie Unser Herr sagt.«

Vinzenz war der Meinung, dass man die Hugenotten nicht durch weitere Meinungsverschiedenheiten bekehren konnte, sondern nur durch ein gelebtes Zeugnis des Evangeliums. »O Monsieur, wie großartige Missionare wären wir, Sie und ich, wenn wir die Seelen mit dem Geist des Evangeliums zu beleben verstünden, der sie Jesus Christus gleichförmig macht! Ich versichere Ihnen, dass dies das wirksamste Mittel ist …, um die Katholiken zu heiligen und die Häretiker zu bekehren.«[385]

Um die Entwicklung seiner Häuser zu überwachen, entsandte Vinzenz seinen treuen Mitarbeiter Antoine Portail. Mit ihm hielt er durch Briefe, in denen er sich sehr offen äußerte, engen Kontakt. Sein Geist der Nächstenliebe trübte keineswegs seinen klaren Blick. Er urteilte über seine Missionare gerecht und zutreffend: »Dieser ist ein wenig reizbar und unerschütterlich; der andere ist intellektuell und wankelmütig.«[386]

Die Kongregation wuchs beständig. 1647 zählte sie 20 Häuser, und ihre Seminare wurden immer zahlreicher. Das große Seminar im Collège des Bons-Enfants beherbergte etwa 60 Seminaristen, das kleine Seminar in Saint-Charles 40 Schüler, das Seminar von Cahors 30 Kleriker; acht waren in Annecy und in Le-Mans, 12 bis 15 in Saint-Méen.[387] Eine der Hauptschwierigkeiten, denen Vinzenz von Paul gegenüberstand, war es, fähige Superioren für die Leitung dieser Häuser und Seminare zu finden. Vor allem gelang es ihm nicht, einen geeigneten Oberen für das Haus von Marseille zu finden, das »wegen der außerordentlichen Vielfalt seiner Aufgaben sehr schwierig zu leiten ist«: das Spital, die Missionen auf dem Land und auf den Galeeren, die Angelegenheiten der Berberei und die baldige Eröffnung eines Seminars. Vinzenz schickte Antoine Portail zur Inspektion dorthin und machte ihn darauf aufmerksam: »Sie werden dort zu wenig Arbeiter vorfinden, und, wie Sie wissen, auch keinen guten Superior«; nun aber bräuchte es für dieses Haus »einen tätigen Geist«. Vinzenz ging die möglichen Kandidaten für diese Position durch und machte sich davon ein lebendiges und klares Bild: »Wir haben an Monsieur Cuissot gedacht, der zwar die Wachsamkeit für äußere Dinge besitzt, aber nicht für innere Angelegenheiten, obwohl er ganz Gott hingegeben ist.« Schließlich entschied er sich dafür, den gegenwärtigen Superior, Jean Chrétien, trotz seiner Schwächen an seinem Platz zu lassen: »Sie werden ihn möglichst sanft behandeln, um ihn nicht zu entmutigen.«[388]

Vinzenz verlor die materiellen Fragen nicht aus den Augen und übersah nicht das geringste Detail der Vermögensverwaltung der Kongregation. Er nahm zum Beispiel die Rechnungen des Hauses von Le-Mans genau unter die Lupe und strich eine Ausgabe an, die ihm ungehörig erschien: »Monsieur Aubert ist im Unrecht, wenn er für den Pächter, den er in den Gärten angestellt hat, zwei Pistolen (20 Pfund, Anm. d. Ü.) verlangt. Monsieur Gallais versichert, dass sie ihm schon abgezogen worden sind.«[389] Er reichte eine Klage beim Pariser Schöffengericht ein, weil ein Nachbar des Grundstücks von Saint-Lazare »beim Weg Saint-Maur seine Grenzen am oberen Ende um vier Klafter (ein Klafter entspricht 1,949 Metern, Anm. d. Ü.) ausgedehnt hatte und am unteren Ende um vier Klafter und zwei Fuß (ein Fuß entspricht ca. 0,3 Meter, Anm. d. Ü.). So hat er sich Land der ehrenwerten Priester der Kongregation der Mission angeeignet bis zu einer Fläche von 93,5 Klafter.«[390] Prozesse lagen Monsieur Vinzenz nicht, aber wenn nötig, verteidigte er die Güter der Kongregation!

Auf Bitte der Propaganda-Kongregation stellte Vinzenz von Paul eine Gemeinschaft zusammen, um nach Irland auf Missionsreise zu gehen. Fünf Priester und zwei Brüder schifften sich 1646 in Saint-Nazaire ein und kamen nach einer stürmischen und bewegten Seefahrt wohlbehalten in Irland an. Einige schickte man in die Diözese von Limerick im Westen, andere in die Diözese von Cashel im Süden Irlands. 1648 geschriebene Briefe der Bischöfe beider Diözesen bezeugten den Erfolg der ersten Missionen. Bald aber zwangen Verfolgungen die Missionare, ihre Arbeiten zu unterbrechen. Cromwells Truppen unterdrückten die katholische Bevölkerung auf blutige Weise. Einige Missionare kehrten wieder nach Frankreich zurück, andere flüchteten in die Stadt Limerick, die Ende 1651 belagert und der Plünderung preisgegeben wurde. Zwei Missionare konnten verkleidet entkommen; ein einziger hielt sich in der Stadt versteckt. So endete nach sechs Jahren der Versuch einer Niederlassung in Irland. Vinzenz von Paul ließ sich durch diesen scheinbaren Misserfolg keineswegs entmutigen, sondern zog daraus folgende Lehre: »Es genügt, dass Gott das Gute kennt, das dort geschehen ist … Setzen wir unser Vertrauen auf die Märtyrer; ihr Blut ist der Same, aus dem neue Christen hervorgehen werden.«[391]

Ebenso blieb die Sendung von Missionaren in die Berberei eine ständige Quelle unlösbarer Probleme und menschlicher Dramen. Ein erster Priester, Julien Guérin, reiste im November 1645 gemeinsam mit einem Bruder unter dem offiziellen Titel eines Kaplans des französischen Konsuls nach Tunis. Er wirkte zunächst im Verborgenen, wurde aber bald dazu ermächtigt, sich offiziell um die Sklaven und Galeerensträflinge zu kümmern. Er berichtete über ihre harten Lebensbedingungen: »Wir erwarten sehr viele Kranke bei der Rückkehr der Galeeren. Wenn diese armen Leute auf ihren Fahrten über das Meer großes Elend erleiden, so sind jene, die hier geblieben sind, nicht besser dran; sie müssen jeden Tag Marmor schneiden, der Glut der Sonne ausgesetzt, die wie ein glühender Feuerofen ist.« Er anerkannte immerhin, dass »andere, die in den Häusern ihrer Herren arbeiten, nicht so schlecht behandelt werden, aber Tag und Nacht alle möglichen Dienste verrichten müssen«[392]. Beim Lesen dieser Zeilen erinnerte sich

Vinzenz sicher auch an seine dortigen Jahre als Sklave. Ob er wohl darauf anspielte, wenn er ermutigende Worte an seinen Missionar richtete? Vinzenz verlor scheinbar kein Wort darüber und bewahrte über diesen Lebensabschnitt ein rätselhaftes Stillschweigen.

Julien Guérin setzte sich entsprechend seiner Mittel ein, Sklaven, deren Situation besonders kritisch war, freizubekommen. So kaufte er eine französische Frau, die von ihrem Herrn tyrannisiert wurde, um 300 Taler frei, einen jungen Knaben, der in Gefahr war, seinen Glauben zu verleugnen, um 150 Taler und um 250 Taler eine junge sizilianische Frau, deren Ehemann »Türke geworden war«.[393] Ab Ende 1647 half ihm ein junger Priester, Jean Le Vacher, als Verstärkung. Aber im folgenden Jahr brach in Tunis eine Pestepidemie aus. Julien Guérin und der Konsul steckten sich beide an und starben. So blieb Jean Le Vacher allein und übernahm vorübergehend auch die Aufgaben des Konsuls.

Inzwischen hatte die Herzogin d'Aiguillon die Initiative ergriffen, die Konsulatsstellen von Algier und Tunis zu erwerben, und bot sie nun der Kongregation an. Ursprünglich wollte sie dadurch einerseits mögliche Konflikte zwischen den Konsuln und den Missionaren vermeiden, anderseits ihnen durch das Recht auf die Steuereinnahmen aus dem Import und Export von Waren Einkünfte verschaffen. Als Vinzenz diese Aufgaben übernahm, bedachte er wahrscheinlich nicht deren Nachteile. Als offizielle Vertreter nicht nur der Franzosen, sondern aller Ausländer, die vor Ort kein Konsulat hatten, wurden Konsuln mit allen möglichen Handelskonflikten mit den türkischen Händlern belastet. Dadurch war dieses Amt eine Quelle tausender Konflikte und schwerer Schulden, die übernommen werden mussten.

Um das Konsulat von Algier zu besetzen, entsandte Vinzenz 1646 Bruder Jean Barreau, einen ehemaligen Anwalt im Parlament, den der Missionar Boniface Nouelly begleitete. Der Konsul handelte gleich zu Beginn unklug, indem er der türkischen Autorität gegenüber eine Kaution für einen Mönch der Mercedarier übernahm, der wegen Schulden für die Befreiung von Sklaven gefangen gehalten wurde. Es handelte sich um die bedeutende Summe von 40.000 Pfund. Vinzenz versuchte, sie aufzutreiben, tadelte aber Jean Barreau: »Ich schrieb an den Konsul über die Schwierigkeit, in der wir uns des Geldes wegen befinden … Es kann bezahlt werden, sobald man in Paris für die Sklaven gesammelt hat … Ich bitte den genannten Sieur Barreau, sich nie mehr zu etwas zu verpflichten, noch als Vermittler für den Loskauf irgendeines Sklaven zu agieren, sondern einfach sein Amt gut auszuüben.«[394] Daraufhin wurde in Algier ein neuer Pascha ernannt, der Barreau sofort verhaften ließ, da dieser die ausstehenden Schulden noch nicht bezahlt hatte. Als er im Juli 1647 aus dem Gefängnis kam, musste er den Tod seines Gefährten Nouelly miterleben und danach den der zwei Missionare, die als Verstärkung geschickt worden waren. Eine Pestepidemie war ausgebrochen und hatte Algier heimgesucht. Jean Barreau fand sich allein den ihm feindlich gesinnten Türken gegenüber. Trotz der strengen Vorschriften, die ihm Vinzenz von Paul erneut auferlegt hatte, stürzte er sich wieder in Schulden, aus Mitgefühl für die unglücklichen Sklaven. Oft wurde er schlecht behandelt und sogar gefoltert. Vinzenz konnte ihn nur in Briefen ermahnen und sich abmühen, die notwendigen Summen zusammenzubringen, um ihn aus den türkischen Gefängnissen herauszuholen.

Trotz aller Enttäuschungen in Irland, Algier und Tunis verfolgte Vinzenz seine anderen ausländischen Projekte unerschütterlich weiter. Vor allem den Bischofssitz von Babylon wollte er nicht aufgeben. Im März 1647 schrieb er an Msgr. Ingoli, den Sekretär der Propaganda-Kongregation, dass er bereit sei, für Babylon einen seiner engsten Mitarbeiter, Lambert aux Couteaux, zu ernennen: »Ich gestehe Ihnen, der Verzicht auf diese Person bedeutet für mich so viel wie das Ausreißen meines Auges und das Abschneiden meines Armes.«[395]

Vinzenz bedeutete dieses Vorhaben sehr viel. Seinem Vertreter in Rom schrieb er: »Dieses Werk scheint mir sehr wichtig zum Ruhme Gottes ... Ich fühle mich innerlich gedrängt, es auszuführen.«[396] Allerdings bewarb sich dafür auch der Superior der Kongregation vom Heiligsten Sakrament, d'Authier de Sisgau. Er wollte einmal seine Gemeinschaft mit der Mission vereinigen. Als Vinzenz davon erfuhr, zog er sich zurück. Dennoch trieb ihn der Gedanke an ferne, noch nicht evangelisierte Länder um. So schickte er im folgenden Jahr eine Bittschrift an die Propaganda-Kongregation und ersuchte sie, seine Gemeinschaft für die Missionsarbeit in Arabien auszuwählen: »Die drei Teile von Arabien, bekannt unter dem Namen Glückliches Arabien (Arabia Felix), Felsiges Arabien (Arabia Petraea) und Wüstenarabien (Arabia Deserta), sind noch keinem religiösen Orden oder irgendeinem Weltpriester anvertraut worden, um evangelisiert und dem christlichen Glauben zugeführt zu werden; Vinzenz von Paul, Superior der Kongregation der Mission, bietet daher an, mehrere seiner Priester dorthin zu entsenden.«[397]

Er schlug vor, den Sitz dieser Mission an einer Hafeneinfahrt an den Grenzen des Glücklichen Arabien zu errichten, wo englische und holländische Schiffe anliefen. Laut eines Briefs vom Oktober 1648 an einen seiner Priester wäre sein

Vorschlag von Rom genehmigt worden. Er zählte nämlich darin die verschiedenen Missionen auf, die seiner Kongregation anvertraut wurden: »Fügen Sie noch die Beschäftigung in Algier und Tunis, in Persien und im Glücklichen Arabien hinzu, wo uns die Propaganda-Kongregation hinschickt, und jene von Madagaskar.«[398]

Dieses arabische Projekt konnte scheinbar doch nicht verwirklicht werden. Vinzenz machte später keine Anspielung mehr daran. Die Madagaskarmission war jedoch schon im Gange. Vinzenz schrieb am 22. März 1648 an Charles Nacquart, der damals in Richelieu tätig war, und teilte ihm mit, dass er ausgewählt wurde, diese Expedition zu leiten. Er fügte hinzu, dass die Einschiffung in Rochelle in weniger als einem Monat stattfinden werde.[399] Aber der Nuntius, der die Kongregation dazu bestimmt hatte, »Gott auf der Insel Saint-Laurant, bekannt als Madagaskar, zu dienen«, war etwas voreilig gewesen. Er wollte einem Gesuch der Ostindiengesellschaft entsprechen, die ihn bat, Priester auf diese ferne Insel zu schicken, ohne sich die Zeit zu nehmen, den Heiligen Stuhl zu konsultieren und ohne zu wissen, dass die Propaganda-Kongregation schon die unbeschuhten Karmeliter für die Evangelisierung der Insel Saint-Laurent ausgewählt hatte. Die Situation wurde erst zwei Jahre später durch ein neues Dekret der Propaganda-Kongregation vom Dezember 1650 geregelt, nachdem die Missionare schon lange dort waren.

Vinzenz von Paul, dessen Prinzip es war, Für und Wider abzuwägen, bevor er einen Entschluss fasste, schien sich in diesem Fall mit besonderer Eile entschieden zu haben. Die Autorität des Nuntius könnte dies erklären. Jedenfalls wurde dieses Unternehmen überstürzt beschlossen, und sollte Vinzenz und seine Kongregation viele Mühen und Opfer kosten.

Der Grund, warum sich Vinzenz mit so viel Eifer in diese fernen Missionsprojekte stürzte, lag in seiner Überzeugung, dass die Häresien in Europa auf dem Vormarsch waren und dort die Zukunft der Kirche gefährdeten. Daher schaute er nach Babylon, Arabien oder Madagaskar und widersetzte sich mit aller Kraft den »neuen Ideen«, die in Frankreich an Boden gewannen. Es handelte sich dabei nicht um den Protestantismus, der in vielen Provinzen fest verwurzelt war, sondern um den Jansenismus.

Alles begann 1640 mit dem Erscheinen von Jansenius' Werk »Augustinus«, das erst nach dessen Tod veröffentlicht worden war. Dieses Buch löste leidenschaftliche Diskussionen über die Themen der Freiheit, der Gnade und der Vorherbestimmung aus. Während Jansenius die Absicht hatte, Ideen darzulegen, die den Lehren des hl. Augustinus entsprachen, interpretierten die Jesuiten sein Werk calvinistisch. Die daraus folgenden Kämpfe richteten in der Kirche eine derartige Verwirrung an, dass der Papst einschreiten musste. Durch seine 1642 veröffentlichte Bulle »In eminenti« wies er auf die Irrtümer der Lehre im »Augustinus« hin.

1643 erschien ein Werk eines angesehenen Theologen und überzeugten Jansenisten, Antoine Arnauld, »Über die häufige Kommunion«.[400] Dieser sprach sich im Wesentlichen für ein intensiveres geistliches Leben der Christen aus. Sein Buch fand aufgrund seiner literarischen Qualität und der Erhabenheit der Gedanken regen Zuspruch und weite Verbreitung. Einige aber betonten vor allem eine der Empfehlungen dieses Werkes: Zwischen dem Sündenbekenntis und der Gewährung ihrer Absolution sollte eine Zeit der Reue erfolgen. Das hatte zur Folge, dass während dieser Zeit die Gläubigen vom Empfang der hl. Eucharistie ferngehalten wurden, und tatsächlich beobachtete man damals in den Kirchen einen Rückgang des Kommunionempfangs. Anna von Österreich, die eine besondere Verehrung für dieses Sakrament hatte, zeigte sich gegen die Jansenisten sehr aufgebracht und zornig.

Vinzenz von Paul stellte sich von Anfang an gegen die »neuen Ansichten«. Da er erfuhr, dass man ihn einer gewissen Lauheit im Kampf gegen die jansenistischen Ideen bezichtigte, schrieb er im März 1644 an Bernard Codoing, seinen Vertreter in Rom: »Ich sage Ihnen nichts über die Anklagen gegen mich, außer dass unsere Kongregation mithilfe des Erbarmens Gottes allen neuen Ansichten Widerstand leistet. Ich widersetze mich, so gut ich kann, all jenen, die vor allem gegen die Autorität des gemeinsamen Vaters aller Christen vorgehen.«[401] Mazarin selbst bezeugt Vinzenz' antijansenistische Haltung in einem Schreiben, in dem er ihm zur »Sorgfalt, mit der Sie die Intrige der Jansenisten zu brechen suchen«[402], gratulierte.

Aber der Jansenismus fand in Frankreich immer mehr Anhänger. Daher nahm Vinzenz die Mühe auf sich, eine Studie über einen wesentlichen Punkt, der im Zentrum der Auseinandersetzungen stand, zu verfassen: die Gnade. Die Jansenisten vertraten eine enge Auffassung der Vorherbestimmung: Sie behaupten, dass Gott nur wenige Auserwählte, denen er wirksame Gnade schenkt, rettet. Vinzenz verteidigte die traditionelle Position: »Der Unterschied besteht darin, dass nach allgemein kirchlicher Überzeugung Gott allen Menschen, Gläubigen wie Ungläubigen, genügend Gnaden schenkt, um gerettet zu werden. Die Vertreter der neuen Ansichten behaupten, dass es nicht genügend Gnaden für alle Menschen gibt, dass wirksame Gnaden nur wenigen geschenkt werden, dass aber jene, denen sie zuteil werden, ihnen nicht widerstehen können.«[403] Es folgt eine gelehrte, zehnseitige Abhandlung, die er mit eigener Hand schrieb. Dieser Text zeigt sehr deutlich, dass Vinzenz nicht der bescheidene »Schüler der vierten Klasse« war, auch wenn er sich im Geist der Demut gerne so bezeichnete.

Vinzenz bemerkte, dass sein neuer Vertreter in Rom bestimmten von den Jansenisten entwickelten Thesen nicht abgeneigt war. Daher schrieb er ihm am 25. Juni 1648 einen langen Brief, in dem er sich die Mühe machte, die Gründe für seine diesbezüglich ablehnende Haltung offen darzulegen, vor allem: »Was ich von den Plänen des Urhebers (Saint-Cyran) dieser neuen Meinungen weiß ist, die gegenwärtige Kirche vernichten zu wollen. Er sagte mir eines Tages, dass es die Absicht Gottes sei, die gegenwärtige Kirche zu ruinieren, und dass jene, die sich für ihre Unterstützung einsetzen, gegen Seine Absicht handeln. Da ich ihm sagte, dass das auch der Vorwand der Häretiker sei, wie Calvin, erwiderte er mir, dass Calvin nicht in allem, was er unternommen habe, schlecht gehandelt, aber dass er sich schlecht verteidigt habe.«[404]

Man muss festhalten, dass Vinzenz anlässlich der Zeugenaussage im Prozess gegen Saint-Cyran noch nicht so weit gewesen war. Aufgrund seiner Freundschaft hatte er Aussagen gemacht, die den Angeklagten weniger belasteten. Außerdem waren die Erklärungen Saint-Cyrans 1639 noch privat, während sie nach seinem Tod in die Öffentlichkeit getragen worden waren und sich Arnauld ihrer bedient hatte, um einen wissenschaftlichen Streit zu schüren. Vinzenz fühlte sich verpflichtet, offiziell Partei zu ergreifen und die Ideen desjenigen zu bekämpfen, der sein Freund gewesen war.

In der Antwort auf den Brief seines Superiors unterstrich Jean Dehorgny, dass manche von der Lektüre des Jansenisten Arnauld profitiert hätten, besonders vom Werk »Über die häufige Kommunion«. Vinzenz griff sofort zur Feder, um Punkt für Punkt Arnaulds unlogische Argumentation zu widerlegen: »Das kann nur Monsieur Arnauld so sagen, der sich in seinen Darlegungen bis zur Meinung versteigt, dass ein hl. Paulus gefürchtet habe zu kommunizieren, und sich dann in seiner Apologie rühmt, alle Tage die Messe zu feiern.«[405]

Anlässlich dieser jansenistischen Streitigkeiten zeigte Vinzenz eine bisher verborgene Seite seiner Persönlichkeit: Den versierten Theologen, der die Kunst der Darlegung brennender Probleme beherrschte und nicht zögerte, dafür geistig die Klingen zu kreuzen.

<br>

17

## DER BEGINN DER FRONDE

1648 – 1649

*Entstehung der Fronde – Gang nach Saint-Germain – Rundreise in der Provinz – Rettung von Orsigny – Aufenthalt in Saint-Méen – Rückkehr nach Saint-Lazare*

VINZENZ VON PAUL wusste um die Verschlechterung der politischen Situation im Königreich. Durch seine Kontakte am Hof, die Beziehungen mit den Missionaren und den Barmherzigen Schwestern war er gut darüber informiert, was sich in Paris und in den Provinzen ereignete. Die Ereignisse des Jahres 1648 erstaunten ihn darum nicht. Damals begann die Fronde, eine mehr als fünf Jahre dauernde Phase anhaltender Unruhen und Aufruhr.

Die Ursachen der Fronde waren vielfältig und verworren. Seit dem Tod Richelieus und Ludwigs XIII., der die Befreiung politisch Gefangener und die Rückkehr der Verbannten mit sich brachte, erlebte man ein Wiedererstarken der Partei der Devoten. Diese Partei stand dem 1635 begonnenen Krieg zwischen den katholischen Machthabern und einer Koalition feindlich gegenüber. Frankreichs Verbündete waren damals das lutherische Schweden und das calvinistische Holland. Dies war für die Devoten und für die Kongregation vom Heiligsten Sakrament, deren geheime Tätigkeit schwer zu umreißen war, skandalös. Zudem drückte dieser ewig andauernde Krieg dem Volk eine immer schwerere Steuerlast auf. So stiegen die öffentlichen Ausgaben auf 120 Millionen Pfund pro Jahr an. Vor dem Konflikt betrugen sie im jährlichen Durchschnitt 40 Millionen Pfund.[406] In den Provinzen kam es deshalb zu zahlreichen Aufständen gegen die Steuern, die sehr ungleich verteilt waren und vor allem die arme Bevölkerung belasteten. Diese Volksaufstände traten besonders nach schlechten Ernten oder nach Einführung neuer Gebühren auf. Die Aufständischen gaben dabei nicht der königlichen Macht die Schuld für ihr Unglück, sondern richteten ihren Zorn gegen die Steuereintreiber und Finanzbeamten.

Die ganze Unzufriedenheit und öffentliche Rachsucht konzentrierte sich jedoch auf einen einzigen Mann, den Anna von Österreich sich als ersten Minister und Amtsnachfolger Richelieus ausgewählt hatte: Kardinal Mazarin. Seine italienische Herkunft, einige ungeschickte Verhaltensweisen und vor allem der enttäuschte Ehrgeiz all jener, die sich für diesen Regierungsposten als besser geeignet hielten, all das bildete die Grundlage eines seltsamen und sich ständig verändernden Bündnisses von Unzufriedenen. Dies bestand zunächst aus der »Intrige der Wichtigen«, die sich um den überheblichen Herzog von Beaufort, den unrechtmäßigen Enkel Heinrichs IV., sammelte. Eiskalt beabsichtigte er, Mazarin zu ermorden, doch die Angelegenheit wurde bekannt und Beaufort im September 1643 in den Kerker geworfen. Hinzu kam der Kampf des Pariser Parlaments, die Privilegien der Hauptstadt, die von feudalen Steuern befreit war, gegen die Vorhaben des Generalkontrolleurs der Finanzen, Particelli d'Émery, zu verteidigen. Um die durch die Kriege leer gewordenen Staatskassen zu füllen, versuchte d'Émery, der Pariser Bevölkerung neue Steuern aufzuerlegen, woraus eine immer größere Unzufriedenheit und eine immer stärkere Opposition gegen die Vertreter des Finanzwesens erwuchst. Die verzögerten Rückzahlungen »der Anleihen auf das Rathaus«, die Staatsanleihen waren, und die durch Vermittlung der Pariser Stadtregierung abgedeckt wurden, gingen zu Lasten eines Großteils der Pariser Bevölkerung: Bürger, Händler, Handwerker und sogar Hausangestellte. Als sich Mitte September noch schlechte Ernten einstellten, verdoppelte sich der Brotpreis in Paris. Die unterernährten Bewohner besaßen keine Widerstandskräfte gegen Epidemien. Banden von Vagabunden tauchten in der Umgebung von Paris auf.[407]

Man kann den Beginn des Konflikts zwischen Parlament und königlicher Macht auf den 15. Januar 1648 festsetzen. Im Laufe eines langen Gerichtstages wandte sich der Generalanwalt Omar Talon mit folgenden Worten an die Herrscherin: »Madame, denken Sie in der Stille Ihres Herzens über das öffentliche Elend nach. Fügen Sie zu diesem Gedanken, Madame, die Not der Provinzen hinzu, in denen die Hoffnung auf Frieden, die Ehre der gewonnenen Schlachten, der Ruhm der eroberten Provinzen jene nicht ernähren kann, die kein Brot haben und die Palmen und Lorbeerbäume nicht zu den gewöhnlichen Früchten der Erde zählen können.«[408]

Während der Monate, die diesem Wortgefecht folgten, führte man aufgrund der Verabschiedung einiger Finanzerlässe durch das Parlament einen nichtigen Streit, so beispielsweise über die Wiedereinführung der paulette[409]. Mazarin, der mit den parlamentarischen Gepflogenheiten wenig vertraut war, ließ die Konflikte hochschaukeln, schien aber dann, nach der Entlassung seines Generalkontrolleurs der Finanzen, der Regentin zu empfehlen, in der Vollversammlung die Vorschläge der Parlamentarier anzunehmen. Einige Wochen später jedoch, am 26. August, nach einem in Nôtre-Dame gesungenen Te Deum zu Ehren eines Sieges über die Spanier in Lens durch den Prinzen von Condé, ließ Mazarin die Parlamentarier, die er für die Oppositionsführer gegen die königliche Macht hielt, festnehmen. Das brachte die Bombe zum Platzen: Sofort entstanden Straßensperren in der Hauptstadt. Um die Ordnung wiederherzustellen, lenkte die Regentin ein und ließ die Parlamentarier frei. Sie zog sich nun mit ihren Kindern in das Schloss von Rueil zurück, das die Herzogin d'Aiguillon als Vermächtnis ihres Onkels Richelieu besaß. Verhandlungen wurden mit Repräsentanten des Parlaments geführt, was ein weiteres Zurückdrängen der königlichen Macht zur Folge hatte. Ein genauer Beobachter notierte in seinem Tagebuch Ende Oktober: »Der Hohe Rat verliert die Schlacht gegen das Parlament am Tag der Barrikaden. Seit diesem Tag befiehlt das Parlament und der Hohe Rat gehorcht.«[410]

Währenddessen erfolgte unbemerkt die Unterzeichnung des Vertrags von Westfalen[411] – ein diplomatischer Sieg Mazarins – und setzte dem Dreißigjährigen Krieg mit dem habsburgischen Kaiserreich ein Ende. In Paris hielt man an der Weiterführung des Krieges mit Spanien fest und beschuldigte Mazarin, ein Interesse an dessen Fortsetzung zu haben. Mazarin aber gab sich nicht geschlagen. Er überredete die Regentin, Paris erneut zu verlassen, um die Belagerung der Hauptstadt zu ermöglichen und so die Unbeugsamen niederzuschlagen. In der Nacht vom 5. auf den 6. Januar 1649 verließen die Königsfamilie und ein Teil des Hofes unauffällig den Louvre und schlugen in Saint-Germain-en-Laye ihr Lager auf. Damit endete die erste Phase des Bürgerkriegs zwischen der königlichen Macht und dem Parlament, das durch die Pariser Bevölkerung unterstützt wurde.

Die auf Befehl der Regentin vom Prinzen de Condé und von Gaston d'Orléans angeführten Truppen kreisten nun die Hauptstadt ein und organisierten deren Blockade, während die durch das Parlament aufgebotene Bürgerwehr die Tore der Stadt schließen ließ und so jeden daran hinderte, hinauszugelangen. Parlamentarische Abgeordnete stellten sich indessen zu Verhandlungen in Saint-Germain ein, aber die Regentin weigerte sich, sie zu empfangen. Wütend kehrten sie nach Paris zurück. Am 8. Januar fasste das Parlament einen Beschluss: Es erklärte Mazarin zum »Urheber aller Unruhen« und »Feind des Königs und des Staates« und forderte ihn auf, das Königreich binnen acht Tagen zu verlassen.

Der Konflikt zwischen Parlament und Hof nahm nun eine andere Dimension an, denn die bedeutenden unzufriedenen Herren hatten sich nun auf die Seite der Fronde (also des Parlaments) gestellt. Sie bildeten eine seltsame Ansammlung von Personen mit unterschiedlichen Zielen:

Der junge Prinz de Conti, Bruder des Prinzen de Condé; sein Schwager, der Herzog de Longueville, Gouverneur der Normandie, mit seiner Frau, der schönen Anne-Geneviève, die ihren Liebhaber, den Prinzen de Marillac und künftigen Herzog von La Rochefoucauld dabei hatte; der Herzog de Bouillon, der ältere Bruder von Turenne, der sein Fürstentum von Sedan zurückgewinnen wollte; der Herzog von Beaufort, der aus dem Gefängnis von Vincennes entwichen war; der Herzog d'Elbeuf, Gouverneur der Picardie, ein Nachfahre der Guise und ewiger Gegner der königlichen Macht.

Eine weitere Persönlichkeit spielte in der Fronde eine zentrale Rolle. Es war der ehemalige Schüler von Vinzenz von Paul: Jean-François Paul de Gondi, der zukünftige Kardinal de Retz. Er hätte gern einen Degen getragen und Politik betrieben, aber seine Familie veranlasste ihn, ohne Berufung den kirchlichen Weg einzuschlagen, um darin seinen älteren Bruder, der durch einen Unfall frühzeitig ums Leben gekommen war, zu ersetzen. Er bezeichnete sich selbst als »die am wenigsten kirchliche Seele des Universums«. Gleichzeitig widmete er sich dem Studium, das er mit dem Doktorat in Theologie krönte, führte aber nebenbei ein mondänes und wohl auch galantes Leben mit ständigen Mätressen. Im Juni 1643 erhielt er die Ernennungsurkunde zum Koadjutor seines Onkels, des Erzbischofs von Paris, und empfing die Weihe nach einem kurzen Aufenthalt in Saint-Lazare, wo er einen Entschluss fasste: »Nach Tagen der Überlegung habe ich beschlossen, absichtlich das Schlechte zu tun, was unvergleichlich das Schlimmste vor Gott ist, aber das Klügste vor der Welt.« Und er fügte hinzu: »Ich fasste den festen Entschluss, die Aufgaben meines Berufes genau zu erfüllen und für das Heil der andern ein so guter Mensch zu sein, wie ich für mich selbst schlecht sein könnte.« In der Tat hatte er sich bemüht, die Diözese gut zu verwalten, allen Gottesdiensten vorzustehen und regelmäßig zu predigen. Er hatte auch die Wertschätzung des Pariser Klerus gewonnen, der ihm trotz seiner Launen gewogen blieb. Gleichfalls berichtete er in seinen Memoiren, dass Monsieur Vinzenz ihm gegenüber ein wohlwollendes Urteil formulierte: »Dass ich nicht genügend Frömmigkeit habe, aber dass ich nicht allzu weit vom Reich Gottes entfernt sei.«[412] Zu diesem Zeitpunkt nahm er, besessen vom Dämon der Macht und des Ehrgeizes, den Kardinalshut zu erhalten, Mazarin gegenüber eine feindliche Haltung ein und schloss sich daher selbstverständlich den Frondeuren an.

Die Belagerung der Hauptstadt wurde organisiert, und die königlichen Truppen, die in der Umgebung lagerten, begannen das Land zu verwüsten, während die Versorgung der Pariser immer schwieriger wurde. Nun beschloss Vinzenz von Paul, nach Saint-Germain zu gehen, um sich bei Hof für den Frieden einzusetzen, bevor sich die Situation weiter verschlimmerte. Man kann über diesen Gang überrascht sein, der im Gegensatz zu all dem steht, was er bis dahin bekräftigt und seinen Missionaren unaufhörlich eingeprägt hatte: »Mischen Sie sich auf keinen Fall in weltliche Angelegenheiten ein!« Er selbst hatte diese Regel strikt befolgt. Nichts in seiner Korrespondenz wies auf eine Einmischung außerhalb des religiösen Bereiches hin. Der Gang zu Richelieu, bei dem er ihn beschwor, »Frankreich den Frieden zu geben«, war die einzige Ausnahme.

In einem Brief an Louise de Marillac vom September 1648 machte er eine diskrete Anspielung auf die Tage des Pariser

Aufruhrs im August, indem er auf »diesen Volksaufstand« hinwies. Er fügte diese rätselhaften Sätze an: »Beruhigen Sie sich im Übrigen, dass es nichts gibt, was ich glaubte, sagen zu müssen, und das ich mithilfe der Gnade Gottes nicht gesagt habe; ich sagte das Nötige in jeglicher Hinsicht. Das Übel ist, dass Gott meine Worte nicht segnete, obwohl ich das, was man über die Person sagte, von der ich zu Ihnen sprach, für falsch halte.«[413]

Spielt Vinzenz auf einen ersten erfolglosen Vermittlungsversuch bei der Regentin oder bei Mazarin an?

Coste, ein gelehrter Fachmann der Vinzentinischen Originaltexte, ist keineswegs sicher, wie diese Stelle zu verstehen ist. Er vertritt die Hypothese, dass die Anhänger der Fronde das Gerücht in Umlauf gebracht hatten, dass Anna von Österreich einen Heiratsvertrag mit Mazarin abgeschlossen habe, und dass Monsieur Vinzenz diese Verbindung im Geheimen gesegnet habe. Bruder Robineau fragte seinen Superior offenherzig, ob dies wahr sei. Daraufhin habe er ausgerufen: »Das ist falsch wie der Teufel!«

Jedenfalls machte sich Vinzenz am 14. Januar, nur eine Woche nach der Ankunft des Königshofes in Saint-Germain, auf den Weg, ihn zu besuchen. War er durch die eine oder andere Persönlichkeit der Fronde beauftragt, der Königin eine Botschaft zu überbringen? Dachte er, dass er als Mitglied des Gewissensrates verpflichtet war, die Königin und Mazarin auf die tragischen Konsequenzen aufmerksam zu machen, die aus ihrer unversöhnlichen Haltung hervorgehen konnten? Oder war er ergriffen vom Elend der Bevölkerung und der Gefahr einer Hungersnot in der Hauptstadt? Handelte er »motu proprio« (aus eigenem Antrieb, Anm. d. Ü.), nachdem er lange überlegt und gebetet hatte? »Er beschloss, den Einfluss, den er auf das Herz der Königin hatte, auszunützen«, behauptet Coste.[414]

Dank des Berichts von Bruder Ducournau, der Vinzenz bei diesem Unternehmen begleitete, sind uns alle Zwischenfälle jener Reise bekannt, die länger als vorgesehen dauerte. Vinzenz hatte die Pariser Behörden über seine Abreise nicht benachrichtigt. Es genügte ihm, den Präsidenten Molé[415] von seinem Unternehmen schriftlich in Kenntnis zu setzen. Da Saint-Lazare außerhalb der Stadtmauer lag, benötigte er keinen Passierschein. Er war im Morgengrauen mit dem Pferd fortgeritten und hatte klugerweise den Weg über Clichy-la-Garenne, ein ihm vertrautes Gebiet, genommen. Da der Marktflecken am Vorabend von Plünderern heimgesucht worden war, standen bewaffnete Wachen an den Straßenkreuzungen. Vinzenz und sein Begleiter befanden sich in großer Gefahr, doch einer der Wächter erkannte seinen ehemaligen Pfarrer. Nach diesem ersten Schrecken kamen sie in Neuilly an, wo sie die Seine überqueren mussten. Diese führte Hochwasser, und ein Teil der Brücke war überflutet. Sie fürchteten, mit ihren Pferden von der Strömung mitgerissen zu werden, dennoch überquerten sie die Brücke und gelangten wohlbehalten, wenn auch durchnässt, ans andere Ufer. So kamen sie gegen zehn Uhr morgens in Saint-Germain an.

Zur Regentin vorgelassen, führte Vinzenz mit ihr eine lange Unterredung, deren genauer Inhalt nicht bekannt ist. Nach Aussagen von Bruder Ducournau legte er ihr dar, dass es nicht gerecht wäre, 1.000.000 Unschuldige vor Hunger sterben zu lassen, um 20 oder 30 Schuldige zu bestrafen; Lebhaft schilderte er ihr das Unglück, das über ihr Volk hereinbräche. Ganz im Gegensatz zu seiner üblichen Ruhe ließ er sich scheinbar in diesem Gespräch dazu hinreißen, dass er »mit einer solchen

Lautstärke sprach, dass er einen Augenblick später darüber erstaunt und betrübt war«. Schließlich versuchte er, sie zu überzeugen, sich vorübergehend von Mazarin zu trennen, was seiner Meinung nach die unerlässliche Voraussetzung dafür war, um den Frieden im Land wiederherzustellen. Sie sagte zu ihm, er möge nun den Kardinal aufsuchen und ihm dieselbe Rede halten. Dieser habe ihn reden lassen und ihm zugesichert, dass er seinen Rat befolgen werde, wenn der Staatssekretär, Michel Le Tellier, auch dieser Ansicht wäre.[416] Geschickt wich er so dieser Frage aus, da Le Tellier die Entmachtung des Kardinals, seines Beschützers und direkten Vorgesetzten, nicht zustimmen konnte. Mazarin verzieh Vinzenz von Paul seine Vorgehensweise nie. Da er ihn bei Anna von Österreich nicht anschwärzen konnte, unternahm er alles, um ihn mehr und mehr vom Hof fernzuhalten und ihn letztendlich vom Gewissensrat auszuschließen.

Vinzenz beschrieb den Misserfolg seiner Mission in einem Brief, den er einige Tage später von Villepreux aus an Antoine Portail richtete: »Ich reiste am 14. dieses Monats (Januar) von Paris nach Saint-Germain in der Absicht, Gott dort einen kleinen Dienst zu erweisen; aber meine Sünden machten mich dessen unwürdig.«[417]

Er konnte nicht mehr nach Saint-Lazare zurückkehren, denn die Anhänger der Fronde hätten seinen Gang zur Königin missverstehen können. So beschloss er, eine große Rundreise in seine Häuser in der Provinz zu unternehmen, was er bisher noch nicht tun konnte. Er plante, zunächst in die Bretagne zu reisen, dann hinunter in den Süden bis nach Marseille. Nach einem Aufenthalt von drei Tagen in Saint-Germain machte er sich auf den Weg. Da es auf dem Land viele bewaffnete Banden gab, beschaffte er sich einen Reisepass und eine Eskorte zu seinem Schutz. Sein erstes Reiseziel war Villepreux, wo er seinen ehemaligen Herrn, der jetzt Père de Gondi des Oratoriums war, besuchte. Es war für Vinzenz eine Art Pilgerreise, denn als er Madame de Gondi noch auf ihren Gütern und Ländereien begleitet hatte, war er sehr oft in dieses Dorf gekommen. Dort hatte er sogar einen seiner ersten Caritasvereine, nach jenem von Châtillon-les-Dombes, gegründet.

Es lag Vinzenz fern, in alten Erinnerungen zu schwelgen. Er blickte nach vorn und wollte noch so viele Dinge unternehmen. Im Augenblick beunruhigte ihn das Schicksal seiner Häuser »in diesen unruhigen Zeiten«. Er wusste, dass man nicht mehr mit den Einkünften der Reisekutschen oder mit Unterstützung rechnen konnte, ebenso wenig wie mit Pachtgeld. Daher gab er seinen Hausoberen genaue und realistische Anweisungen, wie man durch Einschränkungen diese Zeit am besten überstehen konnte. In seinem Brief an Antoine Portail in Marseille schrieb er ihm drastische Maßnahmen vor: »Es ist erstens notwendig, alle Ihre Seminaristen, die nicht eine ausreichende Pension zahlen, wegzuschicken; zweitens, dem Msgr. von Marseille zu sagen, was vor sich geht, um ihn anzueifern, Ihnen eine Subvention zukommen zu lassen; und drittens, sich zu bemühen, Messen zu finden.«[417]

Als er sich gerade von Villepreux auf den Weg nach Le Mans machen wollte, erfuhr er, dass der große Bauernhof von Orsigny, von wo der wesentliche Teil der Verpflegung von Saint-Lazare herkam, von Plünderung bedroht war. Sogleich schickte er Anweisungen an die zuständigen Brüder, ihre Herden zum Schutz nach Fréneville (bei Etampes) zu führen. Er selbst ritt in aller Eile in diese Richtung. Aber es war Winter und ein Kälteeinbruch ließ das Land unter einer dicken Schneedecke verschwinden. Vinzenz saß fast einen Monat lang im Bauernhof von Fréneville fest. Er überlebte dank der Hilfsbereitschaft von zwei Barmherzigen Schwestern, die in einem nahen Dorf arbeiteten und ihm Brot und Kartoffeln schickten, »die die guten Leute ihnen gegeben haben«. Man kann sich Vinzenz vorstellen, wie er, eingehüllt in seinen schweren Umhang, das Feuer im Kamin des Gemeinschaftsraumes schürte und an alle die Seinen schrieb, um sie zu ermutigen und in ihren Prüfungen zu unterstützen.

Als er erfuhr, dass das Haus von Jacques Norais, dem großzügigen Spender des Hofes von Orsigny, geplündert worden war, tröstete und ermunterte er ihn, dieses Unglück anzunehmen, indem er sich dem Willen Gottes unterwarf: »Es ist wahr, wenn man sagt, dass das, was ein Verlust dem Fleisch nach zu sein scheint, dem Geist nach ein großer Vorteil ist und eine große Sache, Gott zu danken.«[418] Zur selben Zeit befasste er sich mit dem, was im Hôtel-Dieu und für die Findelkinder geschehen konnte. Er schrieb den damit beauftragten Damen der Charité, um sie zum Durchhalten zu ermutigen, »in diesem Aufruhr, in dem wir uns befinden, der den Geist beunruhigt und die Nächstenliebe erkalten lässt«. Er fand für sie warme Worte: »Es scheint in der Tat, dass das eigene Elend uns von der Sorge um das öffentliche freispricht und dass wir den Menschen gegenüber einen guten Vorwand hätten, uns aus dieser Fürsorge zurückzuziehen; aber gewiss, meine Damen, ich weiß nicht, wie es uns damit vor Gott ergehen würde, der uns sagen könnte, was der hl. Paulus zu den Korinthern sagte, die sich in ähnlicher Lage befanden: ›Habt Ihr schon bis auf's Blut widerstanden?‹ Oder haben Sie zumindest schon einen Teil Ihrer Juwelen verkauft?«[419]

Aber nun meldete man ihm, dass Kriegsleute eine Viertelmeile von Fréneville entfernt durchgezogen waren und in einem Bauernhof Pferde mitgenommen hatten. Am 23. Februar beschloss Vinzenz, trotz Kälte und Schnee seine Tiere weiterzuführen, um sie in Sicherheit zu bringen. Er wollte seine Herde mit 240 Schafen bis ins 70 Meilen entfernte Richelieu führen. Vinzenz wurde mit fast 70 Jahren wieder zum Hirten, der seine Herde vor sich hertrieb. Das schlechte Wetter zwang ihn jedoch, seine Schafe »bei einer ihm bekannten Dame«, in einem Dorf direkt bei Etampes zu lassen.[420] Er selbst setzte seinen Weg über Orléans bis nach Le-Mans fort, wo er »trotz der Schwierigkeiten des Wetters und der Wege« am 4. März ankam.[421] Dort ließ er die Pferde seiner beiden Höfe in Sicherheit zurück. Während der nächsten zehn Tage, in denen er sich ein wenig ausruhte, besuchte er sein Haus und die Barmherzigen Schwestern von Le-Mans.

Unterwegs erfuhr er, dass das Priorat von Saint-Lazare besetzt und geplündert worden war. 600 Soldaten waren dort einquartiert worden, hatten die Gebäude geplündert, Türen und Fenster verbrannt, die Getreidevorräte beschlagnahmt und Feuer an das gelagerte Holz gelegt. Nachdem das Parlament alarmiert worden war, befahl es, die Truppe einzuberufen, und schickte eine Wachtruppe. Aber die Schäden waren deshalb nicht behoben. Monsieur Lambert, der für das Haus verantwortlich war, bemühte sich nach besten Kräften, weiterhin jenen Almosen zu geben, die sich täglich an der Pforte von Saint-Lazare einfanden, indem er ihnen »wenigstens vier Sester Getreide, nach Pariser Maß« gab. Vinzenz nahm all diese Schäden und Verluste mit großer Gelassenheit hin: »Gott sei gepriesen«, wiederholte er jenen gegenüber, die ihm diese schlechten Nachrichten überbrachten. Seine Gelassenheit war jedoch keine Resignation. Er versäumte nicht, seine Superioren zu veranlassen, die notwendigen Maßnahmen zu ergreifen, um so gut wie möglich durch die Bedrängnisse dieser bewegten Zeit zu kommen. Gleichzeitig ermutigte er sie, die Prüfungen, die der Himmel ihnen schickte, nach seinem Beispiel anzunehmen.

Vinzenz setzte seine Reise von Le-Mans nach Angers fort. Als er mit seinem Pferd einen kleinen Fluss durchwatete, glitt sein Reittier auf steinigem Grund aus und stürzte ins Wasser. Er selbst wurde darunter eingeklemmt. Schnell wurde er aus seiner misslichen Lage befreit und vollkommen durchnässt in eine nahe Strohhütte gebracht, wo man alles tat, um ihn zu trocknen und aufzuwärmen. Er spielte auf all diese Abenteuer in einem Brief an, den er ungefähr 14 Tage später an Louise de Marillac richtete und in dem er gestand, »dass seine Gesundheit durch etwas Fieber in der Nacht beeinträchtigt wurde, was die Folge eines Sturzes mit dem Pferd ins Wasser war. Dabei kam es über ihm zu liegen und nur mit fremder Hilfe konnte er befreit werden.«[422]

Als er um den 20. März in Angers ankam, besuchte er eine kleine Gruppe der Barmherzigen Schwestern, die dort im Hôtel-Dieu arbeiteten. Er unterhielt sich lange mit jeder einzelnen und schrieb an Louise de Marillac, wie beispielhaft ihr Verhalten sei: »Mein Herz ist voller Trost darüber.« Auf dem Weg nach Saint-Méen, in der Diözese von Saint-Malo, wandte er sich nach Rennes. Weitere Zwischenfälle säumten seinen Weg: Sein Pferd scheute beim Überqueren eines schmalen Steges, wobei er beinahe in einen Teich geschleudert wurde; dann drohte ihm ein Edelmann bei einem Aufenthalt in einer Herberge, da er ihn für einen Anhänger von Mazarin hielt, ihn zu erschießen. Schließlich kam er wohlbehalten zu Beginn der Osterwoche in Saint-Méen an.

Mit Interesse besichtigte Vinzenz diese alte Abtei, die ihm so viele Sorgen und Unannehmlichkeiten verursacht hatte. Ein imposanter Turm beherrschte die Kirche aus dem 12. Jahrhundert, der mit vier kleinen Glockentürmen geschmückt war und den ein großer Glockenturm überragte. Ihr breites Querschiff erhellten schöne Glasfenster. Der angrenzende Kapitelsaal war mit Fresken aus dem 13. Jahrhundert geschmückt. Die Gebäude der Abtei waren geräumig und majestätisch. Sie beherbergten jetzt das diözesane Seminar. Alles sah vornehm aus: Vinzenz verstand, dass es den Benediktinern schwerfiel, sich von einem solchen Bauwerk zu trennen. Die österlichen Festlichkeiten lockten viele Menschen nach Saint-Méen, da die Abtei eine in der ganzen Bretagne bekannte Pilgerstätte war. Vinzenz ruhte sich nicht aus: Er besuchte sein Haus und das Seminar, predigte und hörte Beichte. »Die Tätigkeiten während der Visitation, die ich hier durchführe, hindern mich, Ihnen eigenhändig zu schreiben«, erklärte er Louise de Marillac. Er setzte offiziell vier Barmherzige Schwestern ein, drei, um im Spital zu arbeiten, und eine, um eine Schule zu leiten, die für arme junge Mädchen eröffnet worden war. Schließlich besuchte er reihum die Caritasvereine, die in den Marktflecken der Umgebung gegründet worden waren.[423]

Eigentlich rechnete er damit, nur ungefähr eine Woche in Saint-Méen zu bleiben, doch schreckliche Wetterbedingungen verhinderten seine Weiterreise. Er schrieb an Louise de Marillac: »Ich werde hier durch schlechtes Wetter und Überschwemmungen festgehalten.« Es war kein kleiner bretonischer Sprühregen, der Vinzenz aufhielt, sondern ein ausgewachsener Sturm, wie er sich sonst im Spätherbst erhob. So konnte er sich nach seinen langen Ritten ein wenig ausruhen und sich um seine Gesundheit kümmern: »Ich habe die Gelegenheit genützt, mich purgieren und schröpfen zu lassen.«[424]

Am 17. April schließlich machte er sich auf den Weg nach Nantes. Man erwartete ihn dort mit Ungeduld, denn die Beziehung zwischen den Barmherzigen Schwestern und der Verwaltung des Spitals, wo sie arbeiteten, waren sehr angespannt. Um den Konflikt zu lösen, hatte man sogar den Bischof gerufen, der gedroht hatte, die Mädchen fortzuschicken. Vinzenz befasste sich mit diesem Fall gleich nach seiner Ankunft, stattete dem Bischof einen Besuch ab, ermahnte die Mädchen, die daran nicht ganz unschuldig waren, und besänftigte so die Gemüter. In einem langen Brief an Louise de Marillac empfahl er einige Änderungen und verlangte, »dass zwei Schwestern, so wie sie sein sollen« geschickt wurden, um diese kleine Gemeinschaft von Nantes zu stärken.

Vinzenz reiste am 29. April nach Luçon und von dort weiter nach Richelieu. Das war die letzte Etappe seiner Rundreise, denn inzwischen hatte er den Befehl der Regentin erhalten, nach Paris zurückzukehren. Mit Bedauern benachrichtigte er Antoine Portail, der seinen Besuch in Marseille erwartete: »Gott weiß, wie sehr ich wünsche, die Häuser dort unten zu besuchen, und dass ich zutiefst bedauere, es nicht tun zu können, da mich die Königin mehrmals aufgefordert hat, nach Paris zurückzukehren. Aber ich sehe nicht, wie ich den Willen Gottes erfüllen kann, wenn ich nicht gehorche, ich, der ich immer geglaubt und gelehrt habe, dass man den Prinzen, auch den schlechten, gehorchen muss, wie die Schrift sagt.«[425]

Anfang März wurde in Rueil eine Konferenz abgehalten; anwesend waren dabei sowohl die Abgesandten des Parlaments als auch der Herzog d'Orléans, der Prinz de Condé,

Kardinal Mazarin und Kanzler Pierre Séguier. Am 8. März wurde ein Abkommen beschlossen, das der Zustimmung des Parlaments bedurfte und am 1. April offiziell erlassen wurde. Damit fand der erste Abschnitt der Fronde ein Ende und die Belagerung von Paris wurde aufgehoben. Vinzenz von Paul war seit dem 2. März durch einen Brief der Herzogin d'Aiguillon über die günstige Wendung, die die Verhandlungen nahmen, informiert. Sie riet ihm, seine Reise abzubrechen und nach Paris zurückzukehren. Aber er hörte nicht auf sie und setzte seine Reise zu den Häusern der Kongregation fort.

Der Hof war noch nicht in die Hauptstadt zurückgekehrt, denn die Spanier bedrohten die Nordgrenze des Königreiches. Um die Truppenbewegungen aus der Nähe zu verfolgen, hatten sich die Königin und Mazarin nach Compiègne begeben. Daher ließ sich Vinzenz Zeit, den Weisungen von Anna von Österreich nachzukommen, die ihn bat, zurückzukehren. Er verlängerte seinen Besuch in Richelieu und bat, dass man ihm erlaube, seine Reise fortzusetzen, zwar nicht bis Marseille, aber immerhin bis Cahors, »wo er das Haus von Notre-Dame-de-la-Rose besuchen wollte und drei oder vier andere Häuser, die wir dort haben«[426]. Jedenfalls war die Müdigkeit, die sich im Laufe dieser vier bewegten Reisemonate angesammelt hatte, spürbar. Vinzenz hatte soeben das 69. Lebensjahr vollendet: in diesem Alter erholt man sich nicht mehr so schnell, selbst wenn man sich einer stabilen Gesundheit erfreut. In Richelieu erlitt er von neuem Anfälle seines »kleinen Fieberchens«. Er musste zugeben, dass er nicht mehr imstande war, seine Rundreise zu Pferd fortzusetzen.

Die Herzogin d'Aiguillon, die heimlich darüber benachrichtigt worden war, schickte ihm einen Krankenpfleger und eine Kutsche. Sie hatte sie ihm schon früher angeboten, aber er hatte dies bisher stets abgelehnt. Als Vinzenz von seinem Fieber genesen war und den Besuch seiner Missionare und der Barmherzigen Schwestern beendet hatte, bestieg er murrend die Kutsche, die ihn nach Paris zurückbrachte. Am 13. Juni kam er in Saint-Lazare an, das er fünf Monate vorher verlassen hatte.

18

## »DER VATER DES VATERLANDES«
### 1649 – 1651

*Güterverwaltung und geistliche Leitung – Generalvikariat von Moutiers-Saint-Jean – Missionen im Ausland – Das Werk der Findelkinder ist bedroht – Hilfe für die Picardie und die Champagne*

ALS VINZENZ NACH SAINT-LAZARE zurückkam, stellte er fest, dass das politische Klima in der Hauptstadt sehr schlecht war und die Pariser Bevölkerung noch immer schwer unter dieser ersten Zeit der Fronde litt. Die Belagerung der Stadt war zwar aufgehoben und die Versorgungslage entspannte sich nach und nach, aber Unruhe lag weiterhin in der Luft. Der Königshof war noch nicht nach Paris zurückgekehrt. Da die spanische Bedrohung im Verborgenen immer noch vorhanden war, beschlossen die Regentin und Mazarin Anfang Juni, sich von Compiègne nach Amiens zu begeben, um näher bei den nördlichen Armeen zu sein. Als sie schließlich die Gefahr für gebannt hielten, beschlossen sie, nach Paris zurückzukehren, obwohl sie wussten, dass die Hauptstadt noch unter dem

Einfluss der Fronde stand. Am 18. August hielt der Hof einen triumphalen Einzug in die jubelnde Stadt: Die Bevölkerung war glücklich, ihren König wiederzuhaben.

Aber der Friede war nur von kurzer Dauer. Die Verhaftung des Prinzen de Condé, seines Bruders Conti und seines Schwagers Longueville im Januar 1650 entfachten erneut einen Bürgerkrieg. Er begann zuerst in der südwestlichen Provinz mit einem Aufstand in Bordeaux, der von der jungen Gemahlin des Prinzen de Condé entfacht worden war.[427] Um diesen Aufstand niederzuschlagen, entsandte der Hof eine Armee, die im September in die aufständische Stadt einzog. Damit begann die zweite Fronde, die als »Fronde der Prinzen« bezeichnet wurde. Nach mehrfachem Wiederauflodern endete sie im Februar 1651 mit der Befreiung von Condé und der Abreise Mazarins ins Exil. Im Lauf dieser äußerst ereignisreichen Epoche wurden zwischen der Partei der Prinzen, dem Parlament und dem Hof Beziehungen geknüpft und wieder gelöst. Hinzu kamen unvorhersehbare Reaktionen zweier Persönlichkeiten, die eine wesentliche Rolle spielten: von Gaston d'Orléans, dem Onkel des jungen Königs, und dem Koadjutor von Paris, dem zukünftigen Kardinal de Retz. Während dieser Zeit ging der Krieg mit Spanien weiter. Die Provinzen im Norden des Königreiches, die Picardie und die Champagne, litten unter dem Kommen und Gehen der aliierten und feindlichen Armeen.

Vinzenz hielt sich von all diesen Intrigen und ihren Betreibern fern. Er vermied es, sich an den Hof zu begeben, da er wusste, dass seine Anwesenheit dort unerwünscht war. Seit seinem erfolglosen Vermittlungsversuch zu Beginn der Fronde wusste er, dass Mazarin ihm nicht wohlgesinnt war. Seine Beziehung zu diesem Kardinal war jedoch nicht abgebrochen, wovon ein Brief des Kardinals vom 13. Oktober 1649 zeugt, der in einem sehr taktvollen Ton geschrieben ist: »Ich bin Ihnen sehr verbunden für Ihre guten Ratschläge und für alles, was Sie mir in Ihrem Brief vom 3. dieses Monats (Oktober) geschrieben haben. Ich habe sie gut aufgenommen mit dem Vertrauen und der Wertschätzung, die sie verdienen.«[428] Diese äußere Höflichkeit verriet durch nichts die tieferen Gefühle Mazarins Monsieur Vinzenz gegenüber, dem er umso mehr misstraute, da er wusste, dass Anna von Österreich ihm immer noch ihr vollstes Vertrauen schenkte. Einige Monate später schrieb Vinzenz an einen seiner Mitarbeiter, dass er nicht mehr an den Hof ging, »wo ich nur hingehe, wenn man mich ruft, was selten geschieht«[429]. Er gehörte offiziell immer noch zum Gewissensrat, selbst wenn dieser nur sehr selten einberufen wurde. Jedenfalls erhielt er weiterhin zahlreiche Anfragen bezüglich kirchlicher Ernennungen.

So schrieb ihm Alain de Solminihac, Bischof von Cahors, im Mai 1650: »Wenn dieser Bischofssitz (Toul) frei wird, bitte ich Sie, die Königin zu bewegen, für ihn einen würdigen Nachfolger vorzusehen, denn er ist in einem sehr schlechten Zustand.« Im diesem Brief fügte er einige Zeilen hinzu, die viel über das Verhalten einiger geistlicher Würdenträger dieser Zeit aussagen: »Ich muss Ihnen sagen, dass mir das Herz blutet vor Schmerz über den Vorwurf, den man mir macht …, über einen jungen Prälaten in unserer Nachbarschaft, über das Leben, das er führt. Er hat seit kurzem außerhalb der Hauptstadt für 600 Ecus ein Haus gemietet, um Jagdhunde zu halten. Alles, was er tut, ist die Jagd, in kurzem Habit, mit einem Gewehr um den Hals. Sie hatten sehr recht, sich seiner Beförderung zu widersetzen; bei Gott, hätte man sich doch Ihrer Meinung angeschlossen.«[430]

Als Vinzenz im Juni 1649 zurückkehrte, musste er vor allem im Priorat von Saint-Lazare, das während der ersten Fronde durch Soldaten verwüstet worden war, Ordnung schaffen. Alle Vorräte, selbst das Brennholz, waren geplündert. Die Winter 1649 und 1650 waren streng. Das bezeugt der Dichter Chapelle[431], der damals auf Drängen seiner Familie in Saint-Lazare eingesperrt war; er schrieb an einen seiner Freunde ein langes Gedicht über die harten Bedingungen seines Lebens als Gefangener:

>>*Ich kann sagen,*
*dass man an diesem unseligen Ort*
*weder Rauch noch Feuer sieht,*
*außer das Rauchfass zur Vesper,*
*wenn man Gott ehrt.*<<

Vinzenz nahm die Verwaltung seiner Kongregation wieder in die Hand. Alle seine Häuser hatten unter den damaligen Wirren mehr oder weniger gelitten und die Einkünfte waren ziemlich stark zurückgegangen. Er konnte den Superioren dieser Häuser nicht zu Hilfe kommen und ermunterte sie deshalb, sich selbst zu helfen. So schrieb er an Guillaume Delattre in Agen: >>Ich denke, dass Sie durch Ihre Fähigkeit zu sparen bis jetzt ihr Auskommen finden konnten. Ich weiß wohl, dass Sie geringe Einkünfte haben, dass die Pensionen der Studenten Ihnen nur geringfügig helfen und dass es schwierig ist, sich über Wasser zu halten; aber ich weiß auch, dass Sie – da Sie unsere Ohnmacht, Ihnen zu helfen, kennen – Verständnis haben und an nichts weniger denken, als uns darum zu bitten.<<[432]
Dann empfahl er dem Superior des Hauses von Luçon, einen geplanten Kauf aufzugeben, und erinnerte ihn daran,

dass es wichtiger sei, sich zuerst »mit den Angelegenheiten Jesu Christi« zu befassen: »Ich bitte Sie, die Durchführung dieses Vorhabens aufzugeben, das eher belastend als vorteilhaft erscheint. Sorgen wir uns im Namen Gottes mehr darum, das Reich Jesu Christi auszubreiten als unseren Besitz. Solange wir seine Aufgaben erfüllen, wird Er sich auch der unseren annehmen.«[433]

Wenn man auch während dieser Zeit des Mangels mit dem Geld sparsam umgehen musste, war es dennoch nicht notwendig, ins Gegenteil zu verfallen und geizig zu werden. Vinzenz wollte nicht, dass man aus Übertreibung die Familie nicht »vernünftig bei Kräften hält«. Er tadelte dabei den Wirtschaftsverwalter des Hauses von Le-Mans: »Ich habe Nachricht von einem unserer Häuser, dass die schlechte Ernährung dort negative Auswirkungen auf Körper und Geist hat«, und er deutlicher fügte er hinzu, dass es nicht anging, »den besten Wein zu verkaufen, um den schlechtesten den eigenen Leuten zu geben und die Gemeinschaft so den Klagen einer geizigen Behandlung auszusetzen«[434].

Vinzenz überarbeitete außerdem alle früheren Verträge, die im Namen der Kongregation unterzeichnet worden waren. Für das Jahr 1650 findet man nicht weniger als 20 notariell beglaubigte Dokumente, eigenhändig unterzeichnet von »Vinzenz von Paul, Generalsuperior der Kongregation der Missionspriester«. Es handelt sich dabei um Mietverträge von Häusern, Pachtverträge von Höfen und Grundstücken und verschiedene Vereinbarungen.[435] Er unterzeichnete nicht, ohne jedes Schriftstück gründlich studiert zu haben; daher richtete er folgende Bemerkungen an den Superior des Hauses in Richelieu: »Ich habe die Kopie des Pachtvertrags der Bois-Bouchard erhalten. Ich gestehe, dass ich nicht verstehen kann, wie er abgefasst worden ist. Dieses Haus wird mit seinen Ne-bengebäuden auf ein Einkommen von 1.000 oder 1.100 Pfund geschätzt und Ihre Pacht beträgt nur 185 Pfund für den Hof.«[436]

Daneben überzeugte er den Superior von Le-Mans davon, keinen Prozess zu beginnen, um die bedrohten Interessen sei-nes Hauses zu verteidigen: »Der Friede ist mehr wert als alles, was man Ihnen wegnimmt ... Ertragen wir eher Verluste, als Grund für einen Skandal zu geben. Gott wird unsere Sache in die Hand nehmen, wenn wir den Rat unseres Herrn aus-führen.«[437]

Wenn Vinzenz auch sein Augenmerk auf die Probleme rich-tete, die im Bereich der Verwaltung und Finanzen entstanden, war er allem voran Generalsuperior und geistlicher Leiter sei-ner Kongregation. In Gremien oder Versammlungen bemühte er sich in erster Linie um die Ausarbeitung und Befolgung der Regeln. Er legte daher größten Wert auf Disziplin. So schrieb er an einen Superior seiner Häuser: »Sie müssen glauben, dass Sie den Willen Gottes tun, wenn Sie die Befehle, die man Ihnen erteilt, ausführen, und überzeugt sein, dass man sich von diesem göttlichen Willen entfernt, wenn man seiner eige-nen Entscheidung folgt.«[438]

Die Disziplin galt vor allem hinsichtlich der Befolgung der Regel, angefangen beim morgendlichen Aufstehen, das für alle um vier Uhr festgesetzt war. Dieser Punkt war ihm wohl wich-tig genug, um ein eigenes Rundschreiben an alle Superioren der Kongregation herauszugeben, das der Frage des Weckens ge-widmet war: »Der erste Nutzen des Aufstehens beim Klang der Glocke besteht darin, dass man die Regel erfüllt und folglich den Willen Gottes.« Dann veranschaulichte er seinen Vor-schlag mit einfachen Beispielen: »Ein Händler steht frühzeitig auf, um reich zu werden; die Diebe machen es ebenso und verbringen Nächte, um den Vorübergehenden zu überraschen; sollen wir weniger Eifer für das Gute haben, als jene für das Böse?«[439]

Nachdem er in seinen Briefen die Prinzipien der Disziplin und des Respekts der Hierarchie gegenüber betont hatte, die für einen guten, gesicherten Fortbestand der Kongregation notwendig waren, mäßigte er seine Worte: »Jene, die die Häuser der Kongregation führen, dürfen niemanden als ihnen untergeben ansehen, sondern als Brüder … Man muss sie also mit Demut, Milde, Unterstützung und Liebe behandeln«, und er fügte bescheiden hinzu: »Nicht, dass ich das alles beobachte, aber ich meine zu fehlen, wenn ich davon abweiche.«[440]

Die Ratschläge, die Tugenden der Demut, Sanftmut und Liebe zu üben, kamen ohne Unterlass aus seiner Feder, wenn er an seine Missionare schrieb: »(Gott) zu bitten, dass alle Missionare den Nächsten, öffentlich und privat, sanft, bescheiden und liebevoll behandeln, und selbst die Sünder und die Verhärteten, ohne jemals Schmähungen, Vorwürfe oder harte Worte jemandem gegenüber zu gebrauchen.«[441]

Vinzenz bewies Verständnis und Mitleid, als einer seiner Priester ihm gestand, mit Mühe gegen Versuchungen zu kämpfen: »Ich bin nicht erstaunt, dass Sie versucht worden sind, denn das ist jenen eigen, die Gott dienen wollen. Unser Herr selbst ist versucht worden; und außer ihm kenne ich niemanden, wer davon ausgenommen sein kann … Nur Mut, mein Herr, seien Sie treu, und seine göttliche Güte wird Ihnen gnädig sein.«[442]

Einem anderen seiner Priester, der sich beklagte, nicht studieren zu können, gab er folgenden Rat, um auf dem Weg der Wahrhaftigkeit voranzuschreiten: Er legte ihm nahe, die Studien aufzugeben, »weil ich weiß, dass Sie ohnehin schon genug

Wissen besitzen und dass die Gelehrtesten gewöhnlich nicht am meisten Frucht bringen«. Er ermutigte ihn, sich ganz einfach in die Schule Christi zu begeben: »Lassen Sie es nur dabei. Während Sie in der Schule unseres Herrn Fortschritte machen, wird er Ihnen schönere Erkenntnisse geben als jene aus Büchern. Er gibt Ihnen Seinen Geist, und in Seinem Lichte klären Sie die Seelen auf, die von Fehlern und Unwissenheit im Dunkel gehalten werden.«[443]

Zur selben Zeit setzte sich Vinzenz gegen den Jansenismus ein. 1648 versammelte er in Saint-Lazare einige gelehrte Theologen. Sie sollten versuchen, eine Strategie zu entwickeln, wie man »die neuen Ideen« zurückdrängen konnte.[444] Infolge dieser Versammlung unterbreitete man am 21. Juli 1649 die fünf Behauptungen des »Augustinus« der kritischen Prüfung durch die theologische Fakultät. Aber die Doktoren der Sorbonne wollten sich nicht damit beschäftigen. Eine Gruppe von Anti-Jansenisten, zu der auch Vinzenz von Paul gehörte, machte sich im Mai 1650 eine Generalversammlung des Klerus in Paris zunutze, um die Idee voranzutreiben, dem Papst eine Bittschrift vorzulegen, die von allen Bischöfen unterzeichnet sein sollte. Isaac Habert, ehemaliger Theologe im Domkapitel von Paris und Bischof von Vabres, hatte den Text verfasst und in allen Diözesen verteilt.[445] Nach einigen Monaten, im Januar 1652, waren vierzig Unterschriften von Bischöfen gesammelt, was jedoch nur ungefähr einem Drittel der Bischofssitze entsprach.

Nun griff Vinzenz persönlich in diesen Kampf ein. Er schickte ein Rundschreiben an die Bischöfe, die die Bittschrift noch nicht unterschrieben hatten.[446] Besonders in Alain de Solminihac, dem Bischof von Cahors, hatte er einen kämpferischen Mitstreiter gefunden, der es selbst auf sich nahm, die Bischöfe seiner Region zu überzeugen. Doch Vinzenz stieß auf einigen Widerstand, der ihm Kummer bereitete, denn es handelte sich um Männer, die er gut kannte und schätzte: Étienne Caulet, Bischof von Pamiers, und Nicolas Pavillon, Bischof von Alet. Sie meinten, dass im gegenwärtigen Klima diese Bittschrift die Uneinigkeiten innerhalb der Kirche nur vertiefen würde, statt die Leidenschaften zu besänftigen. Vinzenz schrieb ihnen im Juni 1651 einen langen Brief, um ihnen zu erklären, dass es aussichtslos wäre, weiter in der Hoffnung zu warten, eine gemeinsame Basis zu finden. Die Häresien mussten vielmehr schon im Keim erstickt werden.[447]

Ende 1651 waren von 120 Bischöfen fast 90 Unterschriften eingegangen. Aber die Jansenisten waren ebenso wenig untätig. Sie erreichten, dass ungefähr ein Dutzend Bischöfe eine weitere Bittschrift an den Papst richteten, in der sie ihn baten, sich nicht zu äußern, bis die Kirche von Frankreich diese berühmten fünf Behauptungen gründlich geprüft hatte. Von nun an wurde der Kampf in Rom fortgesetzt, wohin die zwei Lager Vertreter ihrer Thesen schickten.

Dieser theologische Streit zerstörte keineswegs die gute Beziehung, die Vinzenz mit seinem ehemaligen Schüler, Nicolas Pavillon, pflegte. 1650 schickte ihm der Bischof zwei junge Leute zur Ausbildung: die Brüder Chandenier. Sie waren die Großneffen des Kardinals de la Rochefoucauld, der vor seinem Tod 1645 Vinzenz gebeten hatte, über sie zu wachen. Sie wurden in Saint-Lazare aufgenommen und nahmen an den Dienstagskonferenzen teil. Der ältere, schon zum Priester geweihte Louis de Chandenier war Abt der Abtei de Tournus; der zweite, Claude, einfacher Diakon, war Großvikar der Abtei von Moutier-Saint-Jean. 1655 wurde er zum Abt ernannt.

Während der zwei Jahre, die die Brüder Chandenier beim Bischof von Alet verbrachten, war Vinzenz bereit, das Amt des Generalvikars dieser burgundischen Abtei zu übernehmen. Man muss wissen, dass er zu dieser Zeit dieselben Funktionen für die Abteien von Saint-Ouen, von Marmoutiers und von Saint-Martin-des-Champs erfüllte, Kommendatarabteien im Besitz der Vingnerods, der Neffen des verstorbenen Kardinals de Richelieu.

Die Abtei von Moutiers-Saint-Jean, ungefähr drei Meilen südwestlich von Montbard, war die älteste in Burgund. Von einem Eremiten, dem hl. Jean de Réome, im Jahre 430 gegründet, erreichte sie im 13. Jahrhundert ihre Blütezeit.[448] Wie viele andere verfiel sie infolge des Hundertjährigen Krieges und des Religionskriege. Diese Entwicklung wurde durch die Einrichtung der weltlichen Ordenspfründe im 16. Jahrhundert noch verschlimmert. Immerhin besaß sie im 17. Jahrhundert ein beachtliches Vermögen: Ungefähr 15 Pfarreien standen unter ihrer Autorität. Sie war so einträglich, dass Kardinal de Richelieu sich 1629 zu ihrem Abt ernennen ließ: sie wurde zu einer seiner 17 Pfründe. Nach ihm übernahm Kardinal de la Rochefaucauld 1631 dieses Amt und wünschte seinen Großneffen Claude de Chandenier zum Erben, wenn er das entsprechende Alter erreicht hatte.

Hatte Vinzenz, der diese zusätzliche Aufgabe eines Generalvikars für die Chandeniers aus Freundschaft übernommen hatte, Zeit und Gelegenheit, bis Moutier-Saint-Jean zu kommen? Laut dortiger Überlieferung habe er die Abtei und die dazugehörigen Pfarreien besucht, jedoch gibt es dafür keinen schriftlichen Nachweis. Nicht eine einzige Ernennungsurkunde eines Pfarrers weist Vinzenz' Unterschrift auf.[449]

Während Vinzenz von Paul gemäß seiner Stellung in der französischen Kirche und seinen Beziehungen zu den großen Familien des Königreiches Ämter übernehmen musste, auf die er gerne verzichtet hätte, gingen seine eigenen Vorstellungen und Blicke über die Landesgrenzen hinaus, wohin seine Kongregation schon ausgeschwärmt war. In Italien wurden Missionare, nachdem sie sich in Rom niedergelassen hatten, von Kardinal Durazzo in Genua erbeten. Dieser Prälat unterstützte ihre Tätigkeit mit Eifer und vertraute ihnen sogar die Leitung eines Seminars an. Ihre offizielle Ernennung wurde durch den örtlichen Senat 1649 bestätigt. Das Haus in Genua zählte im folgenden Jahr acht Priester, die in der ganzen Gegend mit Erfolg Missionen durchführten.

Dagegen klangen die Nachrichten aus Madagaskar viel beunruhigender. Vinzenz empfing im Oktober 1650 ein Paket mit Briefen von Charles Nacquart.[450] Der erste Brief vom Mai 1649 beschrieb die lange und schwierige, sechseinhalb Monate dauernde Überfahrt nach Fort-Dauphin und berichtete vom Tod seines Gefährten kurz nach der Landung. Dann stieß Nacquart auf Schwierigkeiten im Umgang mit dem Gouverneur und den Siedlern. Er warf ihnen ihr liederliches Leben vor, ihren Machtmissbrauch und ihre Gewalttätigkeit gegenüber den Ureinwohnern. Aber er hielt auch die ermutigenden Besuche bei den Madegassen fest. Als seine Briefe in Frankreich ankamen, war Charles Nacquart schon einer Krankheit erlegen. Vinzenz erfuhr davon erst viel später. Er war jedenfalls fest entschlossen, die Mission in Madagaskar fortzuführen. Er erbat die Zustimmung der Propaganda-Kongregation, um sieben weitere Missionare auf die Insel zu entsenden. Aus verschiedenen Gründen verzögerte sich immer wieder die Abfahrt ihres Schiffes, sodass es erst 1654 die Anker lichtete.

Damit begannen jedoch erst all die Prüfungen und Tragödien, denen diese Madagaskar-Mission in der Folgezeit ausgesetzt war.

Nach dem Scheitern der Irland-Mission gab Vinzenz nicht auf, in dieser Gegend zu arbeiten. Im April 1650 schrieb er einen ermutigenden Brief an einen der beiden Missionare, dem es gelungen war, sich in Limerick zu verstecken und durchzuhalten.[451] Außerdem bat ihn die Propaganda-Kongregation, Missionare auf die Hebriden (schottische Inselgruppe, Anm. d. Ü.) und nach Schottland zu schicken.[452] Vinzenz bestimmte zwei irische Priester, die 1651 abreisten. Sie lebten dort unter schwierigen Bedingungen, inmitten einer sehr armen Bevölkerung, und litten unter dem harten, äußerst rauen Klima. Sie zogen von Insel zu Insel und waren dabei den Feindseligkeiten der Vertreter der örtlichen Behörden ausgeliefert.

Immer bereit, positiv auf Anfragen aus der Ferne zu reagieren, nahm Vinzenz mit Freude den Wunsch der Königin von Polen, der französischen Prinzessin Louise-Marie de Gonzague[453], auf, die zum Kreis der ersten Damen der Charité gehörte. Kurz nach ihrer Thronbesteigung in Warschau bat sie Monsieur Vinzenz, ihr Missionare und Barmherzige Schwestern zu schicken. Vinzenz stimmte der Entsendung einer Gruppe nach Warschau zu, obwohl er über die Situation des polnischen Königreichs informiert war und das Risiko kannte, das er durch eine Mission in einem Land einging, das von inneren Zwistigkeiten zerrissen und von aggressiven Nachbarn bedroht war. Er vertraute sie einem seiner besten Priester, Lambert aux Couteaux, an, der sich im September 1651 mit vier Missionaren auf den Weg machte. Er kündigte der Königin ihre Abreise an: »Sie kennen die Sprache des Landes nicht, aber da sie Latein sprechen, werden sie gleich damit beginnen können, junge Kleriker auszubilden.«⁴⁵⁴ Vinzenz ging davon aus, dass seine Missionare innerhalb eines Jahres 12 neue Missionare ausbilden konnten, um gemeinsam mit ihnen Missionen abzuhalten. Er kündigte der Königin außerdem an, dass sich eine Gruppe der Barmherzigen Schwestern schon zur Abreise nach Warschau bereithielt. So begann die Mission in Polen, die Vinzenz später noch viele Unannehmlichkeiten bereitete.

Zu diesen Unruhen und Sorgen um die Kongregation kamen für Vinzenz die Probleme der anderen Werke hinzu, für die er die Verantwortung trug. Gleich bei seiner Rückkehr nach Paris im Juni 1649 bat ihn Louise de Marillac um Hilfe für die Findelkinder. Zumindest jene, die entwöhnt waren, waren in das Schloss von Bicêtre verlegt worden, um mehr Platz und eine gesündere Luft zu haben als in der Stadt. Aber dieser Umzug schien nicht die erhoffte positive Auswirkung zu haben.

»52 Kinder sind in Bicêtre gestorben, seit wir dort sind; noch 15 oder 16 sind nahe daran«, schrieb Louise de Marillac kurz nach dieser Übersiedlung. Zudem wurde die Finanzlage des Werkes kritisch. Louise de Marillac hatte einen ersten Hilferuf an Vinzenz gerichtet, auf den er aus Fréneville geantwortet hatte, wo er durch das schlechte Wetter festgehalten worden war. Er beschwor die Damen der Charité, die Kinder nicht ihrem tragischen Schicksal zu überlassen. Aber seither hatte sich die Situation verschlimmert. Bewaffnete Banden durchstreiften die Umgebung von Paris, und die Sicherheit in Bicêtre konnte nicht mehr gewährleistet werden. Also entschied man, die Kinder in die Stadt zurückzubringen. Louise de Marillac wusste wohl nicht mehr, wie sie für die Bedürfnisse aufkommen sollte. Sie erklärte Vinzenz: »Je mehr ich daran denke, was man machen soll, umso mehr fürchte ich, dass die Sache uns zum Verhängnis wird. Die Ammen fangen an, uns heftig zu drohen und die Kinder zurückzubringen. Die Schulden werden sich so weit vervielfachen, dass es keine Hoffnung mehr gibt, sie jemals begleichen zu können.«[455] Wie viele Kinder hatte sie zu dieser Zeit zu versorgen? Zweifellos mehrere Hundert, wenn auch keine genauen Zahlen vorliegen.

In dieser Krise blieb Vinzenz anscheinend ruhig und gelassen. Er antwortete Louise de Marillac: »Das Werk der Kinder liegt in den Händen unseres Herrn.«[456] Allerdings blieb er auch nicht untätig. Wieder einmal versammelte er die Damen der Charité und führte ihnen ihre moralische Verantwortung vor Augen. Wenn man den Aufzeichnungen aus dieser Versammlung glauben kann, forderte er sie folgendermaßen heraus: »Was werden diese kleinen Wesen sagen! Ach, meine lieben Mütter, Sie verlassen uns! Mögen unsere eigenen Mütter uns verlassen haben, genug, sie sind schlecht; aber dass Sie, die gut sind, es tun, das würde bedeuten, dass Gott uns verlassen hat und dass er nicht mehr unser Gott ist.« Und auf den Einwand jener Damen, kein Geld mehr zur Verfügung zu haben, antwortete er mit dem Ausruf: »Ach, wie viel Kram hat man in der Wohnung, der zu nichts dient! O Madame, wie weit sind wir entfernt von der Frömmigkeit der Kinder Israels, deren Frauen ihren Schmuck hergaben, um daraus ein goldenes Kalb zu machen.«[457]

Aufs Neue waren seine Zuhörerinnen von Monsieur Vinzenz' eindringlichen Worten ergriffen. Die Damen der Charité waren nun zu neuen Anstrengungen bereit. Die Spenden flossen wieder, man konnte die Schulden bezahlen und für die täglichen Bedürfnisse aufkommen. Das Werk der Findelkinder war noch einmal gerettet.

Über einen Zeitraum von zehn Jahren, von 1639 bis 1649, organisierte Vinzenz von Paul die Hilfe für die Bevölkerung von Lothringen, die dem dortigen kriegerischen Geschehen zum Opfer gefallen war. Als in diese Provinz endlich eine gewisse Ruhe einkehrte, sahen sich andere Gebiete den Schrecken und Verwüstungen der durchziehenden Armeen ausgesetzt. Anfang Juni 1650 drangen spanische Truppen unter Führung des Erzherzogs Leopold, dem Gouverneur der Niederlande, mit Unterstützung von Turennes Truppen in das französische Königreich ein. Die Festungen von Hirson und Catelet fielen und Guise wurde umzingelt. Um dieser Stadt zu Hilfe zu kommen, rückte eine französische Armee unter dem Oberbefehl des Marschall du Plessis-Praslin heran und hob die Belagerung auf. Aber im August wurde eine neue Offensive gestartet. Spanische Truppen überschritten die Aisne und marschierten auf Paris zu. Ihr Ziel war die Befreiung des Prinzen de Condé, der im Schloss von Vincennes gefangen gehalten wurde. Eine von Turenne angeführte Vorhut befand sich am 27. Juli in La Ferté-Milon und in Dammartin, einen Tagesmarsch von Paris entfernt. Die Spanier jedoch beschlossen, dort zu bleiben, und zwangen ihren Verbündeten Turenne, sich an die Meuse zurückzuziehen. Die spanische Armee wurde von einer Söldnertruppe begleitet, die aus Deutschen, Schweden und Polen bestand und nach dem Westfälischen Frieden angeworben worden war. Unter dem Kommando des Schweizer Barons d'Erlach und des erfahrenen deutschen Kriegsherrn von Rose war die Truppe gewohnt, sich von der Landbevölkerung verpflegen zu lassen und auf ihrem Durchmarsch alles zu verwüsten.

Das Kommen und Gehen dieser französischen und ausländischen Truppen in den Provinzen der Picardie und der

Champagne bis zur Île-de-France verwandelte in wenigen Monaten diese unglücklichen Gegenden in verwüstetes Land. Vinzenz wurde durch seine Missionare alarmiert, die nach der Belagerung von Guise verlassene Dörfer und Wege voll von verwundeten und kranken Soldaten und Zivilisten gesehen hatten, die in den Straßengräben starben. Er schickte sofort zwei Priester mit Nahrungsmitteln und Geld, die aber angesichts des ungeheuren Elends sehr schnell aufgebraucht waren und ihm die Schwierigkeit der Situation klar machten.

Ausgestattet mit Organisationstalent und der Erfahrung aus der Hilfeleistung für Lothringen, stellte Vinzenz Einsatztruppen für die am stärksten betroffenen Gebiete zusammen. So schrieb er Ende Dezember 1650: »Wir haben sieben Priester und sechs Brüder geschickt, damit sie den armen Menschen in der Picardie und in der Champagne in ihrer extremen geistigen und körperlichen Not beistehen wie einst in Lothringen.«[458] Zu zweit oder zu dritt wurden die Missionare den verschiedenen Diözesen von Laon, Noyon, Soissons, Châlons und Reims zugewiesen. Sie erhielten den Auftrag, mit den örtlichen Behörden zusammenzuarbeiten. Sie sollten dem Klerus in den Pfarreien helfen, nicht aber dessen Platz einnehmen. Ein besonders aktiver Bruder, Jean Parré[459], diente Vinzenz als Verbindungsmann und Berichterstatter, wie einst Bruder Mathieu Régnard für Lothringen. Manchmal war es notwendig, sich auf besonders dringliche Situationen zu konzentrieren. So hatte sich die Armee von Turenne, die bei Cambrai vertrieben worden war, zurückgezogen und dort fast 1.500 Tote zurückgelassen. Durch die nicht beerdigten Leichen drohte die Gefahr, dass sich eine Epidemie ausbreitete. Vinzenz, darüber benachrichtigt, verlangte von einer seiner Gruppe, sich dorthin zu begeben, um die Toten zu bestatten. Der

Missionspriester Edme Duchamps berichtete ihm: »Wir haben heute buchstäblich erfüllt, was Jesus Christus im Evangelium sagte, die Feinde zu lieben und ihnen Gutes zu tun; wir haben jene beerdigt, die die Güter geraubt und das Elend unserer armen Bewohner verursacht und sie geschlagen und beleidigt hatten.«[460]

Gleichzeitig mobilisierte er in Paris alle, die guten Willens waren. An erster Stelle fand man die Präsidentinnen de Lamoignon und de Herse, Madame Fouquet, Mutter des Generalprokurators Nicolas Fouquet, und Madame de Miramion. Sie repräsentierten die Kreise um das Parlament, die hohe Beamtenschaft und Port-Royal. Die Mitglieder der Gesellschaft vom Heiligsten Sakrament nahmen an dieser großen karitativen Bewegung teil. Einer von ihnen, Charles Maignart de Bernières, gab sein Amt als Requetenmeister auf, um sich ganz der Hilfe für die verwüsteten Provinzen zu widmen. Er hatte die Idee, eine Veröffentlichung drucken zu lassen, »Les Relations«[461], um darin die Briefe der Missionare an Monsieur Vinzenz zu verbreiten, in denen sie über ihre Tätigkeit vor Ort berichten. Im Januar 1651 erschien beispielsweise folgender Auszug aus dem Brief eines Missionars: »Wir haben soeben 35 Dörfer des Dekanats von Guise besucht, wo wir ungefähr 600 Personen gefunden haben, deren Armut so groß ist, dass sie sich auf die Hunde und Pferde stürzen, die die Wölfe von ihrer Jagdbeute übrigließen. Und in der einzigen Stadt von Guise gibt es mehr als 500 Kranke, die sich in Keller und Höhlen zurückgezogen haben, eher geeignet, Tiere unterzubringen als Menschen zu beherbergen.«[462]

Diese Veröffentlichung (bis zu 4.000 Exemplare) wurde in Paris und in den großen Städten verbreitet. So entstand daraus eine riesige Kampagne in der Öffentlichkeit. Dieser Aufruf zur tätigen Nächstenliebe brachte ein bemerkenswertes Ergebnis: 80.000 Pfund wurden in der Hauptstadt zwischen September 1650 und März 1651 gesammelt. Diese Unterstützung für die Picardie und die Champagne ermöglichte nicht nur die Ernährung von 10.000 Personen, Kranken, Witwen und Waisen, sowie die Verteilung von Kleidung und Decken an jene, die alles verloren hatten, sondern auch den Kauf von Saatgut und Werkzeug, um die Arbeitsfähigen der Arbeit zuzuführen. Vinzenz von Paul war überzeugt, dass Nächstenliebe konkret und aktiv sein muss. Man darf die Menschen nicht dazu veranlassen, Sozialfälle zu werden und sich im Nichtstun zu gefallen: »Sobald einer Kraft genug hat, um zu arbeiten, kauft man ihm Werkzeug, das seinem Beruf entspricht und man gibt ihm nichts mehr.«[463]

Vinzenz von Paul gab sich nicht damit zufrieden, die Sammlung und Verteilung der Hilfsgüter zu organisieren. Er wollte auch selbst vor Ort sein, um an den begonnenen Tätigkeiten teilzunehmen und deren Wirksamkeit zu überprüfen. Man kann in den Archiven von Noyon und von Chauny Zeugnisse seiner dortigen Anwesenheit finden. Vinzenz, der durch das Schauspiel dieses ganzen Elends tief berührt war, begab sich an den Hof, um Anna von Österreich alles, was er gesehen und mit seinen Händen berührt hatte, zu berichten. Seine Beschreibungen waren so beeindruckend, dass die Regentin sofort beschloss, einen Erlass zu unterzeichnen, der ihn mit einer offiziellen Mission zum Schutz und zur Unterstützung der Bevölkerung der Picardie und der Champagne betraute: »Ihre Majestät war gut informiert, dass die meisten Dorfbewohner der Picardie und der Champagne an den Bettelstab gekommen und in äußerste Armut geraten sind, da sie den

Plünderungen und der Beherbergung aller Armeen ausgesetzt gewesen waren. Darüber hinaus wurden mehrere Kirchen geplündert und ihres Schmuckes beraubt. Auch weiß Ihre Majestät, dass, um die Armen zu ernähren und bei Kräften zu halten und um die Kirchen zu reparieren, mehrere Personen der guten Stadt Paris große und reichliche Almosen geben, die durch die Missionspriester des Monsieur Vinzenz sehr nützlich verwendet werden.« Ihre Majestät gab darum allen zivilen und militärischen Autoritäten den Befehl, sich nach den Bitten der genannten Missionspriester zu richten, »sodass sie ungehindert ihre Nächstenliebe ausüben kön-nen …, wo es ihnen nötig erscheint«[464].

Dieser bemerkenswerte Erlass wurde am 14. Februar 1651 unterzeichnet und ernannte Vinzenz von Paul zum Staatssekretär für die verwüsteten Provinzen! Als einen solchen sah man ihn auch an und wandte sich hilfesuchend an ihn. Die Bürgermeister von Rethel schrieben ihm im Mai 1651, um seine Hilfe zu erbitten. In pathetischem Ton beschrieben sie das Leid ihrer Bevölkerung: »Es ist unmöglich, dies zu erzählen, keine Feder, wie begabt sie auch sein mag, kann vollends wiedergeben, in welch erbarmungswürdigen Zustand die Grausamkeit und zügellose Unordnung der Soldaten dieses unglückliche Land gebracht haben.«[465] Der Generalleutnant von Saint-Quentin dankte Monsieur Vinzenz für die Hilfe, die er den Bewohnern und Flüchtlingen seiner Stadt geschickt hatte, und verlieh ihm aus Dankbarkeit den schönen Titel: »Vater des Vaterlandes«[466].

# 19
## »Dem Elend ausgesetzt«
### 1651 – 1652

*Vinzenz' Gesundheit – Neues Aufflammen der Fronde – Gang zu
Anna von Österreich – Das Elend in der Île-de-France – Der Brief
an Mazarin – Das Ende der Fronde*

Nach der Befreiung des Prinzen de Condé im Januar 1651
und dem freiwilligen Exil von Mazarin stellte sich im Königreich eine spürbare Ruhe ein, wenn auch die Intrigen unter
den verschiedenen Gruppierungen, die sich um den Thron
drängten, weiter andauerten. Der Regentin Anna von Österreich gelang es, bis zum 7. September ein zerbrechliches
Gleichgewicht aufrechtzuerhalten. Der junge König erreichte
nun seine offizielle Volljährigkeit, und seine Mutter übergab
ihm symbolisch »die Macht, die ihm gegeben worden war, um
die Monarchie zu regieren«. Tatsächlich aber führte Anna von
Österreich weiterhin den Vorsitz im Regierungsrat und folgte
den Anweisungen, die Mazarin aus seinem Exil regelmäßig
an sie richtete.

Bald aber erwachte erneut der Bürgerkrieg: Der Prinz de
Condé war in die Guyenne abgereist, deren Regierung er als
Ersatz für jene von Burgund erhalten hatte. Von Bordeaux aus
flammte die Rebellion zugunsten von Condé auf, während die
mit den Spaniern verbündeten Parteianhänger des Prinzen die
Grenzen des Königreiches bei Stenay und in der Champagne
bedrohten.

Der junge König und der Hof verließen Paris Ende September, um sich in Poitiers niederzulassen und von dort aus

die Unternehmungen gegen Condé besser leiten zu können. Die königlichen Armeen und jene von Condé, die einander gegenüberstanden, gingen beim Verwüsten und Plündern mit derselben Grausamkeit vor.

1651 hielt sich Vinzenz von Paul in seinem Priorat in Saint-Lazare klug zurück. Er hatte wohl genug zu tun mit der Organisation der Hilfe für die verwüsteten Provinzen. Außerdem musste er für den Lebensunterhalt sorgen und sowohl den Zusammenhalt wie die Moral seiner Häuser aufrechterhalten, die oft in Kriegswirren verwickelt waren. Seit April hat er das 70. Lebensjahr überschritten, und seine Gesundheit war ernsthaft in Mitleidenschaft gezogen. Seit Jahren litt er an Beinbeschwerden und das Gehen fiel ihm immer schwerer. Nicht nur, dass ihm seine Beine nicht mehr gehorchten, sie waren zudem mit Wunden und eitrigen Geschwüren bedeckt. Seine gesundheitliche Verschlechterung zeigte sich auch in Fieberanfällen, die jetzt bis zu zwei Wochen dauerten. Er sprach von all dem mit Verachtung, als ob es sich um ein einfaches »Fieberchen« handelte, aber es musste wohl ziemlich stark und kräftezehrend gewesen sein, sodass er gezwungen war, all seine Aktivitäten einzustellen. Ende August war er in Saint-Lazare ans Bett gefesselt und gestand in einem Brief an eine Barmherzige Schwester: »Seit 14 Tagen bin ich krank.«[467] Zwei Wochen später war er noch immer ziemlich leidend, so dass er nicht eigenhändig an Louise de Marillac schreiben konnte.

Sie war über die Gesundheit ihres Sohnes beunruhigt. Vinzenz schickte ihr Genesungswünsche und empfahl ihr, den Anweisungen der Ärzte zu gehorchen, selbst wenn sie nur ein begrenztes Vertrauen in die Medizin hatte: »Ich mache Ihnen dieselben Vorschläge, die ich Ihnen gestern gemacht habe, nämlich den Anweisungen des Arztes zu folgen … Man denkt zwar erfahrungsgemäß, dass die Ärzte mehr Kranke sterben lassen als heilen, da Gott sich als obersten Arzt unserer Seelen und Körper erkennen lassen will, besonders bei jenen, die keine Arzneimittel gebrauchen. Und doch, wenn man krank ist, soll man sich an einen Arzt wenden und ihm gehorchen.«[468]

Falls Vinzenz sich selbst an die ärztlichen Anweisungen gehalten hatte, so waren die Ergebnisse nicht überzeugend. Denn immer öfter wies er in seinen Briefen darauf hin, dass er von Fieberanfällen heimgesucht wurde. Es ist schwer, anhand der wenigen Symptome, die er in seinen Briefen beschrieb, eine Diagnose zu erstellen. Eine Hypothese, die sein wiederkehrendes Fieber und seine wunden Beine erklären könnte, sind schwere Malariaanfälle, worunter er wohl sein Leben lang litt. Diese Erkrankung befällt auch das Arteriensystem und verursacht Störungen und Schmerzen in den Beinen.[469]

Hatte er sich in seiner Jugend mit Malaria infiziert, als er seine Herde in einem sumpfigen Land weidete, oder während seines Aufenthalts in Nordafrika oder noch später in Châtillon-les-Dombes? Jedenfalls konnten die Purgierung und der Aderlass, die einzigen medizinischen Behandlungsmethoden dieser Zeit, nichts gegen die Malaria und ihre Komplikationen ausrichten, außer den Kranken zusätzlich zu schwächen.

Da Vinzenz nun wegen seiner angeschlagenen Gesundheit weitgehend ans Haus gebunden war, konnte er zufrieden feststellen, dass sich Saint-Lazare immer mehr belebte. Im September 1651 fanden Weiheexerzitien für 90 Kleriker statt, zu denen noch zusätzlich 35 Priester dazukamen. Das brachte Verwaltungsprobleme mit sich und Vinzenz gestand, »in großer Verlegenheit« zu sein, denn es standen nur wenig Mittel zur Verfügung. Er schrieb darüber seinem treuen Lambert aux Couteaux in Warschau: »Unsere Armut wird mit dem öffentlichen Elend immer größer. Die Unruhen, die das Elend verursachen, haben uns mit einem Schlag um 22.000 oder 23.000 Pfund an Jahreseinkommen gebracht. Denn neben dem Verlust der Unterstützungen fahren die Reisekutschen nicht mehr.« Glücklicherweise hatte er als umsichtiger Verwalter für verschiedene Einnahmequellen gesorgt. Er bekam Nahrungsmittel direkt von seinen Bauernhöfen: »Was uns bei der Brotversorgung hilft, sind die Höfe von Rougemont und Orsigny, die wir mit unseren eigenen Händen bewirtschaften. Möge Gott sie vor Schäden und Plünderung bewahren.«[470]

In dieser Situation durfte man sich nicht in unnötige Ausgaben stürzen. Er erinnerte den Superior von Méen nachdrücklich daran: »Machen sie ohne Weisung des Generalsuperiors keine zusätzliche Ausgabe, die sechs Taler überschreitet.« Und er erteilte dem Superior von Le-Mans einen Verweis, der sich beklagte, seine Aufgaben nicht erfüllen zu können, aber neue Arbeiten unternahm: »Wie schaut das doch aus, immer Arbeiter zu haben, die schaufeln, aufladen, niederreißen, wieder aufrichten, einrichten und die täglich viel Geld wegtragen und sonstige Unterstützung! ... Gott erweise uns die Gnade ..., das Wenige an Mitteln ... gut zu verwenden und die heilige Armut zu üben.«[471]

Von dieser Armut gab Vinzenz selbst ein Beispiel. Einer seiner Neffen machte eine Reise von 150 Meilen, um von ihm einen Rat zu erbitten. Er hatte kein Geld mehr für die Rückreise. Vinzenz befragte Monsieur Duval, ob er ihm aus den Mitteln der Kongregation etwas geben könne. Die Antwort lautete, dass er »die Einwilligung der Kongregation« brauchte.

Vinzenz musste »für ihn um ein Almosen bitten«. Er erhielt sechs Taler, mit denen sein Neffe nach Hause zurückfahren konnte.[472]

Die Nachrichten, die er aus seinen vom aktuellen Geschehen unmittelbar betroffenen Häusern erhielt, veranlassten ihn, ermutigende Botschaften dorthin zu schicken, so beispielsweise an das Haus in Saintes. Diese Stadt war in den Händen der Partei von Condé und wurde vom Eintreffen der königlichen Armee bedroht. Der Gouverneur hatte daher einige Viertel zerstören lassen, um die Verteidigung zu erleichtern. Der Superior des Hauses plante, seine Leute abzuziehen. Vinzenz beschwor ihn, unter allen Umständen dort zu bleiben: »Man muss durchhalten, Monsieur. Es wäre ein großes Übel, aufzugeben und ein unverzeihlicher Skandal der Stadt und der Gemeinschaft gegenüber … Haben Sie keine Angst: Die Ruhe wird dem Sturm vielleicht bald folgen … Seit es Kriege in Lothringen, in Flandern und an unseren Grenzen gibt, halten sich die Ordenshäuser recht gut … Unsere Häuser in Agen und in La Rose befinden sich in derselben Notlage wie Sie, ebenso jenes in Cahors, wo es nur wenig besser ist.«[473]

Anfang 1652 stieß der Sturm, von dem Vinzenz sprach, von der Guyenne gegen die Île-de-France vor. Der Aufruhr der Fronde erreichte in Paris seinen Höhepunkt, sodass der Superior der Kongregation der Mission seine Zurückhaltung aufgeben musste.

In den ersten Januartagen kehrte Mazarin an der Spitze einer Armee, die er in Deutschland ausgehoben hatte, aus dem Exil zurück. Er traf die königliche Familie in Poitiers und begab sich mit ihr nach Saint-Germain. Zur gleichen Zeit kehrte de Condé nach vielen schicksalhaften Wendungen und nach dem Sieg über die königliche Armee an der Loire in die Hauptstadt zurück, wo er sich mit Gaston d'Orléans verbündete. Um die Situation noch zu verschärfen, traf der Herzog von Lothringen mit einer Söldnertruppe ein und lagerte an der Marne bei Lagny, fest entschlossen, seine Dienste an den Meistbietenden zu verkaufen.

Die Fluren und Felder der Île-de-France wurden sowohl von Condés Truppen, von den königlichen Soldaten und den lothringischen Söldnern geplündert, wodurch in Paris die Lebensmittelversorgung zusammenbrach. Die Bevölkerung litt immer stärker, je mehr Flüchtlinge herbeiströmten, die aus den von bewaffneten Banden geplünderten Dörfern geflohen waren. Am 2. Juli standen sich die Streitkräfte von Condé und die des Königs, die von Turenne angeführt wurden, in einem blutigen Kampf gegenüber. Die Schlacht wurde in der Nähe der Mauern von Paris ausgetragen, am Tor von Saint-Antoine nahe der Grundstücksgrenzen von Saint-Lazare. Vinzenz von Paul schilderte die Lage in einem Brief an sein Haus in Genua: »Es waren nur drei oder vier Nächte, in denen wir eine ganze Armee rund um unser Grundstück hatten. Da sie durch jene des Königs verfolgt wurde, machte sie sich am Morgen in großer Eile davon und die Nachhut wurde hinter dem Seminar Saint-Charles angegriffen, das in großer Gefahr war, geplündert zu werden.«[474]

Schließlich suchte Condés Armee hinter den Pariser Mauern Zuflucht, deren Tore ihm dank der kühnen Vermittlung der Grande Mademoiselle[475] geöffnet wurden. Aber am nächsten Tag artete ein Volksaufruhr vor dem Rathaus, wo sich die Oberschicht versammelte, in ein Blutbad aus, für das jede Partei die Verantwortung von sich wies. Die ganze Stadt war in Aufruhr.

In dieser Krisensituation fasste Vinzenz einen überraschenden Entschluss. Er wich ein weiteres Mal von der Regel
ab, die er für sich festgesetzt hatte, nämlich sich nicht in politische Angelegenheiten einzumischen: Er versuchte zu vermitteln. Wurde er darum gebeten, oder handelte er – was
wahrscheinlicher ist  selbstverantwortlich, ergriffen vom Leid
des Volkes und aus Furcht, dass sich die Situation noch ver-
schlimmern konnte und vollkommen außer Kontrolle geriet?
Er suchte zuerst Gaston d'Orléans und den Prinzen de Condé
auf, deren Truppen die Hauptstadt besetzten. Sie empfingen
ihn »gnädig« und billigten, dass er sich an den Hof wandte.

Vinzenz hatte die Königin seit sechs oder sieben Monaten
nicht mehr gesehen[476], und er wusste nicht, wie man ihn in
Saint-Denis empfangen würde, wo sich der Hof unterwegs
nach Pontoise aufhielt. Seine Unterredung ist nur durch einen
Brief bekannt, den er am nächsten Tag an Mazarin richtete:
»Ich bitte Eure Eminenz, mir zu verzeihen, dass ich mich
gestern Abend zurückzog, ohne die Ehre gehabt zu haben,
Ihre Befehle zu empfangen; ich war dazu gezwungen, weil ich
mich sehr schlecht fühlte.« Handelte es sich um eine »diplomatische Krankheit«, um zu vermeiden, dem Kardinal unter vier
Augen die Stirne bieten zu müssen? Vinzenz fuhr fort: »Ich
sprach gestern mit der Königin über die Unterhaltung, die ich
die Ehre hatte, mit beiden Herren (Gaston d'Orléans und de
Condé) getrennt zu führen, und die von Ehrerbietung und
Höflichkeit getragen war. Ich habe Ihrer Königlichen Hoheit
erklärt, dass, wenn man den König wieder als Machtinhaber
einsetzte und ein Rechtfertigungsdekret erließe, Eure Eminenz die Genugtuung leisten würde, die man verlangt.«[477]

Anders gesagt, schlug Vinzenz im Übereinkommen mit
den Prinzen vor, dass Kardinal Mazarin sich erneut vom Hof

entfernte (»die Genugtuung leisten, die man verlangt«), was dem jungen König erlaubte, seine Autorität zu behaupten und den Frieden wiederherzustellen. Als Gegenleistung würde das Parlament von Paris die Entscheidung aufheben, den Kardinal als »Störenfried der öffentlichen Ordnung« aus dem Königreich zu verbannen (man gäbe ein Rechtfertigungsdekret heraus).

Im Folgenden führte Vinzenz aus, eine Nachricht von Gaston d'Orléans zu erwarten, die diesen Verhandlungsbeginn billigte, bevor er den Kardinal aufsuchte: »Morgen früh hoffe ich, imstande zu sein, Euer Eminenz die Antwort zu überbringen, mit Gottes Hilfe.« Hatte Gaston d'Orléans in der Zwischenzeit seine Meinung geändert, wie er es gewöhnlich tat? Hier endeten scheinbar Vinzenz' Bemühungen.

Um die zunächst überraschende politische Intervention von Monsieur Vinzenz besser zu verstehen, muss man sich vorstellen, wie die Situation in der Hauptstadt und ihrer Umgebung war. Anfang 1652 lagerten die Armeen rund um Paris. Die Dorfbewohner verließen ihre Häuser und Güter und flohen in die Stadt, um sich vor den Ausschreitungen der Soldaten zu schützen. Dieser Zustrom von entwurzelten Menschen ging einher mit Gewalt, Plünderungen und Sakrilegien: ausgeraubte Kirchen, gestohlene liturgische Gefäße und Kirchenschmuck. Vinzenz schrieb im Mai an einen seiner Missionare: »Wir sind hier mehr als je zuvor in Schwierigkeiten. Paris wimmelt von armen Menschen, weil die Armeen die armen Leute vom Land gezwungen haben, hierher zu flüchten. Man hält täglich Versammlungen ab, um zu versuchen, ihnen zu helfen; man hat in den Vororten einige Häuser gemietet, wo man einen Teil von ihnen, besonders die armen

Mädchen, aufnimmt. Wir haben deshalb nicht aufgehört, die zwei verarmten Grenzregionen der Champagne und der Picardie zu unterstützen, in denen wir immer noch zehn oder zwölf Leute haben.«[478]

In allen Pfarreien wurden Volksküchen organisiert: 900 Armen wurde in der Pfarrei Saint-Hippolyte geholfen, 600 in Saint-Laurent, 300 in Saint-Martin. Arme Pfarreien wie Saint-Médard waren mit mehr als 1.800 Familien belastet, die sie nur mit großer Mühe unterstützten. In Saint-Lazare »gibt man jeden Tag an 14.000 oder 15.000 Menschen, die ohne diese Hilfe vor Hunger sterben würden, Suppe aus«[479].

Diese Aktionen der Charité wurden gemeinsam von allen Kongregationen und den Mitgliedern der Gesellschaft vom Heiligsten Sakrament durchgeführt. Die Barmherzigen Schwestern nahmen aktiv daran teil, wie Vinzenz bezeugt: »Die armen Barmherzigen Schwestern haben am leiblichen Beistand der Armen mehr Anteil als wir alle. Sie bereiten alle Tage bei Mademoiselle Le Gras Suppe zu und verteilen sie an 1.300 beschämte Arme und im Vorort Saint-Denis an 800 Flüchtlinge. Allein in der Pfarrei Saint-Paul geben vier oder fünf dieser Schwestern neben der Betreuung von 60 oder 80 Kranken an 5.000 Arme Suppe aus.«[480]

Aber im Juli verschlimmerte sich die Situation, da Condés Armee vor den Mauern von Paris geschlagen wurde und in die Stadt floh, während in der Stadt Etampes, die von Condés Truppen besetzt und von den königlichen Streitkräften belagert worden war, nach der Aufhebung der Belagerung schreckliche Not herrschte. Vinzenz wurde alarmiert und schickte dorthin Missionspriester und Barmherzige Schwestern. Die Bevölkerung war in einem Schockzustand und so geschwächt, dass man die Toten unbestattet in den Häusern und auf den Straßen liegen ließ. Hinzu kamen überall Tierkadaver, die die Luft verpesten. Die Pest begann sich auszubreiten. Die Missionare machten sich mutig an die Arbeit und bestatteten die Toten mithilfe der noch arbeitsfähigen Männer.

In Palaiseau war die Situation ebenfalls kritisch. Die Missionspriester vor Ort erbaten Hilfe in Saint-Lazare. Vinzenz, der keine Hilfe mehr schicken konnte, richtete einen Hilferuf an die Herzogin d'Aiguillon: »Die Krankheit geht in Palaiseau weiter um. Die ersten Kranken, die nicht gestorben sind, brauchen Hilfe zur Genesung, und jene, die gesund waren, sind jetzt krank. Die Soldaten haben alles Getreide geschnitten, es gibt nichts mehr zu ernten … Die Krankheit ist so bösartig, dass unsere ersten vier Priester sich angesteckt haben … Oh! Madame, welch Ernte für den Himmel gilt es in dieser Zeit einzubringen, wo das Elend an unseren Toren so groß ist!«[481]

Unter diesen Umständen entschloss sich Vinzenz von Paul Anna von Österreich aufzusuchen, nicht nur um sie zu bitten, Kardinal Mazarin zu entfernen, damit der bürgerliche Friede zurückkehrte, sondern auch, um sie um Befehle zu bitten, damit die Dorfbewohner ihre Felder abernten konnten, ohne durch Kriegsleute daran gehindert zu werden. Trotz der Versprechungen, die ihm diesbezüglich gemacht wurden, raubten die Soldaten, wie er selbst feststellen konnte, weiterhin das Getreide »in der Ebene Saint-Denis« und »im Gebiet zwischen den zwei Dörfern La Chapelle und La Villette, die von Paris eine Viertelmeile entfernt sind«. Vinzenz beschwerte sich darüber in einem Brief an die Königin kurz nach ihrem gemeinsamen Treffen.[482]

Indessen verwüstete der Bürgerkrieg, der sich infolge des Krieges gegen Spanien verschärfte, weiterhin die Provinzen des Königreiches und brachte Elend und Zerstörung. Aus Verzweiflung über seine erfolglose Vermittlung fasste Vinzenz einen Monat später einen erstaunlichen Entschluss: Er schrieb am 16. August an die höchste Autorität, an Papst Innozenz X. Er unterzeichnete sein Schreiben mit »Sehr unwürdiger Superior der Kongregation der Mission«, zögerte aber nicht, sich an den »Sehr Heiligen Vater« zu wenden und ihn zu bitten, zu vermitteln und den Frieden im »königlichen Haus, das durch Zwietracht entzweit ist«, wiederherzustellen. »Das Volk ist in Parteiengruppen gespalten, die Städte und die betroffenen Personen sind durch die Bürgerkriege heimgesucht; die Dörfer, Marktflecken und Siedlungen sind zerstört und verbrannt …, sodass die Bevölkerung weitgehend der Messen, Sakramente und jeder anderen geistlichen Hilfe beraubt ist.«

Vinzenz fügte hinzu, dass der apostolische Nuntius versuchte, sich einzuschalten, »bis heute jedoch vergeblich«. Es blieb also nur mehr er, »der Hirte der universellen Kirche«, der die Streitigkeiten schlichten und den Frieden wiederherstellen konnte.[483]

Durch einen seltsamen Zufall erfuhr Vinzenz drei Tage nach der Unterzeichnung dieses Briefes, der den Empfänger noch gar nicht erreicht haben konnte, dass Mazarin beschlossen hatte, den Hof zu verlassen. Am 18. August reiste der Kardinal in das Schloss von Bouillon im Bistum von Lüttich. Da die Anhänger der Fronde dadurch zufriedengestellt waren, stand der Rückkehr des Königs in die Hauptstadt nichts mehr im Weg. Aber dieser schien es noch nicht eilig zu haben, Compiègne zu verlassen, wo er mit dem Hof residierte.

Der Kardinal de Retz begab sich am 9. September an der Spitze des Pariser Klerus, begleitet von 20 Edelleuten, nach

Compiègne, um den König zu bitten, in die Hauptstadt, die ihn erwartete, zurückzukehren. Die Delegation wurde kühl empfangen. Jeder wusste, dass trotz seiner räumlichen Distanz zum Hof immer noch Mazarin Anna von Österreich und den jungen König beriet, und dass nichts ohne seine Zustimmung entschieden wurde.

Also ergriff Vinzenz erneut die Initiative, was nicht seiner üblichen Vorgehensweise entsprach. Damit übertrat er die sich selbst auferlegte Regel, sich nicht in politische Angelegenheiten einzumischen, und das schon zum zweiten Mal innerhalb weniger Monate. Am 11. September, zwei Tage nach der gescheiterten Abordnung des Pariser Klerus am Hof, schrieb Vinzenz direkt an Mazarin, der offiziell im Exil und nicht an der Macht war.

Als Monsieur Vinzenz Anna von Österreich aufsuchte, um ein Gesuch zur Entlassung des Kardinals einzureichen, tat er es als Mitglied des Gewissensrates und aufgrund seiner damit verbundenen Position und Verantwortung. Als er sich aber an Mazarin wandte und ihm damit eigentlich eine Autorität zuerkannte, die er nicht mehr besaß, brachte er sich in eine zweideutige Position. In einem langen Brief an den Kardinal gab er ihm ohne Umschweife klare Ratschläge: »Ich denke, dass Eure Eminenz einen Ihrer Güte würdigen Akt setzen werden, dem König und der Königin zu raten, zurückzukommen und von ihrer Stadt und den Herzen von Paris Besitz zu ergreifen.« Und nach der Mahnung, sich dem gegenwärtigen Friedensprozess nicht zu widersetzen, fuhr er fort: »Wenn es wahr ist, wie man sagt, dass Eure Eminenz den Befehl gegeben habe, dass der König die Herren Prinzen nicht anhören und ihnen keine Pässe geben darf, damit sie sich zu den Majestäten begeben können, und dass man keine Abordnung vorlassen darf und Eure Eminenz deswegen Fremde und Hausangestellte eingesetzt hat, die die Straßen von allen Seiten schließen, um zu verhindern, dass man mit den Majestäten spricht, ist sehr zu befürchten, Monseigneur, dass der Hass des Volkes sich in Wut umwandelt.«[484]

Mochte Vinzenz auch hinzufügen, dass er mit niemandem über diesen Brief gesprochen hatte und nur in seinem eigenen Namen handelte, so konnte er doch sicher sein, dass eine solche Stellungnahme Wirbel hervorrief, denn die politische Situation war immer noch verworren und schwierig. Die verschiedenen Strömungen der Fronde waren noch aktiv, während die königlichen Streitkräfte und jene von Condé sich einige Meilen von der Hauptstadt entfernt gegenüberstanden. Zudem erschien Ende August wieder der Herzog von Lothringen an den Ufern der Marne, mit einer Armee von 3.000 Mann, die der Herzog von Württemberg anführte. Die verschiedenen Verhandlungen zwischen den Prinzen und dem Hof, den Prinzen und Mazarin, dem Hof und dem Herzog von Lothringen, wurden unauffällig fortgesetzt, wobei der Herzog hoffte, von allen Parteien gut bezahlt zu werden. In dieser explosiven Situation vermitteln zu wollen, wie es Vinzenz bei Mazarin zu tun wagte, war ein recht kühnes Unterfangen. Schließlich wollte er einen Mann, der immer noch die Zügel der Macht in der Hand hielt, überzeugen, sie loszulassen!

Mazarin schätzte es sicher nicht, von Monsieur Vinzenz belehrt zu werden. Er reagierte unverzüglich und teilte Vinzenz den amtlichen Beschluss mit, dass er aus dem Gewissensrat ausgeschlossen war. Die Nachricht breitete sich schnell aus, da der Bischof von Cahors, Alain de Solminihac, am 20. Oktober an Vinzenz schrieb: »Ich glaube wohl, dass Sie privat nichts verlieren, wenn Sie von der Schwierigkeit befreit sind, in der sie sich befanden, aber die Kirche verliert dabei viel, daher wäre es sehr zu wünschen, dass sie immer in dieser Verwendung (im Gewissensrat) wären.«[485]

Kaum einen Monat, nachdem Vinzenz diesen Brief an Mazarin abgeschickt hatte, entspannte sich plötzlich die Situation. Der Herzog von Lothringen wurde reichlich entschädigt und machte sich mit seiner Söldnertruppe davon. Der Prinz de Condé verließ am 13. Oktober die Hauptstadt und stürzte sich mit seiner Armee in den Aufstand. Die Fronde zerbrach und fiel wie ein Kartenhaus zusammen. Und der junge Ludwig XIV. hielt am 21. Oktober einen triumphalen Einzug in seine gute Stadt Paris.

Vinzenz war beruhigt und verkündete diese Nachricht dem Superior von Genua, Étienne Blatiron: »Ich lade Sie ein, Gott zu danken, dass er den König und die Königin nach Paris zurückgeführt hat. Die Freude darüber ist überall unvorstellbar groß …, was uns hoffen lässt, dass die inneren Unruhen des Königreichs gänzlich aufhören werden.«[486]

Allerdings waren mit dem Ende der inneren Kämpfe die angerichteten Schäden nicht behoben und das durch diese lange Zeit der Unruhe verursachte Elend nicht wie mit einem Zauberstab beseitigt. Eine schnell durchgeführte Erhebung auf Initiative des Erzbischofs von Paris verdeutlichte die dringendsten Bedürfnisse, bei denen die verarmten Menschen in der Pariser Umgebung Hilfe benötigten. Die Sammlung und Verteilung der Hilfsgüter musste noch organisiert werden. Ein Direktor des Hôtel-Dieu von Paris, Christophe du Plessis, Baron de Montbard, hatte die Idee, »allgemeine Warenlager« zu errichten, in denen alle Spenden an Nahrungsmitteln,

Kleidern, Decken und Werkzeugen, die man in der Hauptstadt gesammelt hatte, zusammengetragen wurden. Man errichtete also auf der Insel Saint-Louis ein Warenlager, von wo aus Schiffe diese Hilfsgüter verladen konnten, um sie in den Osten der Hauptstadt zu liefern. Ein weiteres Lager wurde nahe des Stadttores de Bourgogne errichtet, von wo aus Wagen in den Norden von Paris fuhren. Die Sammlungen wurden in den Pfarreien organisiert, die Damen der Charité kümmerten sich um die Geldspenden. Missionare nahmen an der Verteilung der Hilfsgüter in den ärmsten Dörfern teil und organisierten gleichzeitig Pflegestationen für die Kranken. Alle religiösen Orden leisteten ihren Beitrag zu diesem großen Aufschwung gegenseitiger Hilfe und Nächstenliebe. Die verschiedenen Gebiete wurden auf die einzelnen Orden verteilt: die Franziskaner betreuten Juvisy und Saint-Denis, die Jesuiten Villeneuve-Saint-Georges, die Unbeschuhten Karmeliten Tournan, die Kapuziner Corbeil und die Missionspriester Etampes, Palaiseau und Lagny.[487]

Vinzenz von Pauls Erfahrung und Organisationstalent machten es möglich, diese große Bewegung der Charité zu koordinieren. Wieder einmal vernetzte er alle Menschen guten Willens.

## 20

## »WAS DIE KIRCHE LETZTLICH
### ZUGRUNDE RICHTET«
### 1653 – 1655

*Erster Entwurf des »Hôpital Général« – Römische Schicksals-
wenden – »Mein Leben unter einem Strauch beenden.« – Düstere
Nachrichten aus den fernen Missionen – Reform des Klerus*

DIE FRONDE WAR BESEITIGT, der Königshof residierte wieder
in Paris. Trotzdem begann nun eine sehr unruhige Zeit, da der
Krieg gegen die Spanier immer noch andauerte. Eine nicht
unwichtige Verstärkung war ihnen dabei der große Feldherr
Prinz de Condé. Die Truppen beider Heerlager verwüsteten
und plünderten auf ihrem Durchzug die nördlichen Provinzen des Königreiches, die Champagne, die Picardie und die
Ardennen. Die Provinzen im Süden erholten sich langsam von
den unheilvollen Folgen der Fronde von Bordeaux.

Obwohl Monsieur Vinzenz nicht mehr dem Gewissensrat
angehörte, bat man ihn weiterhin, bei Hofe einzutreten, um
das Elend zu erleichtern oder um Gesuche einzureichen. So
schrieb ihm der Bischof von Dax, Jacques Desclaux, der sich
über die beschädigten Kirchen seiner Diözese beklagte. Er teilte ihm seine Absicht mit, in die Hauptstadt zu kommen, um
seinen Fall vor Gericht zu bringen und Erleichterung bei den
von der Zentralmacht festgelegten Steuerabgaben zu erreichen. Vinzenz versuchte, ihn davon abzubringen, und erinnerte ihn diskret an seine pastorale Aufgabe: »Überall, wo die
Armeen durchgezogen sind, haben sie die gleichen Diebstähle
und Sakrilegien begangen, die Ihre Diözese erlitten hat; nicht

nur in der Guyenne und im Périgord, sondern auch in Saint-
onge, Poitou, Bourgogne, Champagne, Picardie und vielen
anderen, sogar in der Umgebung von Paris.« Und er ermutigte
den Prälaten, darauf zu verzichten und inmitten seiner Herde
zu bleiben, bei seinem Klerus, »der voll Freude über seine Gegenwart dort sein werde, wo er so viel Gutes schafft«[488].

Man wandte sich immer an Monsieur Vinzenz, wenn es
darum ging, hier oder dort dringend Hilfe zu finden. Er war
Anfang Januar 1653 unterwegs, um den Barmherzigen Schwestern »eine kleine Konferenz« zu halten, als ihn »die Herzogin
d'Aiguillon und die Präsidentin de Herse zu einer ihrer Konferenzen abholen lassen, um über Mittel nachzudenken,
durch die man der armen Champagne helfen könnte, die die
Armeen in einen erbärmlichen Zustand versetzten«. Und
Vinzenz, der diese Tatsache nur beiläufig berichtete, fragte
sich, was er wohl noch erfinden konnte, um dieser neuen Bitte
zu entsprechen: »Man macht schon eine große Ausgabe, um
dieser Diözese zu helfen, für die man jede Woche 6.000 oder
7.000 Pfund benötigt.«[489]

Doch die Vorsehung zeigte sich auch dann, wenn man sie
nicht erwartete. Eines Tages übergab ein reicher Bürger Monsieur Vinzenz »eine beträchtliche Geldsumme«. Es handelte
sich um 100.000 Pfund, die für ein Werk der Charité nach seiner Wahl zu verwenden war. Nachdem Vinzenz lange über
sein Vorhaben nachgedacht hatte, beschloss er, ein Hospiz als
Zufluchtsort für arme Handwerker zu gründen. Er wollte dort
Ideen, die ihm am Herzen lagen, verwirklichen. Vor allem
wollte er eine Einrichtung verwirklichen, die menschlichen
Bedürfnissen entsprach. Die Pensionsgäste sollten sich dort
frei fühlen. Er war nicht damit zufrieden, diesen Unglücklichen Unterkunft und Versorgung zu bieten, sondern wollte

ihnen auch die Möglichkeit geben, sich sinnvoll zu beschäftigen, da der Müßiggang die Mutter aller Laster war. Er ließ »ihren kleinen Kräften und Handwerken« entsprechende Werkzeuge kaufen. Dieses Hospiz mit dem Namen »Hospital des hl. Namens Jesu« wurde in zwei Häusern, die man im Vorort Saint-Laurent erworben hatte, eingerichtet. Die Barmherzigen Schwestern betreuten die kleine Gemeinschaft, die sich aus 20 Männern und ebenso vielen Frauen zusammensetzte; ein Missionspriester war mit der geistlichen Leitung beauftragt.

Diese Gründung begeisterte die Damen der Charité, die sogleich ein »allgemeines Hospital« für alle Bettler in Paris nach demselben Prinzip schaffen wollten. Tatsächlich war diese Idee damals weithin verbreitet. Einige Städte hatten schon ein allgemeines Hospital eröffnet, wenn auch ohne großen Erfolg. Karitative Vereinigungen und öffentliche Hand erarbeiteten diesbezüglich Projekte. Vinzenz suchte zuerst, die Begeisterung dieser frommen Damen zu mäßigen, denn er wollte sich nicht allzu schnell in ein Unternehmen stürzen, dessen mögliche Schwierigkeiten er noch nicht überschauen konnte. Auch wollte er seine Kongregation, die schon mit Arbeit überlastet war, nicht in etwas wenig Durchdachtes hineinziehen. Doch schließlich musste er den drängenden Bitten der Damen nachgeben. Er erreichte bei Anna von Österreich, dass man für dieses neue Werk das ausgedehnte Gebiet der Salpêtrière zur Verfügung stellte, ein ehemaliges Pulver-Depot an der Seine, dem Waffenarsenal gegenüberliegend.

Vinzenz wollte bescheiden beginnen, indem er höchstens 100 arme Bettler aufnahm, bevor er das Unternehmen ausweitete. Die Verwirklichung dieses Projektes stieß jedoch auf Einwände an höchster Stelle. Vinzenz musste die Herzogin d'Aiguillon ein weiteres Mal vermitteln lassen, um die Situation zu entschärfen, da die Renovierung der Räumlichkeiten der Salpêtrière unterbrochen worden war.[490] Trotz der Unterstützung durch diese mächtige Dame und der Anstrengungen durch die Mitglieder der Gesellschaft vom Heiligsten Sakrament, die an diesem Unternehmen lebhaft interessiert waren, wurde das Projekt erst 1657, also vier Jahre später, zum Abschluss gebracht. Inzwischen wurde es stark verändert und die Form des allgemeinen Hospials, das nun errichtet wurde, stellte Monsieur Vinzenz nicht zufrieden.

Schon ein Jahr zuvor waren drei Doktoren der Sorbonne zum Heiligen Stuhl gesandt worden, um dort die Bittschrift der französischen Bischöfe gegen die Delegierten der jansenistischen Partei zu vertreten und die Verurteilung der fünf Behauptungen aus dem »Augustinus« des Jansenius zu verlangen. Vinzenz war über ihre Schritte informiert, wusste aber, dass in Rom alles mit einer klugen Langsamkeit geschah. Erst Anfang Januar 1653 wurde in Anwesenheit des Papstes eine erste Debatte organisiert. Nach mehreren Streitgesprächen fällte der Heilige Vater sein Urteil und veröffentlichte am 31. Mai die Bulle »Cum occasione«, in der er die beanstandeten Behauptungen des Jansenius verurteilte. Vinzenz, der aktiv mitgewirkt hatte, freute sich darüber. Er schrieb am 5. Juli an Alain de Solminihac: »Ich schicke Ihnen eine Nachricht, die Ihnen sehr angenehm sein wird. Es ist die Verurteilung der Jansenisten.« Vinzenz wünschte, dass sie sich unterwarfen: »Man hofft, dass alle der Entscheidung zustimmen werden. Das heißt nicht, dass nicht einige die Pille nur mit Mühe schlucken können und sogar sagen werden: Auch wenn die Meinungen des Jansenius verworfen seien, seien es die ihren nicht.«[491] Wider Vinzenz' Hoffnungen beruhigte die päpstliche Bulle die aufgebrachten Geister nicht. Ganz im Gegenteil, der Streit um den Jansenismus artete in einen offenen Krieg aus. Entgegen seinen Prinzipien mischte sich Vinzenz noch einmal ein.

Bei allen unerwarteten Ereignissen seines bewegten Lebens und den vielfachen Sorgen verlor er niemals seine wichtigen Aufgaben aus dem Blick. Wesentlich schien ihm, seiner Kongregation vollständige und unantastbare Regeln zu geben, um den Fortbestand seines Hauptwerkes zu sichern. Er hatte bereits vorläufige Texte verfasst, die in Versammlungen diskutiert und überarbeitet worden waren, aber es blieben noch einige Punkte ungeklärt. Besonders eine Frage beschäftigte ihn vornehmlich, worauf er auch all seine Gedanken konzentrierte: die Grundlage der Gelübde.

Vinzenz wünschte, dass die Missionare die drei üblichen Gelübde der Armut, der Keuschheit und des Gehorsams und dazu das besondere Gelübde der Beständigkeit (stabilitas) ablegten. Dies sollte die Mitglieder daran hindern, nach ihren Studien die Kongregation zu verlassen, um sich anderen Gemeinschaften zuzuwenden. Aber er wollte auch nicht, dass die Kongregation der Mission einem religiösen Orden angeglichen wurde. Er hielt wesentlich daran fest, dass die Missionare weltliche Priester blieben und nicht – gemäß der Sprachregelung seiner Zeit – »Ordenspriester« werden.

War es überhaupt möglich, Gelübde abzulegen und im weltlichen Stand zu bleiben? Dazu kam noch das Problem, dass diese Regeln sowohl vom Erzbischof von Paris, von dem die Kongregation abhing, als auch von Rom, der obersten Autorität, genehmigt werden mussten. Die Zustimmung des Erzbischofs konnte leicht erreicht werden, da die Beziehungen zwischen Monsieur Vinzenz und diesem Prälaten hervorragend waren. Aber der Heilige Stuhl war weniger leicht zu überzeugen.

Vinzenz hatte schon mehrere Beauftragte nach Rom gesandt, die in ihren Bemühungen mehr oder weniger Erfolg hatten. Nach einer Generalversammlung der Kongregation, die im Juli 1651 in Saint-Lazare abgehalten wurde und in deren Verlauf man die Frage der Gelübde diskutierte, wurde dem Papst durch einen Sonderbotschafter, Thomas Berthe[492], eine Bittschrift überbracht. Er war beauftragt, die päpstliche Genehmigung für die Regeln der Mission, die die vier Gelübde enthielten, zu erreichen. Vinzenz verfolgte interessiert die von Berthe geführten Verhandlungen und teilte ihm in einem Brief vom April 1653 den Hintergrund seiner Gedanken zum Gelübde der stabilitas mit: »Unsere Aufgaben sind so verschieden, so mühsam und so umfassend, dass sie die Mitglieder ablenken, sie entmutigen und durch die vielen Begegnungen in Gefahr bringen, sodass es schwierig ist, standhaft zu bleiben, wenn es nicht irgendeine Bindung innerhalb der Kongregation gibt, die sie zurückhält. Sonst würde es bei uns wie in einigen anderen Kongregationen geschehen, wo die Mitglieder keine Verpflichtung zum Gehorsam hatten und weggingen, wann sie wollten.« Und da er wusste, dass man in Rom der Schaffung neuer religiöser Orden nicht gewogen war, fügte er hinzu: »Sie können ganz im Gegenteil versichern, da unsere Gelübde einfach sind und nicht feierlich …, haben wir nicht die Absicht, uns vom Klerus zu trennen und in den Ordensstand einzutreten.«[493]

Die Verhandlungen schienen auf gutem Wege zu sein, als ein unerwartetes Ereignis sie plötzlich zum Stillstand brachte. Vinzenz erhielt Anfang Februar 1655 einen Brief von

Berthe, mit der Mitteilung, dass er »einen schriftlichen Befehl von Seiner Majestät erhalten habe, Rom zu verlassen und unverzüglich nach Frankreich zurückzukehren«[494]. Was war geschehen?

Dazu muss man drei Jahre zurückgehen. Jean-François Paul de Gondi, Koadjutor seines Onkels, des Erzbischofs von Paris, erhielt im Februar 1652 infolge vieler Intrigen den Kardinalshut unter dem Namen Kardinal de Retz. Da er aber seine Aktionen im Sinne der Fronde fortsetzte, wurde er einige Monate später auf Befehl Mazarins am 19. Dezember im Schloss von Vincennes inhaftiert. Inzwischen starb im März 1654 sein Onkel, der Erzbischof. Es gelang dem Kardinal durch einen Mittler, vom Gefängnis aus das Erzbistum von Paris in Besitz zu nehmen und dadurch schlagartig die Wut Mazarins und des Hofes auf sich zu ziehen. Zur Bestrafung wurde er in ein anderes Gefängnis verlegt, in das Château von Nantes, aus dem er im August wieder entfloh. Er bestand tausend Abenteuer, wurde von den Gerichtsdienern Mazarins verfolgt, durchquerte Spanien und kam schließlich in Rom an, wo ihn Papst Innozenz X. väterlich aufnahm. Dieser Papst verabscheute Mazarin und freute sich, ihn dadurch zu verärgern, dass er seine Freundschaft für Retz offen bekundete.

Auf Bitte des Papstes gewährte der Superior der Mission dem berühmten Flüchtling in Rom Gastfreundschaft. Hätte Vinzenz wohl nicht auch von sich aus sein Haus geöffnet, um seinen ehemaligen Schüler, den Sohn seines Wohltäters und Mitbegründers der Kongregation, aufzunehmen? So aber trafen die königlichen Blitze den unglücklichen, da unschuldigen Thomas Berthe. Er musste sein Haus schließen und Rom verlassen.

Der königliche Zorn und Mazarins Ärger besänftigten sich wohl ziemlich schnell. Kurz nach dieser Affäre rief der Kardinal Monsieur Vinzenz zu sich. Vinzenz berichtete darüber an einen Freund: »Die Sache lief ziemlich gut, Gott sei Dank ... Es hat der Güte Seiner Majestät gefallen, uns zu erlauben, Herrn Jolly dorthin (nach Rom) zu schicken, (um Berthe zu ersetzen).«[495]

Es galt, die unterbrochenen Verhandlungen über die Frage der Gelübde für die Mitglieder der Kongregation wieder aufzunehmen. Als Papst Innozenz X. im Januar 1655 starb, folgte ihm im April Alexander VII. auf den Thron des Heiligen Petrus. Durch ein päpstliches Schreiben vom 22. September 1655 bestätigte und genehmigte er die in der Kongregation der Mission eingeführte Gepflogenheit, einfache Gelübde der Armut, der Keuschheit, des Gehorsams und der Beständigkeit abzulegen. Er erklärte, dass die Missionare dem weltlichen Klerus angehörten, und betonte, dass sie für alle Funktionen, die sie in den Diözesen ausübten, ebenso für die Seminare, die Weiheexerzitien und für die Missionen von der Autorität der jeweiligen Bischöfe abhingen.[496]

Vinzenz' Wunsch wurde schließlich erfüllt, und in einem Brief an Edme Jolly, der die letzte Verhandlungsphase zu einem guten Ende geführt hatte, zeigte sich Vinzenz' Zufriedenheit. Er dankte Gott für das Geschenk dieses glücklichen Ausgangs: »Seine göttliche Güte sei auf ewig gepriesen, sie sei Ihr Lohn für die Mühen, die Sie dafür auf sich genommen haben, und möge Sie die Dankbarkeit erkennen lassen, die ich darüber empfinde.«[497]

Während nun alle Mitglieder der Kongregation unaufhörlich hier und dort auf Missionen gingen, konnte es Vinzenz nicht ertragen, durch seine zahlreichen Aufgaben an seinen Schreibtisch in Saint-Lazare oder in Paris gefesselt zu sein. Es drängte ihn, sich auch hinaus aufs Land zu begeben. So schrieb er im Mai 1653 an die Herzogin d'Aiguillon, um sich zu entschuldigen, dass er bei der nächsten Versammlung der Damen der Charité nicht anwesend sein konnte, da er an einer Mission in Sevran (vier Meilen nördlich von Paris) teilnahm: »Es scheint mir, dass ich Gott beleidigen würde, wenn ich nicht alles, was ich kann, für die armen Leute auf dem Land mache.«[498] Die Herzogin sorgte sich um Vinzenz' Gesundheit und schickte ein Wort des Tadels an Portail: »Ich muss mich sehr wundern, dass Herr Portail und die anderen guten Herren von Saint-Lazare es dulden, dass Monsieur Vinzenz bei der gegenwärtigen Hitze und in seinem Alter aufs Land arbeiten geht.«[499]

Aber es war nicht leicht, Vinzenz Ratschläge zur Mäßigung zu geben, denn er handelte nur nach seinem eigenen Kopf! Für ihn aber schien die Begegnung mit »dem armen Landvolk« sein wahrer Lebenssinn zu sein. Er vermisste die Zeit, in der er sich ganz den Missionen widmen konnte. Ergreifend brachte er dies in einem Brief an einen Missionspriester zum Ausdruck. Er schrieb ihm, wie sehr er sich über die guten Missionsergebnisse freute, die jener leitete; er fügte hinzu: »Gewiss, mein Herr, ich kann mich nicht zurückhalten. Ich muss Ihnen ganz einfach sagen, dass dies in mir, trotz meiner kleinen Gebrechen, erneut den großen Wunsch wachsen lässt, bei der Arbeit in irgendeinem Dorf mein Leben unter einem Gebüsch beenden zu können, wenn es Gott gefiele, mir diese Gnade zu erweisen.«[500]

Diese Gnade wurde ihm jedoch nicht zuteil. Gleich nach seiner Rückkehr nach Saint-Lazare überfielen ihn viele Sorgen

und die aktuellen Probleme hielten ihn an seinem Schreibtisch zurück: »Die Schwierigkeiten ziehen mich von einer
Seite zur anderen«, gestand er in einem Brief an den Superior
des Hauses von Warschau.[501] Schlechte Nachrichten erreichten ihn aus Polen, Madagaskar und der Berberei.

Polen war hart geprüft, zuerst durch eine Pestepidemie,
dann durch innere Wirren und die Besetzung des polnischen
Gebietes. In Warschau trat die Pest Ende 1652 auf. Lambert aux
Couteaux, der Vinzenz sehr am Herzen lag, hatte sich veraus-
gabt, um die Kranken zu pflegen, die Toten zu begraben und
den Verlassenen Hilfe zu bringen. Er wurde selbst angesteckt
und starb im Januar 1653. Auf dringende Bitte der Königin
schickte Vinzenz den Priester Charles Ozenne, um die Mission in Polen zu übernehmen. Dieser schiffte sich im August
1653 im Hafen von Dieppe mit einigen Schwestern der Heimsuchung ein. Ihr Schiff wurde von Seeräubern angegriffen und
nach Douvres entführt, wo alle in Gefangenschaft blieben.
Nachdem Vinzenz für die Einreise dieser Gruppe gekämpft
hatte, musste er sich nun um ihre Befreiung bemühen und die
Fortsetzung der Reise von Charles Ozenne nach Warschau
organisieren.

Im folgenden Jahr bedrohte der Aufstand der mit den
Moskauern verbündeten Kosaken die Einheit des polnischen
Königreiches. König Johann Kasimir gelang es, sie Anfang 1655
aus Smolensk zu verdrängen, aber nun fielen die Schweden in
Polen ein. Vinzenz beunruhigte sich über das Schicksal der
Missionare und der Barmherzigen Schwestern, die sich in-
mitten der protestantischen Eindringlinge befanden. Er setz-
te sich beim französischen Botschafter in Schweden dafür
ein, »dass er beim König von Schweden, wenn es nötig ist,
Schutz für die Schwestern von Sainte-Marie, für die Barm-

herzigen Schwestern und für die Missionspriester von Warschau«[502] bekam. Die Schweden drangen Anfang September in Warschau ein, während der König und die Königin sich nach Krakau und weiter nach Schlesien absetzten.

So kehrten Ende 1655 vier Missionspriester nach Frankreich zurück, während zwei andere in Warschau blieben, »wo sie in Frieden (waren), obwohl die Stadt sich in der Macht der Schweden (befand)«. Der Superior Charles Ozenne begleitete die königliche Familie auf ihrem Rückzug. Was wurde aus der polnischen Mission? »Betet für sie«, empfahl Vinzenz, der nicht den Mut verlor und sein Vertrauen in den unergründlichen Willen Gottes setzte: »Gott hat seine Gründe, warum er erlaubt, dass alles so geschieht.«[503]

Die Nachrichten aus Madagaskar waren noch betrüblicher. Seit der Mitteilung des Todes von Monsieur Gondrée und dem Hilferuf von Monsieur Nacquart hatte Vinzenz keine Post von der Insel erhalten. Er hatte sich für die Genehmigung eingesetzt, eine Gruppe von Missionaren als Verstärkung nach Madagaskar schicken zu dürfen. Aber die Hindernisse hatten sich vermehrt, und erst im März 1654 konnten zwei Priester und ein Bruder in Saint-Nazaire an Bord gehen. Für Vinzenz begann erneut eine lange Zeit des Wartens auf Nachrichten: fünf Monate Schifffahrt und ebenso lange für die Post zurück, wenn überhaupt ein Schiff bereit war, die Segel zu setzen. Die ersten Briefe kamen Mitte 1655 in Saint-Lazare an. Sie berichteten Vinzenz, dass die Missionare eine von viel Unglück heimgesuchte christliche Gemeinschaft vorfanden: Monsieur Nacquart war seit vier Jahren tot, man musste wieder von vorne beginnen. Zudem war Monsieur Bourdaise, der Verfasser dieser Briefe, von der Gruppe, die als Verstärkung geschickt worden war, der einzig Überlebende. Dieser war einst beinahe von Saint-Lazare weggeschickt worden, da er in seinen Studien allzu mühsam vorangekommen war![504] Sogleich setzte sich Vinzenz dafür ein, erneut eine Überfahrt per Schiff zu ermöglichen. Es gelang ihm, Ende Oktober 1655 drei weitere Missionare vom Hafen von La Rochelle aus abfahren zu lassen.

Das Schicksal der Konsuln in Algier und in Tunis beschäftigte Vinzenz ebenso. Er kannte die Schwierigkeiten, denen sie ausgesetzt waren und das Elend der armen Sklaven, das sie mit allen Mitteln lindern wollten. Das Konsulat von Tunis wurde seit Juli 1653 durch einen jungen Anwalt des Pariser Parlaments, Martin Husson, betreut, der mit dem Missionar Jean Le Vacher ein gutes Team bildete. Vinzenz hatte ihnen bei ihrer Abreise kluge Ratschläge gegeben: »Sie sollen sich an die Gesetze des Landes, außer an die der Religion, halten, worüber sie niemals disputieren und nichts Abfälliges sagen sollen.«[505] Aber trotz ihrer Anstrengungen, die örtlichen Behörden nicht vor den Kopf zu stoßen, wurde ihnen das Leben sehr erschwert, da der Bey von Tunis alle Gelegenheiten wahrnahm, sie zu verärgern. Schließlich forderte der Bey im April 1657 die Abreise von Martin Husson.

Das Konsulat von Algier war seit mehreren Jahren einem Priester der Mission, Jean Barreau, anvertraut, der ständig schlecht behandelt wurde und sogar Gefängnisaufenthalte seitens der türkischen Behörden erleiden musste. Vinzenz beschwor Jean Barreau vergeblich, sich nicht über das vernünftige Maß hinaus finanziell zu engagieren, da er sich aufgrund seines übergroßen Mitgefühls den unglücklichen Sklaven gegenüber schwer verschuldete, um sie loszukaufen. Diesem Konsul stand ein Missionspriester, Philippe Le Vacher, zur Seite, dem Vinzenz gleichfalls dringende Empfehlungen gegeben hatte. Er hatte ihn ermahnt, nicht zu versuchen, die Türken und auch nicht die Abtrünnigen zu bekehren[506] (dieser Rat erstaunt in der Tat, wenn man sich erinnert, dass Vinzenz möglicherweise selbst bei der Bekehrung eines Abtrünnigen in Tunesien eine nicht unwesentliche Rolle gespielt hatte).

Die unentwirrbaren Angelegenheiten, die Prozesse und Rechtsstreitigkeiten um wirtschaftliche Belange, in die die Konsuln verwickelt wurden und die eigentlich nicht ihrer apostolischen Berufung entsprachen, brachten Vinzenz auf den Gedanken, »dass es das Beste sein würde, die beiden Konsulate in die Hände von Personen zu legen, die ihren Gewinn damit machen könnten. Das würde nicht verhindern, dass die Priester für die armen Sklaven alles in ihren Möglichkeiten stehende tun würden«[507]. Indessen hielt Vinzenz die Mission in der Berberei trotz der schlimmsten öffentlichen Beleidigungen aufrecht, als würde ihn ein unzerreißbares Band daran binden.

War Vinzenz von so vielen schlechten Nachrichten und augenscheinlichen Misserfolgen seiner entfernten Unternehmungen etwa überlastet? Zweifellos litt er darunter und ließ manchmal sogar einige Klagen über seine Lippen kommen. Beseelt von einem unerschütterlichen Glauben war er dennoch bereit, seine Missionare in andere Länder zu schicken, um diese zu erschließen und zu evangelisieren.

Auf Bitte des Marquis Pianezzo, des Chefs des Rates von Savoyen, ein Haus der Kongregation in Turin zu gründen, schrieb Vinzenz an Étienne Blatiron, seinen Vertreter in Genua, diesbezüglich Verhandlungen zu aufnehmen.[508] Die Sache wurde schnell beschlossen und die ersten vier Missionare reisten im Oktober 1655 nach Turin.

Vom Jesuitenpater Alexandre de Rhodes, von einem langen

Aufenthalt in Tonkin zurück, erfuhr Vinzenz, dass die Mission in diesem Land und in Cochinchina (Süden Vietnams) erstaunliche Ergebnisse erzielte, aber dass es an Mitteln und Männern fehlte, um sie zu leiten. Der Gedanke an die vielen zu gewinnenden Seelen begeisterte Vinzenz sofort, und er unterzeichnet zusammen mit mehreren Prälaten an Rom gerichtete Gesuche, um anzuregen, »zwei oder drei Bischöfe in diese entstehende Kirche« zu schicken, um dort einen eingeborenen Klerus heranzubilden.[509]

Wenig später machte ihm die Propaganda-Kongregation einen Vorschlag, der ihn gar nicht erfreute: »Man verlangt von Rom … sieben oder acht Priester, um sie nach Schweden und Dänemark zu schicken. Von dort habe man sehr gute Meldungen erhalten, dass sie dort sehr wahrscheinlich Früchte ernten würden. Man werde sie nicht behindern, vorausgesetzt, dass sie unsere Religion nicht in der Öffentlichkeit ausüben.« Es handelte sich also darum, nach allen bisherigen Enttäuschungen bei ähnlichen Unternehmen in Schottland und Irland, Missionare in protestantische Länder einzuschleusen. Vinzenz erhob jedoch keinen Einwand: »Ich erwarte die letzte Weisung, um über einige zu verfügen, seien sie innerhalb oder außerhalb der Kongregation.«[510] Aber bald trat Schweden in den Krieg gegen Polen ein. Es war nun keine Rede mehr davon, Missionare dorthin zu schicken.

Was waren neben seinem Tatendrang und seiner Unternehmungslust die tieferen Beweggründe, die Vinzenz antrieben, sich immer weiter in ferne Abenteuer vorzuwagen? Er enthüllt sie im September 1655 in einem Gespräch mit den Mitgliedern der Kongregation, bei dem er eine düstere Vision über den Zustand der Kirche darlegte: »Die Verheerung, die die Kirche verwüstet, diese beklagenswerte Verminderung, die sie an so vielen Orten erlitten hat und dass sie in Asien und in Afrika, selbst in einem Großteil Europas wie in Schweden, Dänemark, England, Schottland, Irland, Holland und anderen niederländischen Provinzen und in einem Großteil Deutschlands fast vollständig ruiniert wurde. Wie viele Ketzer sehen wir in Frankreich. Und da ist Polen, das schon sehr stark der Ketzerei verfallen ist und das gegenwärtig durch die Invasion des Königs von Schweden in Gefahr ist, für die Religion gänzlich verloren zu sein.«

Wer war für diese beklagenswerte Situation verantwortlich? Die schlechten Priester, behauptete Vinzenz: »Die Kirche geht an vielen Orten durch das schlechte Leben der Priester zugrunde. Denn sie sind es, die sie verderben und ruinieren. Und es ist nur zu wahr, dass der Sittenverfall des geistlichen Standes die Hauptursache des Ruins der Kirche Gottes ist.« Man musste deshalb in erster Linie an die Reform des geistlichen Standes denken. Aus diesem Geist heraus wollte Vinzenz gute Priester in die Welt schicken, um zu versuchen, den Niedergang vor allem der europäischen Kirche aufzuhalten. Vinzenz war davon überzeugt, dass es die Berufung der Kongregation der Mission war, den kirchlichen Stand in seiner ursprünglichen Reinheit wiederherzustellen: »Uns hat Gott eine so große Gnade anvertraut, dazu beizutragen, den kirchlichen Stand wiederherzustellen. Gott hat sich dafür weder an Doktoren noch an Gemeinschaften und Orden voll Wissenschaft und Heiligkeit gewandt, sondern an diese armselige und dürftige Kongregation, von allen die letzte und unwürdigste.«

Vinzenz fuhr fort und erinnerte daran, dass Christus »arme Fischer, Handwerker, arme Leute dieser Zeit« als seine ersten Apostel erwählte. Ebenso war die Mission aus »dürftigen Leuten, armen Arbeitern und Bauern zusammengesetzt«.

Schließlich rief er, mitgerissen vom Schwung seiner Rede, aus: »Was hat Gott in uns gefunden, um uns eine so große Aufgabe zu geben? … Gott hat sich aus ganz freiem Willen an armselige Dummköpfe gewandt, um zu versuchen, die Risse des Königreiches seines Sohnes und des Klerikerstandes zu reparieren.«[511]

In dieser Erklärung bezeugt Vinzenz zugleich seine tiefe Demut und seinen unglaublichen Ehrgeiz, von Gott auserwählt zu sein, um das Königreich seines Sohnes wiederherzustellen. Dieser Ehrgeiz ist nur von seinem unerschütterlichen Glauben her begreiflich, der jene, die darin verwurzelt sind, über ihre Kräfte hinauswachsen lässt und sie fähig macht, Berge zu versetzen.

## 21
## KÖNIGE MACHEN LEICHT VERSPRECHUNGEN
### 1656 – 1657

*Vinzenz' nachlassende Gesundheit – Dramen in den fernen Missionen – Die Eröffnung des Hôpital Général – Der Zustand der Werke – Vinzenz' Korrespondenz – Aktion gegen die Jansenisten*

ENDE 1655 WURDE VINZENZ von heftigen Fieberanfällen erfasst und musste das Bett hüten. Drei Monate lang konnte er das Zimmer nicht verlassen. Es waren immer dieselben Symptome, die er in seinen Briefen beschrieb: Schmerzende, mit Geschwüren bedeckte Beine und ein fiebriger Zustand, der ihm die Kraft nahm. Um ihn zu behandeln, ließ man ihn zur Ader, was ihn jedoch noch mehr schwächte.

Louise de Marillac war sehr beunruhigt und empfahl ihm: »Erlauben Sie mir, Ihnen zu sagen, dass es absolut notwendig ist, dass Ihr Bein nicht eine Viertelstunde hinunterhängt, noch dass es die Hitze des Feuers spürt. Wenn es zu kalt ist, muss man es mit warmem Leinen aufwärmen.«[512]

Er selbst erwähnte im November seine Krankheit in einem Brief an einen seiner Missionare: »Mir geht es Gott sei Dank besser, obwohl ich noch immer im Bett bin und wegen eines Eresipels (Wundrose, Anm. d. Ü.) an meinem Bein behandelt werde, das mich nach meinem Fieber befiel.«[513] Aber einen Monat später ging es ihm keineswegs besser: »Ich bin noch immer im Bett oder auf einem Stuhl oder vielmehr auf beiden wegen meiner schmerzenden Beine, die mich zwingen, sie immer aufgestellt zu halten, so hoch wie meinen Kopf. Sonst geht es mir gut.«[514] Diese Symptome bestätigen die Diagnose einer Arterienentzündung als mögliche Folgeerkrankung der Malaria.

Als er nach dieser langen Krankheit Ende Januar wieder auszugehen begann, war er nicht mehr fest auf seinen Beinen. Er musste zu seinem großen Verdruss regelmäßig von seiner Kutsche Gebrauch machen, was er bei jeder Gelegenheit als »seine Schmach« und »seine Schande« bezeichnete.[515] Vinzenz war in seinem 76. Lebensjahr. Trotz seiner robusten Verfassung war er jetzt ein Greis. Doch wenn auch seine körperliche Aktivität eingeschränkt war, so war er in geistiger Hinsicht keinesfalls senil, sondern immer noch energisch und rüstig. Er hielt das Steuer der Kongregation fest in der Hand.

Die zahlreichen Prüfungen erschütterten ihn nicht. Es gab keine Briefe, die nicht ihren Teil an düsteren Nachrichten brachten. Vinzenz erfuhr Schlag auf Schlag das Auftreten der

Pest in Rom, dann in Genua. Der Superior des Hauses in Genua, Étienne Blatiron, stellte dem Erzbischof seine Leute zur Verfügung, um die Kranken zu pflegen. Vinzenz genehmigte dies und schickte ihm im August 1656 seine Anweisungen: »Mögen die Priester an Ihrer Stelle den Pestkranken beistehen … Es ist richtig, dass die Mitglieder sich zum Schutze ihres Superiors der Gefahr aussetzen, wie es auch die Natur macht … Denn wenn es sich um eine große Bedrängnis handelt, in der die Superioren Befehle geben müssen, so wie die Generäle der Armeen in den Kämpfen und Schlachten …, müssen sie die Letzten sein, die sich in Gefahr begeben.«[516]

Aber die Epidemie hatte solche Ausmaße angenommen, dass 10 von 1.000 Bewohnern in Genua starben. Von den acht Missionaren waren sieben betroffen, darunter auch der Superior. Bis August des folgenden Jahres überlebte ein einziger Missionar.

Die Nachrichten aus Madagaskar waren ebenfalls schlecht. Eine Verstärkungsgruppe, die aus zwei Missionaren und einem jungen Bruder bestand, hatte sich im Oktober 1656 in Nantes eingeschifft. Das Schiff erlitt vor der Küste von Saint-Nazaire Schiffbruch. Die Passagiere konnten dank der Unerschrockenheit des jungen Bruders gerettet werden. Einige Monate später erhielt Vinzenz schließlich einen Brief von »diesem guten Monsieur Bourdaise«, der ihm den Tod der drei Missionare, die mit der früheren Verstärkung angekommen waren, mitteilte.

Es schien, dass ein Fluch dieses Unternehmen verfolgte. Vinzenz, der sehr feinfühlig war, litt darunter, doch sein Wille blieb fest und sein Glaube ungebrochen. Er betrachtete dieses menschliche Drama aus der göttlichen Sichtweise: »Das Blut der Christen ist auf der ganzen Erde der Same des Christentums gewesen.« Seine Missionare forderte er mit folgenden Worten heraus: »Irgendeiner in dieser Kongregation wird vielleicht sagen, dass man Madagaskar aufgeben soll; Fleisch und Blut führen diese Sprache, niemanden mehr dorthin zu schicken. Aber ich bin sicher, dass der Geist anders spricht. Ach, meine Herren, werden wir unseren guten Herrn Bourdaise dort ganz allein lassen?«[517] Neue Freiwillige meldeten sich, um zu diesen fernen Inseln abzureisen. Auch sie lernten viele Prüfungen kennen, aber Vinzenz blieb fest entschlossen.

Es verstrich übrigens eine lange Zeit ohne Nachrichten aus Polen, wo zwei Missionare in Warschau lebten, das von schwedischen Truppen besetzt war. Vinzenz erhielt schließlich eine Nachricht von der Königin, die ihn über ihr Schicksal beruhigte: »Man hat mich aus Polen wissen lassen«, schrieb er im September 1657, »dass der gute Monsieur Desdames in Warschau, das erneut von Schweden belagert, eingenommen und geplündert, dann aber verlassen worden war, wiederum alles verlor. Der andere Missionar, Monsieur Duperroy, ist schwer krank. Die Chirurgen wissen nicht mehr, was sie mit ihm machen sollen«. Und Vinzenz beschloss diesen Brief an den Superior des Hauses in Richelieu folgendermaßen: »Sehen sie, mein Herr, wie es Gott gefällt, die kleine Kongregation auf verschiedene Weisen zu schulen.«[518]

Die Neuigkeiten aus Algier waren keineswegs erfreulicher. Obwohl Vinzenz' Bruder Jean Barreau, der das Amt des Konsuls innehatte, zur Klugheit riet, »versinkt dieser immer mehr in einen Abgrund von Schulden, aus dem es schwierig, um nicht zu sagen, unmöglich sein wird, ihn herauszuziehen. Er hat weder die Kraft, eine Bitte abzulehnen, noch irgendein Geschick, öffentlichen Beleidigungen zu entgehen … Wenn er sich zugrunde richtet, richtet er das Amt zugrunde und folg-

lich auch die Möglichkeit, den armen Sklaven beizustehen.«[519]

Vinzenz war wieder gezwungen, um Mittel zu betteln, die
durch die Vermittlung des Hauses von Marseille bis nach
Algier gelangen mussten, um die Schulden aufzufangen und
einige Sklaven loskaufen zu können. Daher dachte er wieder
daran, diese Konsulate abzugeben, die die Quelle so vieler
Schwierigkeiten waren, aber durch das ausdrückliche Verbot
der Herzogin d'Aiguillon erfuhr er Widerstand, die die Mittel
für den Erwerb bereitgestellt hatte. »Sie meint, dass unsere
Priester unter Konsuln, die von anderen Prinzipien geleitet
werden als jenen der christlichen Liebe und des öffentlichen
Wohls, keine Sicherheit haben würden, den armen Sklaven
helfen zu können.«[520] Inzwischen wurde Jean Barreau
schlechter Behandlung, ja sogar der Folter unterworfen. Als
Vorwand führte man den Bankrott eines Händlers von Marseille gegen ihn an, dessen Gläubiger Klage beim Pascha von
Algier erhoben hatten. Da der Pascha den französischen Konsul als für die schuldigen Summen verantwortlich hielt, ließ er
ihn bis zur Bewusstlosigkeit schlagen und quälen, indem man
ihm Stacheln unter die Fingernägel stieß. Am Ende der Kräfte
und nur halb bei Bewusstsein unterschrieb Jean Barrcau cincn
Schuldschein von 2.500 Piaster. Noch einmal musste sich
Vinzenz an die Herzogin d'Aiguillon wenden, um »die 3.000
oder 4.000 Piaster aufzubringen, die ihn diese letzte öffentliche Beleidigung kostete.«[521] Zur selben Zeit wurde der Konsul von Tunis, Jean La Vacher, durch den Bey, dem man die
Einfuhr eines verbotenen Materials verweigert hatte, verjagt.

Vinzenz gab diese ärgerlichen Nachrichten in einem Brief
an einen seiner Missionare bekannt. Er betrachtete all diese
Schicksalsschläge und die Toten der Kongregation in einem

größeren, höheren Zusammenhang: »Gott sei gelobt für all diese Verluste ... Wir dürfen uns dadurch mehr Beistand von Gott für die Zeit und die Ewigkeit erhoffen, als wenn sie noch unter uns wären.«[522]

Um zu zeigen, dass diese vielfachen Prüfungen seine Entschlossenheit nicht erschütterten, seine Missionare auf alle Straßen der Welt zu schicken, plante er zur selben Zeit die Gründung eines Hauses jenseits der Pyrenäen. In einem Antwortschreiben an den Superior seines Hauses in Rom brachte er dieses Vorhaben zur Sprache: »Sie sprechen ... von unserer Gründung in Spanien und vom Angebot dieses guten Priesters, eines früheren Jesuiten, unter der Leitung unseres Entsandten dorthin zu gehen. Allerdings haben wir noch keinen bestimmt und wir sehen auch niemanden, der für diese Aufgabe fähig wäre, außer Monsieur Martin, der aber in Turin gebraucht wird.«[523]

Das war sicher eines der Probleme, mit denen Vinzenz konfrontiert war: Es fehlte ihm an Männern, um alle seine Häuser zu versorgen, seine Seminare und die Werke, mit denen er beauftragt war. Jene, die geeignet waren, die Funktionen des Superiors eines Hauses besonders im Ausland zu erfüllen, waren noch seltener. Die Aufnahme in die Kongregation der Mission war während der Wirren der Fronde eingestellt worden. Betrug der jährliche Durchschnitt der Eintritte vor der Fronde etwa 23 (16 Priester und 7 Brüder), so gab es im Jahr 1652 nur noch drei Aufnahmen. Die Eintritte nahmen von 1653 an wieder zu, da der innere Friede wiederhergestellt war, aber es brauchte gewisse Zeit, um die neu Eingetretenen auszubilden, bevor man sie auf Mission schicken konnte.[524]

Die Damen der Charité waren von der Gründung des »Hospital vom Namen Jesu« begeistert und wollten deshalb nach diesem Muster ein allgemeines Hospital schaffen, wo alle Bettler und Landstreicher, die auf den Pariser Straßen herumzogen, aufgenommen werden konnten. Vinzenz hatte einige Mühe, ihren Eifer zu mäßigen, umso mehr noch, als er den Graben zwischen den karitativen und großmütigen Absichten dieser Damen und der diesbezüglichen Haltung der Behörden kannte. In der Tat wollten die gesellschaftlich Verantwortlichen in der Regierung und im Parlament Paris von allen Armen befreien, indem man sie alle in einer Einrichtung einsperrte und dort an Ordnung gewöhnte. Dieses Vorhaben passte Vinzenz ganz und gar nicht.

Die Herzogin d'Aiguillon, Präsidentin der Damen der Charité, fand das entstehende Werk jedoch sehr günstig. Sie schrieb an Vinzenz: »Für das Hospital respektiere ich Ihre Gedanken, aber erlauben Sie mir, Ihnen die meinen mitzuteilen, bevor Sie sich festlegen.« Sie unterstrich, dass diese Damen auf finanzieller Ebene schon sehr stark engagiert waren, und sie deshalb nicht wollte, dass ihr Opfer vergeblich war. Sollten sich die Damen nun von diesem Werk zurückziehen, riskierten sie, dass das Werk zusammenbrach oder seinem Zweck entfremdet wurde.[525]

Ein königliches Edikt vom April 1656 beendete diese Debatte. Es untersagte in Paris das Betteln, da »es darum geht, Paris von einer unverschämten und entehrenden Unterwelt zu säubern«. Man bestimmte Orte zur Sammlung und Beherbergung der Bettler, darunter waren la Pitié, Bicêtre und die Salpêtrière. Das allgemeine Hospital musste von einem Rat verwaltet werden, zu dessen Mitgliedern der Präsident des Parlaments, Bellièvre de Pompone, und der Oberintendant

337

(der Finanzen) Nicolas Fouquet zählten. Die geistliche Leitung wurde der Kongregation der Mission anvertraut.

Während die Arbeiten in der Salpêtrière fortgesetzt wurden, um dort die Massen der Bettler aufzunehmen – man zählte in der Hauptstadt ca. 40.000 – wurde die Kongregation ersucht, in den anderen Hospitälern, die schon in Betrieb waren, eine große Mission zu halten. 40 Missionare und Mitglieder der Dienstagskonferenzen waren dafür vorgesehen. Aber die Absicherung der Armenbetreuung des allgemeinen Hospitals – man verlangte 20 Priester in Vollzeit – überstieg die gegenwärtigen Möglichkeiten der Kongregation. Wie gewohnt, hielt Vinzenz die Superioren seiner Häuser über die Probleme der Kongregation auf dem Laufenden und schrieb an einen von ihnen: »Man arbeitet in Paris an der Errichtung eines großen Hospitals, um dort alle armen Bettler zu ernähren, zu unterweisen und zu beschäftigen, damit man keinen mehr in der Stadt und in den Kirchen sieht … Man will sogar, dass die arme Mission deren geistliche Leitung übernimmt …, ohne mit uns darüber zu sprechen. Möge es Gott gefallen, uns die Gnade für diese neue Aufgabe zu geben, wenn wir sie seinem Willen nach übernehmen sollen. Wir haben uns jedoch dazu noch nicht gänzlich entschlossen.«[526]

Vinzenz zögerte aus zwei Gründen: einerseits, weil man ihm die Aufgabe auferlegen wollte, ohne ihn vorher konsultiert zu haben; anderseits, weil er nicht damit einverstanden war, dass man diesem Elend autoritär und mit physischem Zwang beikommen wollte. Nachdem er seine Kongregation zu Rate gezogen hatte, beschloss er schließlich, diese Aufgabe nicht zu übernehmen. Er benachrichtigte den Intendanten der Finanzen im März 1657 offiziell davon, kurz vor der Eröffnung des allgemeinen Hospitals.[527] Um aber die Verwalter durch die Absage seiner Kongregation nicht in Bedrängnis zu bringen, setzte er sich voll und ganz für die Aufstellung von Armenbetreuern außerhalb der Mission ein, die Louis Abelly leiten sollte. Darüber hinaus bat er die Barmherzigen Schwestern, einen Dienst in der Salpêtrière zu übernehmen, und die Damen der Charité, das Personal der »eingesperrten« Frauen und Mädchen zu überwachen.

Die Bettler verschwanden in der Tat, nachdem die Gerichtsdiener damit begonnen hatten, auf sie Jagd zu machen. Von den 40.000 Landstreichern ließen sich nur 4.000 in das allgemeine Hospital bringen. Die Methode des »Einsperrens« löste aber weder das Bettelproblem noch verringerte es das Elend. Vinzenz hatte sehr recht, sich nicht in dieses Vorhaben einbinden zu lassen.

Indessen ging der Krieg gegen Spanien weiter, die Kriegshandlungen spielten sich im Wesentlichen in den nördlichen Provinzen des Königreiches mit Blick auf die spanischen Niederlande ab. Die königlichen Armeen, die durch die Marschälle de Turenne und de La Ferté angeführt wurden, widersetzten sich mit wechselndem Erfolg jenen, die zuerst durch den Statthalter der Niederlande, den Grafen de Fuensaldagna, dann durch Don Juan d'Autriche angeführt wurden, den die Kampftruppen des Prinzen de Condé unterstützten. Die Kriegshandlungen bestanden sehr oft in Belagerungen von Festungen, Eroberungen oder Wiedereinnahmen in der Picardie, im Artois, in den Ardennen oder in Flandern. Sie wurden vom Gehen und Kommen der jeweils kämpfenden Truppen begleitet, die für ihr Winterquartier alles beschlagnahmten, immer zum Schaden für die betroffene Bevölkerung.

Vinzenz sammelte mithilfe der Damen der Charité weiterhin unermüdlich Hilfsgüter für die heimgesuchten Provinzen. Bruder Jean Parré arbeitete vor Ort, um Almosen in den am meisten geschädigten Bezirken zu verteilen. Vinzenz hielt sich über die Situation und den aktuellen Bedarf an Hilfsgütern auf dem Laufenden. Er schrieb Bruder Jean Parré im August 1657, dass er von ihm »Nachrichten über den Besuch erwartet, den er gegenwärtig an den Orten mache, wo die Armeen gelagert haben«, um die Hilfe möglichst gut danach auszurichten. Er gab ihm Empfehlungen, damit diese Hilfe gerade den Bedürftigsten zuteil wurde. So riet er ihm beispielsweise vor jeder Kleiderverteilung, sich über die wirklichen Bedürfnisse der Armen diskret zu informieren, damit nicht »jene, die schon einige Kleider haben, sie verbergen, um sich nackt zu zeigen«[528]. Vinzenz war zwar von der Nächstenliebe inspiriert, aber er war auch realistisch und wollte nicht getäuscht werden.

Bei einer damaligen Konferenz mit den Damen der Charité erinnerte Vinzenz an alle im Lauf der sieben letzten Jahre durchgeführten Hilfsaktionen für die Bevölkerung der Champagne und der Picardie: Es waren mehr als 360.000 Pfund geschickt und verteilt worden, »um die armen Kranken zu ernähren, um ungefähr 800 Waisenkinder aus den zerstörten Dörfern herauszuholen und aufzuziehen … Man hatte die Kinder einem Beruf oder einer Beschäftigung zugeführt, nachdem man sie ausgebildet und bekleidet hatte; darüber hinaus hatte man viele Pfarrer in den zerstörten Provinzen versorgt.« Vinzenz hielt die Orte fest, an denen das Geld und die Kleidung, die Stoffe und Decken … verteilt worden waren: »Städte und Umgebung von Reims, Bethel, Laon, Saint-Quentin, Ham, Marle, Sedan und Arras.« Aber er notierte auch, dass »seit ein oder zwei Jahren, da die Zeit ein wenig besser war, die Almosen stark abgenommen haben«. Dasselbe galt übrigens auch für das Werk der Findelkinder. Die Einnahmen des vergangenen Jahres waren niedriger als die Ausgaben, wo doch »die Zahl an ausgesetzten Kindern jedes Jahr ziemlich gleich ist«. Vinzenz unterstrich, dass vor ihrem Eingreifen »all diese Kinder auf die eine oder andere Weise starben«, und er richtete an die Damen erneut einen feurigen Aufruf, damit sie nicht mutlos wurden: »Ihre Gesellschaft ist ein Werk Gottes und nicht ein Werk der Menschen.«[529]

In einem von Bitterkeit geprägten Ton, der ihm sonst nicht eigen war, spielte Vinzenz in einem Brief an einen seiner Missionare auf die Tatsache an, dass »die Sammlung der Almosen immer schwieriger wird. Der König selbst ist nicht mehr so mildtätig! Obwohl er ein größeres Almosen erhoffen ließ, erhält man nichts davon, weil Könige leicht versprechen, aber vergessen, ihre Versprechungen zu erfüllen, zumindest, wenn sie niemand in ihrer Nähe haben, der sie oft daran erinnert.«[530]

Und gerade hier lag das Problem: Monsieur Vinzenz hatte zum Hof keinen Zutritt mehr, seit er durch Kardinal Mazarin von dort entfernt worden war. Er sah die Königin nur mehr einmal im Jahr, wie er dem Marquis de Fabert anvertraute.[531] Auch die Herzogin d'Aiguillon, die ihm so oft als Fürsprecherin bei den Majestäten gedient hatte, schien bei Hofe nicht mehr in Gunst zu stehen: »Seit einigen Jahren kommt die Herzogin d'Aiguillon nicht mehr in die Nähe der Königin …, und wir wissen nicht, an wen wir uns wenden sollen.«[532] In einer Gesellschaft, wo alles von der königlichen Macht ausging, war man sofort vergessen, sobald man keinen Zutritt mehr zum königsnahen Kreis hatte. Das galt für die Verteilung der Pfründen oder der Privilegien, ebenso wie für die Verteilung der Almosen. Vinzenz musste das mit Bitterkeit feststellen.

Den Großteil seiner Zeit und Gedanken widmete Vinzenz der Leitung und Verwaltung der Kongregation. Jeden Tag erhielt er eine Menge Post aus seinen verschiedenen Häusern. Er antwortete pünktlich darauf. Ungefähr zehn Briefe wurden jeden Tag von Saint-Lazare an Superioren seiner Häuser, an seine missionierenden Priester, ebenso wie an Louise de Marillac und an seine Barmherzigen Schwestern abgeschickt.

Vinzenz' Briefe an die Missionare enthalten auch viele geistliche Ratschläge, sowie wirtschaftliche Richtlinien und immer Nachrichten aus der Kongregation, um den Zusammenhalt ihrer Mitglieder zu festigen, die an den vier Enden des Königreiches oder sonst in der Welt zerstreut waren. Es waren Ermutigungen für jene, die dem Überdruss oder Zweifel ausgesetzt waren. So schickte er an einen Bruder, der seinen Einsatzort wechseln wollte in der Hoffnung, anderswo einen seiner Berufung besser entsprechenden Platz zu finden, einen langen, liebevollen, aber entschiedenen Brief: »Wenn Sie die Gabe Gottes gut kennen würden, würden Sie nicht den Wechsel eines Hauses dem Glück vorziehen, Unserem Herrn in dem Stand, in den er Sie gerufen hat, zu dienen.«[532]

Und dem Superior des Hauses von Marseille, der seines Amtes enthoben werden wollte und dafür seine schlechte Gesundheit und den Rat der Ärzte anführte, die das Klima dieser Stadt als für ihn ungünstig erachteten, antwortete Vinzenz: »Man darf sich nicht so sehr auf die Meinung der Ärzte verlassen, die nur allzu gefällig sind und die kein anderes Gut sehen, als die Gesundheit des Körpers … Krankheiten treten überall auf, wenn Gott sie schickt, und ich sehe nicht, dass die Großen der Welt ihre Städte und ihre Provinzen verlassen, um sie zu vermeiden, auch nicht, dass die Prälaten deswegen ihre Diözesen aufgeben, noch die Pfarrer ihre Pfründen.«[533]

In anderen Briefen gab Vinzenz Ratschläge, wie man eine Mission führen und predigen sollte: »Ich habe Ihnen einst gesagt, dass unser Herr die Reden, die man hält, segnet, wenn man in einem vertraulichen Ton spricht. Er selbst hat auf diese Weise gelehrt und gepredigt. Diese natürliche Art zu sprechen ist auch leichter und gefällt den Menschen besser. Sie ziehen daraus mehr Gewinn als durch gekünstelte (Reden).«[534]

Manchmal waren es auch strenge Briefe, in denen Vinzenz den tröstlichen Ton aufgab und als Superior mit Autorität schrieb, wenn er einen Verweis erteilte. Dem Superior eines Hauses, der sich erlaubt hatte, einen Brief, den Vinzenz an einen seiner Priester gerichtet hatte, zurückzuhalten, schrieb er: »Das ist ein unerhörter Fehler in der Kongregation, der mir sehr missfiel, weil er auf eine merkwürdige Unordnung hinsteuert … Ich bitte Sie, mein Herr, diesen Verweis gut anzunehmen.«[535] Und an einen anderen Superior, der die Initiative ergriffen hatte, ein Büchlein über die Kongregation ohne seine Genehmigung drucken zu lassen, schrieb er: »Ich fühle darüber einen solchen Schmerz, dass ich ihn nicht ausdrücken kann, weil die Veröffentlichung dessen, was wir sind und was wir machen, der Demut entgegensteht … Ich bitte Sie, niemals etwas die Kongregation Betreffendes zu tun, ohne mich vorher davon zu benachrichtigen.«[536]

In dieser Korrespondenz ließ Vinzenz aber auch von Zeit zu Zeit einen fröhlichen, humorvollen Ton anklingen, ein Erbe seiner gascognischen Natur. In Bezug auf einen Bruder, der in das Haus von Turin geschickt worden war und der Mühe hatte, einige grundlegende Italienischkenntnisse zu erwerben, rief er aus: »Ich bin sehr getröstet, dass unser Bruder Demortier schon solche Fortschritte in der Sprache gemacht hat, dass er sagen kann: ›Signore, si!‹ (Ja, mein Herr).«[537]

Ein beträchtlicher Teil der von Vinzenz verfassten Korrespondenz behandelt finanzielle Fragen. Er verrät darin den klugen Verwalter der Kongregationsgüter, und er geht auch nötigenfalls vor Gericht, wenn er meint, dass das Recht auf dem Spiel steht.

Auf der Suche nach neuen Quellen zur Finanzierung des endlosen Krieges beschloss der König Anfang 1656 eine Steuererhöhung, teilweise um 25 Prozent. Das war die sogenannte »Pariser Affäre«. Vinzenz waren sofort die Konsequenzen dieser Entscheidung bewusst, denn die Kongregation zählte zu ihren Einkünften eine Reihe sogenannter »Aides« (Einnahmen), wie die Eintreibung indirekter Steuern für Waren und Nahrungsmittel. Wie ein erfahrener Finanzmann wog er die verschiedenen Überlegungen ab: »Wenn der König dieses ›Pariser Recht‹ widerruft, wie er Ähnliches oft getan hat, werden wir in diesem Fall unser Recht und unsere Einnahmen (aides) in Melun, wo der Besitzstand beträchtlich ist, verlieren … Zu sagen, dass wir unsere Finanzüberschüsse von Melun übertragen und mit jenen von Angers vereinen, um sie so zu bewahren, das ist eine schwierige Sache.«[538] Vinzenz setzte die Diskussion darüber in einem Brief an Jean-Baptiste Forne fort, der Administrator des Hôtel-Dieu und einer seiner finanziellen Berater war.

Stets aufmerksam überwachte Vinzenz die Entwicklung der Einkünfte seiner Kongregation und schrieb an den Superior des Hauses in La Rose. Diese Gründung stützte sich auf die Rechte, die mit dem Betrieb und der Nutzung der Reisekutschen verknüpft waren. Sie gehörten in den Zuständigkeitsbereich des Königs und waren ein Privileg, das durch einen einfachen Entscheid von Oben sofort aufgehoben werden konnte. Daher machte Vinzenz den Superior von La Rose auf die Ungewissheit seiner Geldmittel aufmerksam und mahnte ihn zur Vorsicht: »Wenn Sie wüssten, wie schwierig es für uns hier ist, das von ihnen eingenommene Geld und ihre wenigen Güter zu erhalten. Sie befinden sich nämlich auf einem der königlichen Landgüter, und unsere Besitzungen sind auf Sand gebaut wegen der Steuern, Kürzungen und häufigen Mehrbelastungen«, und er fügte an: »Viele von uns sind oft unterwegs, bald um Pfändungen rückgängig zu machen, bald um den Weiterverkauf der Kutschen zu verhindern.«[539]

Wenn sich eine günstige Gelegenheit bot, etwa einen Teil einer jährlichen Einkunft zurückzuerhalten, dann wusste Vinzenz zu handeln. Der Superior des Hauses von Le-Mans verfügte weder über die notwendigen Mittel noch hatte er die Möglichkeit, sie sich zu borgen. Darum sprang nun die Kongregation ein, um eine Anleihe aufzunehmen. Vinzenz unterwies ihn, wie er den Kaufvertrag aufsetzen sollte.[540]

Vinzenz, der immer betonte, dass alles besser sei als ein Prozess, zögerte dennoch nicht, dem Superior des Hauses in Saintes zu raten, sich an das Gericht zu wenden, um die Rechte, die an eine Pfründe gebunden sind, zu wahren. Diese Abweichung von seinem Grundsatz rechtfertigte er so: »Man darf nichts verloren gehen lassen von den Rechten Ihrer Pfründe von Saint-Preuil; wenn es also Ihre Meinung ist, dass der Zehnte auf das Halbpachtgut von Herrn Kanoniker d'Albert Ihnen zusteht, muss man ihn behalten. Wenn er sich aber weigert, ihn zu bezahlen, nachdem Sie mit ihm in aller Güte gesprochen haben, dann schalten Sie das Gericht ein … Ich habe großen Kummer, in Prozesse einzuwilligen; aber der Zehnte ist ein besonderer Fall, der im Gewissen verpflichtet, ihn zu bewahren.«[541]

Vinzenz bleib seinen Grundsätzen zwar treu, aber er war auch realistisch. Er räumte ein, dass besondere Fälle auftreten konnten, denen man Rechnung tragen und also gewisse Abweichungen dulden musste: Vinzenz hatte Sinn für Tatsachen und Möglichkeiten.

Nach seiner Zeit als Mitglied des Gewissensrates, in der er einen aktiven und offiziellen Anteil am Kampf gegen den Jansenismus gehabt hatte, blieb er den »neuen Ideen« gegenüber weiterhin wachsam. Er war aufmerksam darauf bedacht, dass sie weder in die Kongregation eindrangen, noch sich unter den Barmherzigen Schwestern oder den Konventen der Heimsuchung, für die er die geistliche Verantwortung hatte, ausbreiten konnten.

Infolge der päpstlichen Verurteilung der fünf Behauptungen aus dem »Augustinus« in der Bulle »Cum occasione« von 1653 hätte der Streit mit den Jansenisten abgeschlossen sein müssen. Der Großteil jener, die von dieser Lehre angetan waren, hatte sich der Autorität des Heiligen Stuhls unterworfen. Aber in Port-Royal hatte Arnauld nicht aufgegeben und weiter polemisiert. Seine Schriften hatten seinen Ausschluss aus der Theologischen Fakultät von Paris im Juni 1656 zur Folge. In diesem Zusammenhang schrieb Vinzenz dem Superior der Mission in Marseille, Firmin Get, und kündigte ihm an, dass er ihm »das andere Buch aus dem Verlag von Port-Royal, das er verlange, nicht schickt, weil man sagt, dass es in allen Büchern, die aus diesem Laden hervorgehen, immer etwas zu widersprechen gibt. Da es Gott gefallen hat, die Kongregation von dieser Lehre rein zu halten, müssen wir uns nicht nur bemühen, diese Reinheit zu bewahren, sondern auch – soweit wir können – vermeiden, dass die anderen sich

durch ihre schönen Reden einnehmen lassen und in ihre Irrtümer verfallen«[542].

Papst Alexander VII. erneuerte die durch seinen Vorgänger ausgesprochene Verurteilung der fünf Behauptungen des
»Augustinus«. In der Bulle »Ad sacrum« vom Oktober 1656
wiederholte er jene Verurteilungen. Nach Abelly besuchte
Vinzenz gleich nach der Veröffentlichung der Bulle diese
Herren von Port-Royal, um ihre Ergebung zu erreichen, »was
jedoch nicht den gewünschten Erfolg hatte«[543].

Blaise Pascal hielt sich zu dieser Zeit in den Grangien (zum
Kloster gehörende Gutshöfe) von Port-Royal auf. Er arbeitete
dort auf Bitte von Arnauld am Manuskript der »Lettres
Provinciales« (Briefe aus der Provinz), einem Werk, das dem
Streit eine polemische Ausrichtung geben sollte. Pascal ergriff
Partei für die jansenistische Strenge gegen die den Jesuiten
nachgesagte Lässigkeit, ohne jedoch die verurteilten Behauptungen zu verteidigen. Es ist unwahrscheinlich, dass Vinzenz
ihm damals begegnete.

Dagegen kennt man die durch Vinzenz unternommenen
Versuche, den Dekan von Senlis, Jean Deslions, zu überzeugen, sich der Autorität der Kirche zu unterwerfen. Dieser
hervorragende Geistliche, Doktor der Sorbonne, wurde von
Vinzenz geschätzt, obwohl er seine Sympathie für die jansе-
nistische Sache lebhaft bedauerte. Er unterhielt mit ihm in
den Jahren 1656 und 1657 eine regelmäßige Korrespondenz.
Nachdem er seine ganze Redekunst eingesetzt hatte, ermunterte ihn Vinzenz mit diesen Worten: »Worauf warten Sie, um
sich zu entscheiden? Warten Sie, dass Gott Ihnen einen Engel
schickt, um Ihnen mehr Klarheit zu bringen? Er wird es nicht
tun; er verweist Sie an die Kirche, und die in Trient versammelte Kirche verweist Sie an den Heiligen Stuhl … Warten

Sie, dass der hl. Augustinus selbst zurückkommt, sich zu erklären? Unser Herr sagt uns, dass man, wenn man den Schriften nicht glaubt, auch das nicht glauben wird, was die von den Toten Auferstandenen uns sagen würden … Warten Sie auf das Urteil irgendeiner berühmten theologischen Fakultät, die diese Frage noch entscheidet? Wo ist sie? Man kennt in der gesamten Christenheit keine gelehrtere als die der Sorbonne, deren sehr würdiges Mitglied Sie sind.«[544]

Vinzenz' Beredsamkeit überzeugte Jean Deslions nicht.

## 22
## DER SO SEHR ERWARTETE FRIEDE
### 1658 – 1659

*Die Mission von Metz – Chevalier (Ritter) Paul und die Expedition nach Algerien – Gegenwind für Madagaskar – Gründung von Seminaren – Materielle und spirituelle Anweisungen – Endlich Friede*

IN DEN ERSTEN JANUARTAGEN 1658 kehrte Monsieur Vinzenz nach Saint-Lazare zurück, nachdem er in der Stadt einen Besuch gemacht hatte. Er saß in seiner Kutsche, auf seine »Schande« schimpfend, die ihn auf dem Pflaster schonungslos hin- und herrüttelte. Er spürte in seinen Beinen schmerzhaft die Stöße des Wagens. Plötzlich gaben die Tragriemen der Karosse nach. Vinzenz wurde auf den Boden geschleudert, und mit seinem Kopf stieß er heftig auf das Pflaster. Infolge dieses Unfalls befiel ihn ein starkes Fieber. Einige Tage war man um seine Gesundheit besorgt. Er erholte sich jedoch nach und nach und war imstande, am 12. Januar an den Herzog de la Meilleraye zu schreiben, um sich für die Verspätung in der Regelung einer Angelegenheit zu entschuldigen, »da ich mir durch einen Sturz eine Wunde am Kopf zugezogen habe«[545]. Dieser Sturz hat seine schon angegriffene Gesundheit stark in Mitleidenschaft gezogen. Aber das hinderte ihn nicht, weiterhin mit leidenschaftlicher Energie all seine Aufgaben zu erfüllen. Sein Geist blieb immer gleich wachsam und rege.

Anna von Österreich, die im November 1657 von einer Reise nach Metz zurückgekehrt war, lud Monsieur Vinzenz zu sich, um ihm ihre Aufregung und Betroffenheit über den vernachlässigten geistlichen Zustand der Bevölkerung dieser Stadt mitzuteilen, von der ein Großteil protestantisch geworden war. Sie bat ihn, dort eine große Mission durchzuführen. Vinzenz lehnte dieses Ansuchen respektvoll ab. Er machte geltend, dass die Regeln seiner Kongregation ihm das Predigen in den Städten, wo es einen Bischof und Präsidialhöfe gab, untersagten, da es deren Sendung sei, das Volk auf dem Land zu evangelisieren. Aber er konnte dem innigen Wunsch Ihrer Majestät entsprechen, indem er diese Mission mit einigen Mitgliedern der Dienstagskonferenzen auf die Beine stellte. Dank seines Organisationstalents regelte er dieses Unternehmen rasch. Er vertraute die Vorbereitung der Mission Jacques-Bénigne Bossuet an, der zu dieser Zeit Domherr und Archidiakon der Kathedrale von Metz war. Dieser stellte sich seinem ehemaligen Lehrer voll und ganz zur Verfügung und rief in seiner Antwort an Vinzenz die in Saint-Lazare verbrachte Zeit in Erinnerung »und den Unterricht, den ich einst durch die Kongregation erhielt«[546].

Diese Mission, deren Leitung Louis de Chandenier, Abt von

Tournus und guter Freund von Vinzenz, übertragen wurde, fand während der Fastenzeit des Jahres 1658 statt. 20 ausgewählte Kleriker lösten sich auf den Kanzeln der Kirchen von Metz vor einer zahlreichen Zuhörerschaft ab. Bossuet beteiligte sich aktiv an diesen Predigten. Er hatte nichts von jenen Domherren, die »glücklich an den Punkt eines ehrenhaften Müßiggangs gelangt sind!«, wie Fléchier formulierte. Er hatte in Saint-Lazare von Vinzenz »die kleine Methode« gelernt, die darin bestand, zu predigen, ohne mit rhetorischen Mitteln zu übertreiben.[547] Wenn er aber an seinen Lehrer schrieb, um ihm über den großen Erfolg der Mission zu berichten, verwendete er dennoch einen etwas übertriebenen Stil: »Ich kann diese lieben Missionare nicht abreisen sehen, ohne Ihnen das allgemeine Bedauern und die wunderbare Erbauung zu bezeugen, die sie uns hinterlassen … Ich würde mit Freude mein Herz über dieses Thema ausschütten, wenn nicht die Wirkung all meine Worte bei weitem überträfe.«[548]

Während die Mission in Metz abgehalten wurde, waren Vinzenz' Gedanken bei einem Unternehmen ganz anderer Art: Man wollte die Türken zur Vernunft bringen, indem man Algier angriff!

Anfang Februar schrieb Vinzenz dem Superior des Hauses von Marseille, Firmin Get, und beauftragte ihn mit einer seltsamen Mission: »Ich danke Gott für den Vorschlag von Monsieur le Chevalier Paul, nach Algier zu gehen, um die Türken zu belangen. Ich bitte Sie, ihn in meinem Namen aufzusuchen und ihm zu diesem Vorhaben, das nur er ausführen kann, zu gratulieren.« Und er fügte hinzu: »Ich schätze mich glücklich, seinen Namen (Paul) zu tragen und ihm einst beim Kardinal meine Ehrerbietung erwiesen zu haben.«[549]

Wer war dieser Ritter, von dem Vinzenz sagte, dass er »sich glücklich schätzt, seinen Namen zu tragen«, und dessen kriegerisches Temperament er billigte? Es handelt sich um eine schillernde Persönlichkeit, deren Leben einem Roman ähnelt. Er soll im Jahre 1597 in einem Kahn zwischen dem Hafen von Marseille und dem Château d'If geboren worden sein. Seine Mutter versorgte als Wäscherin die Wäsche des Gouverneurs dieser Festungsinsel, der als Vater des Kindes galt. Mit 13 Jahren ging der junge Paul als Schiffsjunge an Bord und wurde auf einem Seeräuberschiff Matrose. Danach stellte er sich in den Dienst des Malteserordens. Er errichtete seinen Stützpunkt auf einer kleinen Insel in der Nähe von Mytilene (dem antiken Lesbos). Von dort aus ging er gegen die türkischen Schiffe vor, die unter den berberischen Händlern Schrecken verbreiteten. Aufgrund seines Einsatzes wurde er im Malteserorden zum Kommandanten des Priorats von Saint-Gilles in der Provence ernannt. Mazarin warb ihn für die königliche Flotte an. Seine Teilnahme an den Kämpfen gegen die spanische Flotte und seine spätere aktive Teilnahme bei der Hilfsaktion während der neapolitanischen Revolution bewirkten, dass er vom König als »Chevalier« (Ritter) in den Adelsstand erhoben wurde. Chevalier Paul befehligte als Generalleutnant Armeen der Marine anlässlich der Expedition nach Neapel im Jahr 1654. Da er viele Piratenschiffe kaperte, häufte er sehr großen Reichtum an. Er trug seinen Erfolg zur Schau, indem er sich am Hof in einem Gewand präsentierte, das mit Stickereien aus Gold und Edelsteinen besetzt war. Zugleich trat er jedoch als Verteidiger der Religion auf. Als er mit 70 Jahren starb, vermachte er seinen Reichtum den Armen und ließ sich in ihrer Nähe auf dem Friedhof von Toulon beerdigen.

Vinzenz rechnete also mit diesem Mann, um von den

Türken Rechtfertigung zu erlangen. Man ist überrascht, dass ein Mann des Friedens ohne Weiteres zu kriegerischen Mitteln bereit war, um an sein Ziel zu gelangen. Doch Vinzenz gehörte einem Jahrhundert an, in dem die Verteidigung des Christentums gegen den Islam eine heilige Aufgabe war. In dieser Epoche bewaffneten die katholischen Herrscher unter Führung des spanischen Königs und sogar der Papst selbst Galeeren, um gegen die Türken zu kämpfen. Vinzenz' Einstellung war nicht friedliebender als die der übrigen Kirchenmänner seiner Zeit.

Die Monate vergingen, doch die Flotte des Chevalier Paul machte sich noch immer nicht segelfertig. Vinzenz ersuchte Firmin Get erneut, nach Toulon zu gehen, um die Absichten des Chevalier zu ergründen: »Es wäre gut gewesen, Monsieur Paul zu besuchen, wie ich Sie gebeten habe.«[550] Denn es gab auch die andere Möglichkeit, diese Expedition gegen Algier durch den Herzog von Beaufort ausführen zu lassen, der von seinem Vater, dem Herzog von Vendôme, den Admiralstitel geerbt hatte. Zumindest schien die Herzogin d'Aiguillon darauf zu hoffen, wie Vinzenz in diesem Brief ausführte.

Schließlich traf Monsieur Get in Toulon Chevalier Paul. Vinzenz freute sich offensichtlich: »Ich bin durch Ihren Brief, der mir von Ihrer Reise nach Toulon berichtete und was Sie mit dem Herrn Kommandanten Paul ausgehandelt haben, sehr getröstet worden ... Ich danke Gott für das, was er Sie im Herzen dieses mutigen Mannes finden ließ und für seine Bereitschaft, in die Berberei zu fahren.«[551]

Auf welche Verhandlungen spielte Vinzenz an? Monsieur Get war beauftragt, Chevalier Paul eine Summe von 20.000 Pfund zu versprechen, damit er seine Expedition finanzieren konnte. Vinzenz war es tatsächlich gelungen, 30.000 Pfund zu sammeln, die er nach Marseille geschickt hatte, um Barreau vollständig von seinen Schulden in Algier zu befreien.[552] Jedenfalls dachte Vinzenz, dass es ratsam war, bei einer Person wie diesem ehemaligen Seeräuber vorsichtig zu sein. Daher schickte er im Juli einen weiteren Brief an Firmin Get, damit er bei seinen weiteren Verhandlungen klug vorging und Garantien verlangte: »Ich habe ihm wohl gesagt, dass wir ihm 20.000 Pfund … geben, aber selbstverständlich erst, nachdem er die Sklaven befreit, Bruder Barreau herausgeholt und einen neuen Konsul eingesetzt hat. Denn wenn ihm dies mit Waffengewalt nicht gelingt, muss dieses Geld dazu dienen, das Ziel auf gewöhnlichem Weg zu erreichen, das heißt, diesen Bruder auszulösen und den armen Christen die Möglichkeit zu geben, sich loszukaufen. Ich warte darauf, was er Ihnen zu diesem Vorschlag sagen wird, wenn die Bezahlung an den Erfolg geknüpft ist, ganz ohne Vorschuss.«[553]

Aber das Vorhaben verzögerte sich aus verschiedenen Gründen. Die Expedition fand weder im Sommer 1658 statt, noch 1659. Inzwischen erlitt Bruder Jean Barreau noch weitere öffentliche Schmähungen, da sich ein französischer Kaufmann ihm gegenüber schlecht verhalten hatte. Dieser Kaufmann hatte sein Lager zerstört und seine Waren und sein Personal per Schiff in den Hafen von Livorno gebracht, um eine ortsübliche Steuer nicht zahlen zu müssen. Vinzenz konnte nichts anders tun, als ermutigende Briefe an seine Konsuln von Algier und Tunis zu schicken. Er wusste nicht mehr recht, ob er noch hoffen sollte, dass der Kommandant Paul seine Expedition durchführte, und ob es ratsam war, ihn anzutreiben. Im Sommer 1659 schrieb er dem vorläufigen Superior von Marseille und vertraute ihm seine Ratlosigkeit an: »Wenn die Hoffnung auf diese Summe von 20.000 Pfund ihn dazu brächte, diese Angelegenheit durchzuführen, fänden Sie es dann ratsam, mit ihm darüber zu sprechen, oder soll man die Sache der Vorsehung überlassen?«[554]

Madagaskar war für Vinzenz ein weiterer Anlass zu ständiger Sorge. Die Ostindiengesellschaft und der Herzog von Meilleraye[555] begannen, um dieses Gebiet zu streiten. Die Ostindiengesellschaft hatte durch ein königliches Dekret das alleinige Recht erhalten, Handelsbeziehungen mit der Insel und ihren Besitzungen zu unterhalten. Der Herzog de la Meilleraye (ein Cousin des Kardinals Richelieu), der durch den Hof stark unterstützt wurde, beschloss jedoch, sich mit bewaffneten Schiffen zur Insel aufzumachen. Während die Ostindiengesellschaft Monsieur Vinzenz gebeten hatte, auf diesem Gebiet zu missionieren, hatte der Herzog de la Meilleraye von den Kapuzinern ein Dutzend Priester zu seiner Verfügung erbeten, um sie für denselben Zweck an Bord seiner Schiffe zu nehmen. Vinzenz schrieb dem Herzog Anfang 1658, dass er sowohl zum Rückzug als auch zur Fortsetzung des Werkes in Madagaskar bereit wäre.[556] Nach langen Verhandlungen stimmte der Herzog de la Meilleraye zu, vier Priester und zwei Brüder der Mission an Bord eines seiner Schiffe zu nehmen. Dieses Schiff lief im Mai von Nantes aus, wurde aber bald von einem schrecklichen Sturm erfasst, sodass Masten und Ruder brachen. Es gelang dem Kapitän mit großer Mühe, sich im Hafen von Lissabon in Sicherheit zu bringen. Als das Schiff repariert war und wieder in See stach, wurde es von einem Seeräuberschiff angegriffen, und die Missionare mussten in Spanien das Schiff verlassen. Vinzenz, der in einem Brief diese Reihe von Abenteuern erzählte, zog daraus die Lehre, sich dem göttlichen Willen zu ergeben: »Das ist ein schönes Beispiel, die Führung der göttlichen Vorsehung anzubeten und ihr unsere armen Überlegungen zu übergeben.«[557]

Ein ganzes Jahr verging, bevor ein neuer Aufbruch nach Madagaskar möglich war. Auch war der Herzog de la Meilleraye auf Monsieur Vinzenz zornig, da er ihn verdächtigte, die Ostindiengesellschaft seinem eigenen Unternehmen vorzuziehen. Er stimmte jedoch zu, im November 1659 vier Missionare auf einem seiner Schiffe an Bord zu nehmen. Vinzenz vertraute ihnen einen Brief für Monsieur Bourdaise an, von dem er seit zwei Jahren keine Nachrichten mehr erhalten hatte: »Wenn Sie noch am Leben sind, oh! Wie groß wird unsere Freude sein, wenn wir dessen sicher sein können!« Vinzenz erinnerte sich an den Tod der ersten sechs Missionare auf dieser Insel und zog daraus die Lehre: »Es scheint, mein Herr, dass Gott Sie behandelt, wie er seinen Sohn behandelt hat; er hat ihn in die Welt gesandt, seine Kirche durch sein Leiden zu errichten. Es scheint, dass er den Glauben in Madagaskar nur durch Ihr Leiden einführen will.«[558]

Dieser Brief erreichte nie seine Bestimmung. Das Schiff, auf dem sich die Missionare befanden, wurde in einem Sturm manövrierunfähig. Ein Fischerkahn nahm die Passagiere auf und brachte sie in Saint-Jean-de-Luz an Land. Monsieur Bourdaise war bereits seit zwei Jahren tot!

Ein weiterer Schlag traf Vinzenz im September 1658. Er erfuhr, dass die Kongregation soeben einen Prozess mit den Erben der Wohltäter, die das Gut von Orsigny gespendet hatten, verloren hat. Diese hatten ihren Besitzanspruch reklamiert. Dieser schöne landwirtschaftliche Betrieb bei Saclay war für die Mission sehr nützlich. Das Priorat von Saint-Lazare hatte daraus einen guten Teil der Versorgung bezogen. Vinzenz war damals nicht in Paris und schrieb an seine Gemeinschaft: »Alles, was Gott macht, macht er sehr gut. Folglich dürfen wir hoffen, dass dieser Verlust von Vorteil ist, weil er von Gott kommt.« Und er prophezeite, dass »Gott in seiner anbetungs-würdigen Weisheit diesen großen Verlust auf eine uns noch unbekannte Weise zu unserem Vorteil wenden wird. Sie wer-den es eines Tages sehen«[559]. Vinzenz weigerte sich, gegen das scheinbar umstrittene Urteil Berufung einzulegen. Weniger als fünf Monate später vermachte ein Ratsherr per Testament der Kongregation einen Orsigny gleichwertigen Besitz.

Nach so vielen Unannehmlichkeiten, Sorgen und Mühen konnte sich Vinzenz zurecht über die Erfolge der Mission freuen, sowie über die zahlreichen Anfragen, neue Aufga-ben zu übernehmen, die von überallher an die Kongregation gerichtet wurden. Ganz besonders wurde er in bischöflichen Gesuchen bestürmt, die Leitung ihrer diözesanen Seminare zu übernehmen.

Schon das Seminar von Agde war 1654 durch Bischof François Fouquet der Mission anvertraut worden. Als sein Bruder Louis ihm 1659 auf diesem Bischofssitz nachfolgte, profitierte Vinzenz davon, weil er die Gründung dieses Se-minars auf eine solidere rechtliche Grundlage stellen konnte. Bei dieser Gelegenheit kam auch seine Sorge um die Dauer-haftigkeit seiner Werke zum Ausdruck: »Es ist notwendig, dass mein besagter Seigneur d'Agde bereit ist, einen Neubau seines Seminars durchzuführen und dass er dessen Leitung für immer der Kongregation übergibt.«[560] Der Bischof von Meaux, Dominique Séguier, wandte sich gegen Ende 1658 auch an die Kongregation, um eine peinliche Lage seines Diö-zesanseminars, die durch schlechte Verwaltung zustandegekommen war, wieder zu bereinigen.[561] Dann bat der Bischof von Montpellier, François de Bosquet, Vinzenz, sein Seminar »vorübergehend« zu übernehmen. Dieser ließ sich entgegen seiner Gewohnheit erweichen, ohne Zeit gehabt zu haben, das Schriftstück gründlich zu studieren. »Ich sehe wohl, dass ich voreilig war«, gestand er Monsieur Get, der dieses Seminar leiten sollte und fuhr fort: »Das ist gegen die gute Ordnung und gegen unsere Sitte, uns für eine bestimmte Zeit und nicht auf Dauer an einen Ort zu binden.« Aber was geschehen war, war geschehen, man musste versuchen, das Beste daraus zu machen. Nun gab Vinzenz dem neuen Direktor, der in einer Diözese arbeiten musste, die »sehr stark durch die Irrlehre angesteckt« war, folgende Ratschläge: »Das Hauptziel in der Erziehung der Kleriker muss sein, sie zum inneren Leben, zum Gebet, zur Sammlung und zur Vereinigung mit Gott hinzulenken, umso mehr, als die Geister in diesem Land von Natur aus für Zerstreutheit offen sind.«[562]

Vinzenz war an einer Gründung in Korsika interessiert. Er unterhielt sich darüber mit seinem Superior im Haus von Genua, da die Insel zu dieser Zeit unter der Autorität der genuesischen Republik stand. Er riet, einen französischen Superior mit zwei italienischen Priestern dorthin zu schicken.[563]

Der zum Erzbischof von Narbonne ernannte François Fouquet erbat im September 1659 Vinzenz' Hilfe. Dieser schickte ihm drei Priester, um das diözesane Seminar zu leiten und um Missionen durchzuführen, und gab ihm dazu noch drei Barmherzige Schwestern.[564]

Er widerstand hingegen den drängenden Bitten, die von verschiedenen Seiten an ihn gerichtet wurden, sich mit der Kongregation in Betharram (bei Lourdes) niederzulassen. Es handelte sich dabei um einen vielbesuchten Wallfahrtsort, der durch einen Priester der Kongregation Notre-Dame-du-Calvaire versorgt wurde. Vinzenz sah keine Möglichkeit, seine Gemeinschaft mit dieser Kongregation, deren Auftrag ein ganz anderer war, zu vereinen.[565] Dieses Vorhaben wird jedenfalls nach Vinzenz' Tod fallen gelassen.

Eine tägliche Aufgabe von Vinzenz, der die ungefähr 250 Mitglieder der Kongregation persönlich kannte, blieb die Leitung der 23 Häuser der Mission in Frankreich und der ausländischen Niederlassungen. Er empfing von ihnen reichlich Post, auf die er pünktlich antwortete. Er hatte es sich zur Regel gemacht, jede Woche den Superioren seiner wichtigsten Häuser zu schreiben. Vor allem gab er Ratschläge zur Verwaltung: »Binden Sie sich an keinen Ort, wo Sie nicht Ihr Auskommen finden«, schrieb er dem Superior der polnischen Mission.[566] Er bestand stets darauf: Die Missionare dürfen nicht eine Belastung für die Pfarrei sein, in der sie predigen. Es ist also notwendig, dass die Häuser, zu denen sie gehören, über sichere und ausreichende Einnahmequellen verfügen. Vinzenz zögerte nicht, ins Detail zu gehen. So verlangte er, den genauen Wert eines der Kongregation übergebenen Hofes zu erfahren, und diktierte dann diesen Brief: »Es ist notwendig, dass Sie sich geschickt erkundigen …, um zu wissen, wie viele Morgen Land er umfassen sollte, und wenn es 26 sind, was dann aus den anderen fünf geworden ist, von denen man sprechen hört, und wer diejenigen sind, die sich ihrer bemächtigt haben … Erkundigen sie sich auch, ob die Böden gut sind und was sie in einem gewöhnlichen Jahr an Ertrag erzielen könnten.« Eigenhändig fügte er an: »Von diesem kleinen Gut hatte man jährlich ein Einkommen von 50 Écus.«[567]

Abwechselnd mit seinen materiellen Anweisungen gab Vinzenz seinen Priestern im selben Schreiben geistliche Unterweisung. Er ermunterte sie, sich vor allem in Demut zu üben: »Streben Sie immer nach unten, zur Liebe Ihrer Niedrigkeit, zum Wunsch nach Verachtung und Beschämung, gegen die natürliche Neigung zu scheinen und Erfolg zu haben.«[568]

Er erinnerte die Haussuperioren an ihre Pflicht zur Festigkeit jenen gegenüber, für die sie Verantwortung trugen, »vorausgesetzt, dass das immer im Geist der Sanftmut geschieht«. So riet er dem Superior von Le-Mans: »Sie dürfen es keineswegs zulassen, dass jemand die Dinge, die er zu tun hat, nur halb tut. Noch weniger dürfen Sie sich damit belasten, seine Nachlässigkeit selbst auszugleichen, das würde Sie überfordern.«[569]

Für einen jungen Bruder, der sich beklagte, keine »Neigung für die Regeln, noch für die Übungen« zu haben, der sich also in der Kongregation nicht wohlfühlte und seine Berufung infrage stellte, nahm sich Vinzenz Zeit, einen langen Brief in einem zugleich liebevollen wie entschiedenen Ton an ihn zu richten: »Um Ihr Übel zu heilen, ist es notwendig, es zu kennen. Nach meiner Einschätzung ist es Schlaffheit des Willens und Trägheit des Geistes für die Dinge, die Gott von Ihnen verlangt. Das erstaunt mich nicht. Alle Menschen sind von Natur aus in diesem Zustand.« Aber, fügte er hinzu, manche überwänden diese Trägheit, andere nicht, jene nämlich, »die es nicht unterlassen, außer Gott andere Dinge zu lieben. Diese Dinge sind die Freuden des Körpers, die die Seele schwerfällig machen für die Übung der Tugenden. Das ist es, was die Trägheit, die der Fehler der Kleriker ist, zeugt und nährt«. Und Vinzenz endete seinen Brief mit den Worten: »Der Himmel erleidet Gewalt, man muss kämpfen, um ihn zu erringen. Man muss die Gefühle des Fleisches und Blutes bekämpfen bis zum Ende.«[570]

Er beschränkte seine Aufgabe als Generalsuperior nicht auf die Abfassung dieser vielen Briefe (30.000 Briefe zählte man, bevor sie während der Revolution zum Großteil vernichtet wurden). Er verpflichtete sich, jede Woche in Saint-Lazare die Mitglieder der Kongregation zu versammeln, wie er es gleichfalls für die Barmherzigen Schwestern machte, um Gespräche zu führen, die er mit Einfachheit und Gutmütigkeit beseelte. Im Frühling 1658, am Freitag, den 17. Mai, übergab Vinzenz den Mitgliedern seiner Kongregation feierlich den Text der »Regeln der Kongregation«.[571] Er hatte »etwa 33 Jahre gewartet«, bevor er sie in ihrer endgültigen Form herausgab und drucken ließ. Er bat die Empfänger, sie »nicht als Produkt des menschlichen Geistes anzusehen, sondern als von Gott inspiriert«.

Ab jetzt bezogen sich Gespräche mit den Missionaren wesentlich auf die Erklärung und Auslegung dieser Regeln, denen er eine vorrangige Bedeutung beimaß. Dieser Text war in der Tat sein Testament, denn er wusste, dass seine Tage jetzt gezählt waren.

Es kostete ihn enorme Anstrengung und Kraft, sein Zimmer zu verlassen und zu diesen Konferenzen zu gehen. Er bewegte sich immer schwerer von einem Platz zum andern. Anfang Dezember 1658 vertraute er seinem Freund, dem Abt Louis Chandenier, an: »Mein immer stärker werdendes Übel in den Beinen ist der Grund, warum man mir nicht mehr erlaubt, an den Dienstagskonferenzen teilzunehmen, seit sie im Collège des Bons-Enfants stattfinden.«[572]

Anfang 1659 fühlte er sich so schlecht, dass er ernsthaft ans Sterben dachte. Daher schrieb er Briefe, die, wie er glaubte, die letzten waren, an Kardinal de Retz und an seinen ehemaligen Herrn Philippe-Emmanuel de Gondi: »Der gebrechliche Zustand, in dem ich mich befinde, und ein kleines Fieber, das mich befallen hat, lässt mich aufgrund meiner ungewissen Zukunft (folgende) Vorsichtsmaßnahme treffen: (Ich werfe) mich Ihnen, Monseigneur, im Geist zu Füßen ..., um Sie wegen der Beschwernisse, die ich Ihnen durch meine bäuerliche Schwerfälligkeit bereitet habe, um Verzeihung zu bitten, und Ihnen sehr demütig für die liebevolle Unterstützung, die Sie mir erwiesen haben, zu danken.«[573]

Seine robuste körperliche Verfassung gewann noch einmal die Oberhand, und drei Monate später schrieb er an Louise de Marillac, um ihre Aufregung zu besänftigen: »Dank der Gnade Gottes und Ihres Beistandes fühle ich mich besser. Ich hatte einen Fieberanfall, verursacht durch eine Erkältung. Sie brachte mir ein Frösteln und darauf die Hitze, wie gewöhnlich; es ist eine Art von Fieber, zu dem ich sehr neige.«[574] Jedenfalls war dieses »besser« sehr relativ, die Beine trugen ihn nicht mehr, und er war dazu verurteilt, in Saint-Lazare zu bleiben. Er erhob sich, um seine Messe zu lesen und um bei den Konferenzen dabei zu sein, die er immer noch leiten wollte. Im Juli schrieb er an den Superior von Saintes: »Ich bin nicht auf andere Weise krank und dennoch bin ich seit sieben oder acht Monaten nicht mehr ausgegangen wegen meines Beinleidens, das stärker geworden ist. Außerdem habe ich eine Schwellung an einem Auge, die nicht besser wird, obwohl ich mehrere Heilmittel anwende.«[575]

Am Ende des Jahres schrieb er an Monsieur Bourdaise, den er immer noch in Madagaskar am Leben glaubte, und empfahl ihm, für ihn zu beten: »Denn ich werde es nicht mehr lange schaffen, wegen meines Alters, das auf 80 Jahre zugeht, und wegen meiner schlechten Beine, die mich nicht mehr tragen können.«[576]

Obwohl Vinzenz in Saint-Lazare zur Untätigkeit gezwungen war, hielt er sich über die Angelegenheiten des Königreiches auf dem Laufenden. Er wusste, dass nach dem Sieg der königlichen Armeen unter der Führung von Turenne im Juni 1658 die Spanier entschlossen waren, einen Friedensvertrag zu erwirken. Der Haupttrumpf und das zukünftige Friedensband war die Heirat des jungen Königs von Frankreich mit der Infantin von Spanien. Geheime Verhandlungen wurden eröffnet, die nach so vielen Kriegsjahren schwierig waren. Aber im Mai 1659 begannen über diesen so sehr ersehnten Frieden Gerüchte aufzutauchen. Vinzenz, der gut informiert war, schrieb darüber Anfang Mai: »Möge es Gott gefallen, mit diesem armen Volk Mitleid zu haben! ... Man spricht vom Frieden wie von einer vollendeten Tatsache: Das wird für die armen Grenzgebiete eine große Wohltat sein.«[577]

Am 4. Juni wurde in Paris tatsächlich schon ein Erstentwurf unterzeichnet, aber bis zu einem endgültigen Vertrag blieb noch ein langer Weg zu durchlaufen. Monatelang fand ein Wortgefecht statt zwischen Kardinal Mazarin und dem spanischen Ministerpräsidenten, Don Luis de Haro, die sich auf der Fasaneninsel an der Grenze der beiden Königreiche trafen. Der Friedensvertrag wurde erst am 7. November unterzeichnet: Der Pyrenäenvertrag setzte einem mehr als 25 Jahre dauernden Konflikt ein Ende.

Vinzenz dankte Gott. Damit endeten nun die Leiden des armen Volkes – er hoffte es zumindest.

# 23
## LETZTE PRÜFUNGEN
### 1660

*»Dieser erbärmliche Brief«* – *Vinzenz' rätselhafte Gefangenschaft* – *Bei der Arbeit bis zuletzt*

VINZENZ FREUTE SICH über den endlich hergestellten Frieden im Königreich, wusste aber, dass er ihn nicht mehr genießen konnte. Für ihn war das Ende seines irdischen Weges gekommen. Von seinem Zimmer aus, in das er verbannt war, schrieb er im Januar an einen seiner ersten und nächsten Mitarbeiter, Jean Dehorgny: »Ich kann nicht mehr hinuntergehen, da meine Beine schlechter sind, als sie es noch im Sommer waren.«[578] Zwei Monate später konnte er nicht einmal mehr stehen: »Ich bin ziemlich gesund, nur meine Beine erlauben mir nicht mehr, die heilige Messe zu lesen, und zwingen mich, ständig zu sitzen.«[579] Schließlich willigte er ein, in ein Zimmer mit Kamin gebracht zu werden, wobei er über den Luxus schimpfte, den man ihm aufzwang.

In diesem erbärmlichen Zustand wurde Vinzenz, der so gut wie bettlägerig war, Schlag auf Schlag von zwei schmerzlichen Prüfungen getroffen. Innerhalb eines Monats verlor er zwei Menschen, die ihm besonders teuer waren und seit langer Zeit an seiner Seite wirkten. Am 14. Februar erfuhr er vom Tod des »guten Herrn Portail«[580] und am 15. März vom Hinscheiden Louise de Marillacs. Sie starb, erschöpft von 30 Jahren völliger Hingabe an die Armen und Kranken, die sie mit ihren Barmherzigen Schwestern leistete.

Diese Abschiede nahm Vinzenz ganz ergeben an. Das hinderte ihn aber nicht, mit seinem menschlichen Herzen zu leiden. Zudem verstärkten diese Prüfungen eine geheime Qual, die seit mehreren Monaten an ihm nagte. Da er sein Ende nahen fühlte, drängte es ihn, am 18. März an den Domherrn de Saint-Martin in Dax diesen seltsamen Brief zu schreiben: »Ich beschwöre Sie bei allen Gnaden, die es Gott gefallen hat, Ihnen zu erweisen, mir diesen erbärmlichen Brief, der die Türkei erwähnt, schicken zu lassen. Ich spreche von jenem, den Monsieur d'Agès unter den Papieren seines Herrn Vaters gefunden hat. Ich bitte Sie erneut bei der Liebe unseres Herrn Jesus Christus, mir schnellstmöglich die Gnade zu erweisen, die ich von Ihnen erbitte.«[581]

Was war das für ein »erbärmlicher Brief«, der Vinzenz derart beunruhigte?

Man muss ungefähr zwei Jahre zurückgehen. Vinzenz hatte im Juli 1658 einen Brief des Domherrn de Saint-Martin erhalten, der ihn informierte, dass sein Neffe, Saint-Martin d'Agès[582], als er die Papiere seines Vaters ordnete, zwei alte Briefe aus den Jahren 1607 und 1608 an den Richter Monsieur de Comet gefunden hatte. Das waren die Briefe, die Vinzenz ihm nach seinem Abenteuer aus Avignon und Rom geschickt hatte. Dieser gute Domherr, der überzeugt war, dass der Verfasser dieser Berichte glücklich sein würde, sie wieder lesen zu können, hatte ihm davon Kopien zukommen lassen. Vinzenz aber beeilte sich, diese Schriftstücke zu vernichten und schrieb sogleich, dass er die Originale zu empfangen wünschte.

Bruder Ducournau hatte die Herren Portail, Dehorgny und Alméras, die einen Direktionsrat beim Generalsuperior bildeten, alarmiert. Auf »ihren Befehl« hin hatte er in den Umschlag, der die Antwort von Vinzenz an den Domherrn von

Saint-Martin enthielt, eine Notiz geschoben, in der er ihn bat, die Originale der betreffenden Schriftstücke an Jean Watebled, den Superior des Collèges des Bons-Enfants, zu schicken. Beim Empfang dieser Schriftstücke im August 1658 hatte Bruder Ducournau dem Domherrn mit folgenden Worten gedankt: »Sie haben uns einen verborgenen Schatz aufgedeckt, als Sie uns diese Briefe schickten. Wenn diese Briefe in seine Hände gefallen wären, hätte sie niemals jemand gesehen …; und damit er nicht weiß, dass wir sie haben, hat man den Ihren verschwinden lassen … Sollte er Sie erneut um die seinen bitten, können Sie ihm schreiben, dass Sie sie an ihn adressiert haben, und bedauern, dass er sie nicht erhalten hat.«[583]

So erwartete Vinzenz immer ungeduldiger die Zusendung dieser Dokumente und fürchtete zu sterben, bevor er sie vernichten konnte.

Es mag überraschend erscheinen, dass es sich in einer Kongregation, deren Mitglieder das Gelübde des Gehorsams abgelegt hatten, einige erlaubten, Briefe verschwinden zu lassen, die an ihren Generalsuperior adressiert waren. Man erinnert sich daran, wie Vinzenz gegen den Superior von Tréguier aufgebracht war, der sich für berechtigt gehalten hatte, einen Brief zu lesen, der für ein Mitglied seines Hauses bestimmt gewesen war: »Das ist ein unerhörter Fehler!«, hatte er ausgerufen. Man unterschlug nicht nur seine Post, sondern forderte sogar den guten Domherrn de Saint Martin dazu auf, die Wahrheit zu verheimlichen.

Bruder Ducournau rechtfertigte diese Tat, die ihm durch die verantwortlichen Patres vorgeschrieben worden war, so: »Um nichts in der Welt wollten sie sie (die Briefe über die Berberei) nicht empfangen, weil sie Dinge enthalten, die eines

Tages das Ansehen des heiligmäßigen Lebens der Person vermehren werden, die sie geschrieben hat.« Schon dachte man an die Zeit nach Vinzenz und die Abfassung seiner Legende! Zweifellos waren die Absichten dieser Patres rein.

Was immer es auch sein mochte, dank dieser List tauchte die verwirrende Geschichte über Vinzenz' Gefangenschaft in der Berberei nach 50 Jahren wieder auf. Daraus ergaben sich viele Fragen: Warum hatte Vinzenz über diesen Lebensabschnitt immer Schweigen bewahrt? Warum wollte er die Schriftstücke, die darauf hinwiesen, vernichten? In seinem Brief an den Domherrn de Saint-Martin gab Bruder Ducournau eine Erklärung, die fast alle Biografen von Vinzenz von Paul aufgriffen: »Er hat uns sehr oft gesagt, dass er ein Bauernsohn sei, dass er die Schweine seines Vaters gehütet habe und andere demütigende Dinge. Aber er verschwieg uns jene, die ihm Ehre einbringen konnten, wie beispielsweise Sklave gewesen zu sein, um nicht das Gute sagen zu müssen, das daraus hervorging.«[583]

Vinzenz verschwieg demnach aus Demut diese Zeit seines Lebens. Jene Erklärung scheint nicht ganz überzeugend.

Geht man dem Ursprung dieser Angelegenheit nach, kommt man zu weiteren Hypothesen. Als Vinzenz nach seinem zweijährigen Verschwinden wieder aufgetaucht war, erklärte er seine Abwesenheit in mehreren Briefen, die er vor allem an Monsieur de Comet richtete. Aber die Art, wie Vinzenz in diesen Briefen die Bedingungen seiner Gefangenschaft und seine Flucht schilderte, war weder vollständig noch ganz wahrheitsgetreu. Daher wollte er zunächst diese Zeit nicht ausführlicher behandeln. Im Laufe der Jahre wurde es für ihn immer schwieriger, das Schweigen über dieses Abenteuer zu brechen. An Gelegenheiten, die seine Erfahrung wachrufen konnten, mangelte es nicht, besonders als er darauf bestand, die Missionare in den Konsulaten von Tunis und Algier zu belassen, trotz all der erlittenen Enttäuschungen.

Jedenfalls sagte er nichts, was seinen Aufenthalt in der Berberei direkt bestätigte. Jedoch sein Leben lang fügte er gerne Erklärungen über Sitten und Gewohnheiten der Türken in seinen Gesprächen und Konferenzen hinzu, als ob er sie mit seinen eigenen Augen gesehen hätte.[584]

Als er erfuhr, dass »dieser erbärmliche Brief, der die Türkei und besonders die Alchimie erwähnt«, aufgetaucht war, hatte sich seine persönliche Stellung gänzlich geändert. Er war jetzt Gründer und Generalsuperior einer Kongregation, der Initiator vielfältiger Werke, geistlicher Leiter der Klöster der Heimsuchung, kurz, in seinem Jahrhundert eine moralische Autorität. Die Verbreitung eines solchen Schriftstücks konnte schockierende Folgen mit sich bringen – nicht nur für ihn, das würde er gerne als Erlösungsleiden ertragen – sondern für die Mission, für die Barmherzigen Schwestern, für all jene, die durch sein Beispiel und seine Ausstrahlung geprägt worden waren.

Es soll nur ein Punkt angeführt werden: In seinem ersten Brief an Monsieur de Comet erklärte er ganz klar, dass er sich unter der Leitung seines spagirischen Meisters Experimenten der Alchimie gewidmet hatte. Der fromme Bruder Ducournau sprach darüber, um diese Experimente zu rühmen: »Die Gefangenschaft dieses barmherzigen Menschen hat ihm die Kenntnis der Alchimie verschafft. Er hat sich ihrer besser bedient, als es jene machen, die die Natur der Metalle verändern; denn er hat das Böse zum Guten umgewandelt, den Sünder zum Gerechten, die Sklaven zur Freiheit und die Hölle zum Paradies, und das auf so vielfältige Weise, als es in unserer Gemeinschaft Werke gibt.«[583] Der Bruder oder die Patres, die den Text dieses Briefes verfassten, bewiesen edle Gesinnung, aber sie verfälschten die Tatsachen. Die Alchimie wurde im 17. Jahrhundert als eine Praxis angesehen, die sowohl der Magie als auch der Zauberei gleichgestellt war. Sie wurde sowohl von der Kirche als auch von der weltlichen Macht verurteilt. Das wäre ein schöner Skandal gewesen, wenn man verbreitet hätte, dass Monsieur Vinzenz sich ähnlichen Praktiken gewidmet und sogar einen römischen Prälaten darin einweihte hatte. Umso schlimmer, da dieser Prälat sich vor dem päpstlichen Hof und vor dem Papst selbst Geltung verschaffte, indem er Kunststücke wiederholte, die Vinzenz ihm beigebracht hatte! (Im Brief aus Rom wurde der Begriff Alchimie nicht mehr verwendet.) Die Veröffentlichung dieser Briefe hätte noch weiteren Schaden anrichten können. Man hätte sicher die verschiedenen darin enthaltenen Behauptungen und die berichteten Tatsachen genauestens untersucht. Noch lebende Zeugen hätten vielleicht sogar hervorheben können, dass der junge Vinzenz gewisse Ereignisse beschönigt, zurechtgebogen oder verdunkelt hatte. Man muss unterstreichen, dass ein bemerkenswerter Unterschied bestand zwischen den oft erwähnten Situationen junger Menschen, die »400 Dinge gedreht haben«, bevor sie auf dem Weg der Heiligkeit gingen, und Vinzenz' Stellung, der zur Zeit seiner Abenteuer bereits zum Priester geweiht war.

Man versteht die Aufregung des geschwächten und bettlägerigen Vinzenz, der in der Angst vor der Verbreitung dieses »erbärmlichen Briefes« lebte.

Trotz seines Alters und seiner Gebrechlichkeit war Vinzenz aber von unbezwingbarer Energie. Von seinem Zimmer aus, das er nicht mehr verlassen konnte, beseelte er weiterhin die Kongregation und schrieb Briefe an seine Missionare. Er dachte an die Zukunft der Kongregation, indem er für die Errichtung von Archiven den Superioren der Häuser der Mission eine Richtlinie gab: »Ich bitte Sie, von jetzt an die Briefe, die man Ihnen schreibt, und jene Ihres Hauses aufzubewahren, wenn sie irgendeine bemerkenswerte Besonderheit enthalten, die als Instruktion für die Zukunft dienen kann.«[585]

Bezüglich des Grundbesitzes riet er dem Superior des Hauses in Richelieu: »Ich bin keineswegs der Meinung, dass Sie den Boden mit Ihren Händen nutzbar machen sollen, weil das nicht unsere Aufgabe ist … Deshalb werden Sie wohl gut daran tun, Pächter zu suchen, um sich nicht um alle Dinge und um die Feldarbeit kümmern zu müssen.«[586] Er interessierte sich für die Tätigkeit des Missionars Guillaume Desdames, der in einem Dorf bei Warschau arbeitete: »Ich bin sehr froh, den Zustand Ihrer weltlichen Güter und die Hilfsmittel für Seele und Leib zu sehen, die Sie für die Bedürfnisse Ihres Dorfes geschaffen haben.« Und er gab Nachricht aus Frankreich: »Von allen Seiten verlangt man von uns Männer, aber wir haben keine. Oh Gott, Monsieur, welch großer Schatz ist ein guter Missionar.« Dann fuhr er mit Hinweisen auf die Missionen fort, die durch Pater Eudes und seine Priester gehalten wurden. Er freute sich über ihren Erfolg und unterstrich, dass die Kongregation am Beginn dieser Evangelisierungsbewegung stand: »Es ist uns ein Trost zu sehen, dass unsere kleinen Tätigkeiten so schön und nützlich erschienen, dass sie andere zur Nachahmung angeregt haben.«[587]

Und siehe da, in Rom sprach man davon, ein Seminar zu eröffnen, das der Kongregation anvertraut werden sollte, um Priester für die ausländischen Missionen auszubilden. Vinzenz schrieb sogleich an Edme Jolly, den Superior des römischen Hauses: »Ich preise Gott dafür, dass man uns in Rom für den Plan, ein Seminar für die ausländischen Missionen einzurichten, vorgesehen hat.« Vinzenz war sich jedoch vollkommen der Schwierigkeiten, die mit diesen fernen Missionen verbundenen waren, bewusst: »Tatsächlich wird es schon einige geben, die gerne in das Seminar eintreten werden, aber um tatsächlich diese fernen Missionen mit der Entsagung und dem Eifer, die es dazu braucht, durchzuführen, werden sich nur wenige finden.«[588]

Er führte auch die Gespräche mit den Barmherzigen Schwestern weiter. Sie kamen nach Saint-Lazare und begaben sich in einen seinem Zimmer benachbarten Saal. Da er Louise de Marillac eine letzte Ehre erweisen wollte, sprach er zu ihnen bei zwei Zusammenkünften im Juli über die Tugenden ihrer verstorbenen Oberin.[589] Ebenso versammelte er weiterhin die Mitglieder der Kongregation für wöchentliche Konferenzen. Er kam dabei auch auf jüngste Ereignisse zu sprechen, beispielsweise auf den Tod Monsieur Portails und seines Freundes Louis de Chandeniers im Mai, deren beispielhaftes Leben er in Erinnerung rief. Er sprach auch über die Anforderungen des inneren Lebens. Ab Juli widmete er seine letzten Gespräche der weiteren Erklärung der Kongregationsregeln, die in seinen Augen überaus wichtig waren.[590]

Welchen Mut und welche Widerstandskraft finden wir bei diesem kranken Mann, der unaufhörlich von Schmerzen in seinen Beinen geplagt wurde und sich in den Versammlungssaal tragen ließ, wo er während der für ihn so anstrengenden Versammlungen ein heiteres und lächelndes Gesicht zeigte!

Nach dem großen Missionserfolg in Metz hatte Anna von Österreich Vinzenz die bedeutende Summe von 60.000 Pfund anvertraut, um in dieser Stadt eine Niederlassung der Kongregation zu gründen. Er hatte Bossuet gebeten, sich mit dieser Angelegenheit zu befassen und ein Haus und einen Grundbesitz zu finden. Die Briefe von Bossuet, die Vinzenz zu diesem Thema im August empfing, brachten ihm eine letzte Genugtuung.

Sein Gesundheitszustand verschlechterte sich jetzt schnell: »Ich bin immerfort schwach und der gute Gott, der mich niederwirft, stützt mich dennoch in dem erbärmlichen Zustand, in dem ich lebe«, schrieb er am 18. August an René Alméras. Alméras war selbst auf dem Weg der Genesung, und Vinzenz ermuntert ihn, rasch gesund zu werden: »Das hängt von der Ruhe und von den Heilmitteln ab, die Sie zur Verfügung haben, und vor allem vom Willen Gottes, der Ihnen die notwendigen Kräfte des Körpers und des Geistes für die Pläne, die er mit Ihnen in der Gemeinschaft hat, nicht verweigern wird.«[591] Vinzenz dachte demnach daran, dass René Alméras in allernächster Zeit berufen sei, ihm an der Spitze der Kongregation nachzufolgen. Er hatte schon seinen Namen auf ein Dokument geschrieben, das er in einer Kassette verwahrt hielt, die bei seinem Tod geöffnet werden sollte.

In einem seiner letzten Briefe vom 17. September, zehn Tage vor seinem Tod, behandelte Vinzenz noch in einem langen Schreiben an Firmin Get, den Beauftragten des Hauses von Marseille, alle Fragen, die die Gemeinschaft betrafen. Ganz besonders wies er auf die letzten Nachrichten aus Algier hin. Chevalier Paul hatte sich schließlich mit einer Flotte von 15 Schiffen segelfertig gemacht. Er war Anfang September vor der Küste von Algier, konnte aber wegen des schlechten Wetters nicht anlegen. Er konnte nur etwa 40 Sklaven auflesen, die schwimmend geflohen waren, als sie die Schiffe mit französischer Flagge gesehen hatten. Und Vinzenz notierte: »Ich habe eine Unruhe, die mir eine unsagbare Qual verursacht. Das Gerücht ist hier im Umlauf, der Kommandant Paul habe Algier belagern lassen, aber man kennt das Ergebnis nicht.«[592]

So war die Berberei sein ganzes Leben lang eine geheime Sorge, Gegenstand seiner Qualen und Ängste.

Am nächsten Tag, dem 18. September, fiel Vinzenz in einen Zustand extremer Schwäche. Er ließ sich am 26. September in das Oratorium auf seinem Stockwerk tragen, wo er, nur halb bei Bewusstsein, der Messe beiwohnte. Er empfing am Abend das Sakrament der Krankensalbung und entschlief sanft am nächsten Morgen: »Er blieb sitzen, wie er war: Schön, majestätischer und verehrungswürdiger als je. Er starb auf seinem Stuhl, vollständig angezogen, in der Nähe des Feuers.«[593] Es war gegen vier Uhr morgens, zu einer Stunde, in der er seit so langer Zeit die Gewohnheit hatte, sich zu erheben, um einen Tag des Gebetes und der tätigen Nächstenliebe zu beginnen.

# EPILOG

VINZENZ VON PAUL hat die Geheimnisse seines Lebens mit ins Grab genommen. Als die Kirche ein halbes Jahrhundert nach seinem Tod den langen Prozess seiner Seligsprechung und dann seiner Heiligsprechung eröffnete, wurde seine sterbliche Hülle exhumiert. Da stellte man fest, dass sie vollkommen erhalten war. Seine Taten, seine Schriften und Gedanken wurden kritisch und systematisch überprüft.

Würde der »Förderer des Glaubens« (auch Teufelsadvokat genannt), Prospero Lambertini, der zukünftige Papst Benedikt XIV., der mit dieser Angelegenheit beauftragt wurde, Vinzenz' Geheimnisse enthüllen?

Zunächst war er bestrebt, Vinzenz' Beziehung zum Abt von Saint-Cyran, der ja als Begründer des Jansenismus galt, gründlich zu untersuchen. Hatte Vinzenz' Zeugenaussage, in der er seinen ehemaligen Freund rechtfertigen wollte, nicht etwa schuldhafte Beziehungen verborgen, oder war sie sogar teilweise unwahr gewesen? Dem Verteidiger, auch Postulator bezeichnet, Monsieur Couty, einem Missionspriester, gelang es, diese erste Hürde zu nehmen.

Der eigentliche Prozess begann im Dezember 1717. Die Anklage hatte zahlreiche strittige Punkte gesammelt. Darunter waren: Vinzenz' Empfang der niederen Weihen, Subdiakonat und Diakonat im Laufe desselben Jahres ohne Dispens von Rom; seine Assistenz bei Experimenten der Alchimie in der Türkei; die allzu schnelle Preisgabe seiner Pfarreien Clichy und Châtillon-les-Dombes; der Skandal, der durch den

Konflikt zwischen seinen Missionaren und den Benediktinern von Saint-Méen hervorgerufen wurde[594] ... Sogar seine Gewohnheit, Schnupftabak zu verwenden, wurde als Anklage eingetragen. Dieser letzte Punkt konnte dank der glücklichen Entdeckung eines ärztlichen Zeugnisses, das Vinzenz diese Praxis empfahl, um einen hartnäckigen Schnupfen zu bekämpfen, aufgehoben werden!

Diese Anklagen gingen im Wesentlichen zum einen auf die Anhörung von etwa 300 Zeugen, die Vinzenz zu seinen Lebzeiten gekannt hatten, und auf seine Korrespondenz zurück, zum anderen auf das von Louis Abelly, dem Bischof von Rodez, geschriebene Werk, das vier Jahre nach dem Tod des Superiors der Kongregation der Mission erschienen war. In dieser Hagiografie war das Geburtsdatum um fünf Jahre vorgeschoben worden, um seine verfrühte Priesterweihe zu verheimlichen, die er tatsächlich mit nur 20 Jahren empfangen hatte.[595] Seine Teilnahme an den alchimistischen Experimenten wurde in diesem Buch verharmlost: Vinzenz sagte, »dass es seinem Meister gefiel, mit ihm über Alchimie zu sprechen«. Abelly fügte sogleich hinzu, dass sich Vinzenz beeilte, »in sich alle Kenntnisse, die der spagirische Arzt ihm über verschiedene schöne Geheimnisse der Natur und der Kunst vermittelt hatte, auszulöschen«.

Die aus Avignon und Rom geschickten und auf diese Weise gekürzten und entschärften Briefe konnten so das Dossier des Teufelsadvokaten keineswegs bereichern. Die Kongregation hatte es scheinbar unterlassen, die vollständigen Texte mitzuteilen, da sie die Debatte gewiss nicht weiter verschärfen wollte: Abelly erklärte selbst, er habe nicht anhand der Originale, sondern anhand von Kopien gearbeitet.

Alles, was der Bericht zudem über die Gefangennahme, die

Inhaftierung und über die Flucht an Fragen aufwarf, schien nicht den leisesten Verdacht des Teufelsadvokaten erregt zu haben. Nach fast 30 Jahren Untersuchungen, Zeugenaussagen und Debatten mit Darlegung und Analyse von acht Fällen wunderbarer Heilungen, von denen die Hälfte beglaubigt worden war, verkündete schließlich Papst Clemens XII. am 16. Juni 1737 feierlich die Heiligsprechung von Vinzenz von Paul.[596]

Wenn die beiden Prozesse der Selig- und der Heiligsprechung auch nicht den Schleier von den dunklen Stellen in Vinzenz' Jugend heben konnten, ermöglichten sie aber, die heroischen Tugenden seines restlichen Lebens gänzlich ins Licht zu rücken.

Auf jeden Fall, und das ist das Wesentliche, haben sein Beispiel und seine Botschaft eine immer größer werdende Anzahl von Anhängern inspiriert. Nach der Revolution, die am 13. Juli 1789 das Priorat Saint-Lazare[597] verwüstet und einen Großteil von Vinzenz' Briefen und Erinnerungen zerstört hatte, nach allen Erschütterungen und Kriegen, die diese zwei letzten Jahrhunderte gekennzeichnet hatten, und trotz der tiefgreifenden Veränderungen innerhalb und außerhalb der Kirche, hat sich die vinzentinische Familie stetig weiterentwickelt. Sie besteht heute auf fünf Kontinenten und antwortet so auf den Wunsch, den ihr Gründer in einer seiner letzten Konferenzen mit seinen Missionaren äußerte: »Unsere Berufung ist nicht, in eine Pfarrei, noch nur in eine Diözese, sondern in die ganze Welt zu gehen, und um was zu tun? Das Herz der Menschen zu entflammen … Es genügt nicht, Gott zu lieben, wenn mein Nächster ihn nicht liebt.«[598]

Die Kongregation der Mission, bekannt unter dem Namen

Lazaristen (Vinzentiner), zählt heute 3.600 Mitglieder, und die Gemeinschaft der Barmherzigen Schwestern umfasst in mehr als 80 Ländern der Welt 27.000 Schwestern. Die Caritasvereine sind in direkter Linie aus der ersten Gruppe der Damen hervorgegangen, die Vinzenz in Châtillon-les-Dombes gegründet hatte, und bilden eine internationale Vereinigung von mehr als 250.000 Mitgliedern. »Die Vereinigung der Vinzenzkonferenzen« (Vinzenzgemeinschaften), die Frédéric Ozanam im Jahr 1835 gegründet hat, ist eine kirchliche Laienvereinigung, der 875.000 Mitglieder in 130 Ländern angehören. Zudem berufen sich mehr als 500 überwiegend weibliche Kongregationen oder Gemeinschaften auf die vinzentinische Spiritualität oder das Patronat von Vinzenz von Paul.

Was ist das Geheimnis von Vinzenz' bemerkenswerter Ausstrahlung?

Er hat weder eine gelehrte Abhandlung noch ein Lehrgebäude hinterlassen, nur den kleinen Band der Regeln, eine kurze Zusammenfassung spiritueller Theologie.[599] Er hat sich damit zufriedengegeben, Wege zu erschließen, neue Wege zu beschreiten und seine Mitarbeiter und Mitarbeiterinnen einzuladen, die von ihm gegründeten Werke fortzuführen.

Er öffnete die Tore der Kirche, lehrte den Klerus, mit den Laien zusammenzuarbeiten und wagte als erster, Frauen mit heranzuziehen, die mit Begeisterung seinem Aufruf folgten, seien es Mädchen vom Land oder große Damen der vornehmen Gesellschaft.

Er hat es verstanden, seine Tätigkeit jedwedem Elend anzupassen, dem leiblichen und dem seelischen. Er bemühte sich, Hilfe zu bringen, und erfand für jede Situation eine entsprechende Lösung. So war er der Begründer der Findelkinderhilfe, der Hilfe für die Gefangenen, der Unterstützung für die verwüsteten Gebiete und für die Flüchtlinge, der Sorge für die Kranken zu Hause. Auf allen diesen Gebieten war er ein Pionier, der einen Weg aufzeigte, den die Werke und sozialen Organisationen von heute fortsetzen.

Er folgte seinem Vorbild Jesus Christus, der sich in den Dienst der Armen gestellt hatte, »die unsere Herren und Meister sind«[600]. Er lehrte, dass wahre Nächstenliebe nicht nur darin besteht, Almosen zu verteilen, sondern auch darin, den Entrechteten und Benachteiligten zu helfen, ihre Würde und ihre Selbstständigkeit wiederzufinden.

Er glaubte an den Wert der Tat, und er verwendete gern folgenden Ausspruch: »Totum opus nostrum in operatione consistit« (Unsere ganze Aufgabe besteht im Handeln), und fügte hinzu, dass »die Vollkommenheit nicht in den Verzückungen besteht, sondern darin, Gottes Willen zu tun«[601].

Vinzenz war in erster Linie ein »Mann Gottes«, der vom Geist des Evangeliums tief durchdrungen war. Bevor man handelte, empfahl er, lange zu beten und zu meditieren, um den Willen Gottes zu erkennen. Nichts zu überstürzen, war seine Maxime, die er so ausdrückte: »Der Vorsehung nicht vorauseilen!« Dieser Mann der Tat war vor allem ein Mann des Gebetes, beseelt von einer tiefen Spiritualität: »Man braucht das innere Leben, man muss es erstreben; wenn man darin versagt, versagt man in allem.«[602]

# Siglenverzeichnis

Abkürzungen, die in den Anmerkungen verwendet werden:

*Abelly* Ludwig Abelly, Vie de saint Vincent de Paul, Paris 1664; Neudruck 1986. Deutsche Ausgabe: Das Leben des heiligen Vinzenz von Paul, übersetzt von Carl von Prentner, 5 Bde., Regensburg 1859.

*Annalen* CM Annales de la Congregation de la Mission et de la Compagnie des Filles de la Charité (1833–1963).

*Archiv* CM Archiv der Kongregation der Mission, Paris.

*Collet* Pierre Collet, La Vie de saint Vincent de Paul, Nancy 1748.

*Coste* Pierre Coste, CM, Monsieur Vincent, Le grand saint du grand siècle, Paris 1934. Deutsche Ausgabe: Der heilige Vinzenz von Paul. Der große Heilige des großen Jahrhunderts, übersetzt von Freunden des großen Caritasheiligen, 3 Bde., Missionsverein der Vinzentiner e.V., Köln.

*S.V.* Pierre Coste, CM, Saint Vincent de Paul, correspondance, entretiens, documents, Paris: Librairie Lecoffre J. Gabalda, 1920–1924.

# ANMERKUNGEN

## PROLOG

1. Dieser Platz erhält den Namen Place du Trône zu Ehren dieser Zeremonie. Nach der Revolution wurde er der Place de la Nation.
2. Nach der Erzählung von Jean-Christian Petitfils in seinem Werk: Louis XIV., Paris 1995.
3. S. V. XI, 40.

## 1. EIN KLEINER HIRTE IN DEN LANDES

4. Das Geburtsdatum von Vinzenz war Gegenstand vieler Kontroversen unter seinen Biografen. Der erste von ihnen, Abelly, lässt ihn »am Dienstag nach Ostern« 1576 geboren sein, das bedeutet am 24. April. Dieses Datum wurde auf Vinzenz' Grabstein in der Kirche von Saint-Lazare gemeißelt. Durch detailliertes Studium seiner Briefe und Konferenzen ermittelten die Biografen des 20. Jahrhunderts, besonders Coste, das Jahr 1581 als Geburtsjahr. Sie hielten aber am »Dienstag nach Ostern« fest. Somit erhält man den 28. März 1581 als weitgehend gesichertes Geburtsdatum.
5. S. V. XIII, 20.
6. Einige Autoren versuchten einen adeligen Ursprung der Familie von Paul nachzuweisen, indem sie zu möglichen Vorfahren im Languedoc zurückgingen, wo sich ein Schloss de Paul in der Diözese von Lodève befindet. Nachkommen dieser Schlossbesitzer hätten in schlechten Zeiten das Languedoc verlassen und wären in die Landes gezogen. Diese Hypothese scheint wenig plausibel (Vgl. Oscar de Poli, »Recherches sur la famille de Saint Vincent de Paul«, Revue du monde catholique, 1871.
7. Die Namen der Bäche in diesem Teil der Landes gehen auf die Gegend zurück, durch die sie fließen; sie ändern ihre Namen in ihrem Verlauf. Auf der Straße von Pouy nach Buglose überquert die de-Paul-Brücke den Bach, der später den Eishausteich bildet und dann zum Mühlenbach wird.
8. Die Schwester von Monsieur de Comet, Richter in Dax, heiratete einen Louis von Saint-Martin, Rechtsanwalt am Gericht von Dax (vgl. Charles Blanc, »Parente de Monsieur Vincent«, Revue de la societé de Borda, 1960).

9. Es steht bis heute ein mehrere hundert Jahre alter Eichenbaum in der Nähe des Hauses, das Ranquines genannt wird und das ungefähr auf dem Platz des alten de-Paul-Hauses rekonstruiert worden ist.

10. Pouy war der Sitz eines Barons in den Landes, der im 15. und 16. Jahrhundert der Familie Beyrie gehörte. Die Bewohner des Dorfes hatten das Privileg, eine Versammlung abhalten zu dürfen, in der sie einen Bürgermeister und drei Gemeinderäte ernennen konnten. Diese Versammlung ernannte auch Ratsherren, Steuereintreiber und Gemeindediener, die die Aufgabe hatten, die Bevölkerung bei Anlässen zusammenzurufen, sowie Kirchenwirtschaftsräte, die den Besitz der Kirche zusammen mit dem Pfarrer verwalteten (vgl. Blanc, Parente de Monsieur Vincent).

11. S.V. IX, 84.

12. S.V. IV, 481.

13. S.V. IX, 91.

14. Die Caverie war der Wohnsitz des Cavier. Dieser Name kommt entweder vom Lateinischen cavere (bürgen) oder vom Altaragonischen cabiero, eine Kontraktion von caballero (chevalier). Der Cavier war kein Adeliger, aber sein Land war adelig, indem es von Feudalabgaben befreit war. Der Titel wurde mit dem Land übertragen. Die besondere Gesellschaftsschicht dieser Landbesitzer bildete ein Bindeglied zwischen den Adeligen und der einfachen Bevölkerung. Vinzenz' Verwandter Jacques von Moras nannte sich auch »Cavier von Peyroux«.

15. Collet II, 195.

16. Gabriel von Lorges, Graf von Montgomery (oder Montgommeri), 1530–1574, Kapitän der Schottischen Garde. Während eines Turniers verursachte er unabsichtlich den Tod König Heinrichs II. Nach einem Aufenthalt in England kehrte er nach Frankreich zurück, wo er sich in den Dienst der Protestantischen Partei sowie besonders in den Dienst von Jeanne d'Albret, Königin von Navarra, stellte. Er führte blutige Feldzüge gegen die Katholiken in der Béarn und in den Nachbarprovinzen von Bigorre, Navarra, den Landes und bis nach Guyenne an. Er wurde gefangen genommen, vor Gericht gestellt und für seine Verbrechen zum Tode verurteilt.

17. Als Etienne de Paul das Priorat von Poymartet um 1577 in Besitz genommen hatte, hielt er fest, dass es »völlig zerstört und die Herberge für die Armen unbewohnbar war … Es war unmöglich, dort irgendeinen Gottesdienst zu feiern« (Archive de l'hôpital de Dax, E.2). Jedoch waren die Einkünfte vom Land und die anderen dazugehörigen Privilegien des Priorates nicht ernstlich beeinträchtigt.

18.   S. V. IX, 82.

19.   Vinzenz wiederholte oft diesen Ausdruck »Schüler der vierten Klasse«. Natürlich kann er verschieden interpretiert werden, vor allem wenn man bedenkt, dass das Wort »Schüler« damals auch für Universitätsstudenten verwendet wurde. Vinzenz hatte in Toulouse die ersten drei Jahre, von 1597 bis 1600, die sogenannten (freien) Künste gehört, dann vier Jahre, von 1600 bis 1604, Theologie. Er beendete also seine Studien als Schüler der vierten Klasse. Er unterließ es bloß zu präzisieren, dass er den Titel eines Baccalaureus der Theologie erlangt hatte und ebenso ein Jahr lang als Assistent eines Professors, also als »Bakkalaureus über die Sentenzen«, in Toulouse unterrichtet hatte.

20.   Es handelt sich um die sogenannten Cordeliers, wie die franziskanischen Brüder seit dem 15. Jahrhundert genannt wurden. Innere Schwierigkeiten hatten die Trennung in Minoriten, Kapuziner und Rekollekten (Franziskaner) verursacht. Eine Zeit lang waren die Franziskaner Rivalen der Dominikaner, die sie von der Universität von Paris ausschließen konnten. Nach der Revolution nahmen die reformierten Franziskaner nicht mehr den Namen Cordeliers an.

21.   S. V. XII, 452.

22.   Zitiert in Coste I, 30. Diese Worte sprach Vinzenz sehr wahrscheinlich vor Madame de Lamoignon aus. Sie wurden im Seligsprechungsprozess zitiert und zwar vom Verteidiger als ein Argument für die Heiligkeit, denn Vinzenz habe sich öffentlich in einem Akt der Demut angeklagt.

23.   Urkunden über den Erhalt der Tonsur und der niederen Weihen, 20. Dezember 1596 (S. V. XIII, 1f.). Die niederen Weihen beinhalten folgende Ämter: 1. Türhüter, ostiariatus; 2. Lektor, lectoratus; 3. Exorzist, exorcistatus, 4. Akolyt, acolytatus.

24.   Antoine de Gramont (1604–1678), Marschall von Frankreich. Er übernahm von seinem Vater das Amt des Gouverneurs und Generalleutnants von Navarra und Béarn. 1648 wurde er zum Herzog und Pair erhoben.

25.   Die Abtei von Arthous, die den Prämonstratensern gehörte, war von durchziehenden hugenottischen Truppen 1569 zerstört worden. Zum Zeitpunkt, als Vinzenz dort Halt machte, war sie nur teilweise wiederaufgebaut. Dennoch warfen die Pfründe der Abtei reiche Einnahmen für den leitenden Abt ab, der in großem Pomp kam, um sie abzuholen.

26.   Louis Abelly, 1604–1691. Er lebte viele Jahre in Vinzenz' Einflussbereich und nahm aktiv an den Dienstagskonferenzen teil. In Bayonne wurde er 1639 zum Generalvikar des Bischofssitzes von François Fouquet ernannt, des

Bruders des Oberfinanzintendanten und Sohn von Madame Fouquet, einer Dame der Charité. Später wurde er zum Pfarrer in der Pfarrei Saint-Josse in Paris ernannt und 1662 zum Bischof von Rodez. 1664 trat er von seinem Bischofsamt zurück und setzte sich in Saint Lazare zur Ruhe, wo er den Rest seines Lebens mit Studium und Andacht verbrachte. René Alméras, Generalsuperior der Kongregation der Mission nach Vinzenz' Tod, bat ihn, eine Biografie des Gründers zu schreiben. Diese Arbeit führte er zwischen 1660 und 1664 aus.

## 2. EIN UNGEDULDIGER STUDENT

27.   Dieser katholischen Bartholomäusnacht von 1572 war ein ähnlicher Vorfall am 24. August 1569 vorausgegangen, der zwar kleineren Ausmaßes gewesen war, ihm aber in Grausamkeit nicht nachstand. Katholische Aristokraten und Offiziere, die sich bei der Belagerung des Schlosses von Moncade gegen das Versprechen der Verschonung ihres Lebens und des freien Geleits ergeben hatten, wurden gefangen gesetzt und auf Befehl von Montgomery »kaltblütig erdolcht« (Pierre Tucoo-Chala: Navarranx, Auch 1981).

28.   Jeanne d'Albret (1528–1572). Sie war die Tochter von Henri II. d'Albret, König von Navarra, und Marguerite de Navarra, der Tochter von Louise de Savoie, Mutter François' I. 1548 heiratete sie in zweiter Ehe Antoine de Bourbon. Sie konvertierte 1550 zum Protestantismus unter dem Einfluss von Théodore de Bèze, den sie in Nérac empfangen hatte und wurde nach dem Tod ihres Mannes 1562 Königin von Navarra. Sie verpflichtete die Bewohner ihrer Ländereien auf das protestantische Bekenntnis. Sie versetzte ihre Truppen in einen solchen Fanatismus, dass diese unter dem Kommando von Montgomery von 1569 bis 1572 die Béarn und die umliegenden Regionen mit Feuer und Schwert heimsuchten. Ihr Sohn Henri de Navarra wurde später Heinrich IV. von Frankreich.

29.   Die Vizegrafschaft von Gabardan mit der Stadt Gabarret, die auf halbem Weg zwischen Albret und Nerac liegt; die Vizegrafschaft von Marsan mit der Stadt Mont-de-Marsan, die Vizegrafschaft von Tursan, südlich der Ardour und östlich der Vizegrafschaft von Dax.

30.   Blaise de Monluc (ca. 1500–1577). Nachdem er in Italien gekämpft hatte, wurde er beauftragt, die Guyenne gegen die Protestanten zu verteidigen, was er mit Nachdruck und Härte durchführte. Er erhielt 1565 den Rang eines Generalleutnants des Königs der Guyenne und 1574 den Stab eines Marschalls von Frankreich. Seine von ihm verfassten Commentaires wurden nach seinem Tod 1592 veröffentlicht.

31. Henri, Herzog von Joyeuse (1576–1608). Er war Angehöriger einer großen Familie, zu der auch der Admiral Anne de Joyeuse, Günstling Heinrichs III., sowie Kardinal François de Joyeuse, der die Aussöhnung Heinrich IV. in Rom ausgehandelt hatte, zählten. Henri de Joyeuse, ein Bruder des zuvor Genannten, wurde Kapuzinermönch nach dem Tode seiner Frau, kehrte aber zum weltlichen Leben zurück und befehligte die Armee der Liga in Languedoc. Nachdem er sich Heinrich IV. unterworfen hatte, erhielt er den Stab eines Marschalls von Frankreich, kehrte dann zu den Kapuzinern zurück und blieb dort bis ans Ende seiner Tage.

32. Abelly I, 10.

33. Pater José-Maria Roman CM wiederholt in seinem Buch »San Vincente de Paul« die Behauptung Abellys bezüglich des Aufenthaltes in Saragossa und unterstützt sie mit zwei Argumenten: Zum einen durch ein Zitat von Vinzenz von Paul: »Ich befand mich in einem Königreich … In diesem Königreich spricht man nicht vom König, denn er ist eine heilige Person.« (S.V. X, 446). Laut Roman kann diese Aussage nur auf Spanien hindeuten. Des Weiteren führt er Vinzenz von Pauls Kenntnisse der Lehrmethoden der spanischen Universität an (S.V. II, 212 und S.V. II, 240).

34. Bei Collet (I, 9f.) findet man auch dieses Detail: »Die Spaltung der Professoren dieser berühmten Universität bezüglich der scientia media und der Dekrete über die Vorherbestimmung.« Collet spielt hier auf die Lehre des spanischen Jesuiten Luis Molina (1535–1601) bezüglich des schwierigen Problems der Prädestination an. In dieser Frage sprach sich Molina für eine scientia media aus, die die Kraft der göttlichen Gnade und die menschliche Freiheit respektierte. Er setzte seine Gedanken in einer Abhandlung über den freien Willen fort (De liberis arbitrii cum gratiae donis concordia). In diesem Punkt war er ein scharfer Gegner der Dominikaner. Vinzenz übernahm Molinas Lehre, die dahin tendierte, die »wirksame Gnade« durch die »hinreichende Gnade« zu ersetzen, die der Mensch, um Gutes zu tun, kraft seines freien Willens annehmen muss. In diesem Sinne stellte er sich später den Jansenisten entgegen, die antimolinistische Thesen vertraten. Hinweise auf Molina finden sich in Vinzenz' Briefen, was aber alles keinen absoluten Beweis für seinen Aufenthalt in Spanien darstellt.

35. Abelly und Collet hatten Zugang zu diesem Testament, aber es ist verschwunden. Auf dem Rand des Dokumentes hatte Collet vermerkt: »Samstag, 7. Februar 1598«.

36. Abelly I, 11 (d'Acqs ist die alte Schreibweise von Dax).

37. Lange Zeit, von 1556 bis 1585, hatte François de Noailles den Bischofssitz

von Dax inne. Dieser Bischof führte als Botschafter viele Reisen nach London, Venedig und Konstantinopel durch. Nach seinem Tod wurde sein Bruder, Gilles de Noailles, sein Nachfolger. Auch er arbeitete als Botschafter. Tatsächlich wurde der Bischofssitz von einem Generalvikar, Guillaume de Massiot (oder Demassiot) verwaltet.

38. Jean-Jacques Dusault (oder Du Sault) wurde 1570 in einer Familie in Bordeaux geboren. Sein Vater war Generalanwalt im Parlament. Er selbst war Dekan von Saint-Seurin in Bordeaux. Vom König zum Bischof von Dax ernannt, wurde er in Rom im Mai 1598 in seinem Amt bestätigt, erhielt aber die Erlaubnis, seine Stelle in Bordeaux zu behalten, während er seine Aufgaben in Dax übernahm, ohne dort zu residieren. Nachdem er 1599 in Paris zum Bischof geweiht worden war, traf er Anfang 1600 in Dax ein.

39. Das Konzil von Trient, eines der wichtigsten Konzile der Kirchengeschichte, wurde im Mai 1542 einberufen. Es tagte mit vielen Unterbrechungen bis 1563. Es befasste sich mit Fragen der Lehre, die durch die Reformation aufgeworfen worden waren, vor allem hinsichtlich der Sakramente und der Organisation der Kirche. Die Dekrete dieses Konzils wurden von der Kirche in Frankreich vor 1615 nicht umgesetzt. Von besonderer Relevanz ist hierbei die Festlegung des Mindestalters von 25 Jahren als Voraussetzung für die Priesterweihe.

40. Dimissoriale für das Subdiakonat vom 10. September 1598 (S.V. XIII, 3). Bezüglich der Formulierung »bien pourvu d'un titre«, vgl. den Text des Konzils von Trient, 21. Sitzung vom 16. Juli 1562, Canon 2: »dass niemand zu den heiligen Weihen zugelassen werden kann, der nicht hat, wovon er leben kann.« Vgl. Histoire des concile, Band X, S. 420–421, Paris 1938.

41. Dimissoriale für das Diakonat, Freitag, 11. Dezember 1598 (S.V. XIII, 4f.).

42. Dimissoriale für die Priesterweihe, Montag 13. Dezember 1599 (S.V. XV, 6f.).

43. François de Bourdeilles (1516–1600), geboren in einer bedeutenden Familie in Perigord. Er trat bei den Benediktinern in Paris ein, verließ sein Kloster aber 1575, um die Diözese von Perigueux zu übernehmen. Von diesem Amt trat er im November 1579 zurück, hatte aber keinen Nachfolger und versah deshalb weiterhin seinen Dienst. Er starb am 24. Oktober 1600. Sein Cousin, Pierre de Bourdeilles, Kommendatarabt von Brantôme, war berühmt für seine Höflichkeit und seine Schriften, in denen er unverblümt die sehr freien Sitten seiner Zeit beschrieb.

44. Brief von Vinzenz von Paul an den Domherrn Saint-Martin, um 1656 (S.V. V, 567).

45. Abelly nennt den Namen von Vinzenz' »Kontrahenten« nicht, Collet spricht von S. Soubé. Erst Coste schreibt Saint-Soubé, ohne anzugeben, woher er diesen Namen hat.

46. Brief von Vinzenz von Paul an François du Coudray, CM, 20. Juli 1631 (S.V. I, 114).

47. Camille de Lellis (1550–1614). Nach einem zügellosen Leben bekehrte er sich unter Philipp Neri. Er gründete die Kongregation der Diener der armen Kranken (Kamillianer), auch bekannt als die Priester des guten Todes. 1591 wurden sie als Orden anerkannt. Camille de Lellis wurde 1746 heilig gesprochen.

48. S.V. IX, 322f.

49. Petrus Lombardus (1100–1160). Nach Studien in Bologna, Reims und Paris hatte er einen Lehrstuhl für Theologie in der Hauptstadt inne. Er wurde 1159 Bischof in Paris. Er war Autor des berühmten Werkes »Sententiarum Libri IV« (Die vier Sentenzenbücher), eine theologische Summa, die die Streitigkeiten der Theologen zu beenden suchte, indem sie die Dogmen auf der Grundlage der Heiligen Schrift, der Kirchenväter und der Tradition zu erklären versuchte. Die Sentenzen wurden in den Schulen als Lehrbuch der Theologie verwendet.

50. Es gibt kein Dokument, das eindeutig beweisen würde, dass er diese Tätigkeit ausführte. Vielleicht konzentrierte er sich einfach auf seine Arbeit als Leiter seines kleinen Internates, das nach Toulouse verlegt worden war. In seinen Briefen und Konferenzen lassen sich jedoch zahlreiche Hinweise finden, dass er eine gründliche Kenntnis der Sentenzen besaß. Ebenso gab er mehr als einmal zu verstehen, dass er gelehrt hatte und einige seiner Reden zeigen, dass er die Kunst des Lehrens meisterlich beherrschte. Vgl. Bernard Koch CM, Hrsg., Saint Vincent de Paul, paroles, écrits et autres documents, Archiv CM.

51. Brief von Vinzenz von Paul an Monsieur de Comet, 24. Juli 1607 (S.V. I, 3).

52. Jean-Louis Nogaret de la Valette, Herzog von Epernon (1554–1642). Er diente Heinrich III. im Kampf gegen die Liga und die Herzöge von Guise. Er handelte die Versöhnung zwischen Heinrich III. und Heinrich von Navarra aus. Er war zunächst Gouverneur der Provence, dann von Angoumois, Saint-Onge und Aunis und schloss sich 1596 Heinrich IV. an. 1622 wurde er Gouverneur von Guyenne. Er besaß das prachtvolle Schloss von Cadillac, in dem er sich oft aufhielt.

### 3. Die Odyssee in der Berberei

53. Brief von Vinzenz von Paul an Monsieur de Comet vom 23. Juli 1607 (S.V. I, 1). Eine vollständige Übersetzung des Briefes findet sich in Anhang 1.

54. Vgl. Kap. 23 dieses Buches.

55. Diese Zweiparteienkammern setzten sich aus einer gleichen Anzahl katholischer wie protestantischer Abgeordneter zusammen und zwar in jenen Städten, in denen die Hugenotten das Regierungsrecht hatten, gemäß den Richtlinien, die im Edikt von Nantes festgesetzt worden waren.

56. Die Summe von 300 Talern der damaligen Zeit entspricht heute, wenn man alles gleichsetzt, ungefähr 23.000 Euro.

57. Spelunke, vom Griechischen spelaion, Höhle.

58. Das Osmanische Reich erstreckte sich damals bis nach Tunis und Algier. Der Ausdruck »Türke« wurde für alle Bewohner dieses großen Reiches verwendet. Der Vertrag, der 1604 von Heinrich IV. und dem Sultan von Konstantinopel, auch der »Großtürke« genannt, unterzeichnet wurde, war eine Erneuerung des Vertrages über die Exterritorialvorrechte (Kapitulationen), der 1535 von Franz I. und Suleiman II. dem Prächtigen unterzeichnet worden war. Diese Kapitulationen waren Privilegien, die der Sultan bestimmten westlichen Ländern gewährte; sie galten nur auf Lebenszeit des unterzeichnenden Sultans. So mussten sie regelmäßig erneuert werden, denn sie wurden von den Türken als eine reine Waffenruhe im Kampf gegen die Ungläubigen, den sie zu führen hatten, angesehen.

59. Es war üblich, die Sklaven landestypisch einzukleiden, um ihren Marktwert zu erhöhen.

60. Das Wort »Spagiriker« setzt sich aus zwei griechischen Wurzeln zusammen – dem Verb span: »(heraus)ziehen«, und dem Verb ageírein, das »sammeln« bedeutet. Die spagirische Wissenschaft, wie damals die Chemie genannt wurde, versuchte, einen Körper zu analysieren, indem sie ihn in ihre Bestandteile zerlegte und anschließend wieder zusammensetzte. Die spagirisch-medizinische Lehre erklärte Veränderungen im menschlichen Körper auf dieselbe Weise, wie die Alchimisten Veränderungen im Reich der Minerale erklärten.

61. Dieses Dokument, eine Kopie eines alten Manuskripts, wird im Hospiz von Marans in Charente-Maritime aufbewahrt, einer Einrichtung, die 1684 gegründet und anschließend den Barmherzigen Schwestern übergeben wurde. »Heilmittel des hl. Vinzenz von Paul gegen Harngrieß. Man nehme 2 Unzen venezianischen Terpentin; 2 Unzen weißen Turbith; von Mastix, Galgantwurzel, Gewürznelke und Zimt je $1/2$ Unze. Eine Unze gestampfte

386

Aloe. Man vermische das Ganze mit $^1/_2$ Pfund klarem Honig und einer Pinte (ca. 1 Liter) stärkstem Branntwein. Man lasse alles sich auflösen und ziehe es dann ab. Man nehme davon morgens nüchtern $^1/_4$ Esslöffel voll, dem man aber einen Aufguss von Gurkenkraut oder Ochsenzungenkraut bis zum Rande hinzufügt. Man kann davon nehmen sooft man will, da es unschädlich ist. Im Gegenteil, es ist sehr gut für die Gesundheit und wirkt vor allem auf den Harn. Eine Umstellung der Lebensweise ist darum nicht erforderlich, nur soll man erst eine Stunde nach der Einnahme mit dem Essen beginnen, man darf auch seiner gewohnten Beschäftigung nachgehen. Man wird die Wirkung an sich erfahren. Der große Diener Gottes hat das Mittel in der Berberei kennengelernt, als er dort in Gefangenschaft war« (S. V. I, 7). Vinzenz fügte diesem Rezept weitschweifende Gedanken über die Prädestination und die Freiheit an. Das lässt eher darauf schließen, dass er die Thesen von Molina noch nicht vollständig verarbeitet hatte, aber es könnte auch die Hypothese bestätigen, dass er in Saragossa gewesen sei.

62.  François Savary, Grundherr von Brêves, Marquis de Maulévrier (1560–1628). Nach vielen Reisen und Aufenthalten im Osmanischen Reich wurde er 1595 von Heinrich IV. zum Botschafter Frankreichs ernannt. Er erreichte bei Sultan Achmed I. die Erneuerung der Kapitulationen und 1604 die Unterzeichnung eines Handelsvertrages. Als er nach Frankreich zurückgerufen wurde, machte er 1606 in Tunis halt, wo er einige christliche Sklaven befreien konnte; in Algier erreichte er nichts. 1608 wurde er zum Botschafter in Rom ernannt, später war er Erzieher des jungen Herzogs d'Anjou, dem späteren Gaston d'Orleans.

63.  Um dieses Landgut zu beschreiben, benützte Vinzenz die korrekte Bezeichnung timar, verwendete aber eine falsche Schreibweise (temat). Das Französische kennt überhaupt nur den Begriff macerie. Dies scheint zu beweisen, dass er dieses Wort an dessen Ursprungsort, nämlich in der Berberei, gehört hatte.

64.  Psalm 137: Super flumina Babylonis (Einheitsübersetzung):
»An den Strömen von Babel,
da saßen wir und weinten,
wenn wir an Zion dachten.
Wir hängten unsere Harfen
an die Weiden in jenem Land.
Dort verlangten von uns die Zwingherren Lieder,
unsere Peiniger forderten Jubel:
Singt uns Lieder vom Zion!

Wie könnten wir singen die Lieder des Herrn,
fern, auf fremder Erde?
Wenn ich dich je vergesse, Jerusalem,
dann soll mir die rechte Hand verdorren.
Die Zunge soll mir am Gaumen kleben,
wenn ich an dich nicht mehr denke,
wenn ich Jerusalem nicht zu meiner höchsten Freude erhebe.
Herr, vergiss den Söhnen Edoms nicht den Tag von Jerusalem;
sie sagten: Reißt nieder, bis auf den Grund reißt es nieder!
Tochter Babel, du Zerstörerin! Wohl dem, der dir heimzahlt,
was du uns getan hast!«

65. Pierre Grandchamp, leitender Beamter in der Generalresidenz in Tunis, in: La France en Tunisie au XVIIe siècle, Vorwort zu Band 6, 1928, sowie in: Observations nouvelles, Band 7, April 1929.

66. André Dodin, La legende et l'histoire, 149.

67. Coste I, 51.

68. Vgl. Kapitel 23 dieses Buches.

69. Diese Briefe werden im Werk von J. Guichard, Saint Vincent de Paul, esclave à Tunis, 13–20, aufgeführt und analysiert.

70. Diese Hypothese, die Marcel Émérit vertreten hat, um das Verschwinden von Vinzenz von Paul zu erklären, basiert auf der Behauptung, dass er zu den Galeeren verurteilt worden sei, weil er das geliehene Pferd gestohlen hatte. Nachdem er zwei Jahre auf der Ruderbank zugebracht hätte, wäre ihm die Flucht gelungen und er hätte in Avignon Zuflucht genommen, das zum päpstlichen Gebiet gehörte. Dann hätte er die Geschichte seiner Gefangenschaft in der Berberei erfunden; vgl. Marcel Émerit, Comment se crée une legende: l'exemple de saint Vincent de Paul in: Les cahiers rationaliste, Februar 1978.

## 4. Aufenthalt in Rom

71. Siehe Anhang 3: Die Überfahrt nach Aigues-Mortes und der Weg nach Avignon.

72. Pierre-François Montorio (oder Montoro) (1555–1643). Er stammte aus einer bedeutenden römischen Familie und wurde 1594 zum Bischof von Nicastro in Kalabrien ernannt. Als Vize-Legat wurde er nach Avignon entsandt, wo er zwischen 1604 und 1608 blieb. Nach einem Aufenthalt in Rom kehrte er zu seinem Bischofssitz zurück, um nach seiner Ernennung zum Nuntius von 1621–1624 nach Köln zu gehen. Seinen Lebensabend verbrachte er in Rom.

73. Auf diese Weise nahm am 29. Juni 1608 der Nachfolger von Monsignore Montorio die Abschwörung eines Priesters aus dem Orden der Minoriten (Cordeliers), eines gewissen Guillaume Gautier, entgegen, der ein calvinistischer Pastor geworden war. Eine Zeit lang haben Historiker ihn mit dem Abtrünnigen verwechselt, der durch Vinzenz bekehrt worden war.

74. Zu Beginn des 17. Jahrhunderts gab es zahlreiche Personen, die sich für Alchimie oder Astrologie interessierten, sogar unter den hohen Würdenträgern der Kirche. Das war in der zweiten Hälfte des Jahrhunderts nicht mehr der Fall, was Vinzenz' Reaktion erklärt, als die Briefe wieder auftauchten, sowie die Tatsache, dass Abelly nicht zögerte, diese zu zensieren.

75. Brief von Vinzenz von Paul an Monsieur de Comet, Rom, 28. Februar 1608 (S.V. I, 13–17).

76. Retirade: ethymologisch vom Italienischen retirata, Verschanzung hinter einem Bunker, in den sich die Belagerten als letzten Zufluchtsort zurückziehen. Vinzenz hat diesen Ausdruck wohl nicht im Sinne von »Ruhestand« gebraucht, sondern vielmehr für einen »sicheren Ort«, als Schutz vor allen möglichen Bedrohungen.

77. Auszug aus dem vierten Register der kirchlichen Matrikeln der Diözese von Acqs, 15. Mai 1608 (S.V. I, 15f.).

78. Nicolas Coeffeteau (1574–1623). Doktor der Sorbonne, ein fleißiger und guter Schriftsteller. Er erwarb sich Verdienste in den Streitgesprächen mit den Protestanten. 1610 hielt er das Begräbnis für Heinrich IV. Nach dem Empfang der bischöflichen Mitra wurde er 1621 zum Erzbischof von Marseille ernannt. Kurz darauf starb er.

79. Paul V., Camillo Borghese (1552–1621). 1605 wurde er Nachfolger von Clemens VIII. auf dem Papstthron. Man fand seine Unterschrift auf zwei Dokumenten, die Vinzenz betrafen: Die Zuweisung der Abtei von Saint-Léonard-de-Chaume und der Pfarrei von Clichy-la-Garenne.

80. Schreiben vom Oktober 1657 an Monsieur Jolly, Superior der Mission in Rom. Vinzenz erwähnte ihm gegenüber Monsieur Gueffier, einen »so guten, herzlichen und weisen Mann« (S.V. VI, 509).

## 5. Unter dem Einfluss von Bérulle

81. Bertrand Dulou (oder du Lou) gehörte einer bedeutenden Familie der Gascogne an. Er war mehr als zehn Jahre lang »königlicher Richter« in der kleinen Stadt Sore, auf halbem Weg zwischen Dax und Bordeaux, im Herzen der Landes. Es ist nicht bekannt, wo er in Paris wohnte: in einer Wohnung seiner Familie oder in einer Mietwohnung.

82. Margarete von Valois (1553–1615). Tochter von Heinrich II. und Katharina von Médici, die Heinrich von Navarra am Vorabend der Tragödie der Bartholomäusnacht heiratete. Eine unglückliche Verbindung, die mit der Trennung endete. Nachdem sie vom französischen Hof vertrieben worden war, führte sie ein glänzendes Leben am Hofe von Nérac, bevor sie im Schloss von Usson eingesperrt wurde. Als Heinrich IV. auf den Thron gelangte, wurde ihre Ehe von Rom annulliert. 1605 erhielt sie die Erlaubnis, sich in Paris niederzulassen. Sie ließ sich einen Palast am linken Seineufer, dem Louvre gegenüber, erbauen.

83. Vier Brüder des Ordens von Johannes von Gott kamen 1601 aus Italien. Sie hatten von Heinrich IV. Patentschriften für die Gründung des Krankenhauses »Saint-Jean-Baptiste de la Charité« (Heiliger Johannes der Täufer von der Barmherzigkeit) erhalten.

84 Ein Monitorium, ein Begriff des Kirchenrechts, ist ein Text, der während der Predigt in der Pfarrei verlesen wurde, um die Gläubigen dazu zu bringen, ihre eidliche Aussage über eine bestimmte Angelegenheit abzulegen.

85. Abelly I, V, 21. Diese Begebenheit erzählte Vinzenz selbst am Ende seines Lebens 1656, wobei er sie einem »Mitglied der Kongregation« zuschrieb (S.V. XI, 337).

86. Jean Duvergier de Hauranne, Abt von Saint-Cyran (Vgl. Endnote 284). Sein Neffe Martin de Barcos gab an, dass Vinzenz mit seinem Onkel eine »gemeinsame Wohnung und Kasse« hatte, ohne dies jedoch genauer zu datieren (vgl. Dépense de feu Monsieur Vincent, Paris 1668, 11f.).

87. Charles du Fresne, Herr von Villeneuve. Er war Sekretär der Königin Margot und trat nach ihrem Tod als Sekretär und späterer Verwalter in den Dienst Emmanuels de Gondi. Er wurde ein enger Freund von Vinzenz.

88. Versand der Weiheurkunde, Auszug aus dem vierten Register der kirchlichen Matrikeln der Diözese Dax, Donnerstag, 15. Mai, und Samstag, 17. Mai 1608 (Archiv CM).

89. Archives nationales, KK 180. Das Dokument gibt an, dass im Jahr 1608 die Königin die Summe von 1.900 Talern für wohltätige Zwecke ausgegeben hat.

90. S.V. XIII, 8, 12, 14.

91. Das Diplom der Universität, das bestätigt, dass Vinzenz das Lizenziat in beiderlei Recht, dem zivilen und dem kanonischen, besaß, wurde während des Seligsprechungsprozesses von Bruder Chollier vorgelegt. Seither ist das Dokument verschwunden. Das Datum des Diploms ist nicht bekannt. Dieser Titel findet sich zum ersten Mal in einer Urkunde vom 2. März 1624, doch Vinzenz kann diesen akademischen Grad schon lange vorher erworben haben (S.V. XIII, 60, Fußnote 1).

92. Brief von Vinzenz von Paul an seine Mutter in Pouy, 17. Februar 1610 (S.V. I, 18).

93. Die Abtei Saint-Léonard lag zwanzig Kilometer östlich von La Rochelle. Sie war 1036 von den Benediktinern gegründet, im 16. Jahrhundert aber von den Zisterziensern übernommen worden. Nachdem sie von den Hugenotten zerstört worden war, wurde sie teilweise wieder restauriert, im Jahr 1791 aber aufgelöst. Paul Hurault de l'Hôpital war von 1599 bis 1624 Erzbischof von Aix und Mitglied im Staatsrat.

94. »Heiliger Vinzenz, Kaution für Arnaud Dozier, Eintreiber der Einahmen aus dem Mitvertrag, von der Abtei Saint-Léonard-de-Chaume«, Freitag, den 14. Mai 1610 (Annalen CM, Band 106–107, 1941–1942, 260–262; der Text wurde von Pater Berard Koch CM 1996 durchgesehen und mit Anmerkungen versehen. Archiv CM). »Verzicht auf die Abtei Saint-Léonard-de-Chaume zugunsten des Heiligen Vinzenz«, Montag, den 17. Mai 1610 (S.V. XIII, 8–13).

95. »Inbesitznahme der Abtei von Saint-Léonard-de-Chaume durch den Heiligen Vinzenz«, Samstag, den 16. Oktober 1610 (Archives de la Mission).

96. »Vollmacht des Heiligen Vinzenz an Pierre Gaigneur bezüglich der Angelegenheit der Abtei Saint-Léonard-de-Chaume«, Donnerstag, den 18. Oktober 1610 (Archiv CM).

97. Pierre de Bérulle (1575–1629), Sohn eines Ratsherren des Parlaments von Paris und von Louise Séguier aus der Familie des Kanzlers. Nach gründlichem Studium des Rechts und der Theologie wurde er 1599 geweiht. Er spielte eine wichtige Rolle sowohl innerhalb der Kirche als Gründer der Kongregation der Oratorianer, wie in der Politik durch seine Aufgaben, die ihm der König anvertraute. Er widersetzte sich jedoch Richelieus außenpolitischen Ideen. 1627 wurde er zum Kardinal erhoben.

98. Jacques Davy du Perron (1556–1618), Sohn eines protestantischen Pastors. Er wurde zum Priester geweiht, nachdem er abgeschworen hatte, und 1591 zum Bischof von Evreux ernannt. Er erreichte 1594 in Rom die Absolution für Heinrich IV. 1606 wurde er zum Kardinal und Erzbischof von Sens ernannt. Er war ein eloquenter Redner und ein ausgezeichneter Dichter.

99. Madame Acarie (1566–1618), Tochter eines Finanzbeamten, Nicolas Avrilot. Sie heiratete auf Druck der Familie Pierre Acarie, mit dem sie sechs Kinder hatte. Früh orientierte sie sich unter der Führung von Benedikt von Canfield auf ein geistliches Leben hin. Die »schöne Acarie«, zugleich mystisch und praktisch veranlagt, stand im Zentrum eines Kreises, in dem sich Kleriker und Laien treffen. Sie hatte entscheidenden Einfluss auf die Reformbewegung der Kirche. Nach dem Tod ihres Mannes trat sie 1614 in den Karmel ein, dessen

Pariser Gründung sie unterstützt hatte und in den schon drei ihrer Töchter eingetreten waren.

100. Unterredung vom Oktober 1643 (S.V. XI, 128).

101. André Duval (1564 1638), Doktor der Theologie an der Sorbonne. Nach dem Tode Bérulles wurde er der Ratgeber von Vinzenz von Paul.

102. Pierre Coton (1564–1626). Von den Jesuiten erzogen, trat er in deren Orden ein. Er wurde Beichtvater Heinrichs IV., der ihn hoch schätzte. Er erwirkte beim König die Rückkehr der Societas Jesu nach Frankreich. Von friedfertiger Gesinnung, bemühte er sich um den Dialog mit den Protestanten. Außerdem war er geistlicher Begleiter des jungen Ludwigs XIII.

103. »Bericht über eine Versuchung gegen den Glauben« (Abelly III, 116–118, sowie S.V. XI, 32–34).

104. Vgl. S.V. XII, 256 und XIII, 29.

105. Alle Dokumente hinsichtlich des Prozesses und der durch das Gericht von La Rochelle verkündeten Urteile von Februar bis Dezember 1611 stammen aus dem Regionalarchiv von Charente-Maritime. Sie wurden dankenswerterweise im Februar 1997 durch Monsieur Pascal Even, Direktor der Regionalarchive, Pater B. Koch CM übereignet und befinden sich nun im Archiv des Mutterhauses der Kongregation in Paris. Der Orden von Cîteaux umfasste damals vier Niederlassungen, die »vier Töchter von Cîteaux«, deren Hauptabteien in La Ferté, Clairvaux, Pontigny und in Morimond lagen. Im Prozess vom 17. März 1611 drehte sich die Diskussion um die Frage, ob die Abtei von Saint-Léonard-de-Chaume vom Abt von Pontigny oder vom Abt von Morimond abhängig war.

106. Die Einkünfte einer Abtei unter Leitung eines Kommendatarabtes wurden üblicherweise auf folgende Weise verteilt: ein Drittel für den Abt, ein Drittel für den Prior und seine Gemeinschaft und ein Drittel zur Deckung der allgemeinen Kosten des Anwesens. Im Falle von Saint-Léonard weiß man, dass Vinzenz sich dazu verpflichtet hatte, dem ehemaligen Abt Hurault de l'Hôpital 1.200 Pfund jährlich auszuzahlen. Da er die gleiche Summe an den Prior zahlen musste, kommt man auf ein Gesamteinkommen von 3.600 Pfund (Miete laut Vertrag, unterzeichnet von Dozier und an Vinzenz ausgehändigt). Die anderen Teile der Akte sind nicht bekannt und so weiß man nicht, ob Vinzenz weitere Verbindlichkeiten hinsichtlich dieser Abtei hatte. Es bleibt eine Zeugenaussage über die finanziellen Schwierigkeiten, in denen Vinzenz steckte: ein Schuldschein, am 7. Dezember 1612 Monsieur Jacques Gasteaud gegenüber, Doktor der Theologie, wohnhaft in La Rochelle, über die Summe von 320 Pfund, ausgestellt (S.V. XIII, 19).

107. »Heiliger Vinzenz verfolgt durch Herrn Paul Hurault de l'Hôpital«, Samstag, den 28. Mai 1611 (Annales CM, Band 106-107, 1941-1942, 262f.).

108. Diese Summe hatte er vom König erhalten, um einen Reeder für den Verlust eines 300 Tonnen schweren Schiffes zu entschädigen, das im Kampf gegen die Spanier gesunken war. Infolge eines komplizierten Verfahrens war das Geld in die Hände von Jean de la Tanne gelangt, der, in Anbetracht seiner offiziellen Funktion, nicht als Geldgeber in Erscheinung treten konnte (S.V. XIII, 14).

109. H. de Brémond, Histoire littéraire du sentiment religieux en France, Band 3, 159.

110. Urkunde der Übernahme der Pfarrei von Clichy-la-Garenne am 2. Mai 1612 (S.V. XIII, 17).

111. Dieses Gebiet entspricht heute in etwa dem 17. und 18., sowie der Hälfte des 8. Arrondissements in Paris.

112. Konferenz mit den Missionaren am 26. September 1659 (S.V. XII, 339).

113. Alexandre Hennequin, Herr von Clichy-de-Garenne, wurde 1583 geboren. 1589 verlor er seinen Vater, der bei einem gegen Heinrich III. verübten Attentat getötet worden war und wurde durch seinen Onkel und Tutor Michel de Marillac, Ratsmitglied im Parlament von Paris, erzogen. Die Gutsherrschaft von Clichy stammte von einem gewissen Olivier Allegret, Generalanwalt im Parlament von Paris. Eine seiner Töchter war mit Louis Hennequin, dem Großvater Alexandre, verheiratet, eine weitere Tochter mit Guillaume de Marillac, Vater von Michel de Marillac. Die Schwester des letzteren, Marie de Marillac, war mit Nicolas Hennequin verheiratet. Deren Sohn, Monsieur de Vincy, und eine Tochter, Mademoiselle du Fay, spielten eine wesentliche Rolle in Vinzenz von Pauls Umfeld.

114. Konferenz mit den Barmherzigen Schwestern am 27. Juli 1653 (S.V. IX, 646).

### 6. Erzieher bei den Gondis

115. Abelly, I, VII, 27. Kein Dokument belegt das genaue Datum von Vinzenz' Ernennung zum Hauslehrer bei den Gondis. Er selbst verwendete diesen Titel des Hauslehrers in den damaligen Urkunden nicht, sondern gab nur seine Adresse an, wohnhaft im Haus der Gondis (Rue-des-Petits-Champs; später Rue-Pavée).

116. Ebenso wenig sind wir im Besitz der Urkunde, die das Ende seiner Stellung als »Armenfürsorger und Berater der Königin Margarete« dokumentiert. Ab 1612 verwendete er diesen Titel in Urkunden nicht mehr, sondern

ersetzte ihn durch den Titel »Abt von Saint-Léonard-de-Chaume«. Es ist wahrscheinlich, dass er mit dem Arbeitsbeginn bei den Gondis nicht mehr an den Hof der Königin Margot gebunden war.

117. Vgl. die Ahnentafel der Gondis, Anhang 4.

118. Kardinal Pierre de Gondi erwarb 1603, nach dem Tod der Gräfin Gabrielle de Laval, die Grafschaft von Joigny. Er übergab die Grafschaft seinem Neffen Philippe-Emmanuel de Gondi am 11. Juni 1604 als Hochzeitsgeschenk, jedoch unter Vorbehalt der Nutznießung. Er lebte in Joigny bis zu seinem Tode 1616. Vinzenz kannte ihn also aufgrund der Aufenthalte der Familie von Philippe-Emmanuel in Joigny. Der Kardinal erzählte ihm sicherlich von seinen Besuchen bei Papst Clemens VIII., um die Versöhnung mit Heinrich IV. herbeizuführen und von den Ängsten, die den Pontifex diesbezüglich plagten. Vinzenz zitierte oft beispielhaft die Beunruhigung Clemens' VIII. und die Art, wie er davon erlöst wurde (S.V. V, 318; XII, 347; XIII, 336).

119. Cardinal de Retz, Mémoires, Bibliothèque de la Pléiade, 1984, 129.

120. Ebenda, 159.

121. Abelly, III, 177f.

122. S.V. XI, 25–28.

123. Gamaches war ein Dorf im normannischen Vexin, ungefähr eine Meile von der Ortschaft Étrepagny und drei Meilen von Écouis entfernt. Nun war Philippe-Emmanuel de Gondi Baron von Plessis-Écouis. Vinzenz hatte sicherlich nicht von der Pfarrei Besitz ergriffen, sondern begnügte sich einige Zeit damit, den Titel zu tragen und die Einnahmen zu erhalten. Die Urkunde für die »Ernennung von Monsieur Vinzenz in der Dekanatspfarrei von Gamaches« vom 28. Februar 1614 wurde von Pater B. Koch CM übersetzt und kommentiert (siehe Archiv CM). Veröffentlicht wurde sie dann in: Mission et Charité 8, Oktober 1962, 495.

124. Im historischen Archiv der Notare findet man die Erklärung vom 1. Februar 1614, dass »Monsieur Vinzenz Depaul, Priester, Abt von Saint-Leonard, … wohnhaft im Haus des hochwürdigen Herrn General der Galeeren, … die Summe von 1.800 Pfund erhalten hat, geliehen von Fräulein Anne le Prestre, Ehefrau des edlen Herrn François Lhuillier, Herr von Interville, durch Philippe-Emmanuel de Gondi, Graf von Joigny, Baron von Plessis … Davon wurden ihm 1.500 Pfund als Darlehen zur Verfügung gestellt, um den dringenden Angelegenheiten der obengenannten Herren und Dame Genüge leisten zu können.« Es wird nicht näher ausgeführt, um was für »dringende Angelegenheiten« es sich handelt, die Vinzenz regeln musste. Man könnte von der Hypothese ausgehen, dass es sich dabei um Nachwirkungen des Prozesses

hinsichtlich der Abtei von Saint-Léonard handelt. Das Darlehen wurde im April 1620 zu einem Geschenk. Es ist jedoch bemerkenswert, dass die Verleiher Anne le Prestre und François Lhuillier eine Tochter, Hélène-Angélique, hatten, die 1620 bei den Visitantinnen aufgenommen und dort Oberin wurde. Eine zweite Tochter, Maria, Frau von Claude-Marcel de Villeneuve, fühlte sich Louise de Marillac und Madame de Lamoignon sehr verbunden. Nach dem Tod ihres Mannes gründete sie etwa 1640 die Töchter des Kreuzes. So also entstand das Beziehungsgeflecht, das Vinzenz in seinen Aktivitäten geistlich und finanziell unterstützte (Die Urkunde wurde von Pater B. Koch CM, Archiv CM, übersetzt und kommentiert).

125.  Predigt des heiligen Vinzenz über den Katechismus (S.V. XIII., 25). Aus dem Zusammenhang dieser Predigt lässt sich erkennen, dass sie wohl 1616, nach dem Tod von Kardinal Pierre de Gondi, als also Philippe-Emmanuel die Grafschaft von Joigny übernahm, gehalten wurde.

126.  Der Collateur (Verleiher) war derjenige, der das Recht hatte, Benefizien zu vergeben. Phillippe-Emmanuel de Gondi teilte dieses Privileg, da er Baron von Plessis-Écouis war. Deshalb konnte er diese Aufgaben an »Monsieur Vinzenz, Hauslehrer seiner Kinder« übertragen (S.V. XIII, 19–24).

127.  Jacques Leviste, »Le château du Fay et la seigneurie de Villecien depuis le XVIe siècle«, in: Études villeneuviennes, 6f.

128.  Brief von Vinzenz von Paul an Edme Maujean, Generalvikar von Sens, vom 21. Juni 1616 (S.V. I, 20).

129.  Brief von Vinzenz von Paul an Jacques Tholard CM vom 22. August 1640 (S.V. II, 107). Das Kartäuserkloster von Valprofonde lag nahe dem Dorf Béon, knappe zwei Meilen südwestlich von Joigny. Heute ist nur noch ein Landwirtschaftsgebäude erhalten.

130.  »Verzicht des Heiligen Vinzenz auf die Abtei Sankt-Léonard-de-Chaume«, 29. Oktober 1616 (S.V. XIII, 37–39).

### 7. Ein entscheidendes Jahr

131.  Henri de Bourbon, Prinz de Condé (1588–1646). Er heiratete 1609 Charlotte de Montmorency, die Geliebte von Heinrich IV. Er war der Vater von Louis de Bourbon, dem »Großen Condé«.

132.  Charles d'Albert, Herzog de Luynes (1578–1621). Dieser bescheidene Edelmann, der das Vertrauen und die Freundschaft des Königs gewonnen hatte, wurde mit Gunst überschüttet. Nachdem er einen Teil der Güter von Concini erhalten hatte, heiratete er Marie de Rohan und erhielt den Titel des Herzogs de Luynes. 1621 wurde er sogar zum Oberbefehlshaber der Armee

ernannt. Wenig später starb er während der Belagerung von Saint-Jean-d'Angély an einem Fieber.

133. Folleville lag 4 Meilen westlich von Montdidier und eine Meile nördlich von Bretueil. Gannes lag drei Meilen südlich von Folleville.

134. »Unterredung über die Mission in Folleville im Jahr 1617« (S.V. XI, 4f.). In Erinnerung an diese Predigt betonte Vinzenz, dass der 25. Januar der Tag war, an dem die Bekehrung des heiligen Paulus gefeiert wurde, und er stellte eine Verbindung her zwischen dieser Feier und der »ersten Predigt über die Mission«. Er fügte hinzu: » … dass Gott dies nicht ohne Absicht an diesem Tage gemacht hat«.

135. S.V. XIII, 25–37.

136. Der Erzbischof von Lyon schrieb an Monsieur de Bérulle, dass er, nachdem er den Karmeliterinnen ein Haus in Châtillon gegeben hatte, dort die Kongregation der Oratorianer ansässig machen wollte, um aus dieser Stadt ein Zentrum katholischer Mission zu machen. Pater de Bourgoing hatte dort gerade eine sehr erfolgreiche Mission durchgeführt und fragte an, ob er die Verantwortung für die Pfarrei von Châtillon-les-Dombes übernehmen konnte, da der momentane Amtsinhaber kurz davor war, zurückzutreten (Brief von Seiner Exzellenz Denis de Marquemont an Monsieur de Bérulle vom 18. Oktober 1616, Archives départementales du Rhône, Kopie im Archiv CM). »Urkunde der Übernahme der Pfarrei Châtillon-les-Dombes« (S.V. I, 354).

137. Brief von Vinzenz von Paul an Robert de Sergis CM vom 29. September 1636 (S.V. I, 354).

138. Charles-Emmanuel von Savoyen musste nach einem langen und blutigen Konflikt einen Großteil seines Gebietes (Gex, Valroney, der Bugey und die Bresse) gemäß dem Vertrag von Lyon aus dem Jahr 1602 an den König von Frankreich, Heinrich IV., abtreten.

139. François de Bonne, Herzog des Lesdiguières (1541–1626). Anführer des Widerstandes der Hugenotten in der Dauphiné, später Verbündeter von Heinrich IV., der ihn 1609 zum Marschall von Frankreich ernannte. Als er 1622 dem Protestantismus abschwor, machte ihn Ludwig XIII. zum Oberbefehlshaber.

140. »Urkunde über den Verzicht auf die Pfarrei von Châtillon durch Jean Lourdelot« vom 19. April 1617 (S.V. XIII, 40).

141. »Ernennungsurkunde von Vinzenz Depaul als Pfarrer von Châtillon-les-Dombes« vom 29. Juli 1617 (S.V. XIII, 41-43).

142. »Urkunde über die Besitzergreifung der Pfarrei von Châtillon-les-Dombes« vom 1. August 1617 (S.V. XIII, 43f.).

143. Anlässlich des Seligsprechungsprozesses von Vinzenz von Paul wurde

1665 durch einen Priester, Charles Demia, Doktor an der Pariser Universität, ein Bericht erstellt. Aus einem offensichtlichen hagiografischen Interesse heraus stellte er die Situation der Pfarrei von Châtillon zum Zeitpunkt von Vinzenz' Ankunft absichtlich in ein schlechtes Licht. Die Zeugenaussagen, die er vor Ort bei den »ältesten Einwohnern« gesammelt haben will, sind gleichermaßen mit Vorsicht zu genießen. Der Großteil der Biografien über Vinzenz ist auf der Grundlage dieses Berichtes geschrieben. Ebenso ist der Handlungsverlauf des Filmes, in dem Pierre Fresnay Vinzenz meisterhaft verkörpert, von diesem Dokument beeinflusst. Die vor kurzem erfolgte Entdeckung des Briefes seiner Exzellenz de Marquemont ermöglicht die Widerlegung dieser Legende (Bericht von Charles Demia über den Aufenthalt des Heiligen Vinzenz in Châtillon-les-Dombes, S.V. XIII, 45–54).

144. »Protokoll des seelsorglichen Besuches von Seiner Exzellenz Denis de Marquemont, Bischof von Lyon, in der Pfarrei von Châtillon-les-Dombes« 1614. Das Original dieses Dokumentes wird in den Archives départementales du Rhône aufbewahrt; ebenso befindet sich dort das Dokument über den Bau von zwei neuen Kapellen in der Kirche Saint-Martin (Abschrift der Dokumente durch Pater B. Koch CM, Archiv CM).

145. Die Unterschrift von Louis Girard ist im ersten Eintrag im Taufbuch zu sehen, den Vinzenz am 16. August 1617 machte (Archiv CM).

146. Von den 40 Taufen, die im Laufe des fünfmonatigen Aufenthaltes von Vinzenz in Châtillon gefeiert wurden, sind nur vier oder fünf von ihm unterzeichnet. Die anderen wurden von seinen Vikaren durchführt. Die Mehrzahl trägt die Unterschrift von Louis Girard, dem ersten Vikar, der Vinzenz' Nachfolger in dieser Pfarrei wurde (eine Abschrift und Analyse der Taufakte erfolgte durch Pater B. Koch CM, Archiv CM).

147. Konferenz, gehalten von Vinzenz von Paul am 16. Mai 1659 (S.V. XII, 231–233).

148. Konferenz, gehalten von Vinzenz von Paul am 13. Februar 1646 (S.V. IX, 243).

149. »Caritasverein der Frauen in Châtillon-les-Dombes«, November und Dezember 1617 (S.V. XIII, 423–429). Das Originaldokument stammt aus der Hand von Louis Girard, die Handschrift von Vinzenz taucht erst am Ende, vor der Unterschrift auf. Ebenso stammt die Eröffnung des Rechnungsbuches am 15. Dezember aus der Hand von Louis Girard, da Vinzenz schon im Aufbruch begriffen war.

150. Brief von Vinzenz von Paul an P.E. de Gondi, August 1617 (S.V. I, 21).

151. Brief von Frau de Gondi an Vinzenz von Paul, September 1617 (S.V. I, 21).

152. Brief von Vinzenz von Paul an Madame de Gondi, September oder Oktober 1617 (S.V. I, 23).

153. Brief von P.E. de Gondi an Vinzenz von Paul, 15. Oktober 1617 (S.V. I, 23).

## 8. Die ersten Missionen

154. »Caritasverein der Frauen von Châtillon-les-Dombes«, November und Dezember 1617 (S.V. XIII, 423–439).

155. Villecien lag im Tal der Yon, flussabwärts von Joigny; Paroy-sur-Tholon lag eine Meile südlich von Joigny.

156. »Caritasverein der Frauen von Joigny«, September 1618 (S.V. XIII, 439–446).

157. »Caritasverein der Frauen von Montmirail«, 1. Oktober 1618 (S.V. XIII, 461–475).

158. Vinzenz hielt sich hierbei an die übliche Vorgehensweise seiner Zeit, indem er den Damen der Charité nicht direkt die Kontrolle der Finanzen überließ. Später betonte er bei verschiedenen Gelegenheiten, dass die Frauen sehr wohl in perfekter Weise zur Verwaltung der Finanzen fähig waren (S.V. I, 78f.; S.V. IV, 71).

159. Pierre de Bérulle sprach von sich als einem Mann der Tat, der das Oratorium mit starker Hand führte und zahlreiche Missionen – vor jenen von Vinzenz – im ganzen Königreich organisierte. Ihm wurden auch heikle diplomatische Missionen anvertraut, aber er stellte sich gegen Richelieu, als dieser sich mit den protestantischen Staaten verbündete, um gegen Spanien zu kämpfen. Daneben entwickelte er eine Lehre, die von Augustinischem Gedankengut und von der Schule von Theresa von Ávila, wie auch von flämischen und italienischen Mystikern beeinflusst war. Er veröffentlichte diese Lehre in dem Werk: Discours sur l'état et les grandeurs de Jesu, 1622.

160. Franz von Sales (1567–1622), 1593 zum Priester geweiht. 1602 wurde er Bischof von Genf und hielt sich in diesem Jahr zum ersten Mal in Paris auf, wohin er gekommen war, um den religiösen Status von Bugey auszuverhandeln, das von Savoyen an Frankreich abgetreten worden war. 1602 predigte er in der Fastenzeit im Louvre. 1610 gründete er in Annecy zusammen mit Johanna von Chantal den Orden der Heimsuchung. Er starb 1622, wurde 1665 heiliggesprochen und 1877 zum Kirchenlehrer ernannt.

161. »Zeugenaussage von Vinzenz von Paul beim Seligsprechungsprozess von Franz von Sales« am 17. April 1628 (S.V. XIII, 66–84).

162. Brief von Vinzenz von Paul an Jean Martin CM vom 26. November 1655 (S.V. V, 471).

163. Johanna Franziska Frémyot von Chantal (1572–1641), Tochter des Präsidenten des Parlamentes von Burgund. 1592 heiratete sie den Baron von Chantal, der 1601 eine Witwe mit sechs Kindern zurückließ. 1610 stellte sie sich unter die geistliche Leitung von Franz von Sales und gründete das erste Haus der Heimsuchung in Annecy. Als sie am 13. Dezember 1641 starb, umfasste ihre Kongregation 87 Klöster. Sie wurde 1787 heiliggesprochen.

164. Betreffs der ursprünglichen Intentionen von Franz von Sales, vgl. seine Briefe, die er am 24. Mai 1610 an Pater Nicolas Polliens SJ schrieb: »Die Schwestern werden nach dem Jahr ihres Noviziates hinausgehen und die Kranken besuchen«; und am 3. April 1611 an den Abt von Abondance: »Nach ihren Gelübden werden sie die Kranken pflegen gehen, mit großer Demut, so Gott will« (Oeuvres de Saint François von Sales, Bd. 14: Lettres, vol. 4, librairie catholique Emmanuel Vitte, 1906). Vgl. auch die Studie von J.P. Camus aus dem Jahre 1641, die ein Gespräch mit Franz von Sales wiedergibt: »Ich wollte nur ein Haus in Annecy errichten, wo es eine einfache Gruppe von Witwen und Mädchen gab, ohne Gelübde oder Klausur, deren Aufgabe darin bestand, die armen Kranken zu besuchen und ihnen Erleichterung zu verschaffen« (J.P. Migne, Hrsg., Oeuvres complètes de Saint François de Sales, Bd. 2, 1861, 360–362).

165. Charles de la Saussaye (1525–1621). Aus einer alten Adelsfamilie, Doktor der Theologie, Kanoniker von Orléans. Er wurde 1617 Pfarrer von Saint-Jacques. Er lernte Franz von Sales im Leitungsgremium der Bruderschaft von Saint-Charles-Borromée kennen.

166. »Bescheinigung der Akkreditierung als königlicher Seelsorger der Galeeren« vom 8. Februar 1619 (S.V. XIII, 55).

167. Später, im Jahre 1632, erlangte Vinzenz vom König und von den Ratsherren von Paris die Anordnung, dass die Galeerensträflinge, die krank waren, in einen viereckigen Turm gebracht wurden, der Teil der alten Stadtmauer der Hauptstadt zwischen dem Tor von Saint-Bernard und der Seine war, wo sie unter humaneren Bedingungen untergebracht wurden.

168. Das Krankenhaus für die Galeerensträflinge in Marseille wurde erst 1646 fertiggestellt, dank der beharrlichen Bemühungen von Gaspard de Simiane, einem Freund des Bischofs der Stadt. Vinzenz unterstützte dieses Werk am Hof und erreichte die Finanzierung durch die Herzogin d'Aiguillon. Der König schenkte das Grundstück, das innerhalb der Mauern des Arsenals der Galeeren lag. Durch die Patentbriefe vom Juli 1646 verpflichtete sich der König, den Unterhalt des Krankenhauses bis zu einer Höhe 9.000 Pfund zu unterstützen (Vgl. AN A2 II f., 27–286 und B6 77f., 231–253).

169. S.V. XIII, 475–490.

170. Abelly I, 54–57, und S.V. XI, 34–37.

171. »Monsieur Vinzenz wird dem Orden der Minderbrüder affiliiert«, Freitag, den 26. Februar 1621 (Dokument im Archiv CM und in Collet I, 100). Dieser Orden wurde vom Eremiten François gegründet, der um 1416 nahe Paola in Kalabrien geboren und im Jahre 1507 in der Einsiedelei von Plessisles-Tours gestorben war. Dieser Orden hatte eine sehr strenge Regel, die zu den gewöhnlichen drei Gelübden ein viertes, nämlich ständiges Fasten, dazuzählte. König Ludwig XI. rief, als er krank war, den Einsiedler François zu sich, weil er im Ruf der Heiligkeit stand, und erhoffte sich, durch ihn die Heilung zu erlangen. Er wurde 1519 unter dem Namen François de Paola heiliggesprochen. Wir wissen nicht, welche Dienste Vinzenz den Minderbrüdern leistete, aber wahrscheinlich erreichte er für sie eine Unterstützung für die Gründung ihres Hauses in Frankreich.

172. »Gemischter Caritasverein von Joigny«, Mai 1621 (S.V. XIII, 446–461).

173. Brief von Vinzenz von Paul an Louise de Marillac vom 21. Juli 1635 (S.V. XIII, 833).

174. Dossier des Caritasvereins von Mâcon, 12 Dokumente, 23 Seiten (Archiv CM). Das Dossier enthält Auszüge aus den Aufzeichnungen des Bürgermeisteramtes von Mâcon für die Sitzungen vom 16. und 17. September und die Aufzeichnung der Beratungen in der Sitzung vom 17. September 1621. Vgl. auch Abelly I, 61–63; Collet I, 107–108; und S.V. XIII, 504–510.

175. Die Vizegrafschaft von Béarn kehrte erst 1594 zur Krone zurück, ausgestattet von Heinrich IV. mit dem Statut eines autonomen Fürstentums. Die Chronisten behaupten, dass Heinrich den Geist der Unabhängigkeit der Bevölkerung der Béarn damit zu befriedigen versuchte, indem er ihnen erklärte, dass Frankreich an die Béarn angeschlossen würde! Aber das Edikt der Vereinigung wurde erst 1620 unter Ludwig XIII. veröffentlicht.

176. Das Datum dieser Mission in Bordeaux wird verschieden angegeben. Einige verlegen es in das Jahr 1622, andere auf März 1624. So auch Joseph Guichard (Studie im Archiv CM), aber gemäß dieser Hypothese ist es schwierig, die Reise von Vinzenz nach Pouy einzuordnen. Coste hat ein mittleres Datum gewählt: 1623. Einige Biografen verlegen auf dieses Datum die erbauliche Geschichte, nach der Vinzenz, bewegt vom Schicksal eines Galeerensträflings, bat, seinen Platz auf der Ruderbank einnehmen zu dürfen. Diese eher unwahrscheinliche Geschichte wurde zum Motiv auf vielen Gemälden.

177. S.V. XIII, 219. Die Tradition berichtet, dass Vinzenz während seines Aufenthaltes mit seiner Familie eine Wallfahrt nach Buglose, eine Meile von Pouy entfernt, machte, wo man erst kürzlich eine Statue der Gottesmutter

gefunden hatte. An dieser Stelle wurde eine Kapelle errichtet und 1622 von Bischof J. J. Dusault geweiht.

178. Erst später wurde die Unterstützung, die er seiner Familie zukommen ließ, offenbar (Vgl. S. V. XV, 61–63).

179. »Vollmacht für die Inbesitznahme des Priorates von Saint-Nicolas-de-Grosse-Sauve« vom 7. Februar 1624 (S.V. XIII, 56). Das Priorat lag etwa vier Meilen südöstlich von Langres, in der Gemeinde von Loges. Der Prozess wurde zwischen dem Kapitel von Saint-Mamès und dem Oratorium geführt. Vinzenz war nicht direkt daran beteiligt.

## 9. Gründung der Kongregation der Mission

180. Brief von Vinzenz von Paul an Bernard Codoing CM vom 1. April 1642 (S.V. II, 247).

181. Das Collège des Bons-Enfants (das Collège der Guten Kinder, Anm. d. Ü.) war keine Schule, sondern eine Einrichtung, die Studenten Zimmer und Verpflegung für einen jährlichen Betrag von 350 Talern anbot. 1624 gab es dort nur sieben oder acht Studenten, wovon zwei ein Stipendium hatten, das von einem früheren Rektor der Universität von Paris, Jean Pluyette, gestiftet worden war.

182. Man hat Vinzenz' Universitätsdiplome nach seinem Tod in seinem Zimmer gefunden. Sie verschwanden bei der Plünderung von Saint-Lazare am 15. Juli 1789 (S.V. XIII, 60, Nr. 1). Das Dokument vom Freitag, den 1. März 1624, das Vinzenz von Paul zum »Leiter des Collèges des Bons-Enfants« ernennt, ist unter denselben Umständen verloren gegangen (Collet I, 113).

183. »Gründungsvertrag der Kongregation der Mission« vom 17. April 1625 (S.V. XIII, 197–202).

184. Einige Einzelheiten des Vertrags gehen auf die Ideen von Madame de Gondi zurück. Sie begrenzten den Handlungsspielraum des Superiors der Kongregation. Nach dem Tod seiner Frau hatte Philippe-Emmanuel de Gondi eine »Modifikation des Gründungsvertrages der Kongregation der Mission« festgelegt, am Samstag, den 17. April 1627, als er in die Kongregation vom Oratorium eintrat. Mit diesem Dokument gibt er »Maître Vinzenz von Paul …, zu dem er völliges und umfassendes Vertrauen hat«, vollkommenen Handlungsspielraum in allen betreffenden Punkten; Dokument im Nationalarchiv, zentrale Aufzeichnungen von Monsieur Jean-Charles Niclas, Chartist (Absolvent der École des Chartes, Anm. d. Ü.), Direktor der Nationalbibliothek in Sable.

185. Beim Tod von Pierre de Bérulle 1629 wurde Pater de Gondi als neuer Superior des Oratoriums vorgeschlagen, aber Kardinal de Richelieu stellte sich dagegen. Später, während der Zeit der Fronde, schickte Mazarin Pater de

Gondi wegen der Machenschaften seines Sohnes, des Kardinals de Retz, auf seine Besitzungen in Villepreux ins Exil. Pater de Gondi starb 1662 in Joigny.

186. Abelly I, 73.

187. Brief von Vinzenz von Paul an Nicolas von Bailleuil vom 25. Juli 1625 (S.V. I, 24).

188. Konferenz vom 17. Mai 1658 (S.V. XIII, 8).

189. »Vertrag des Zusammenschlusses der ersten Missionare« vom 4. September 1626 (S.V. XIII, 203). Die ersten Missionare, die dieses Dokument unterschrieben haben, waren: Vinzenz von Paul, Priester und Leiter des Collèges des Bons-Enfants; François von Coudray, Priester der Diözese von Amiens; Antoine Portail, Priester der Diözese von Arles; Jean von la Salle, Priester der Diözese von Amiens.

190. »Schenkungsurkunde von Vinzenz von Paul an seine Verwandten« vom 4. September 1626 (S.V. XIII, 61).

191. Eine Bestätigung über den Erhalt von 400 Pfund, entsprechend der Kosten für 4 Jahre Kost und Logis, die von »Monsieur Jean Souillard, dem bisherigen Pfarrer von Clichy-la-Garenne«, an Vinzenz von Paul zu zahlen waren, ist datiert mit Juli 1630 (S.V. XIII, 85).

192. Patentbriefe, mit denen der König die Kongregation der Mission bestätigte, Mai 1627 (S.V. XIII, 206–208).

193. Brief von König Ludwig XIII. an Papst Urban VIII. vom 24. Juni 1628 (S.V. XIII, 219) und Brief von König Ludwig XIII. an Monsieur de Béthune vom 24. Juni 1628 (S.V. XIII, 220).

194. »Bitte, gerichtet an Papst Urban VIII.« im Juni 1628 (S.V I, 42–51). Dieses Dokument wurde von Vinzenz von Paul und seinen ersten acht Gefährten der Mission unterzeichnet. Unter ihnen war Louis Callon, Doktor an der Sorbonne, der bald zu seiner Pfarre in Aumale in der Normandie zurückkehrte. 1629 gab er eine Spende von 4.000 Pfund, damit zwei Missionspriester kommen konnten, um zu »predigen, katechetisieren und von den armen Leuten der Diözese von Rouen Generalbeichten zu hören, und zwar besonders im Dekanat von Aumale, wo er herstammt« (V. E. Veuclin, Saint Vincent de Paul en Normandie).

195. »Bericht, der der Propaganda fidei über die Bitte des Heiligen Vinzenz vom Juni 1628 übergeben wurde«, vom 22. August 1628 (S.V. XIII, 222–224). »Beschluss über die Bitte ... vom Heiligen Vinzenz vom Juni 1628« (S.V. XIII, 225).

196. Brief von Kardinal de Bérulle, November 1628 (Dagens, Correspondance du cardinal de Bérulle, Bd. 3, 434–345, zitiert in Coste I, 185). Dies scheint die einzige Intervention von Bérulle gegen Vinzenz' Projekt zu sein.

Seit Anfang 1629 hatte sich der Kardinal gegen den Botschafter Frankreichs gestellt, der die Kandidatur eines Oratorianers für die Stelle eines Pfarrers von Saint-Louis-des-Français in Rom nicht unterstützte.

197. »Opposition der Priester von Paris gegen die Anerkennung der Kongregation der Mission« vom 4. Dezember 1630 (S.V. XIII, 227–232).

198. Brief von Vinzenz von Paul an François de Coudray CM, 1631 (S.V. I, 15).

199. Vgl. Luigi Mezzadri und José-María Roman, Histoire de la Congrégation de la Mission, Bd. 1, Paris 1994, 40, 61.

200. Adrien Bourdoise (1584–1655), 1613 zum Priester geweiht, nachdem er längere Zeit unter dem Einfluss von Pierre de Bérulle gestanden hatte. Er wurde Pfarrer von Saint-Nicolas-du-Chardonnet. Dort organisierte er eine Gemeinschaft von Priestern, danach ein Seminar, das 1644 offiziell anerkannt und das von den Mitgliedern der Gesellschaft vom Heiligsten Sakrament finanziert wurde. Vinzenz von Paul übernahm einige Methoden dieses Seminars, als er seine eigenen eröffnete.

201. Augustin Potier (?-1650). Er war der Sohn von Nicolas Potier, Seigneur de Blancmesnil, der von Maria de Médici zum Kanzler ernannt wurde. 1616 wurde er Bischof von Beauvais. Er bemühte sich, seine Diözese zu evangelisieren. Er war Großhofkaplan von Anna von Österreich und strebte nach politischem Einfluss während ihrer Regentschaft. Er wurde von Mazarin zur Seite gedrängt und kehrte in seine Diözese zurück.

202. Brief von Vinzenz von Paul an François du Coudray CM vom 15. September 1628 (S.V. I, 66, 67).

203. Brief von Vinzenz von Paul an François du Coudray CM vom 12. September 1631 (S.V. I, 22).

204. Louise de Marillac (1591–1660), Tochter des Louis de Marillac. Sie heiratete 1613 Antoine Le Gras, Sekretär im Haus von Maria de Médici. Als Frau eines einfachen Herrn wurde sie Mademoiselle Le Gras genannt. 1625 wurde sie Witwe, ihren Sohn konnte sie nur mit großer Mühe erziehen. Später wollte sie ihn dem Priestertum zuführen, aber er zog eine Heirat vor. Sie trug alle Werke von Vinzenz von Paul mit, ganz besonders die Barmherzigen Schwestern. Sie starb einige Monate vor Vinzenz und wurde im März 1934 heiliggesprochen.

205. Jean-Pierre Camus, Bischof von Belley, war der Neffe der zweiten Frau von Louis de Marillac, des Vaters von Louise.

206. In ihren »Écrits spirituels« finden wir bei Louise de Marillac diese Passage: »Ich wurde auch versichert, dass ich wegen meines Seelenführers ruhig bleiben soll und dass Gott mir einen geben werde, den er mir zeigte. Ich

fühlte Widerwillen, ihn anzunehmen, ich willigte jedoch ein und es schien mir, dass diese Änderung noch nicht ausgeführt werden müsse« (Archiv des Mutterhauses der Barmherzigen Schwestern, Paris).

207. Brief von Vinzenz von Paul an Louise de Marillac vom 6. Mai 1629 (S.V. I, 75).

208. Brief von Vinzenz von Paul an Louise de Marillac, 15. September 1631 (S.V. I, 126).

209. Armand-Jean du Plessis, Kardinal de Richelieu (1585–1642). Nach seinen Studienjahren im Collège von Navarra und an der Akademie Pluvinel studierte er Theologie. 1606 wurde er in Rom zum Bischof geweiht und erhielt den Bischofssitz von Luçon. Er erhielt den Kardinalspurpur 1622. Von 1626 bis zu seinem Tod 1642 war er die rechte Hand von König Ludwig XIII. Nachdem er seine Macht am »Tag der Geprellten« gefestigt hatte, beschloss er die Errichtung einer neuen Stadt in der Nähe des Heimatschlosses seiner Familie in Richelieu, denn sein Besitz wurde vom König in den Rang eines Herzogtums erhoben. Auf seine Bitte hin wurde 1638 in dieser Stadt Richelieu ein Haus der Mission eröffnet.

210. Die Marillacs waren ein alte Familie aus der Auvergne, die seit dem 15. Jahrhundert wichtige Positionen besetzte. Ein Guillaume von Marillac, Generalkontrolleur, war zweimal verheiratet. Mit seiner ersten Frau, Allegret, hatte er acht Kinder. Eines von ihnen, Louis, Seigneur de Ferrières, war der Vater von Louise de Marillac, und ein Michel wurde Siegelbewahrer. Mit seiner zweiten Frau, Geneviève von Bois-Levêque, hatte er vier Kinder. Eines von ihnen, ebenfalls ein Louis, wurde Marschall von Frankreich.

Michel de Marillac (1563–1632), Ratsherr im Parlament von Paris, Finanzminister und Siegelbewahrer Frankreichs. Er wurde als Anführer der Partei der Devoten angesehen. Er stellte sich gegen Richelieu, der es verstand, es so zu lenken, dass er in Ungnade fiel und ins Exil gehen musste.

Louis de Marillac, Graf von Beaumont (1573–1632). Am Ende einer brillanten Karriere erlangte er 1629 den Marschallstab und das Kommando über das Heer in Italien. In die Verschwörung gegen Richelieu verwickelt, wurde er verurteilt und am 10. Mai 1632 hingerichtet.

211. Das Herzogtum von Mantua gehörte der Familie de Gonzague. Bei seinem Tod im Dezember 1627 war Herzog Vinzenz de Gonzague ohne direkten Erben, und das Herzogtum musste seinem engsten Verwandten, Charles de Gonzague, Herzog von Nevers, übergeben werden. Aber die Spanier wollten nicht, dass ein Franzose ein Gebiet regieren sollte, das dem Herzogtum von Mailand, einer strategisch bedeutsamen spanischen Besitzung, so nahe war. Sie unterstützten die Kandidatur des italienischen Herzogs Guastella und

entfernten den Cousin der Gonzagues. Charles de Gonzague erschien, um sein Herzogtum, das auch Montferrat umfasste, in Besitz zu nehmen. Er wurde von den Spaniern angegriffen, was eine von Richelieu betriebene Intervention zur Folge hatte.

212. Brief von Vinzenz von Paul an Louise de Marillac vom Mai 1632 (S.V. I, 155).

### 10. Das Priorat von Saint-Lazare

213. Brief von Vinzenz von Paul an Nicolas Étienne CM vom 30. Juli 1650 (S.V. V, 533).

214. Adrien Le Bon (1577–1651), Regularkanoniker von Saint-Augustine. Nachdem er der Kongregation der Mission sein Priorat Saint-Lazare überlassen und als Gegenleistung eine Pension für sich und seine Kanoniker erhalten hatte, machte er die Kongregation zum Erben aller seiner Besitzungen. Vinzenz von Paul blieb ihm dafür stets sehr dankbar, er stand ihm in seinen letzten Stunden bei und verfasste seine Grabrede.

215. Die dazugehörigen herrschaftlichen Rechte umfassten die Erhebung von Abgaben (Zehnten) und die Eintreibung bestimmter Steuern, wie etwa vom Markt von Saint-Laurent, der nahe bei Saint-Lazare abgehalten wurde, und die Ausübung von hoher, mittlerer und niederer Rechtssprechung, was auch das Gefängnis innerhalb der Mauern des Priorates erklärt.

216. Die Einfriedung von Saint-Lazare erstreckte sich über ein Gebiet, das heute von den Rue-Faubourg-Poissoniere, Rue-Faubourg-Saint-Denis, Boulevard-de-la-Chapelle und der Rue-de-Paradis begrenzt wird. Dieses Gebiet wird heute größtenteils vom Gare-du-Nord und vom Hôpital-de-Lariboisière eingenommen. Nach der Revolution wurden die alten Gebäude in ein Frauengefängnis umgewandelt, das zwischen 1935 und 1940 abgerissen wurde. Einige Wohnhäuser, die im 18. Jahrhundert von den Lazaristen als Einkommensquelle erbaut wurden, stehen heute noch in der Rue-Faubourg-Saint-Denis; sie tragen das große Monogramm S.V. an ihren Fassaden.

217. Charles Faure (1594–1644). Er war damit beauftragt, das Kloster von Sainte-Geneviève in Paris zu reformieren. Er war so erfolgreich, dass Kardinal de la Rochefoucauld ihn zum Leiter der französischen Kongregation, in der alle Häuser der Regularkanoniker zusammengefasst wurden, ernannte. Vinzenz von Paul meinte später, dass er bei Pater Faure »wenig Kredit« hatte (S.V. I, 137).

218. Brief von Vinzenz von Paul an Guillaume de Lestocq 1631 (S.V. I, 137).

219. »Vertrag der Vereinigung des Priorats von Saint-Lazare mit der Kongre-

gation der Mission« vom 8. Januar 1632. »Bestätigung des Erzbischofs von Paris für die Vereinigung von Saint-Lazare und der Mission« vom 8 Januar 1632 (S.V. XIII, 234–257).

220. Brief von Vinzenz von Paul an N***, 1632 (S.V. I, 151).

221. Jean Orcibal, »Jean Duvergier de Hauranne, abbé de Saint-Cyran, et son temps«, Bibliothèque de la revue d'histoire ecclesiastique 26: Les Origines Jansenisme, Bd. 2, 1947.

222. Brief von Vinzenz von Paul an Étienne Blatiron CM vom September 1650 (S.V. IV, 70).

223. S.V. XIII, 331, Anm. 2.

224. Brief von Vinzenz von Paul an N***, 1633 (S.V. I, 180).

225. Präsidentin de Herse, geborene Charlotte de Ligny, war seit 1634 Witwe von Michel de Vialard, Seigneur de Herse, Präsident der Ansuchen beim königlichen Hof. Ihr Sohn, Felix de Vialard de Herse, wurde 1642 zum Bischof von Châlons geweiht.

226. Nicolas Pavillon (1597–1677), 1626 zum Priester geweiht. Er nahm an den Missionen teil, bevor er 1637 zum Bischof von Alet ernannt wurde. Als solcher war er eifrig und reformfreudig. Er weigerte sich, die Verurteilung der jansenistischen Thesen zu unterschreiben.

François-Etienne de Caulet (1610–1680), Sohn eines Parlamentspräsidenten »mit der Mütze« (Prèsident à mortier) von Toulouse, bei den Jesuiten erzogen. Er wurde 1644 zum Bischof von Pamiers ernannt. Da er sehr streng auf moralischem Gebiet war, weigerte er sich wie Pavillon, die Verurteilung der Jansenisten zu unterschreiben.

227. Der Name »Dienstagskonferenzen« wurde bewusst gewählt, vom ursprünglichen Wortsinn ausgehend: cum ferre, zusammenbringen. Die Konferenz ist das Zusammentragen von Meinungen zu einem vorgegebenen Thema. Diese Treffen waren nicht gedacht als bloßes Anhören eines Vortrages.

228. »Regel für Priester, die an der Dienstagskonferenz teilnehmen« (S.V. XIII, 128–132). Der erste Artikel beschreibt den Geist der Konferenz: »das Leben Jesu Christi zu ehren, sein ewiges Priestertum, seine heilige Familie und seine Liebe zu den Armen …, versuchen sein Leben dem Seinigen anzupassen«.

229. Brief von Vinzenz von Paul an Jean de Fonteneil vom 8. Januar 1637 (S.V. I, 373). Der Brief bezieht sich auf Antoine Godeau, ernannter Bischof von Grasse, François Fouquet, Bischof von Bayonne, und Nicolas Pavillon, Bischof von Alet.

230. Brief von Vinzenz von Paul an Louise de Marillac um 1632 (S.V. I, 155).

231. Brief von Vinzenz von Paul an Louise de Marillac vom Juni 1632 (S.V. I, 157, 159). Madame Goussault, geborene Geneviève Fayet, Witwe von Antoine Goussault, Seigneur von Souvigny, Präsident der Finanzkammer von Paris, widmete sich bis zu ihrem Tod im Jahre 1639 allen Werken, die von Vinzenz von Paul gegründet wurden.

Madame Poulaillon, geborene Marie de Lumagne (1599–1657), Witwe von François Poulaillon (oder Polallion), Edelmann am königlichen Hof, hatte Vinzenz von Paul als ihren geistlichen Begleiter erwählt und unterstützte Louise de Marillac. Mit der Hilfe von Vinzenz gründete sie einen Orden für gefallene Mädchen, die Töchter der Vorsehung.

232. »Konferenz über die Tugenden von Marguerite Naseau« (S.V. IX, 77–79).

233. Brief von Vinzenz von Paul an Louise de Marillac vom 1. Mai 1633 (S.V. I, 197). Über die Frage von Medizin und Vinzenz von Paul, vgl. die lange Studie von Bernard Koch CM, Saint Vincent et les malades, Dezember 1994 (Archiv CM).

234. Brief von Vinzenz von Paul an Antoine Portail CM vom 28. November 1632 (S.V. I, 175–178). Man sollte beachten, dass bei dieser wichtigen Mission die Mitglieder der Dienstagskonferenzen viel zahlreicher waren als jene der Kongregation.

### 11. SUPERIOR DER MISSION

235. François de la Rochefoucauld (1558–1645), Bischof von Clermont, überzeugtes Mitglied der Liga. Er hatte sich mit Heinrich IV. zusammengetan, der ihn zum Bischof von Senlis ernannte. 1607 wurde er Kardinal und spielte in der Versammlung des Klerus von 1614, die beschloss, die Dekrete des Konzils von Trient einzuführen, eine besondere Rolle. 1618 wurde er Großaumônier von Frankreich, 1622 übernahm er den Vorsitz im königlichen Rat. Zu dieser Zeit verzichtete er auf seinen Bischofsstuhl von Senlis, um sich der Reform der Abteien, die zu den Orden des hl. Benedikt, des hl. Augustinus und des hl. Bernhard gehörten, zu widmen. Als er Abt der Abtei von Sainte-Geneviève wurde, übertrug er die Reform Pater Charles Faure, und weitete dann diese Reformtätigkeit auch auf die Häuser der Regularkanoniker des Königreiches aus. Vinzenz von Paul stand ihm in seinen letzten Stunden am 14. Februar 1645 bei.

236. Die Guérinets, benannt nach Abt Guérin, waren eine Gruppe von Mystikern in der Picardie, die als gefährliche Illuminaten angesehen wurden. Der König folgte dem Rat von Richelieu und seiner grauen Eminenz, dem Priester Joseph, und bat Kardinal de la Rochefoucauld im September 1630, Monsieur

Vinzenz die Sache untersuchen zu lassen. Vinzenz, mit dem Rat des gelehrten Theologen Duval, sprach die Guérinets von allem Verdacht der Häresie frei. Er wurde sogar Förderer der Töchter vom Kreuz, die von Abt Guérin und Marie Lhuillier gegründet wurden. Ihre Schwester Hélène-Angélique wurde Oberin im ersten Kloster der Heimsuchung in Paris. Die beiden Damen waren Töchter des gleichnamigen Wohltäters, der von 1614 an Vinzenz von Paul unterstützt hatte (vgl. Kapitel 6, Anm. 124).

237. Jean-Louis de Rochechouart, Graf de Chandenier, wurde im Haus des Kardinals de la Rochefoucauld, seinem Onkel mütterlicherseits, aufgezogen. Zwei seiner Söhne werden Schüler von Vinzenz von Paul:

– Claude de Chandenier, Abt von Moutiers-Saint-Jean. Er machte Vinzenz von 1650 bis 1652 zum Generalvikar, während er selbst zu Nicolas Pavillon, dem Bischof von Alet, ging, um sich bei ihm weiterzubilden. Er starb 1670.

– Louis de Chandenier, Abt von Tournus, treues Mitglied der Dienstagskonferenzen. Als solches nahm er an vielen Missionen teil. 1658 leitete er die Mission in Metz, die besonders erfolgreich war. Er starb 1660, als er von einer Pilgerreise nach Rom zurückkehrte. Beide Brüder weigerten sich, die Bischofswürde anzunehmen.

238. Marie-Madeleine de Vignerod, Herzogin d'Aiguillon (1604–1675), verheiratet mit dem Marquis de Combalet. Sie wurde mit 18 Jahren Witwe. Damals trat sie als Novizin in den Karmel ein, aber ihr Onkel, Kardinal de Richelieu, holte sie von dort mit der Erlaubnis Roms heraus und brachte sie an den Hof als Hofdame der Königin. 1638 ließ er ihr die Güter des Herzogtums d'Aiguillon zukommen, die mit einem hochadeligen Titel verbunden waren. Beim Tod ihres Onkels erbte sie ein beträchtliches Vermögen, das sie großteils für wohltätige Zwecke verwendete, während sie auf der anderen Seite sehr streng mit ihren Schuldnern war. Sie führte einen langen Prozess mit den Prinzen de Condé, die das Testament von Richelieu anfochten.

239. Henri de Lévis, Herzog de Ventadour (1596–1680). Seine Frau, Marie-Liesse de Luxembourg, hatte keine Kinder und trat 1629 in den Karmel in Avignon ein. Nachdem er gegen die Hugenotten im Languedoc gekämpft hatte, versuchte er der katholischen Sache auf andere Weise zum Erfolg zu verhelfen. Mithilfe des Kapuziners Philippe d'Angoumois und des Jesuiten Pater Suffren gründete er 1630 die Gesellschaft vom Heiligsten Sakrament. 1641 empfing er die Weihe als Subdiakon und nahm 1650 das Amt eines Kanonikers von Notre-Dame in Paris an. Zu diesem Zeitpunkt verzichtete er auf seinen Titel als Herzog und Pair zugunsten seines jüngeren Bruders. Die

Gesellschaft vom Heiligsten Sakrament wurde 1660 von Mazarin aufgelöst.

240. Vgl. Bulletin de littérature ecclésiastique 8: Saint Vincent de Paul et la compagnie du Saint-Sacrement, Oktober 1917 (herausgegeben vom Institut catholique de Toulouse).

241. Auf dem Gebiet von Gonesse gab es drei verschiedene Einnahmequellen: Die landwirtschaftlichen Erträge gehörten der Mission; die Steuern, die von den Gebieten des Königs in Gonesse eingehoben wurden und für die Mission »reserviert« waren; der Betrieb von vier Mühlen, deren Pacht ebenfalls für die Mission »reserviert« war. Die letzteren zwei Einnahmequellen, Steuern und Mühlen, waren dem Priorat von Saint-Lazare zugeschrieben, gemäß den königlichen Verfügungen aus dem 12. Jahrhundert. Beide wurden von Vinzenz von Paul den Werken der Barmherzigen Schwestern gewidmet.

242. René Wulfman, Charité publique et finance privées, Monsieur Vincent, gestionnaire et saint (Öffentliche Wohltätigkeit und private Finanzen, Monsieur Vinzenz, Verwalter und Heiliger), Dissertation, verteidigt am 8. März 1996 (Archiv CM).

243. Vgl. Bernard Koch, Une suppliqe inédite de Monsieur Vincent en faveur des domaines de Saint-Lazare: celui du domaine de Gonesse et celui de la prévôte de Paris (Eine unveröffentlichte Bitte von Monsieur Vinzenz betreffs des Besitzes von Saint-Lazare: der Besitz von Gonesse und jener der Propstei von Paris), August 1996 (Archiv CM).

244. Das Priorat von Saint-Lazare hatte Gefängniszellen für die Häftlinge der herrschaftlichen Gerichtsbarkeit. Man sperrte hier einige »ausschweifende« Jugendliche auf Bitte ihrer Familie hin ein. Diese Zellen wurden auch für Kleriker verwendet, die Kirchengesetze gebrochen hatten. Zusätzlich gab es in Saint-Lazare einige Geisteskranke, die in den Räumlichkeiten untergebracht waren, wo früher die Leprakranken waren. Vinzenz war sehr besorgt, dass diese Menschen gut behandelt wurden. Ihre Zahl war immer eher gering.

245. Geneviève Bouquet (1590–1665), Tochter eines Pariser Goldschmieds. Sie war sehr früh in ihrem Leben in den Haushalt der Königin Margarete von Valois gekommen, aber 1613 trat sie in den Konvent der Augustinerinnen vom Hôtel-Dieu ein. Sie arbeitete dort 15 Jahre, bevor sie 1629 Professschwester werden konnte. Sie wurde bald Novizenmeisterin und dann Oberin. Sie spielte eine wichtige Rolle in der Reform ihres Ordens. Vgl. Alexis Chevalier, L'Hôtel-Dieu de Paris et les soeurs augustines, Paris 1901.

246. Brief von Vinzenz von Paul an François du Coudray CM vom 25. Juli 1654 (S.V. I, 253).

247. Beim Tod von Madame Poulaillon 1657 traf Vinzenz Vorkehrungen, dass das »Werk der Vorsehung«, dem damals etwa 80 Schwestern angehörten, weiterbestehen konnte.

248. S.V. I, 186, Anm. 4.

249. Brief von Vinzenz von Paul an François du Coudray CM vom 17. Januar 1634 (S.V. I, 223 und 224). Die Kongregation von Christophe d'Authier de Sisgau (1609–1657) wurde vom Papst 1647 anerkannt. Er wurde 1651 zum Bischof von Bethlehem ernannt.

250. Vgl. Entwurf einer Rede für die Schwestern der Heimsuchung (S.V. XIII, 144).

251. Konferenz am 13. November 1654 (S.V. XII, 167).

252. Brief von Vinzenz von Paul an Johanna von Chantal vom 14. Juli 1639 (S.V. I, 566). Ihre Korrespondenz ist weitgehend verloren gegangen. Wir haben nur einige wenige Briefe, jeweils weniger als ein Dutzend. Sie trafen sich viermal, als Johanna von Chantal Paris besuchte (April 1619, Januar 1628, Juli 1635, Oktober 1641).

253. Brief von Johanna von Chantal an Vinzenz von Paul vom Dezember 1636 (S.V. I, 370).

254. Brief von Vinzenz von Paul an Johanna von Chantal vom 26. August 1640 (S.V. II, 99). Es scheint, dass Johanna von Chantal ihre unbeugsame Meinung nochmals überdacht hatte und sich nun in ihrem geistlichen Testament der Idee eines Visitators (oder Inspektors), der nicht von den Bischöfen ernannt, sondern von den Nonnen gewählt werden sollte, anschloss. Aber dieses Dokument vom 12. Dezember 1641 ist nach dem Tod von Johanna von Chantal von der Schwester, die mit seiner Veröffentlichung betraut war, teilweise zensuriert worden (Revue d'histoire de la spiritualité, Bd. 48, 1972, 453–475).

255. Briefe von Vinzenz von Paul an Louise de Marillac vom 13. Juli 1635 (S.V. I, 302) und vom Jahr 1636 (S.V. I, 321).

256. Diese wohltätige Stiftung war mit 1.400 Pfund von Adrien Le Bon, dem früheren Superior von Saint-Lazare, ausgestattet worden, der aus dieser Gegend kam (Vgl. V. E. Veuclin, Saint Vincent de Paul en Normandie, 1890).

257. Noël Brulart de Sillery (1577–1640), Malteserritter und Kommandant von Troyes. Er war der Bruder von Nicolas Brulart, des Kanzlers von Frankreich. Nachdem er bedeutende diplomatische Posten innegehabt hatte, wählte er das religiöse Leben unter der Leitung von Vinzenz von Paul. 1634 wurde er zum Priester geweiht und ließ sich nahe des ersten Klosters der Heimsuchung nieder. Er war sehr aktiv in der Gesellschaft vom Heiligsten Sakra-

ment, er spendete sein enormes Vermögen religiösen Gemeinschaften, besonders der Kongregation der Heimsuchung, den Priestern der Mission und dem Kloster der Madeleine.

258. Brief von Vinzenz von Paul an Antoine Portail vom 1. Mai 1635 (S.V. I, 295).

259. Brief von Vinzenz von Paul an Antoine Portail vom 16. Oktober 1635 (S.V. I, 311).

260. Brief von Jean-Jacques Olier an Vinzenz von Paul vom 24. Juni 1636 (S.V. I, 332). Jean-Jacques Olier (1608–1657), Schüler von Vinzenz von Paul und von Charles Condren vom Oratorium, bildete im Jahre 1641 in Vaugirard eine Gemeinschaft von Priestern, um gemeinsam das von ihm gegründete Seminar zu führen. Er wurde Pfarrer von Saint-Sulpice und verlegte das Seminar, das eine junge Elite anzog, dorthin. Seine Schüler gingen später in alle Provinzen und sogar nach Kanada. Olier war ein Mystiker im Gefolge der geistlichen Schule von Bérulle.

## 12. Der Tambour schlägt die Trommel in Saint-Lazare

261. Brief von Vinzenz von Paul an Antoine Portail CM vom 15. August 1636, (S.V. I, 340).

262. Abelly I, 154.

263. Brief von Vinzenz von Paul an Robert de Sergis CM vom September 1636 (S. V. I, 351).

264. Brief von Vinzenz von Paul an Louise de Marillac vom November 1636 (S.V. I, 367).

265. Nach Abelly verwendete Vinzenz von Paul jeden Tag nach dem Aufstehen die Bußgeisel.

266. Brief von Vinzenz von Paul an Louise de Marillac vom 2. Mai 1637 (S.V. I, 387).

267. Diese Tagesordnung hielt sich an die Sonnenzeit, es war also zwei Stunden früher als heute.

268. »Unterredung mit den Damen der Charité über die Findelkinder« (S.V. XIII, 798).

269. Brief von Vinzenz von Paul an Louise de Marillac gegen Ende 1637 (S.V. I, 410). Der damalige Generalprokurator war Mathieu Molé, der 1651 zum Siegelbewahrer ernannt wurde.

270. Brief von Vinzenz von Paul an Louise de Marillac gegen Ende 1638 (S.V. I, 433).

271. Die drei Diözesen Metz, Toul und Verdun waren 1552 vom König von

Frankreich, Heinrich II., annektiert worden. Ihre Situation wurde erst 1648 durch den Westfälischen Frieden offiziell geregelt, als sie dem Königreich zugesprochen wurden. Für Rom blieb Toul eine lothringische Diözese, verbunden mit dem Erzbistum Trier. Deshalb war die Lösung dieser Fragen sehr schwierig und die Entscheidungen des Heiligen Stuhls ließen lange auf sich warten.

272. Brief von Vinzenz von Paul an Lambert aux Couteaux CM vom 30. Januar 1638 (S.V. I, 426).

273. Vgl. Histoire de la congregation de la Mission, s.o., Bd. I, 64. Vinzenz gebrauchte den Ausdruck »inneres Seminar« anstatt »Noviziat«, damit sich die Missionare von den Ordensleuten unterschieden. Die »Brüder« waren Laien, die an den Missionen teilnahmen. »Ihre Aufgabe ist es, die Priester in all ihren Diensten zu unterstützen« (Allgemeine Regel I, 2).

274. Brief von Vinzenz von Paul an Bernard Codoing CM vom 27. Dezember 1637 (S.V. I, 412).

275. Als die Gemeinschaft der Barmherzigen Schwestern 1645 offiziell anerkannt wurde, konnte man dieses Haus der Mission um den Betrag von 17.650 Pfund abkaufen, dank vieler Spenden aus verschiedenen Quellen und einer Erbschaft von 9.000 Pfund von Madame Goussault, die 1639 gestorben war.

276. Brief von Vinzenz von Paul an Guillaume Delville CM vom 18. Februar 1657 (S.V. VI, 189).

277. Brief von Vinzenz von Paul an Louise de Marillac, nicht datiert (S.V. II, 190).

278. Brief von Vinzenz von Paul an Lambert aux Couteaux CM vom 20. Februar 1638 (S.V. I, 448). Vinzenz kam auf diesen Punkt zweimal zurück (S.V. I, 457 und 463). Er fürchtete, dass einige seiner Missionare sich zu sehr in Details betreffs des sechsten Gebotes versteigen würden: »Du sollst nicht die Ehe brechen« (Exodus 20,14; Deuteronomium 20,5–17).

279. Brief von Vinzenz von Paul an Louise de Marillac vom 30. November 1639 (S.V. I, 603). Vinzenz war immer um Genauigkeit bemüht und zögerte nicht, ins Detail zu gehen. Er beschrieb einen ziemlich mühsamen Weg für die Schwestern, der durch die niedrigeren Preise erklärt werden kann, die sie auf Linien zahlten, an denen die Kongregation der Mission beteiligt war.

280. Brief von Vinzenz von Paul an Louise de Marillac vom 12. Dezember 1639 (S.V. I, 605).

281. Brief von Vinzenz von Paul an Louise de Marillac vom 31. Dezember 1639 (S.V. I, 611).

## 13. Der Beistand für Lothringen

282. Jean Martin, Baron de Laubardemont, Beamter und Ratsherr im Parlament von Bordeaux, war bei vielen Gelegenheiten derjenige, der die Befehle Richelieus ausführte. 1633 spielte er eine traurige Rolle in der Angelegenheit der Ursulinen, bekannt als die »Besessenen von Loudun«. Er ließ ihren Seelsorger, Urbain Grandier, lebendig verbrennen und betrieb später die Hinrichtung des Marquis Cinq-Mars (1642) (vgl. Endnote 337 im Kapitel 15).

283. Zeugnis von Martin de Barcos (1600–1678), Neffe und Mitarbeiter von Saint-Cyran, dem er 1643 als Kommandatarabt nachfolgte. Er lebte in Port-Royal und wurde der geistliche Begleiter von Mutter Angélique. Er war aktiv in all die Streitigkeiten rund um Port-Royal und um die Jansenistischen Thesen verwickelt.

284. Jean Duvergier de Hauranne, Abt von Saint-Cyran (1581–1643). Nach seiner Weihe 1618 wurde er vom Bischof von Poitiers, Chasteigner de la Roche-Posay, zum Großvikar und Kanoniker der Kathedrale ernannt. Er erhielt die Pfründe der Abtei von Saint-Cyran in Brenne. 1622 ließ er sich in Paris nieder. Er hatte Kontakt mit Pierre de Bérulle und Arnauld d'Andilly. Er leitete die Ausbildung von Antoine Arnauld (genannt der »Große Arnauld«) und wurde der geistliche Leiter der Nonnen von Port-Royal. Nach dem Tod von Pierre de Bérulle ernannte er sich selbst zum Leiter der Partei der Devoten und widersetzte sich Richelieus Politik.

285. Cornelius Jansen (Cornelius Jansenius) (1585–1638), 1637 zum Bischof von Ypres ernannt. Er starb dort im folgenden Jahr infolge einer Pestepidemie, die die Stadt heimsuchte.

286. Befragung des Abtes von Saint-Cyran vom 14. bis 31. Mai 1639 (S.V. XIII, 105).

287. Vgl. Brémond, Histoire littéraire du sentiment religieux en France, Band 4, 38. Pater Rapin (1621–1687) war ein Jesuit und Verfasser vieler literarischer Werke und Bücher über die Frömmigkeit. In seiner Zeit war er der Geschichtsschreiber des Jansenismus.

288. Ebenda, 72.

289. Die Beziehung zwischen Saint-Cyran und Richelieu wurde sowohl aus religiösen als auch politischen Gründen zunehmend kühler. Das Erscheinen einer scharf formulierten Streitschrift gegen die französische Politik, »Mars Gallicus«, in Flandern im Jahre 1636, das von Jansenius, einem Freund von Saint-Cyran unterzeichnet war, erregte den Zorn des Kardinals so sehr, dass er beschloss, mit den Anführern der Partei der Devoten zu brechen.

290. Jacques Lescot (1593–1656), Professor der Theologie an der Sorbonne,

Kanoniker von Notre-Dame, war Beichtvater von Richelieu. Nach dem Tod des Kardinals erhielt er 1643 den Bischofsstuhl der Diözese von Chartres.

291. »Zeugenaussage des hl. Vinzenz über den Abt von Saint-Cyran« (S.V. XIII, 86–93). Henri Brémond nennt dieses Dokument »ein kleines Meisterstück liebevoller Exegese«.

292. Brief von Vinzenz von Paul an Nicolas Marceille CM vom 10 Juni 1638 (S.V. I, 482).

293. Brief von Vinzenz von Paul an Jean Dehorgny CM vom Juni 1638 (S.V. I, 486).

294. Brief von Vinzenz von Paul an Denis de Cordes von 1638 (S.V. I, 490).

295. Brief von Vinzenz von Paul an Robert de Sergis CM vom 17. Dezember 1638 (S.V. I, 529).

296. Brief von Vinzenz von Paul an Bernard Codoing CM vom 29. August 1638 (S.V. I, 501).

297. Brief von Vinzenz von Paul an Lambert aux Couteaux CM vom 1. November 1638 (S.V. I, 519).

298. Brief von Vinzenz von Paul an Robert de Sergis CM vom 14. August 1638 (S.V. I, 496).

299. Brief von Vinzenz von Paul an Robert de Sergis CM vom 17. Dezember 1638 (S.V. I, 528).

300. Brief von Vinzenz von Paul an Nicolas Durot CM von Dezember 1638 (S.V. I, 608).

301. Brief von Vinzenz von Paul an Louis Lebreton CM vom 14. Mai 1639 (S.V. I, 551).

302. Schätzung, gemacht von Abelly II, XI, 388. Die französische Elle war ein Längenmaß, das etwa »3 Fuß, 7 Zoll, 10 Ligne« (ungefähr 1,18 Meter) entsprach.

303. Brief von Vinzenz von Paul an Bernard Codoing CM vom 20. Juli 1640 (S.V. II, 80).

304. Bruder Mathieu Regnard schrieb einen Bericht seiner Abenteuer, dessen Manuskript bei der Plünderung von Saint-Lazare 1789 verschwand. Abelly spielt jedoch auf einige seiner Abenteuer an: »Manchmal ging er durch Wälder, die voll von Dieben oder herumstreunenden Soldaten waren. Sobald er sie hörte oder sah, warf er seine Geldbörse, die er gewöhnlich in einer Pilgertasche in der Art der Bettler trug, in einen Busch oder in den Schmutz und ging dann geradewegs auf sie zu, wie ein Mann ohne Furcht. Manchmal durchsuchten sie ihn und wenn sie nichts fanden, ließen sie ihn unbehelligt weiterziehen. Sobald sie fort waren, kehrte er zurück, um die Geldbörse zu holen« (Abelly II, 390).

305. Brief von Vinzenz von Paul an Louis Lebreton CM vom 12. Oktober 1693 (S.V. I, 590–591).

306. Collet I, 290.

307. Brief von Vinzenz von Paul an François de Coudray CM vom 10. Juli 1640 (S.V. II, 60). Anne-Mangot, Herr von Villarceaux, war der Verwalter von drei Diözesen. Ein Heller (maille) war eine kleine Kupfermünze vom halben Wert eines denier (ein Pfund sind 240 denier).

308. Brief von Vinzenz von Paul an Louis Lebreton CM vom 12. Oktober 1693 (S.V. I, 590–591).

309. Brief von Julien Guérin CM an Vinzenz von Paul Anfang 1640 (S.V. II, 24).

310. Brief von Vinzenz von Paul an die Herzogin d'Aiguillon von April oder Mai 1640 (S.V. II, 42).

311. Gaston de Renty (1611–1649). Nachdem er in der Armee gedient hatte, widmete er sich gänzlich dem geistlichen Leben unter der Leitung von Pater de Condren vom Oratorium und wohltätigen Werken innerhalb der Gesellschaft vom Heiligsten Sakrament.

312. Vgl. die Briefe der Bürgermeister von Metz (S.V. II, 131), von Pont-à-Mousson (S.V. II, 145), und von Lunéville (S.V. II, 257).

## 14. Die Regeln der Kongregation

313. Abelly III, 11 und S.V. IV, 116.

314. Die Regel wurde während der Exerzitien verfasst; 1632 und 1635 gab Vinzenz davon Auszüge in Form von Ratschlägen (S.V. XI, 100–104).

315. Brief von Vinzenz von Paul an N. um 1635 (S.V. I, 291).

316. Brief von Vinzenz von Paul an Louis Lebreton CM vom 28. Februar 1640 (S.V. II, 28).

317. Dies war damals der Fall bei den Kartäusern, die zu den großen Orden gehörten und nur ein Gelübde der Beständigkeit (stabilitas) ablegten. Die anderen Gelübde legten sie nicht ausdrücklich ab.

318. Kardinal de Richelieu erhoffte sich den Titel eines »ständigen Legaten des Heiligen Stuhles«, später den eines »Patriarchen von Gallien oder vom Okkzident«. Da Urban VIII. nicht gewillt war, seine Wünsche zu erfüllen, kam es zu Streitigkeiten (Vgl. L. Willaert, Histoire de l'église, Bd. 18).

319. Brief von Vinzenz von Paul an Louis Lebreton CM vom 14. November 1640 (S.V. II, 137).

320. Protokoll der Versammlung vom Oktober 1642 (S.V. XIII, 292)

321. Brief von Vinzenz von Paul an Bernard Codoing CM vom 7. Dezember 1641 (S.V. II, 207).

322. Brief eines Bischofs an Vinzenz von Paul, undatiert (S.V. II, 428).

323. Wenn die Bischöfe Seminarien »für junge Männer« wünschten, dann ging es dabei um eine Distanzierung von der damals üblichen Vorgehensweise, die mit dem Konzil von Trient begonnen hatte und von Frankreich am Ende des 16. Jahrhunderts eingeführt wurde, nach der Kinder im Alter von 12 Jahren in Seminaren aufgenommen und bis zum Alter von 24 Jahren behalten wurden. Diese Methode war nicht erfolgreich.

324. Adrien Bourdoise (1584–1655), ein Waisenkind. Er verdiente seinen Lebensunterhalt als Hausangestellter. Er wurde ein Schüler von Bérulle und 1613 zum Priester geweiht. Er gründete eine Priestergemeinschaft, die die Pfarrei von Saint-Nicolas-du-Chardonnet übernahmen, später ein »Vorzeigemodell der katholischen Reform«.

 – Jean-Jacques Olier (1608–1657), Schüler von Condren und Vinzenz von Paul. Er ließ sich 1641 in Vaugirard nieder und widmete sich mit einer Gruppe von Priestern der Arbeit in den Seminaren. Er wurde zum Pfarrer von Saint-Sulpice ernannt und gründete dort ein Seminar. Außerdem betrieb er die Errichtung von zahlreichen Zentren in Frankreich und Kanada.

 – François Bourgoing (1585–1662) überließ 1612 die Pfarre von Clichy-la-Garenne Vinzenz von Paul, um sich einer ersten Gruppe im Oratorium anzuschließen. Er folgte 1641 Condren als Leiter der Kongregation des Oratoriums.

 – Johannes (Jean) Eudes (1601–1680) trat 1623 ins Oratorium ein und verließ es 1643, um die Kongregation von Jesus und Maria zu gründen. Er widmete sich der Leitung von Seminaren und der Missionstätigkeit.

325. Brief von Vinzenz von Paul an Bernard Codoing CM vom 15. September 1641 (S.V. II, 188).

326. 1645, Le-Mans und Saint-Méen; 1648, Marseilles, Treguier und Agen; 1650, Perigueux; 1651, Montauban; 1653, Agde und Troyes; 1658, Meaux; 1659, Montpellier und Narbonne.

327. Brief von Vinzenz von Paul an einen Superior eines Seminars, undatiert (S.V. IV, 597)

328. Unterredung über das Studium, Oktober 1643 (S.V. XI, 128).

329. Marguerite de Gondi war die Witwe des Marquis de Maignelay. Sie widmete sich mit großem Eifer dem Dienst an den Armen und zählte weder Zeit noch Geld. Sie unterstützte viele Werke, darunter den Konvent der Madeleine und die Töchter der Vorsehung.

330. Brief von Vinzenz von Paul an Louise de Marillac vom 30. August 1640 (S.V. II, 110). Anne de Neubourg, Marquise von Vigean, war eng mit der Herzogin d'Aiguillon verbunden. Einer ihrer Söhne wurde mit 20 Jahren bei der

Belagerung von Arras getötet. Ihre älteste Tochter, Anne, heiratete einen Großneffen des Kardinals und wurde Herzogin de Richelieu. Ihre jüngste Tochter, Martha, trat 1647 bei den Karmeliterinnen in der Rue-Saint-Jacques ein. Sie nahm den Namen Schwester Martha von Jesus an.

331. Diese Anekdote wurde von Schwester Martha de Jésus in einem Bericht bestätigt, der von ihr eigenhändig vor ihrem Tod 1665 unterzeichnet wurde (Vgl. Victor Cousin, Madame de Longueville, Paris 1853, 465).

332. Jules Mazarin (Mazarini) (1602–1661). Er war italienischer Herkunft, in Rom stand er im Dienst von Kardinal Antonio Barberini, dem Neffen seiner Heiligkeit. Nachdem er seine Aufgaben als Vizelegat in Avignon (1634) und als Nuntius in Frankreich (1634–1636) erfüllt hatte, kam er 1640 nach Paris, wo er ein enger Mitarbeiter von Richelieu wurde. Er erhielt den Kardinalshut 1641.

– Léon Bouthillier, Graf von Chavigny (1608–1652), Staatssekretär und treuer Mitarbeiter von Richelieu. Er stellte sich gegen Mazarin. Er fiel nach dem Tod von Richelieu in Ungnade.

– Der Herzog von Liancourt war einer jener Aristokraten, der zur Gesellschaft vom Heiligsten Sakrament gehörte und sich an zahlreichen Werken beteiligte. Seine Frau war sehr eng mit Louise de Marillac verbunden und eine der Wohltäterinnen der Caritasvereine.

333. Brief von Vinzenz von Paul an Bernard Codoing CM vom 9. Februar 1639 (S.V. 2, 223).

334. Brief von Vinzenz von Paul an Johanna von Chantal vom 15. August 1639 (S.V. 1, 575).

335. Brief von Vinzenz von Paul an Lambert aux Couteaux CM vom 1. Oktober 1638 (S.V. 1, 520).

336. Brief von Vinzenz von Paul an Monsieur Perriquet, Generalvikar in Bayonne, vom 31. März 1641 (S.V. 2, 171).

## 15. Der Gewissensrat

337. Henri Coëffier d'Effiat, Marquis de Cinq-Mars (1620–1642), Sohn des Marschalls von Effiat. Richelieu führte ihn am Hofe als Kapitän der Garde ein und stellte eine enge Verbindung zum König her, um dem Einfluss einer vom König begünstigten Dame, Madmoiselle de Hautefort, entgegenzuwirken. Der König überhäufte ihn rasch mit Gunst und ernannte ihn zum Großjunker mit dem Titel »Monsieur le Grand«. Ehrgeizig und berauscht durch die königlichen Begünstigungen, beteiligte er sich an einem Komplott gegen seinen früheren Gönner Richelieu und unterzeichnete einen Geheimvertrag mit Spanien, der vorsah, den Kardinal auszuschalten und Gaston d'Orléans

an seine Stelle zu setzen. Er wurde überführt und im September 1642 verurteilt und hingerichtet.

338. Brief von Vinzenz von Paul an Bernard Codoing CM vom 17. April 1643 (S.V. II, 387).

339. Konferenz für die Barmherzigen Schwestern am 11. November 1657 (S.V. X, 342).

340. Brief von Vinzenz von Paul an Bernard Codoing CM vom 15. Mai 1643 (S.V. II, 393). Unter denen, die dem Todeskampf des Königs beiwohnten, waren die Bischöfe von Lisieux, Philippe Cospéan, von Meaux, Dominique Séguier, sowie Pater Dinet, sein Beichtvater.

341. Brief von Vinzenz von Paul an Bernard Codoing CM vom 18. Juni 1640 (S.V. II, 406).

342. Vgl. den Artikel über den Gewissensrat von Raymond Darricau, in: Dictionnaire du Grand Siècle, Fayard 1990, 390.

343. Das Konkordat, das 1516 in Bologna durch Papst Leo X. und den König von Frankreich, Franz I., unterzeichnet worden war, regelte die Beziehungen zwischen der Kirche und dem französischen Staat. Alle laufenden Angelegenheiten mussten von den französischen Richtern verhandelt werden, Rekurs beim Heiligen Stuhl war für außerordentliche Fälle vorgesehen. Insbesondere durfte sich der König als Oberhaupt der Kirche in Frankreich bezeichnen und die kirchlichen Pfründen zuweisen.

344. Brief von Vinzenz von Paul an Louise de Marillac vom Mai 1643 (S.V. II, 384).

345. Unterredung mit den Barmherzigen Schwestern am 14. Juni 1643 (S.V. IX, 120).

346. Brief von Vinzenz von Paul an Antoine Portail CM vom 14. Oktober 1644 (S.V. II, 483).

347. Brief von Michel Le Tellier an den Grafen de Harcourt, Vize-König von Katalonien, vom 8. Juli 1645 (vgl. Annalen CM 469 (1953), 508).

348. Brief von Kardinal Mazarin an den Grafen de Harcourt, Vize-König von Katalonien, vom 19. Juli 1645 (vgl. Annalen CM 473 (1954), 184).

349. Auszüge aus den Notizbüchern Mazarins (S.V. XIII, 136–138). Es handelte sich dabei ohne Zweifel um Philippe-Emmanuel de Gondi, der nach dem Tod seiner Frau dem Oratorium beigetreten war. Es stand zur Debatte, ihn zum Kardinal zu erheben und ihn 1629 zum Nachfolger von Pierre de Bérulle zu ernennen. Doch die Feindseligkeit Richelieus ließ dieses Vorhaben scheitern. Pater de Gondi wurde 1641 selbst nach Lyon verbannt. Vinzenz intervenierte wohl zugunsten seines ehemaligen Herrn, um sein Exil zu beenden.

350. Coste III, 110. Fräulein Danse (Dans) war eine Hofdame der Königin. Sie stand später in Beziehung zu den Unterstützern der Fronde, was dazu führte, dass sie von der Königin verbannt wurde (Collet I, 470–471).

351. »Pater Vinzenz ist einflussreich genug, die Schenkung an den Sohn von Monsieur de la Rochefoucauld auf Empfehlung des Herrn Kardinals Mazarin zu verhindern und sie für Abt Olier, Pfarrer von Saint-Sulpice, zu beantragen«, Brief von Gaudin an Servien vom 12. März 1644 (Archives des Affaries étrangères, Mémoires et documents france, Bd. 849, Folie 116).

352. Brief von Vinzenz von Paul an Bernard Codoing CM vom 10. Januar 1645 (S.V. II, 499).

353. Brief von Vinzenz von Paul an Guillaume Gallais CM vom 13. Februar 1644 (S.V. II, 448).

354. Brief von Vinzenz von Paul an Charles de Montchal, Erzbischof von Toulouse vom 24. Februar 1645 (S.V. II, 503).

355. Brief von Vinzenz von Paul an den Grafen von Brienne vom 2. Juni 1645 (S.V. II, 527). Die Fronleichnamsprozession hatte sich in einen wenig erbaulichen Karnevalsumzug verwandelt.

356. Brief von Vinzenz von Paul an Jean Dehorgny CM vom 6. Juli 1645 (S.V. II, 531). Wenn Vinzenz sich hier zu solch vertraulichen Dingen äußerte, lag das daran, dass er Dehorgny sehr schätzte und ihm eine besondere Zuneigung entgegenbrachte. Er vertraute ihm wichtige Aufgaben an: Direktor des Collège des Bons-Enfants, Assistent des Generalsuperiors, Superior der Niederlassung in Rom, Visitator mehrerer Häuser der Gemeinschaft. Später hatte er gegen jansenistische Tendenzen Dehorgnys zu kämpfen, wobei es ihm aber gelang, ihn auf den rechten Weg zurückzuholen.

357. Bertrand Ducournau (1614–1677), gebürtig aus der Gegend von Cha losse. Er war Sekretär des Oberleutnants des Vogtes von Bayonne. Er wurde im Juli 1647 in die Kongregation aufgenommen. Nach Vinzenz' Tod wurde er Archivar der Mission. Ab 1647 wurde Bruder Louis Robineau sein Mitarbeiter im Sekretariat.

358. Jean-Baptiste Amador de Vignerod (1631–1662) war der Enkel von Françoise du Plessis, Schwester des Kardinals Richelieu. Sie war mit René de Vignerod verheiratet und hatte zwei Kinder: eine Tochter, Witwe des Herrn de Combalet, die Herzogin von Aiguillon wurde, und einen Sohn, François de Vignerod, der aus einer unglücklichen Ehe fünf Kinder hatte. Die Herzogin von Aiguillon übernahm deren Erziehung, nachdem sie den Eltern eine Erklärung über den Verzicht auf ihre elterlichen Rechte hatte unterzeichnen lassen. Als Amador 20 Jahre alt war, trat er 1652 seine Abteien an

seinen jüngeren Bruder Émmanuel ab, der zu diesem Zeitpunkt dreizehn Jahre alt war. Vinzenz von Paul übernahm daher das Generalvikariat dieser Abteien bis zu seinem Tode. Allein von der Abtei von Saint-Ouen hingen 80 Pfarreien und Kapellen ab, und so musste der Generalvikar vor allem die verschiedenen Stellen besetzen. In den Archives de la Mission finden sich mehrere dieser Dokumente (Vgl. Alexandre Féron, Saint Vincent de Paul, vicaire général des Richelieu Vignerod, abbés de Saint-Ouen de Rouen, Archiv CM).

359.  Ludwig XIII. hatte in seinem Testament ein Vermächtnis von 64.000 Pfund für die Gemeinschaft der Mission vorgesehen, von denen 24.000 Pfund für Sedan bestimmt waren, »um sich dort in der Mission zu betätigen, um dort zu arbeiten und die Katholiken zu bestärken, und um zu versuchen, eine Menge von Seelen, die durch die Ketzerei verführt worden sind, in den Schoß der Kirche zurückzuführen«. Anna von Österreich und Mazarin änderten die Formulierungen des königlichen Testamentes, sodass nun das gesamte Vermächtnis dafür verwendet werden sollte, dass die Kongregation der Mission auf Dauer die Verantwortung für die Seelsorge von Sedan übernahm und dort sechs Priester und zwei Brüder unterhalte. Vinzenz verwendete den Großteil des Vermächtnisses dafür, dreizehn Häuser in Champ-Saint-Laurent, am Ende des Vorortes Saint-Denis, zu bauen, deren Mieteinnahmen der Mission von Sedan zugute kamen (Vgl. Pierre Congar, Saint Vincent de Paul, curé de Sedan, in: Mission et charité 28 (Okt.–Dez. 1967), 326–339).

360. Bezüglich Richelieus Testamentes, vgl. Michel Carmona, Richelieu, Fayard 1983, 699ff. Armand de Vignerod war der älteste Bruder von Amador (Vgl. Endnote 358). Armand de Maillé war der Sohn von Nicole du Plessis, Schwester des Kardinals und Ehefrau des Marschalls Urabin de Maillé-Brézé.

361.  Brief von Vinzenz von Paul an Bernard Codoing CM vom 25. Dezember 1642 (S.V. II, 321). Der Ort Ponts-de-Cé lag an der Loire nahe Tours.

362.  Brief von Vinzenz von Paul an Bernard Codoing CM vom 15. Mai 1643 (S.V. II, 390). Der bei der Stiftung des Hauses in Rom erstellte Vertrag legte fest, dass als Gegenleistung für eine Schenkung von 50.000 Pfund, die ein Einkommen von 5.000 Pfund sicherstellte, jede Woche eine Messe für die Seelenruhe des Kardinals Richelieu gefeiert werde müsse und dass genauso nach dem Tod der Herzogin d'Aiguillon jeden Tag eine Messe für sie gelesen werden solle.

363.  Brief von Vinzenz von Paul an Bernard Codoing CM vom 24. August 1643 (S.V. II, 413).

364.  Brief von Vinzenz von Paul an Bernard Codoing CM vom 12. August 1644 (S.V. II, 474).

365. »Unveröffentlichte Bittschrift von Monsieur Vinzenz zugunsten der Niederlassung von Saint-Lazare, der Mühlen von Gonesse und der Prévôté (königliche Verwaltung der befestigten Brücken) von Paris« vom Juni 1645 (Privatarchive und Kopie in den Archiven der Kongregation. Der Text der Bittschrift wurde von Bernard Koch CM entziffert und kommentiert, August 1995).

366. Brief von Vinzenz von Paul an Bernard Codoing CM vom 31. Januar 1643 (S.V. II, 360).

367. »Gründung der Niederlassung von Marseille durch die Herzogin d'Aiguillon« am 25. Juli 1643 (S.V. XIII, 298).

368. Brief von Vinzenz von Paul an Bernard Codoing CM vom 24. August 1643 (S.V. II, 414).

369. Brief von Vinzenz von Paul an Bernard Codoing CM vom 12. August 1644 (S.V. II, 474).

370. Brief von Vinzenz von Paul an Bernard Codoing CM vom 10. März 1644 (S.V. II, 452) und vom 14. August 1644 (S.V. II, 456).

371. Brief von Kardinal Durazzo an Vinzenz von Paul vom August 1645 (S.V. II, 544).

372. Brief von Kardinal Barberini an Vinzenz von Paul vom 25. Februar 1645 (S.V. II, 506).

373. Brief von Vinzenz von Paul an Bernard Codoing CM vom 9. Juli 1644 (S.V. II, 466).

374. Brief von Vinzenz von Paul an Jean Dehorgny CM vom 31. August 1645 (S.V. III, 35).

## 16. Konfrontiert mit dem beginnenden Jansenismus

375. Arthur Loth, Saint Vincent de Paul et sa mission sociale, Paris 1881.

376. Bis dahin hatte Vinzenz die »Töchter« als zu den »Damen« gehörend verstanden; sie waren verbunden mit den Caritasvereinen in den Pfarreien oder mit dem des Hôtel-Dieu für die Findelkinder. Ab diesen Zeitpunkt begann er, ihre Eigenständigkeit zu erkennen und nannte sie in den Konferenzen nicht mehr »meine Töchter«, sondern »meine Schwestern«.

377. Brief von Vinzenz von Paul an J.F. de Gondi, Erzbischof von Paris, vom August-September 1645 (S.V. II, 549), und die Errichtungsurkunde der Gemeinschaft der »Töchter der christlichen Liebe« als eine Confrérie (ähnlich den Caritasvereinen, Anm. d. Ü.) vom 20. November 1646 (S.V. XIII, 557).

378. Unterredung mit den Barmherzigen Schwestern (S.V. IX).

379. Vgl. S.V. IX, 138.

380. Durch einen Patentbrief bestimmte Ludwig XIII. eine jährliche Rente von 4.000 Pfund von der Burgvogtei von Gonesse und Anna von Österreich eine Rente von 8.000 Pfund aus den Einkünften einiger großer Bauernhöfe für das Werk der Findelkinder (S.V. II, 472) (Ende 1658 wurde diese königliche Rente aber nur sehr eingeschränkt gewährt, es fehlten 30.000 Pfund!).

381. Das Prinzip der kleinen Häuser beruhte auf der Idee, wieder familienartige Strukturen herzustellen; jedes Haus beherbergte 10 bis 12 Kinder.

382. Vgl. S.V. XIII, 801.

383. Brief von Louise de Marillac an Vinzenz von Paul vom 19. April 1645 (S.V. II, 545).

384. Brief von Vinzenz von Paul an Jean Bourdet CM vom 1. September 1646 (S.V. III, 37).

385. Brief von Vinzenz von Paul an Guillaume Gallais CM vom 13. Februar 1644 (S.V. II, 447). Der Gouverneur von Sedan war zu diesem Zeitpunkt ein Hugenotte, Abraham de Fabert, späterer Marschall von Frankreich, dem Vinzenz von Paul seine Hochachtung aussprach: »Der Herr Gouverneur ist in seinem Amt scharfsichtiger als Sie und ich.«

386. Brief von Vinzenz von Paul an Antoine Portail CM vom 6. Oktober 1646 (S.V. III, 70).

387. Brief von Vinzenz von Paul an einen Superior vom 9. April 1647 (S.V. III, 167).

388. Brief von Vinzenz von Paul an Antoine Portail CM vom 20. Dezember 1647 (S.V. III, 258).

– Gilbert Cuissot (1607–1666) trat der Kongregation 1637 bei und leitete das Collège des Bons-Enfants. Er war 1647 im Seminar von Saint-Lazare; danach wurde er zum Leiter des Seminars von Cahors und schließlich des Hauses in Richelieu bestimmt.

– Jean Chrétien, 1606 geboren, trat der Kongregation 1640 bei. Er leitete das Haus von Marseille ab 1645 und blieb dort bis 1653, bevor er zum Unterassistenten im Mutterhaus und danach zum Superior von La Rose ernannt wurde.

389. Brief von Vinzenz von Paul an Mathurin Gentil CM vom 17. September 1647 (S.V. III, 234).

390. Brief an die Schöffen der Stadt Paris vom 14. Juli 1648 (S.V. III, 339).

391. Abelly II, 146.

392. Brief von Julien Guérin an Vinzenz von Paul um 1646 (S.V. III, 138).

393. Brief von Julien Guérin an Vinzenz von Paul vom Juni 1647 (S.V. III,

203). Julien Guérin war vor allem von den jungen Gefangenen berührt, die aus eigenem Antrieb oder gezwungenermaßen Gefahr liefen, Renegaten (Abtrünnige) zu werden (Vgl. dazu das Buch von Bartolomé und Lucile Bennassar, Les Chrétiens d'Allah, l'histoire extraordinaire des renégats, 16ᵉ et 17ᵉ siècle, Perrin 1989).

394. Brief von Vinzenz von Paul an Antoine Portail CM vom 20. Oktober 1646 (S.V. III, 83). Der Orden der Mercedarier war im 13. Jahrhundert gegründet worden, um sich dem Rückkauf von Gefangenen bei den Mauren zu widmen.

395. Brief von Vinzenz von Paul an Monsieur Ingoli vom 15. März 1647 (S.V. III, 158).

396. Brief von Vinzenz von Paul an Jean Dehorgny CM vom 2. Mai 1647 (S.V. III, 182).

397. Bittschrift an die Kongregation Propaganda Fidei 1648 (S.V. III, 336).

398. Brief von Vinzenz von Paul an René Alméras CM vom 23. Oktober 1648 (S.V. III, 380).

399. Brief von Vinzenz von Paul an Charles Nacquart CM vom 22. März 1648 (S.V. III, 278). Die ersten Evangelisierungsversuche auf der Insel von Madagaskar, früher Saint-Laurent genannt, wurden von portugiesischen Jesuiten Anfang des 17. Jahrhunderts durchgeführt. Sie zeitigten keinerlei Erfolge. Die Ostindiengesellschaft, die von Richelieu das Handelsmonopol über die Insel erhalten hatte, entsandte dorthin einen Gouverneur mit einer Hundertschaft Siedler, die sich in der Region von Fort-Dauphin niederließen. Diese Gesellschaft war mit der Vorgehensweise des ersten Gouverneurs nicht zufrieden. So beschloss sie, einen anderen, Monsieur de Flacourt, zu bestimmen und bat den Nuntius, Geistliche mit ihm mitzuschicken.

400. Antoine Arnauld, genannt der »Große Arnauld« (1612-1649). Sein Vater, ein berühmter Anwalt, war ein verbitterter Gegner der Jesuiten, und seine Mutter zog sich nach Port-Royal zurück, nachdem sie 22 Kinder zur Welt gebracht hatte. Arnauld wurde 1635 zum Priester geweiht und 1641 zum Doktor der Theologie ernannt. Sein Seelsorger war der Abt von Saint-Cyran. Er zog sich nach Port-Royal-des-Champs zurück, wo er den Großteil seines Lebens verbrachte, und verfasste dort zahlreiche Werke, sowohl polemischer Art gegen die Jesuiten und die Protestanten als auch gelehrte Abhandlungen über die Sprachphilosophie. Er musste 1679 aufgrund der Verfolgung der Jansenisten in die Niederlande ins Exil gehen. Seine älteste Schwester, Angélique Arnauld (1591–1661), genannt Mutter Angélique, wurde im Alter von 14 Jahren Äbtissin von Port-Royal. Sie reformierte ab 1609 die Abtei und

führte eine sehr strenge Regel ein. Sie brachte die jansenistischen Ideen nach Port-Royal.

401. Brief von Vinzenz von Paul an Bernard Codoing CM vom 16. März 1644 (S.V. II, 454).

402. Brief des Kardinals Marzarin an Vinzenz von Paul vom September 1646 (S.V. III, 45). Es handelte sich dabei um eine Ernennung für einen Lehrstuhl der Sorbonne. Die Jansenisten wollten ihn mit einem ihrer Vertreter besetzen. Vinzenz von Paul stellte sich dem entgegen.

403. »Étude sur la grâce« (Abhandlung über die Gnade) (S.V. XIII, 147–156). Nach einer kritischen Analyse durch Bernard Koch wurde diese »étude sur la grâce« um 1648 verfasst (das handschriftliche Original ist verschwunden, eine Kopie findet sich in den Archiven der Kongregation).

404. Brief von Vinzenz von Paul an Jean Dehorgny CM vom 25. Juni 1648 (S.V. III, 329).

405. Brief von Vinzenz von Paul an Jean Dehorgny CM vom 10. September 1648 (S.V. III, 371).

### 17. Der Anfang der Fronde

406. Pierre Goubert, Mazarin, 186.

407. Michel Pernot, La Fronde, 39.

408. Ebd., 21.

409. Jährliche Zahlungen durch die Inhaber eines königlichen Amtes, die ihnen das Erbrecht dieses Amtes sicherten.

410. Olivier Lefebvre d'Ormesson, Journal, Ausgabe von Cheruel, 1860, 583.

411. Der Westfälische Friede, unterzeichnet 1648, beendete den Dreißigjährigen Krieg mit dem Deutschen Reich. Er wurde in Münster von den katholischen Staaten und in Osnabrück von den Protestanten unterzeichnet. Frankreich und Schweden profitierten am stärksten, Deutschland war der große Verlierer.

412. Kardinal de Retz, Œuvres, La Pléiade 1983, 159, 173.

413. Brief von Vinzenz von Paul an Louise de Marillac vom 5. September 1648 (S.V. III, 360 und Anmerkung 2).

414. Coste III, 674.

415. Mathieu Molé (1584–1656) wurde 1641 zum ersten Präsidenten des Parlamentes ernannt. Während der Fronde verhielt er sich sehr zurückhaltend und blieb der königlichen Macht treu. 1651 wurde er Siegelbewahrer, ein Amt, das er bis zu seinem Tode innehatte.

416. Collet I, 469–470. Michel Le Tellier (1603–1685), Staatssekretär bis 1643,

blieb während der gesamten Fronde dem König treu und spielte eine wesentliche Rolle während der Exilszeit Mazarins. Ab 1661 übte er sein Amt zusammen mit seinem Sohn Louvois aus. Dann wurde er 1677 zum Kanzler und zum Siegelbewahrerer ernannt.

417.  Brief von Vinzenz von Paul an Antoine Portail CM vom 22. Januar 1649 (S.V. III, 402).

418.  Brief von Vinzenz von Paul an Jacques Norais vom 5. Februar 1649 (S.V. III, 408).

419.  Brief von Vinzenz von Paul an die Damen der Charité vom 11. Februar 1649 (S.V. III, 409).

420.  Brief von Vinzenz von Paul an Denis Gautier CM vom 25. Februar 1649 (S.V. III, 412f).

421.  Brief von Vinzenz von Paul an Antoine Portail CM vom 4. März 1649 (S.V. III, 416).

422.  Brief von Vinzenz von Paul an Louise de Marillac vom 5. April 1649 (S.V. III, 424, Anmerkung 3).

423.  Clothilde Duvauferrier, Saint-Méen-le-Grand, 1983 (Archiv CM).

424.  Brief von Vinzenz von Paul an Louise de Marillac vom 9. bis 15. April 1649 (S.V. III, 428f.).

425.  Brief von Vinzenz von Paul an Antoine Portail CM vom 11. Mai 1649 (S.V. III, 434).

426.  Brief von Vinzenz von Paul an Louise de Marillac vom 14. Mai 1649 (S.V. III, 436).

### 18. »Der Vater des Vaterlandes«

427.  Claire-Clémence de Maillé-Brézé war die Ehefrau des Prinzen de Condé (des Großen Condé) und die Nichte des Kardinals Richelieu.

428.  Brief von Kardinal Mazarin an Vinzenz von Paul vom 13. Oktober 1649 (S.V. III, 497).

429.  Brief von Vinzenz von Paul an Jean Midot, Generalvikar von Toul, vom 8. Juni 1650 (S.V. IV, 28).

430.  Brief von Alain de Solminihac an Vinzenz von Paul vom 25. Mai 1650 (S.V. IV, 24). Es handelte sich dabei um den Bischof von Saint-Flours, Jacques de Montrouge.

431.  Claude-Émmanuel Luillier, genannt Chapelle (1626–1680), beschwingter Prosaiker und feinfühliger Poet, der ein epikureisches Leben führte und in freidenkerischen Kreisen verkehrte. Sainte-Beuve urteilte streng über ihn: »ein Faulenzer, der zu oft betrunken ist«. Das Gedicht über »Les charmes de

Saint-Lazare« (Die Reize von Saint-Lazare) wurde im Bulletin des lazaristes de France im Dezember 1996 veröffentlicht.

432. Brief von Vinzenz von Paul an Guillaume Delattre CM vom 23. Oktober 1649 (S.V. III, 502).

433. Brief von Vinzenz von Paul an Jacques Chiroye CM vom 9. Januar 1650 (S.V. III, 531).

434. Brief von Vinzenz von Paul an Mathurin Gentil CM vom 9. November 1649 (S.V. III, 504).

435. Documents du minutier central des notaires, concernant l'histoire littéraire (1650–1670), PUF, 1960.

436. Brief von Vinzenz von Paul an Bernard Codoing CM vom 23. Februar 1650 (S.V. III, 618).

437. Brief von Vinzenz von Paul an Antoine Lucas CM vom 23. März 1650 (S.V. III, 625).

438. Brief von Vinzenz von Paul an Jean Gicquel CM vom 5. Dezember 1649 (S.V. III, 513).

439. Rundschreiben an die Superioren der Häuser der Gemeinschaft vom 15. Januar 1649 (S.V. III, 536).

440. Brief von Vinzenz von Paul an Marc Coglée CM vom 13. August 1650 (S.V. IV, 51).

441. Brief von Vinzenz von Paul an einen Missionspriester, undatiert (S.V. IV, 53).

442. Brief von Vinzenz von Paul an einen Missionspriester vom 27. März 1650 (S.V. III, 628).

443. Brief von Vinzenz von Paul an einen Missionspriester vom 28. Dezember 1650 (S.V. IV, 125).

444. Brief von Vinzenz von Paul an Jean Dehorgny CM vom 25. Juni 1648 (S.V. III, 323).

445. Text des Bittschreibens an Papst Innozenz X., das die Verurteilung der »fünf Behauptungen« aus dem »Augustinus« forderte (Coste III, 177f.). Diese Behauptungen können auf folgende Weise zusammengefasst werden:

Es gibt Gebote Gottes, deren Einhaltung ohne eine Gabe der göttlichen Gnade nicht möglich ist;

> Wenn einem die Gnade geschenkt wird, kann man sich ihr nicht widersetzen.

> Um das ewige Heil zu erlangen oder zu verlieren, genügt es, sich den äußeren Zwängen zu widersetzen, es ist nicht notwendig, von allen inneren Antrieben frei zu sein.

Zu glauben, dass der Mensch im gegenwärtigen Zustand in der Lage ist auszuwählen, ob er einer inneren Gnade widersteht oder ihr gehorcht, ist eine Häresie.

Zu glauben dass Jesus gestorben ist und sein Blut für alle Menschen vergossen hat, ist eine Häresie.

Gegen diesen letzten Satz, also zu glauben, dass Christus nicht für alle, sondern nur für die Auserwählten gestorben ist, wehrt sich Vinzenz aufs Heftigste (Vgl. S.V. XIII, 147–156).

446. Brief an einige Bischöfe von Frankreich vom Februar 1651 (S.V. IV, 148).

447. Brief von Vinzenz von Paul an Nicolas Pavillon und Étienne Caulet vom Juni 1651 (S.V. IV, 204–210).

448. Es war ein Mönch dieser Abtei, Aurélius, der um 850 die Theorie des Kirchengesangs nach der Praxis der Griechen und Römer festlegte (Manitius, Histoire de la littérature latine du Moyen Âge I.1.63, 444–446).

449. Abt Claude de Chandenier gründete einen Caritasverein und gewann die Sympathie zweier Barmherziger Schwestern für den Ort Moutiers-Saint-Jean. Er gründete dort ein Hospiz, in dessen Apotheke, die heute noch in Betrieb ist, sich ein Topf, ein Eierbecher und ein Salzfass befinden, die Vinzenz während seines Aufenthaltes in der Abtei benutzt hatte. In der Kapelle des Hospizes zeigt ein Gemälde Vinzenz im Chorrock, gemalt von Simon François de Tours um 1660, als sich der Maler in Saint-Lazare aufhielt.

450. Brief von Charles Nacquart CM an Vinzenz von Paul vom 27. Mai 1649 (S.V. III, 438), danach 9. und 16. Februar (S.V. III, 580, 590).

451. Brief von Vinzenz von Paul an Gérard Brin CM vom April 1650 (S.V. IV, 16).

452. Brief von Vinzenz von Paul an Kardinal Barberini vom 7. Oktober 1650 (S.V. IV, 92).

453. Louise-Marie de Gonzague (1612–1667), Tochter von Charles de Gonzague, Herzog von Nevers und Mantua. Sie heiratete 1644 den König von Polen, Ladislaus IV., und nach dessen Tod seinen Bruder Johann Kasimir, der sein Nachfolger auf dem polnischen Thron wurde. Da sie keinen Erben hatte, dachte sie daran, einen Condé den Thron besteigen zu lassen, doch der Widerstand der einflussreichen Herren Polens ließ dies scheitern.

454. Brief von Vinzenz von Paul an Louise-Marie de Gonzague vom 6. September 1651 (S.V. IV, 246).

455. Brief von Louise de Marillac an Vinzenz von Paul vom Dezember 1649 (S.V. III, 523).

456. Brief von Vinzenz von Paul an Louise de Marillac vom Dezember 1649 (S.V. III, 524).

457. Über das Werk für die Findelkiner (S.V. XIII, 799f.).

458. Brief von Vinzenz von Paul an Jean Dehorgny CM vom 29. Dezember 1650 (S.V. IV, 127).

459. Jean Parré trat der Kongregation 1638 im Alter von 27 Jahren bei. Dieser Bruder spielte eine wesentliche Rolle bei der Unterstützung der Bevölkerung der Picardie und der Champagne, Gegenden, die er ab 1649 ohne Unterlass durchstreifte. Er schrieb regelmäßig an Vinzenz und die Damen der Charité, um sie über sein Vorgehen und die Bedürfnisse der Armen auf dem Laufenden zu halten. Vinzenz schickte ihm ebenfalls zahlreiche Briefe mit Aufmunterungen und Ratschlägen.

460. Brief von Edme Duchamps CM an Vinzenz von Paul vom Dezember 1650 (S.V. IV, 143).

461. Die erste Ausgabe der »Relations« erschien im September 1650 unter folgendem Titel: »Zustand der Armen an der Grenze der Picardie. Auszüge aus zahlreichen Briefen von Geistlichen und anderen frommen Personen, die des Glaubens würdig sind, und von Paris ausgezogen sind, um ihnen zu helfen.« Diese Berichte erschienen jeden Monat als Flugblatt in einer Größe von 20x28 cm, das in der Mitte gefaltet war; somit hatte man vier kleine Seiten, geschrieben in einem direkten und überzeugenden Stil, mit einem Spendenaufruf und Adressen der Organisatoren der Sammlungen am Ende. Bezüglich der Tätigkeit von Charles Maignart des Bernières, Begründer der »Relations« und Hauptbetreiber eines wichtigen Teils der Unterstützung für die zerstörten Gebiete, der unter dem Einfluss von Port-Royal stand, vgl. die Studie von Alexandre Féron, Un Rouennais méconnu. Ch. Maignart de Bernières (1616–1662), Rouen 1922 (Archiv CM).

462. Brief eines Priesters der Mission an Vinzenz von Paul vom Januar 1651 (S.V. IV, 136).

463. Brief von Vinzenz von Paul an Marc Coglée CM vom 26. April 1651 (S.V. IV, 183).

464. A. Feillet, La Misère au temps de la Fronde, Perrin 1886, 246. »Verordnung des Königs, die den Schutz allen Dörfern in den Grenzengebieten der Picardie und der Champagne gewährt, in denen sich die Pater der Mission um den Trost der Armen kümmern« (auch S.V. XIII, 324).

465. Brief der Schöffen von Rethel an Vinzenz von Paul vom 8. Mai 1651 (S.V. IV, 195).

466. A. Feillet, s.o., 249.

467. Brief von Vinzenz von Paul an Schwester Marie-Madeleine vom 4. September 1651 (S.V. IV, 245).

468. Brief von Vinzenz von Paul an Louise de Marillac vom 20. September 1651 (S.V. IV, 256).

469. Vgl. Gaston Parturier, La vocation médical de saint Vincent de Paul, Lyon 1943, sowie Peyresblanque, Monsieur Vincent malade, in: Bulletin de la société de Borda, Dax 1982.

470. Brief von Vinzenz von Paul an Lambert aux Couteaux CM vom 1. März 1652 (S.V. IV, 327). Adrien Le Bon hatte sich das Landgut von Rougemont, im Wald von Bondy gelegen, vorbehalten, um ihn in seinem Testament der Kongregation zu vermachen. Im Februar 1645 jedoch schenkte er sie den Herren von Saint-Lazare aufgrund der »guten Freundschaft und Zuneigung«, die er für sie empfand (S.V. I, 257, Anmerkung 4). Die Kongregation besaß zwei Höfe in Orsigny, die ihnen die Familie Norais geschenkt hatte.

471. Brief von Vinzenz von Paul an Mathurin Gentil CM vom 23. November 1651 (S.V. IV, 273).

472. Brief von Vinzenz von Paul an Étienne Blatiron CM vom 15. Februar 1652 (S.V. IV, 321). Abelly zufolge kam ihm diese Spende von der Marquise de Maignelay zu (Abelly III, 292).

473. Brief von Vinzenz von Paul an Jean Watebled CM vom 26. November 1651 (S.V. IV, 276).

474. Brief von Vinzenz von Paul an Étienne Blatiron CM vom 5. Juli 1652 (S.V. IV, 418).

475. Anne-Marie Louise d'Orléans, Herzogin von Montpensier (1627–1693). Die Tochter von Gaston d'Orléans, auch Grande Mademoiselle genannt, ist die leibliche Kusine von Ludwig XIV. Bei der Schlacht im Vorort Saint-Antoine rettete sie die Armee des Condé, indem sie die Kanonen der Bastille auf die königlichen Truppen zielen ließ und den Befehl gab, die Tore von Paris zu öffnen, damit die Armee des Prinzen dort Zuflucht nehmen konnte.

476. Brief von Vinzenz von Paul an die Präsidentin von Sault vom 15. Mai 1652 (S.V. IV, 384).

477. Brief von Vinzenz von Paul an Kardinal Mazarin um den 10. Juli 1652 (S.V. IV, 423).

478. Brief von Vinzenz von Paul an Philippe Vageot CM vom 22. Mai 1652 (S.V. IV, 392).

479. Brief von Vinzenz von Paul an einige Priester in Rom vom 21. Juni 1652 (S.V. IV, 402).

480. Brief von Vinzenz von Paul an Lambert aux Couteaux CM vom 21. Juni 1652 (S.V. IV, 407).

481. Brief von Vinzenz von Paul an die Herzogin d'Aiguillon vom Juli 1652 (S.V. IV, 424).

482. Brief von Vinzenz von Paul an Anna von Österreich von Juli-August 1652 (S.V. IV, 430).

483. Brief von Vinzenz von Paul an Papst Innozenz X. vom 16. August 1652 (S.V. IV, 458).

484. Brief von Vinzenz von Paul an Kardinal Mazarin vom 11. September 1652 (S.V. IV, 473).

485. Brief von Alain de Solminihac an Vinzenz von Paul vom 20. Oktober 1652 (S.V. IV, 491).

486. Brief von Vinzenz von Paul an an Étienne Blatiron CM vom 25. Oktober 1652 (S.V. IV, 513).

487. A. Feillet, s.o., 447–450 (und S.V. IV, 539, Anmerkungen 8 und 10).


### 20. »Was die Kirche letztlich zugrunde richtet«

488. Brief von Vinzenz von Paul an Jacques Desclaux um 1653 (S.V. V, 90).

489. Brief von Vinzenz von Paul an Lambert aux Couteaux CM vom 3. Januar 1653 (S.V. IV, 518).

490. Brief von Vinzenz von Paul an die Herzogin d'Aiguillon, 3. Juli 1653 (S.V. V, 47).

491. Brief von Vinzenz von Paul an Alain de Solminihac vom 5. Juli 1653 (S.V. IV, 620).

492. Thomas Berte (1623–1697), geweiht 1645, besetzte wesentliche Positionen in der Kongregation. Superior des Collège des Bons-Enfants, danach Superior in Rom (1653–1655), Assistent des Generaloberen (1662–1667). Monsieur Vinzenz hatte ihn sowie René Alméras als für die Leitung der Mission fähig vorgeschlagen.

493. Brief von Vinzenz von Paul an Thomas Berthe CM vom 25. April 1653 (S.V. IV, 578).

494. Brief von Thomas Berthe CM an Vinzenz von Paul vom 5. Februar 1655 (S.V. V, 270).

495. Brief von Vinzenz von Paul an Louis de Chandenier vom 27. April 1655 (S.V. V, 366).

496. Brief von Vinzenz von Paul an Étienne Blatiron CM vom 22. Oktober 1655 (S.V. V, 452).

497. Brief von Vinzenz von Paul an Edme Jolly CM vom 22. Oktober 1655

(S.V. V, 453). Edme Jolly (1622-1697) wurde in die Kongregation 1646 aufgenommen und 1649 zum Priester geweiht, nachdem er in Rom studiert hatte.
Zuständig für das Seminar von Saint-Lazare wurde er 1655 der Nachfolger
von Thomas Berthe in Rom. Bis zum Tode von Vinzenz war er Assistent der
Kongregation und wurde nach René Alméras 1672 Leiter der Kongregation.

498. Brief von Vinzenz von Paul an die Herzogin d'Aiguillon vom 1. Mai 1653
(S.V. IV, 583).

499. Brief der Herzogin d'Aiguillon an Antoine Portail CM vom 20. Mai 1653
(S.V. IV, 587).

500. Brief von Vinzenz von Paul an einen Missionspriester vom 17. Oktober
1654 (S.V. V, 204). Der gleiche Gedanke und Wunsch, dass seine Missionare
»durchdrungen von der Liebe« seien, kam auch in einer seiner Unterredungen
zum Ausdruck: »Wenn jedoch Gott zulässt, dass sie so herabgesetzt werden,
dass sie um ihr Brot betteln müssen und sich unter den Rand einer Hecke kau-
ern müssen, in zerrissener Kleidung und vor Kälte starr, und wenn in diesem
Zustand jemand kommt und einen von ihnen fragt: Armer Missionspriester,
wer hat dich in diese äußerste Not gebracht? Was für ein Glück, dann antworten zu können: die Liebe« (Abelly III, XI, 108 sowie S.V. XI, 76).

501. Brief von Vinzenz von Paul an Charles Ozenne CM vom 9. Oktober 1654
(S.V. V, 195).

502. Brief von Vinzenz von Paul an Charles Ozenne CM vom 27. August 1655
(S.V. V, 411).

503. Brief von Vinzenz von Paul an Marc Coglée CM vom 20. November 1655
(S.V. V, 468), und Gebetswiederholung vom 12. September 1655 (S.V. XI, 305).

504. Vgl. S.V. XI, 445.

505. »Lebensregel für Jean Le Vacher und Martin Husson«, 1653 (S.V. XIII,
364).

506. Brief von Vinzenz von Paul an Philippe Le Vacher CM, 1651 (S.V. IV, 122).

507. Brief von Vinzenz von Paul an Firmin Get CM vom 16. April 1655 (S.V. V,
364).

508. Brief von Vinzenz von Paul an Étienne Blatiron CM vom 31. Dezember
1654 (S.V. V, 250).

509. Brief an Papst Innozenz X. vom Juli 1653 (S.V. IV, 643), und Brief an die
Propaganda-Kongregation vom September 1653 (S.V. V, 14). Diese Vorstellung des ansässigen Klerus tauchte schon bei Charles Nacquart auf, der nach
Madagaskar geschickt wurde und von dort Vinzenz bat, ob er nicht »Gefährten dieses Landes für das Priesteramt« rekrutieren könnte (Brief vom 1. April
1648, S.V. III, 289).

510. Brief von Vinzenz von Paul an Nicolas Guillot vom 30. Januar 1654 (S.V. V, 64).

511. »Unterredung über die Priester« vom September 1655 (S.V. XI, 308).

### 21. »Könige machen leicht Versprechungen«

512. Brief von Louise de Marillac an Vinzenz von Paul vom 14. November 1655 (S.V. V, 464).

513. Brief von Vinzenz von Paul an Marc Coglée CM vom 20. November 1655 (S.V. V, 468).

514. Brief von Vinzenz von Paul an Étienne Blatiron CM vom 17. Dezember 1655 (S.V. V, 487).

515. Vgl. S.V. V, 344 und S.V. XIII, 21, 251.

516. Brief von Vinzenz von Paul an Étienne Blatiron CM vom 11. August 1656 (S.V. VI, 58).

517. Gebetswiederholung vom 30. August 1657 (S.V. XI, 415, 420).

518. Brief von Vinzenz von Paul an Pierre de Beaumont CM vom 9. September 1657 (S.V. VI, 451).

519. Brief von Vinzenz von Paul an Firmin Get CM vom 9. Februar 1657 (S.V. VI, 178).

520. Brief von Vinzenz von Paul an Firmin Get CM vom 8. Juni 1657 (S.V.VI, 316).

521. Brief von Vinzenz von Paul an Firmin Get CM vom 7. September 1657 (S.V. VI, 447).

522. Brief von Vinzenz von Paul an Louis Rivet CM vom 16. September 1657 (S.V. VI, 474).

523. Brief von Vinzenz von Paul an Edme Jolly CM vom 6. Juli 1657 (S.V. VI, 342). Dieses spanische Vorhaben konnte zu Vinzenz' Lebzeiten nicht durchgeführt werden, da man zuerst auf den Friedensschluss zwischen Frankreich und Spanien warten musste, bevor man sich diesem erneut stellen konnte. Das erste Haus der Kongregation wurde 1704 in Barcelona errichtet.

524. Vgl. Histoire de la congrégation de la Mission, s.o., 64.

525. Brief der Herzogin d'Aiguillon an Vinzenz von Paul vom 17. Oktober 1656 (S.V. VI, 110). Nach Coste hatten diese Damen der Charité schon 50 000 Pfund aufgewendet, um die Gebäude der Salpêtrière instand zu setzen und sich vertraglich verpflichtet, 100.000 Pfund für den Lebensunterhalt der Bewohner des Allgemeinen Hospitals zur Verfügung zu stellen.

526. Brief von Vinzenz von Paul an Jean Martin CM vom 23. Februar 1657 (S.V. VI, 239).

527. Brief von Vinzenz von Paul an Monsieur de Mauroy vom 23. März 1657 (S.V. VI, 256).

528. Brief von Vinzenz von Paul an Bruder Jean Parré vom 11. August 1657 (S.V. VI, 394).

529. Bericht über den Zustand der Werke vom 11. Juli 1657 (S.V. XIII, 802).

530. Brief von Vinzenz von Paul an Guillaume Delville CM vom 10. November 1657 (S.V. VI, 597).

531. Brief von Vinzenz von Paul an den Marquis de Fabert vom 15. November 1656 (S.V. VI, 130).

532. Brief von Vinzenz von Paul an Bruder Pierre Leclerc vom 12. November 1656 (S.V. VI, 125).

533. Brief von Vinzenz von Paul an Firmin Get CM vom 23. November 1657 (S.V. VI, 618).

534. Brief von Vinzenz von Paul an einen Missionspriester vom Juli 1657 (S.V. VI, 378).

535. Brief von Vinzenz von Paul an Louis Dupont CM vom 7. Februar 1657 (S.V. VI, 175)

536. Brief von Vinzenz von Paul an Guillaume Delville CM vom 7. Februare 1657 (S.V. VI, 177).

537. Brief von Vinzenz von Paul an Jean Martin CM vom 22. Juni 1657 (S.V. VI, 330).

538. Brief von Vinzenz von Paul an Monsieur Forne vom Januar 1656 (S.V. V, 497).

539. Brief von Vinzenz von Paul an Jean Chrétien CM vom 17. Januar 1657 (S.V. VI, 161).

540. Brief von Vinzenz von Paul an Donat Cruoly CM vom 16. Juli 1657 (S.V. VI, 367).

541. Brief von Vinzenz von Paul an Louis Rivet CM vom 29. Juli 1657 (S.V. VI, 377).

542. Brief von Vinzenz von Paul an Firmin Get CM vom 22. September 1657 (S.V. VI, 88).

543. Abelly I, 209.

544. Brief von Vinzenz von Paul an Jean Deslions vom 6. April 1657 (Mission et Charité 19/20 (Jan.–Jun. 1970), 116).

## 22. Der so sehr erwartete Friede

545. Brief von Vinzenz von Paul an den Herzog de la Meilleraye vom 12. Januar 1658 (S.V. VII, 45).

546. Brief von J.B. Bossuet an Vinzenz von Paul vom 12. Januar 1658 (S.V. VII, 48). Jacques-Bénigne Bossuet (1627–1704), Sohn eines Magistrats des Parlamentes von Dijon, wurde 1652 nach Studien an der höheren Schule von Navarra zum Priester geweiht. Er hatte sieben Jahre in Metz als Domherr und Archidiakon verbracht; dort lernte er, mit den Protestanten einen Dialog zu führen, mit denen er eine Annäherung versuchen wollte. Ab 1659 wurde er in Paris ein sehr geschätzter Prediger, der den Großen und Prinzen die Begräbnisreden hielt. 1681 wurde er zum Bischof von Meaux ernannt. Er war zugleich ein großer Redner und Schriftsteller und vor allem ein furioser Kämpfer für den Glauben. Sein Kampf gegen den Quietismus brachte ihn dazu, sich in den letzten Jahren des 17. Jahrhunderts massiv gegen Fénelon zu stellen.

547. Bezüglich der »kleinen Methode« sei auf die von Monsieur Vinzenz gehaltene Konferenz am 20. August 1655 verwiesen (S.V. XI, 257–287).

548. Brief von J.B. Bousset an Vinzenz von Paul vom 23. Mai 1658 (S.V. VII, 155). Über den Verlauf der Mission in Metz siehe: Joseph Girard, Saint Vincent de Paul, son œuvre et son influence en Lorraine, Metz 1955, 46-50.

549. Brief von Vinzenz von Paul an Firmin Get CM vom 8. Februar 1658 (S.V. VII, 78).

550. Brief von Vinzenz von Paul an Firmin Get CM vom 3. Mai 1658 (S.V. VII, 139).

551. Brief von Vinzenz von Paul an Firmin Get CM vom 7. Juni 1658 (S.V. VII, 171).

552. Um die Summe zu sammeln, zu deren Zahlung sich Bruder Barreau unter dem Einfluss der Folter verpflichtet hatte, mobilisierte Vinzenz erneut die Damen der Charité. Diese organisierten eine spezielle Sammlung, indem sie ein Faltblatt mit der »Erzählung des Unglückes des Bruders Barreau« verteilten. Vinzenz sprach davon in einem seiner Briefe: »Man hat darüber einen kurzen Bericht veröffentlicht, der zum Konsul von Algier gelangt ist« (S.V. VI, 627).

553. Brief von Vinzenz von Paul an Firmin Get CM vom 5. Juli 1658 (S.V. VII, 197).

554. Brief von Vinzenz von Paul an Philippe Le Vacher CM vom Sommer 1629 (S.V. VIII, 25).

555. Charles de la Porte, Herzog de la Meilleraye (1602–1664), Cousin des Kardinals Richelieu, der den Beginn seiner Karriere förderte; 1637 Marschall von Frankreich, 1648 Oberintendant der Finanzen, 1663 Herzog und Pair. Er

wurde Gouverneur der Bretagne. Er erhielt diesen Titel zum Zeitpunkt der Errichtung der Kongregation in der Abtei von Saint-Méen.

556. Brief von Vinzenz von Paul an den Herzog de la Meilleraye vom 12. Januar 1658 (S.V. VII, 45).

557. Brief von Vinzenz von Paul an Jean Martin CM vom 5. Juli 1658 (S.V. VII, 196).

558. Brief von Vinzenz von Paul an Toussaint Bourdaise CM vom November 1659 (S.V. VIII, 157).

559. Brief von Vinzenz von Paul an die Gemeinschaft von Saint-Lazare vom September 1658 (S.V. VII, 251). Das Gut von Orsigny wurde der Mission von Herrn Norais im Dezember 1644 geschenkt. Die Kongregation zahlte dem Geber eine Pension. Doch bei dessen Tod 1658 stellten die Erben die Gültigkeit dieser Schenkung infrage. Einige Richter unter jansenistischem Einfluss waren Monsieur Vinzenz gegenüber sehr eingenommen, da er sehr klar gegen den Jansenismus Stellung bezog. Die Kongregation besaß in Orsigny ein weiteres Gut und Ländereien. Der Verlust des Gutes von Norais war sicherlich schmerzvoll, aber nicht katastrophal.

560. Brief von Vinzenz von Paul an Antoine Durand CM vom 29. August 1659 (S.V. VIII, 101). François Fouquet und später sein Bruder Louis, der sein Nachfolger wurde, trugen den Titel Bischof und Graf d'Agde.

561. Brief von Vinzenz von Paul an Gérard Brin CM vom 6. November 1658 (S.V. VII, 338).

562. Brief von Vinzenz von Paul an Firmin Get CM vom 13. Juni 1659 (S.V. VII, 593).

563. Brief von Vinzenz von Paul an an Jacques Pesnelle CM vom 30. Mai 1659 (S.V. VII, 578). Diese Gründung auf Korsika wurde erst 1678 verwirklicht, nach Vinzenz' Tod.

564. Brief von Vinzenz von Paul an François Fouquet, Erzbischof von Narbonne, vom 12. September 1659 (S.V. VIII, 123). Vinzenz konnte dem Erzbischof von Narbonne nichts abschlagen, da seine Mutter eine sehr fromme und aktive Dame der Charité war und dessen sechs Schwestern in den Orden der Heimsuchung eingetreten waren.

565. Brief von Vinzenz von Paul an den Domherrn Truchette in Tarbes vom 29. Januar 1659 (S.V. VII, 442), und Brief von Vinzenz von Paul an Jean du Haut de Saliès, Bischof von Lescar, vom 11. August 1660 (S.V. VIII, 358). Der Vertrag sah die Übernahme der Pfarrei von Lestelle, nahe des Wallfahrtsortes, vor. Vinzenz wollte nur in Ausnahmefällen die Verantwortung für Pfarreien übernehmen.

566. Brief von Vinzenz von Paul an Charles Ozenne CM vom 30. April 1658 (S.V. VII, 249).

567. Brief von Vinzenz von Paul an Jean Monvoisin CM vom 5. Mai 1656 (S.V. VII, 533). Es handelte sich dabei um ein Landgut in Neuilly-Saint-Front in der Aisne, vermacht durch den verstorbenen Monsieur François Vincent.

568. Brief von Vinzenz von Paul an Jacques Pesnelle CM vom 15. Oktober 1658 (S.V. VII, 289).

569. Brief von Vinzenz von Paul an Denis Laudin CM vom 26. April 1659 (S.V. VII, 518).

570. Brief von Vinzenz von Paul an Bruder Jean de Fricourt vom 7. September 1659 (S.V. VIII, 111).

571. Konferenz vom 17. Mai 1658 (S.V. XII, 1–14).

572. Brief von Vinzenz von Paul an Louis de Chandenier vom 6. Dezember 1658 (S.V. VII, 390).

573. Brief von Vinzenz von Paul an Pater P.E. de Gondi vom 9. Januar 1659 (S.V. VII, 435).

574. Brief von Vinzenz von Paul an Louise de Marillac vom März 1659 (S.V. VII, 461).

575. Brief von Vinzenz von Paul an Louis Rivet CM vom 13. Juli 1659 (S.V. VIII, 23).

576. Brief von Vinzenz von Paul an Toussaint Bourdaise vom November 1659 (S.V. VIII, 160).

577. Brief von Vinzenz von Paul an Bruder Jean Parré vom 3. Mai 1659 (S.V. VII, 528).


### 23. Letzte Prüfungen

578. Brief von Vinzenz von Paul an Jean Dehorgny CM vom 11. Januar 1660 (S.V. VIII, 222).

579. Brief von Vinzenz von Paul an Guillaume Desdames CM vom 5. März 1660 (S.V. VIII, 259).

580. Portail, Vinzenz' erster Begleiter, war krank und deprimiert über mehrere Monate hinweg. Er zog sich in eine Hütte am Ende des Gartens Saint-Lazare zurück. Louise de Marillac schrieb an eine Schwester, Mathurine Guérin, im Januar 1600: »Und bezüglich Monsieur Portail, nur ein großer Herr bekommt ihn zu Gesicht. Er hat eine Art Klause am Ende von ihrem Garten, aus der nicht herauskommt« (Écrits de sainte Louise, Brief 650, S. 666).

581. Brief von Vinzenz von Paul an den Domherrn von Saint-Martin vom 18. März 1660 (S.V. VIII, 271).

582. Die Tochter von Monsieur de Comet, Richter in Dax und erster Wohltäter von Vinzenz. Sie war mit Jean de Saint-Martin verheiratet, von dem ein Sohn den Titel von Saint-Martin d'Agès trug. Der Domherr von Saint-Martin, Onkel von Monsieur d'Agès, stand in freundschaftlichem Briefkontakt mit Vinzenz.

583. Brief von Bruder B. Ducournau an den Domherrn von Saint-Martin vom August 1658 (S.V. VIII, 513).

584. Erstaunlicherweise erwähnte Vinzenz in einer Konferenz über das Thema der Beobachtung der Regel am 14. Juli 1658 den Schwestern gegenüber die Stadt Karthago, von der er sagte: »Es gibt dort nur verfallene Hütten«, als ob er den Ort selbst kennen würde. Dies war das erste und letzte Mal, dass er davon sprach, als ob ihm dieser Name im Moment des Empfangs dieser »traurigen Briefe« entschlüpft sei. Haben sie vielleicht Erinnerungen an seine Gefangenschaft geweckt? In ähnlichen Konferenzen über die Nichteinhaltung von Regeln bediente er sich eher des Bildes des Schiffbruchs. Dieser verwirrende Zwischenfall wirft einige Fragen auf (S.V. X, 534).

585. Brief von Vinzenz von Paul an die Superioren von 1660 (S.V. VIII, 388).

586. Brief von Vinzenz von Paul an Pierre de Beaumont CM vom 19. Mai 1660 (S.V. VIII, 293).

587. Brief von Vinzenz von Paul an Guillaume Desdames CM vom 18. Juni 1660 (S.V. VIII, 319). Johannes Eudes (1601–1680), gründete 1643 die Kongregation von Jesus und Maria, die sich der Leitung von Seminaren und dem Werk der Missionen widmete. Er führte außerdem eine Frauengemeinschaft »Filles de Notre-Dame« (Töchter unserer lieben Frau) ein. Vinzenz unterstützte seine Arbeit, auch wenn sie derjenigen der Mission sehr ähnlich war. Johannes Eudes wurde 1925 heiliggesprochen.

588. Brief von Vinzenz von Paul an Edme Jolly CM vom 13. August 1660 (S.V. VIII, 368).

589. Über die Tugenden der Louise de Marillac am 3. und 24. Juli 1660 (S.V. X, 709 und 725).

590. Vgl. S.V. XII, 484f.

591. Brief von Vinzenz von Paul an René Alméras CM vom 18. August 1660 (S.V. VIII, 376), und 22. August 1660 (S.V. VIII, 385).

592. Brief von Vinzenz von Paul an Firmin Get CM vom 17. September 1660 (S.V. VIII, 446).

593. Tagebuch der letzten Tage von Vinzenz von Paul (S.V. XIII, 191).

594. »Die Seligsprechung des Heiligen Vinzenz von Paul«, in: Annales de la congrégation de la Mission, Bd. 94, 1929.

595. »Wer ein kanonisches Amt ohne Genehmigung ... oder vor dem kanonischen Alter antritt, ist ipso facto (durch die Tatsache selbst) vom empfangenen Rang suspendiert« (Can. 374. §2 CIC/1917). 1600, als Vinzenz geweiht wurde, galten die Beschlüsse des Konzils von Trient in Frankreich noch nicht offiziell, somit erschien die Unterschreitung des kanonischen Alters nicht zu gravierend. 1660 wurde dies jedoch sehr schlecht aufgenommen und daher erscheint es verständlich, dass die Kongregation versuchte, das tatsächliche Geburtsdatum von Vinzenz geheim zu halten.

596. Papst Benedikt XIII. nahm Vinzenz von Paul am 21. August 1729 in das Verzeichnis der Seligen auf.

597. Lamourette, Désastre de la maison de Saint-Lazare (Katastrophe des Hauses von Saint-Lazare), 3. August 1789, Paris, Mérigot le jeune.

598. Konferenz vom 30. Mai 1659 (S.V. XII, 262).

599. Vgl. Pierre Defrennes, La vocation de saint Vincent de Paul, étude de psychologie surnaturelle, in: Revue d'ascétique et de mystique, 13. (1932), 60–86, 165–183, 294–321, 389–411.

600. S.V. IX, 119.

601. S.V. XI, 41, 317.

602. S.V. XII, 131.

Brief von Vinzenz von Paul an Monsieur de Comet

24. Juli 1607

Monsieur,

vor zwei Jahren hätte man angesichts der verheißungsvollen Fortschritte meiner Angelegenheiten glauben können, das Schicksal bemühe sich im Gegensatz zu meinem Verdienst ausschließlich darum, mich mehr beneidet als nachgeahmt zu sehen; aber nein: Es war alles nur, um mir seine launenhafte Unbeständigkeit zu zeigen, als es seine Gunst in Ungunst, sein Glück in Unglück wandelte.

Sie, Monsieur, der Sie in meine Angelegenheiten nur allzu eingeweiht sind, wussten sicher, dass ich bei meiner Rückkehr von Bordeaux ein Testament vorfand, das eine gute alte Frau in Toulouse für mich hinterlassen hat. Das Hab und Gut bestand in etwas Mobiliar und Landbesitz, den man auf dreihundert bis vierhundert Taler angesetzt hatte. Ein frecher Taugenichts schuldete sie ihr; um einen Teil davon einzuziehen, begab ich mich vor Ort, um das Besitztum auf den Rat meiner besten Freunde hin zu verkaufen, weil ich meine Schulden zahlen musste. Dann aber forderte die Weiterverfolgung der Angelegenheit, die ich mir nicht zu nennen getraue, große Ausgaben.

Als ich ankam, stellte ich fest, dass der Galan sein Gut eines Haftbefehls wegen verlassen hatte, den die gute Frau der gleichen Schulden wegen gegen ihn angestrengt hatte. Ich erfuhr, dass er seine Geschäfte mit Erfolg in Marseille betrieb und über reichliche Geldmittel verfüge. So fand mein Bevollmächtigter, ich müsse, wie es die Angelegenheit auch wirklich erforderte, nach Marseille gehen. Er war der Auffassung, ich könne zweihundert oder dreihundert Taler bekommen, wenn ich den Mann gefangen setzen ließe. Da ich für diese Reise kein Geld hatte, veräußerte ich das in Toulouse gemietete Pferd mit der Absicht, es bei der Rückkehr zu bezahlen. Doch die Rückkehr hat das Unglück in dem Maße verzögert, als meine Ehrlosigkeit groß ist, die mich meine Angelegenheiten derartig vernachlässigen ließ. Ich hätte das nie getan, wenn Gott mir einen so glücklichen Erfolg meines Unternehmens gewährt hätte, als der Augenschein es versprach.

In dieser Meinung reiste ich also ab, fasste den Mann in Marseille, ließ ihn ins Gefängnis setzen und einigte mich auf dreihundert Taler, die er mir in bar auszahlte. Im Begriff, zu Land wieder abzureisen, überredete mich ein Adeliger, mit dem ich zusammengewohnt hatte, bei dem guten Wetter mit ihm bis Narbonne zu Schiff zu fahren. Ich tat es, um eher dort zu sein und zu sparen oder, besser gesagt, um nie mehr hinzukommen und alles zu verlieren.

Der Wind war so günstig, dass wir am gleichen Tage die fünfzig Meilen bis Narbonne hätten zurücklegen können, wenn Gott nicht erlaubt hätte, dass drei türkische Segelschiffe uns angriffen. Sie kreuzten im Golfe von Lyon, um die von Beaucaire – wo gerade Jahrmarkt war, angeblich einer der schönsten der ganzen Christenheit! – kommenden Schiffe abzufangen. Zwei oder drei der Unsrigen wurden getötet, alle übrigen verwundet. Ich selber erhielt einen Pfeilschuss, der mir für den Rest meines Lebens als Wetteruhr dienen wird! Wir wurden gezwungen, uns den Räubern, die schlimmer als Tiger waren, zu ergeben. Ihre ersten Wutausbrüche bestanden darin, unseren Steuermann in tausend Stücke zu zerreißen, weil sie außer vier oder fünf Sträflingen, die unsere Leute getötet, auch einen ihrer Führer verloren hatten. Darauf legten sie uns in Ketten, versorgten uns ziemlich grob und zogen weiter. Sie begingen unzählige Überfälle, wobei sie trotz allem denen, die sich kampflos ergaben, die Freiheit ließen – nachdem sie sie ausgeraubt hatten. Nach sieben oder acht Tagen nahmen sie, mit Waren beladen, Kurs nach Nordafrika, der Höhle und Spelunke aller Räuber – ohne Erlaubnis des Großtürken! Gleich nach der Ankunft boten sie uns zum Verkauf an mit einem Protokoll über unsere Gefangennahme, von dem sie behaupteten, sie hätten es auf einem spanischen Schiff aufgesetzt. Ohne diese Lüge wären wir vom Konsul, den der König dort für den freien Handel der Franzosen unterhält, ausgelöst worden. Bei unserem Verkauf gingen sie so vor: Sie zogen uns bis auf die Haut aus, gaben jedem ein Paar Hosen, einen groben Leinenkittel und eine Mütze und spazierten mit uns durch Tunis, wohin sie eigens gekommen waren, um uns zu verkaufen. Fünf oder sechs Rundgänge ließen sie uns mit der Kette um den Hals durch die Stadt machen; dann führten sie uns aufs Schiff, damit die Händler kämen und sehen könnten, wer brauchbar sei und wer nicht, und um zu zeigen, dass unsere Wunden keineswegs tödlich waren. Daraufhin führten sie uns wieder auf den Platz, wo die Händler uns begutachteten. Diese ließen uns, ganz wie beim Kauf eines Pferdes oder Ochsen, den Mund öffnen und unsere Zähne zeigen; sie ließen uns im Schritt, im Trab, im Galopp gehen, dann Lasten tragen, dann miteinander kämpfen, um die Kräfte eines jeden zu prüfen, und begingen unzählige weitere Rohheiten.

Ich wurde an einen Fischer verkauft, der sich aber bald gezwungen sah, mich wieder abzugeben, weil mir nichts so völlig fremd war wie das Meer. Er verkaufte mich einem alten Mann, einem spagirischem Arzt und meisterlichen Hersteller von Quintessenzen. Er war ein menschlich ganz zugänglicher Mann, der, wie er mir sagte, 50 Jahre daran gearbeitet hatte, den Stein der Weisen zu suchen – umsonst, was den Stein anlangt, sehr glücklich aber hinsichtlich der Verwandlung von Metallen. In diesem Glauben sah ich ihn oft Gold und Silber zu gleichen Teilen verschmelzen, es in kleinen Plättchen in einen Goldschmelztiegel legen, dann eine Pulverschicht, ein anderes Plättchen und wieder eine Pulverschicht auflegen und das Ganze 24 Stunden im Feuer zu lassen. Beim Öffnen fand er dann das Silber in Gold verwandelt. Noch öfter sah ich ihn, Quecksilber zu richtigem Silber erstarren zu lassen, das er dann verkaufte, um den Armen davon zu geben. Meine Beschäftigung bestand darin, in zehn oder zwölf Öfen das Feuer zu unterhalten. So hatte ich mehr Vergnügen als Arbeit. Er liebte mich sehr und gefiel sich darin, mit mir über Alchimie, mehr noch, über das Gesetz des Propheten zu disputieren; um mich zu bekehren, wandte er alle Kraft auf, versprach mir Macht, Reichtum und sein ganzes Wissen. Immer bewirkte Gott in mir einen Glauben an die Befreiung durch die eifrigen Gebete zu Ihm und zur heiligen Jungfrau Maria. Ich glaube fest daran, dass ich nur durch ihre Fürsprache die Freiheit erlangt habe. Die Hoffnung und der feste Glaube daran, Sie wieder zu sehen, ließen mich den Mann inständig bitten, mich das Mittel der Heilung eines Augenleidens zu lehren, worin ich ihn täglich Wunder wirken sah. Er tat es und ließ mich die Ingredienzien zubereiten und aufbewahren. O wie oft habe ich gewünscht, ich wäre Sklave gewesen vor dem Tode Ihres Herrn Bruders und meines Wohltäters für mich und hätte das Geheimnis gekannt, das ich Ihnen sende und das ich Sie ebenso guten Herzens anzunehmen bitte, wie mein Glaube daran fest ist, dass, hätte ich das Mittel gekannt, das ich Ihnen schicke, der Tod noch nicht triumphiert hätte (wenigstens aufgrund dieses Mittels), obwohl man sagt, dass die Tage des Menschen vor Gott gezählt sind.

Ich war also vom September 1605 bis zum folgenden August bei dem Alten, als er festgenommen und vor den Großsultan geführt wurde, um für ihn zu arbeiten – aber umsonst, denn er starb vor Kummer auf dem Wege. Er hinterließ mich seinem Neffen, einem wahren Anthropomorphiten, der mich bald nach dem Tode seines Onkels weiterverkaufte; er hatte gehört, Monsieur de Brèves, königlicher Botschafter in der Türkei, komme mit gültigen und besonderen Vollmachten des Großtürken, um die Christensklaven wieder auszulösen.

Ein mir von vorneherein feindlich gesinnter Abtrünniger aus Nizza in Savoyen kaufte mich und brachte mich in sein Temat – so heißt das Besitztum, das man vom Großtürken in Pacht bekommt, denn das Volk besitzt nichts; alles gehört dem Sultan. Der Temat jenes Mannes lag im Gebirge, einem äußerst heißen und wüsten Landstrich. Eine seiner drei Frauen, eine griechisch-katholische Schismatikerin, besaß einen edlen Geist und war mir sehr zugetan. Und mehr noch, am Ende ließ eine geborene Türkin, die dem unendlichen Erbarmen Gottes als Werkzeug diente, ihren Gatten aus der Apostasie in den Schoß der Kirche zurückführen, mich aber aus der Sklaverei befreien. Sie war neugierig, unsere Lebensweise kennenzulernen, kam täglich auf die Felder, wo ich Gräben aushob, und forderte mich zum Schluss auf, meinem Gott ein Loblied zu singen. Die Erinnerung an das »Quomodo cantabimus in terra aliena« der in Babylon gefangenen Kinder Israels ließ mich mit Tränen in den Augen den Psalm »Super flumina Babylonis«, dann das Salve Regina und so manches andere singen. Ihre Freude hierüber war ebenso groß wie ihre Verwunderung. Sie verfehlte denn auch nicht, ihrem Gatten abends zu sagen, es sei Unrecht von ihm gewesen, seine Religion aufzugeben, die sie für ausgesprochen gut halte, und das aufgrund eines Berichtes, den ich ihr von unserem Gott gegeben, und einigen Lobgesängen, die ich ihr vorgesungen hatte; und daran, so sagte sie, habe sie ein so göttliches Vergnügen, dass sie nicht mehr glaube, das Paradies ihrer Väter, auf das sie hoffe, sei so ruhmvoll und von solcher Freude begleitet wie das Vergnügen, das sie empfände, während ich meinen Gott lobte. Es sei etwas Wunderbares, so schloss sie.

Diese andere Kaiphas oder Eselin des Bileam bewirkte durch ihre Reden, dass ihr Mann mir am nächsten Tage sagte, er halte es nur für Bequemlichkeit, dass wir uns nicht nach Frankreich retteten. Aber in Kürze werde er uns eine Möglichkeit zur Flucht verschaffen, wofür wir Gott gepriesen hätten. Aus diesen wenigen Tagen wurden zehn Monate, in denen er mich mit Nichtigkeiten hinhielt. Doch schließlich gingen die Hoffnungen in Erfüllung. Wir retteten uns in einem kleinen Kahn und gelangten am 28. Juni nach Aigues-Mortes, bald darauf nach Avignon, wo der hochwürdigste Herr Vizelegat den Renegaten mit Tränen in den Augen und Schluchzen in der Kehle öffentlich zur Ehre Gottes und Erhebung der Zuschauer in Saint-Pierre wieder aufnahm. Er hielt uns zurück, um uns mit nach Rom zu nehmen, sobald sein Nachfolger für die nächsten drei Jahre eingetroffen sei. Dem Büßer versprach er, ihn in das strenge Kloster der Fate bene fratelli eintreten zu lassen, wohin er gelobt hatte zu gehen. Mir versprach er, für eine gute Pfründe zu sorgen. Er erwies mir die Ehre seiner Liebe, und das einiger Alchimistischer Geheimnisse wegen, die ich ihm beibrachte und mit denen ich ihm, wie er sagte, einen größeren Gefallen erwies, als »si io li avesse datto un monte do oro« (wenn ich ihm einen Berg Gold gegeben hätte), weil er sein ganzes Leben auf diesem Gebiet gearbeitet hat und keine andere Befriedigung kennt.

Als Monsignore erfuhr, ich sei Geistlicher, befahl er, mir meine Weiheurkunden schicken zu lassen, wobei er mir versicherte, er wolle mir Gutes tun und mir eine Pfründe verschaffen. Ich hatte Mühe, hierfür eine Vertrauensperson zu finden, als ein Freund von mir, der zum Hause Monsignores gehörte, mir Monsieur Canterelle nannte, den Überbringer dieses Briefes, der nach Toulouse ging. Ich bat ihn, sich die Mühe zu machen, bis Dax zu reiten, um Ihnen meinen Brief zu bringen und die Urkunden meiner Priesterweihe sowie die eines Bakkalaureus der Theologie in Toulouse in Empfang zu nehmen, die ich ihm auszuhändigen bitte. Zu diesem Zwecke schicke ich eine Quittung. Monsieur Canterelle gehört hier zum Hause und hat eigens Weisung von Monsignore erhalten, sich seines Auftrages getreulich zu entledigen und mir die Papiere nach Rom zu schicken, wenn wir bis dahin abgereist sein sollten.

Ich habe aus der Türkei zwei Steine, die die Natur nach Diamantenart geschnitten hat, mitgebracht. Einen davon schicke ich Ihnen und bitte Sie, ihn ebenso guten Herzens entgegenzunehmen, wie ich ihn demütig darbiete.

Es kann kaum anders sein, als dass Sie und meine Verwandten verärgert über mich sind meiner Gläubiger wegen. Ich hätte schon hundert oder hundertzwanzig Taler bezahlt, die unser Büßer mir gab. Aber meine besten Freunde rieten mir, sie bis zu meiner Rückkehr aus Rom zu behalten, um Zwischenfälle zu vermeiden, die aus Geldmangel entstehen könnten (jetzt, wo mir die Tafel und das Wohlwollen Monsignores gehören); aber ich glaube, der ganze Skandal wird sich noch zum Guten wenden.

Ich schreibe an Monsieur d'Arnaudin und meine Mutter. Ich bitte Sie, ihnen meine Briefe durch einen von Monsieur Canterelle zu bezahlenden Boten zuzustellen. Sollte meine Mutter zufällig die Briefe einbehalten haben, sie sind für alle Fälle bei Monsieur Rabel hinterlegt.

Nun bleibt mir nichts übrig, als Sie zu bitten, mir Ihre gütige Zuneigung zu bewahren. Ich bleibe Ihr ergebenster und gehorsamster Diener

Depaul

Avignon, 24. Juli 1607.
Adresse: An Monsieur de Comet, Rechtsanwalt am Oberlandesgericht von Dax, in Dax.

*Kritische Analyse des Briefes an Monsieur de Comet*

Ohne alle Argumente zu wiederholen, die für oder gegen die Gefangenschaft von Vinzenz von Paul, wie sie in diesem Brief erzählt wird, entwickelt worden sind – deren Rezension allein würde ein Werk füllen –, sollen hier doch die wichtigsten Einwände und die Antworten, die ihnen gegenübergestellt werden können, formuliert werden.

*1) Die Gefangennahme durch Seeräuber*
Man wundert sich, dass kein Dokument vom Kampf und der Eroberung des Schiffes, das Vinzenz an Bord hatte, berichtet. Aber diese Überfälle der Barbaren waren durchaus häufig und wurden daher nicht immer zum Thema eines Berichtes. Die meisten Archive dieser Epoche wurden größtenteils zerstört.

Man zweifelt an, dass die Seeräuber sich »während sieben oder acht Tagen« auf dem Meer aufhalten konnten, bevor sie Tunis anfuhren, da die Segelschiffe nicht ausreichend Lebensmittel und Wasserrationen für die Besatzung und die Gefangenen transportieren konnten. Doch die Seeräuber nutzten geheime Ankerplätze auf den Inseln, wo sie ihre Trinkwasservorräte auffüllen konnten und wo sie auf den Schiffen, die sie plünderten, ihren Proviant fanden.

Man betont, dass Vinzenz einen Fehler begangen habe, wenn er behauptet, »auf das Schiff zurückgebracht worden zu sein«, nachdem er in der Stadt herumgeführt worden war. Tunis liegt am Ende eines für Segelschiffe unbefahrbaren Hafenbeckens. Es ist angebracht darauf hinzuweisen, dass die Schiffe am Eingang des Hafenbeckens, an der Goulette, ihre Anker warfen und die Schiffsladungen und die Gefangenen dann auf Lastkähnen weitertransportiert wurden, die an einem Kai nahe den Festungsmauern der Stadt festmachen konnten. Wenn Vinzenz davon spricht, auf ein Schiff zurückgebracht worden zu sein, dann macht er einfach nicht deutlich, dass es sich dabei in Wirklichkeit um einen Lastkahn handelt.

Man fragt sich, warum Vinzenz nicht unmittelbar Kontakt zum französischen Konsul in Tunis aufgenommen hat, um sich zu befreien. Aber er hatte dazu keine Möglichkeit, denn er wurde in Ketten gelegt und dann von seinem

Herrn mitgenommen. Auf der anderen Seite trugen die Seeräuber Sorge dafür, zu deklarieren, die Gefangennahme hätte auf einem spanischen Schiff stattgefunden, um das Eingreifen des französischen Konsuls zu vermeiden.

## 2) Die Gefangenschaft

Man behauptet, wenn Vinzenz wirklich im Dienst eines Fischers gestanden hätte, dann wäre er nicht seekrank geworden, denn die Gewässer des Hafenbeckens seien ruhig. Tatsächlich fuhren die Fischer jedoch auf das Meer hinaus, denn das Hafenbecken war verschmutzt und die Fische von schlechter Qualität.

Wie konnte sich Vinzenz mit seinem Herrn, dem Alchimistischen Arzt, über Geometrie und Alchimie, oder mit den Frauen des Renegaten über Religion unterhalten, wenn er kein Arabisch sprach? Nach Angaben der Kaufleute und ehemaliger Gefangener existierte aufgrund all der Beziehungen der damaligen Epoche eine frankische Sprache, lingua franca, eine Mischung aus Französisch, Italienisch und Spanisch, die die Kommunikation rund um das Mittelmeerbecken ermöglichte. Der Dialekt der Landes war davon nicht weit entfernt. Außerdem ist offensichtlich, dass Vinzenz rasch lernte und sich so recht schnell Grundlagen der arabischen Sprache angeeignet haben könnte.

Vinzenz behauptet, der Neffe seines Alchimistischen Herrn habe sich schon zurückgezogen, als er von der Ankunft des Botschafters von Brèves hörte, folglich habe dieser, so sagt man, Tunesien schon vor dem Abschluss dieses Handels verlassen.

Es ist angebracht, die Daten zu präzisieren: dieser Botschafter kam am 17. Juni 1606 an der Goulette an und reiste am 24. August wieder ab, nach heftigen Verhandlungen mit den örtlichen Autoritäten, die schließlich nur 72 von etwa 1000 Gefangenen in Tunesien freiließen. Vinzenz schreibt, dass er »bis zum August (1606)« bei seinem Herrn, dem alchimistischen Arzt, war. Das ist der Zeitpunkt, als der Neffe hörte, dass eine diplomatischen Mission durch Monsieur de Brèves im Gange war, der mit Vollmachten des Großsultans ausgestattet, gekommen war, die christlichen Sklaven zu befreien. Er verkauft Vinzenz sofort an einen neuen Herrn, der ihn weit von Tunis weg bringt, »in die Berge, wo das Land extrem heiß und verlassen ist«, also weit weg von möglichen Nachforschungen durch den Botschafter. Der Neffe wusste nicht, dass Monsieur de Brèves am 24. August wieder abreisen würde, nachdem seine Mission zumindest teilweise gescheitert war. Vermutlich fand die Übergabe von Vinzenz um dieses Datum herum statt.

Wenn Vinzenz von seinem Herrn, dem Arzt, spricht, als dieser vom Großsultan einberufen wird, verwendet er den Ausdruck: »Er starb auf dem Weg.« Dies, so wird vermutet, zeigt seine geringe Ortskenntnis. Man kann dem leicht entgegnen, dass man, um von Tunis nach Konstantinopel zu gelangen, auf dem Landweg nach Tripolis zu gelangen suchte, um sich dort einzuschiffen und so ein Stück Seeweg an Malta vorbei zu vermeiden, das von christlichen Seeräubern durchkreuzt wurde. Darüber hinaus kann man feststellen, dass Vinzenz laufend diesen Ausdruck »auf dem Weg« verwendet, selbst dann, wenn es sich um einen Fluss- oder Seeweg handelt.

Man zweifelt an, dass Vinzenz sich frei mit den Frauen seines Herrn, des Renegaten aus Nizza, habe unterhalten können, da dies der Islam verbietet. Zunächst einmal kann der Renegat, da er nicht türkischer Abstammung ist, sich gegenüber seinen Partnerinnen liberaler zeigen. Darüber hinaus scheinen die Beziehungen, die ehemalige Gefangene geknüpft haben, zu beweisen, dass Frauen auf dem Lande in ihrem Kommen und Gehen sehr frei waren (vgl. dazu das Buch von J. Guichard, Saint Vincent de Paul, esclave à Tunis). Die rasche Konversion des Moslems, hervorgerufen durch die Gesänge und Reden von Vinzenz, bleibt jedoch deutlich fragwürdig.

### 3) Die Flucht

Man zweifelt die Möglichkeit an, dass Vinzenz das Mittelmeer »in einem kleinen Boot« überquert haben könne, insbesondere deshalb, weil er selbst zugibt, nicht seetüchtig zu sein. In der Tat: wäre Vinzenz alleine gefahren, so wäre sein Bericht wenig glaubhaft gewesen. Aber er floh mit seinem Herrn aus Nizza, der wahrscheinlich ein erfahrener Seemann war. Dieser hatte das Unternehmen lange vorbereitet. Er wartete zehn Monate, bis er den Schritt wagte, um so in den Vorteil günstiger klimatischer Bedingungen zu kommen und die günstige Gelegenheit zu nützen, dass die türkische Galeerenflotte von Tunis abreiste. Nichts weist übrigens darauf hin, dass nur zwei Leute an diesem Abenteuer teilgenommen hätten.

Der Ausdruck »Boot« bezieht sich in Vinzenz' Sprachgebrauch nicht zwangsläufig auf einen kleinen Kahn, sondern kann durchaus auch für ein kleines Schiff mit Segeln stehen. Es gibt viele Beispiele für kleine Boote mit einfachem Takelwerk, die das Mittelmeer überquert haben, solange sie nur von günstigen Winden getrieben wurden. Vinzenz wendet übrigens fast immer den Ausdruck »Kahn« für die Boote an, die das Mittelmeer befahren.

*4) Der Bericht von Cervantes*

Es fänden sich, wenn auch von keinem nachgewiesen, beunruhigende Ähnlichkeiten zwischen dem Bericht von Cervantes in seinem Buch »El ingenioso hidalgo don Quijote de la Mancha« und dem von Vinzenz erzählten Abenteuer, das davon inspiriert sei.

Das Buch von Cervantes, das in Madrid im Jahre 1605 und in Brüssel 1607 erschien, wurde jedoch in Frankreich erst 1614 übersetzt und herausgegeben, und nicht schon 1607, wie man früher behauptet hat. Das macht alle Anleihen durch Vinzenz für seine Erzählung unmöglich. Im Übrigen gibt es keine tatsächlichen Übereinstimmungen zwischen den von Cervantes beschriebenen Situationen und dem von Vinzenz erlebten Abenteuer.

*5) Bibliografie über die Gefangenschaft*

Die Argumente gegen die Gefangenschaft von Vinzenz werden vor allem in folgenden Texten dargelegt:

- zwei Artikel von Pierre Grandchamp aus den Jahren 1928 und 1929;
- P. Debrognie, La conversion de saint Vincent de Paul, in: Revue d'histoire ecclésiastique, Louvain 1936;
- Marcel Émerit, La mission de Savary de Brêves en Afrique du Nord, in: Revue française d'histoire d'Outre-Mer, 1945 (ebenso wie sein Artikel in: Les Cahiers rationalistes, siehe Endnote 70)
- Antoine Redier, La Vraie Vie de saint Vincent de Paul, 1947;
- André Dodin, La Légende et l'Histoire, 1985;

Die Argumente für die Gefangenschaft sind besonders in folgenden Texten zu finden:

- Raymond Gleizes, Captivité et oevres de saint Vincent de Paul en Barbarie, 1930;
- Armand Praviel, Monsieur Vincent chez les Turcs, 1935;
- J. Guichard, Saint Vincent des Paul, esclave à Tunis, 1937;
- J. Defos du Rau, Il a été esclave! Essais sur la captivité de saint Vincent de Paul, 1963;
- G. Turbet-Delof, Saint Vincent de Paul a-t-il été esclave à Tunis?, in: Revue d'histoire de l'Église de France, Juli 1972.

# Anhang 3

*Die Überfahrt nach Aigues-Mortes und der Weg nach Avignon*

Die Flucht von Vinzenz mit seinem Herrn, dem Renegaten aus Nizza, sowie ihre Ankunft in Avignon werfen mehrere Fragen auf, die angesichts der Kürze des Berichtes nur schwer angemessen beantwortet werden können.

1. Was die Überquerung des Mittelmeeres auf einem »kleinen Boot« betrifft, kann man bestätigen, dass dies möglich ist, wohingegen es schwierig ist, deren Dauer anzugeben. Der direkte Weg vom Kap Bon nach Aigues-Mortes verläuft, ungeachtet der Winde und Strömungen, südwestlich an Sardinien vorbei (Kap Tenlada) und geht dann nach Norden, in Richtung Golf von Lion. Die zurückzulegende Strecke beträgt etwa 510 Meilen (eine Seemeile entspricht 1.852 km). Doch die üblichen Strömungen, die im Mittelmeer verlaufen, sind für diese Fahrt ungünstig. Sie führen mit einer durchschnittlichen Stärke von 12 bis 18 Meilen pro Tag nach Südosten, was die Dauer der Überquerung eindeutig verlängern würde.

Um dem negativen Einfluss dieser Ströme zu entkommen, ist es sinnvoll, nach dem Verlassen der Meerenge von Sizilien von den günstigeren Bedingungen des thyrrhenischen Meeres zu profitieren: In der Tat findet man dort nur während des Sommers Strömungen Richtung Nord-Nord-West. Man muss nur noch auf dem offenen Meer beim korsischen Kap den Kurs ändern, um auf die französische Küste zu treffen. Diese Strecke ist zwar länger als der direkte Weg (in der Größenordnung von 660 Meilen), ist aber günstiger, da tragende Strömungen zwei Drittel der Strecke bestimmen.

Außerdem muss man das System der Winde beachten, die unglücklicherweise meist aus Norden, Westen oder Nord-Westen wehen und somit diese Seefahrt nur behindern können, vor allem an der Küste der Provence (der Mistral) und dann im Golf von Lion (die Tramontane).

Wenn man von einem Antrieb durch Ruder und eingeschränktem Takelwerk ausgeht, scheint für ein kleines Boot mit reduzierter Besatzung ein Vorankommen von ca. 1 bis 2 Knoten (d.h. 1 bis 2 Meilen pro Stunde) denkbar. Aufgrund dieser Einschätzung könnte die Überfahrt über das thyrrhenische Meer etwa 12 bis 20 Tage gedauert haben. Es ist also nicht unmöglich, diese Leistung zu vollbringen, aber sie birgt mehrere Unsicherheiten, darunter auch das Risiko, auf berberische Piraten zu treffen.

Unter diesen Bedingungen kann man sich fragen, warum Vinzenz und sein Herr diese risikoreiche Lösung gewählt haben, anstatt schnellstmöglich auf christlichen Boden in Sizilien zu gelangen oder, weiter entfernt, in ein Gebiet des Kirchenstaates.

Eine weniger fantastische Hypothese könnte den glücklichen Ausgang dieser Flucht mit einer risikoärmeren Überquerung des Mittelmeeres erklären. In der Tat konnte der Renegat aus Nizza sich frei bewegen und verfügte über ausreichend finanzielle Mittel, mit denen er sehr gut eine heimliche Einschiffung für sich und Vinzenz hätte vorbereiten können. Ähnliche Fälle sind in einer Studie von Bartholomé und Lucile Bennassar über die Renegaten aus dem 16. und 17. Jahrhundert aufgelistet (Les Chrétiens d'Allah, 457). Die Flüchtlinge wurden an einem unauffälligen Ort an der provenzalischen Küste ausgeladen und konnten sich dann in Aigues-Mortes an Bord eines »kleinen Bootes« wieder treffen. Um eventuelle Kom- plizen nicht zu verraten, könnte Vinzenz eine verkürzte Version seiner Überfahrt dargestellt haben.

2. Es stellt sich eine zweite Frage: Warum beeilt sich Vinzenz so, nachdem er von Bord gegangen ist, nach Avignon zu kommen? Er hätte genauso gut seinen Renegaten an einem Bischofssitz nahe seines Ankunftsortes, wie beispielsweise Montpellier, vorstellen können. Um die Abschwörung eines Renegaten entgegenzunehmen, bedarf es keines Vizelegaten, die Bischöfe konnten durchaus ähnlichen Zeremonien vorstehen. Andererseits handelte es sich in diesem besonderen Fall um die Abschwörung eines Ausländers (Nizza war vom Herzogtum Savoyen abhängig). Vielleicht war es also deshalb notwendig, sich an eine übergeordnete Autorität zu wenden.

Eine andere Erklärung ist ebenso denkbar: Weder Vinzenz (wegen des gestohlenen Pferdes) noch der Mann aus Nizza (wegen seiner Jahre im Dienste der Türken) hatten ein reines Gewissen. Auch deshalb bevorzugten wohl alle beide, sich schnell nach Avignon zu begeben, in päpstliches Territorium und somit in Sicherheit vor eventuellen Strafverfolgungen.

**ANHANG 4**

*Stammbaum der Familie Gondi*

Antoine de Gondi
Florentiner, Bankier in Lyon
vh. Marie-Christine de Pierre-Vive

10 Kinder, davon 5 Mädchen

Albert de Gondi
1522–1602
Marquis de Belle-Isle
Marschall von Frankreich 1573
General der Galeeren 1579
vh. Claude Catherine de Clermont
Baronin de Retz

Pierre de Gondi
1533-1616
Bischof von Langres 1568
Bischof von Paris 1569–1596
Kardinal 1587
Comte de Joigny 1603

Charles de Gondi
Seigneur de la Tour
General der Galeeren

10 Kinder, davon 6 Mädchen

Charles de Gondi
1569–1596
Marquis von Belle-Isle
Herzog de Retz
General der Galeeren
vh. Antoinette d'Orléans-
Longueville

Henri de Gondi
1572–1622
Bischof von Paris 1596-1622
Kardinal de Retz 1618
Vorsitzender des königlichen
Rates 1619

Philippe-Emmanuel de Gondi
1580–1662
Marquis der Îles d'Or
General der Galeeren 1597
Comte de Joigny 1604
Oratorianer 1627
vh. Françoise-Marguerite de Silly
1580–1625

Jean-François de Gondi
1584–1654
Kapuziner
Erzbischof von Paris
1622–1654

Henri de Gondi
1590–1659
Herzog de Retz
vh. Jeanne de Scepeaux

Pierre de Gondi
1606–1676
Herzog de Retz
General der Galeeren 1627
vh. Catherine de Gondi

Henri de Gondi
1612–1622

Jean-François Paul de Gondi
1613–1679
Koadjutor von Paris 1643
Erzbischof von Paris 1654-1662
Kardinal de Retz 1652

Catherine
1612–1679
vh. Pierre de Gondi

Marguerite-Françoise
1615–1670
vh. Louis de Cossé
Herzog von Brissac

Marie-Catherine
Benediktinerin
Oberin des Konventes von
Kalvaria

Paule-Françoise
vh. Françoise Emmanuel
de Créqui
Herzog de Lesdiguières

# ANHANG 5

*Chronologische Zusammenfassung*

| | Vinzenz von Paul | Frankreich | Kirche und Europa |
|---|---|---|---|
| 1581 | Geburt von Vinzenz in Pouy | Geburt von Saint-Cyran | |
| 1585 | | Geburt von Arnaud du Plessis, des Kardinals de Richelieu | |
| 1589 | | Ermordung von Heinrich III., Heinrich von Navarra wird Heinrich IV. | |
| 1592 | | | Wahl von Papst Clemens VIII. |
| 1593 | | Abschwörung Heinrichs IV. | |
| 1597 | Beginn der theologischen Studien an der Universität von Toulouse | | |
| 1598 | Empfang der höheren Weihen | Erlass des Edikts von Nantes | |
| 1600 | Priesterweihe durch den Bischof von Périgueux Pilgerfahrt nach Rom | | |
| 1601 | | Geburt Ludwigs XIII. | |
| 1604 | Bakkalaureat in Theologie | | |

| Jahr | | |
|---|---|---|
| 1605 | Gefangennahme durch die Berber, Gefangenschaft in Tunesien | Wahl von Papst Paul V. |
| 1607 | Flucht und Ankunft in Avignon | |
| 1608 | Reise nach Rom | Franz von Sales: Introduction à la vie dévote |
| 1609 | Niederlassung in Paris | |
| 1610 | Kaplan der Königin Margot Erwerb der Abtei Saint-Léonard-de-Chaume | Ermordung Heinrichs IV. Regentschaft durch Maria de Médici |
| 1611 | | Gründung des Oratoriums durch Pierre de Bérulle |
| 1612 | Pfarrer von Clichy-la-Garenne | |
| 1613 | Hauslehrer bei den Gondis | |
| 1615 | Domherrschaft von Écouis | Die Versammlung des Klerus fordert die Umsetzung des Konzils von Trient / Franz von Sales: Traité de l'amour de Dieu |
| 1616 | Aufgabe der Abtei Saint-Léonard-de-Chaume | Richelieu wird Mitglied im königlichen Rat |
| 1617 | Pfarrer von Châtillon-les-Dombes Erster Caritasverein | Ermordung von Concini Ludwig XIII. ergreift die Macht |

| | Vinzenz von Paul | Frankreich | Kirche und Europa |
| --- | --- | --- | --- |
| 1618 | Erste Mission auf dem Gebiet der Gondis Treffen mit Franz von Sales | | Beginn des Dreißigjährigen Krieges |
| 1619 | Galeerenseelsorger | Feldzug Ludwigs XIII. gegen die Protestanten in Béarn | |
| 1621 | | | Wahl von Papst Gregor XV. Gründung der Propaganda-Kongregation |
| 1622 | Vorsitzender der Heimsuchung von Paris | Richelieu erhält den Kardinalshut | Tod des Franz von Sales |
| 1623 | | | Wahl von Papst Urban VIII. |
| 1624 | Amtseinführung im Collège des Bons-Enfants | Richelieu wird Vorsitzender des königlichen Rates | |
| 1625 | Gründung der Kongregation der Mission Geistliche Führung von Louise de Marillac | | Heirat von Karl I. von England mit Henriette von Frankreich |
| 1628 | Erste Exerzitien für Priester | Kapitulation der Protestanten in La Rochelle | |
| 1629 | Louise de Marillac beginnt ihren Einsatz für die Caritasvereine | Tod des Kardinals Pierre de Bérulle | |

| | | »Journée des Dupes« (Tag der Geprellten): Richelieu wird als Premierminister bestätigt | |
|---|---|---|---|
| 1630 | | | |
| 1632 | Einzug der Mission in das Priorat von Saint-Lazare | Exekution des Marschalls de Marillac | Sieg Gustav Adolfs von Schweden gegen das Kaiserreich in Lützen |
| 1633 | Die Kongregation wird mit der Bulle »Salvatoris Nostri« anerkannt. Beginn der »Dienstagskonferenzen« | Besetzung Lothringens durch Ludwig XIII. | Zweite Verurteilung Galileis |
| 1634 | Gründung der »Barmherzigen Schwestern« Gründung der Niederlassung in Toul | Prozess von Loudun | Sieg des Kaiserreiches über die Schweden in Nördlingen |
| 1635 | | | Kriegserklärung Frankreichs gegen Spanien und des Kaisers gegen Frankreich |
| 1636 | Entsendung von Missionaren an die Heerestruppen | Sturz des Corbie Corneille: »Le Cid« | |
| 1637 | Gründung des »Maison de la Rose« | Bauernaufstand Descartes: »Discours de la méthode« | |
| 1638 | Gründung des Werks der Findelkinder Gründung der Häuser von Richelieu, Troyes, Luçon | Geburt des Kronprinzen, des zukünftigen Ludwigs XIV. Verhaftung von Saint-Cyran | Tod des Jansenius |

| | Vinzenz von Paul | Frankreich | Kirche und Europa |
|---|---|---|---|
| 1639 | Hilfe für die Leidtragenden in Lothringen Gründung der Niederlassung in Alet | | |
| 1640 | Gründung der Niederlassung in Annecy | | Veröffentlichung des »Augustinus« |
| 1641 | Gründung der Niederlassung in Crécy | Tod von Johanna von Chantal Mazarin erhält den Kardinalshut | |
| 1642 | Beginn eines ersten Seminars im Collège des Bons-Enfants | Tod des Kardinal de Richelieu | Verurteilung von fünf Thesen des »Augustinus« durch Rom |
| 1643 | Berufung in den Gewissensrat Gründung der Häuser von Marseille, Cahors und Rom | Tod von Ludwig XIII. und Regentschaft von Anna von Österreich Sieg Rocrois' über die Spanier Antoine Arnauld: »De la fréquente communion« | |
| 1644 | Gründung der Häuser von Saintes, Montmirail und Sedan | | Wahl Papst Innocent X. |
| 1645 | Gründung der Häuser von Saint-Méen, Le Mans, Genua und Turin | | |
| 1646 | Missionen in Irland und Schottland Erwerb des Konsulates von Algier Errichtung der Gemeinschaft der Barmherzigen Schwestern als confrérie | | |

| Jahr | | | |
|---|---|---|---|
| | Reise zu den ... auf dem Land<br>Beginn der Mission von Madagaskar<br>Gründung der Häuser von Tréguier und Agen | ...ginn der Fronde | Der Westfälische Friede setzt dem Dreißigjährigen Krieg ein Ende |
| 1650 | Gründung der Niederlassung in Périgueux | Spanische Offensive in der Picardie | |
| 1651 | Hilfe in der Picardie, der Champagne und der Île-de-France<br>Beginn der Mission in Polen | Volljährigkeit Ludwigs XIV.<br>Erstes Exil von Mazarin | |
| 1652 | Gründung der Häuser von Montauban und Notre-Dame-de-Lorm | Kämpfe rund um Paris<br>Zweites Exil von Mazarin | |
| 1653 | Auflösung des Gewissensrates | Rückkehr von Mazarin | Verurteilung der Thesen des »Augustinus« durch Rom |
| 1654 | Gründung der Niederlassung in Agde | | |
| 1655 | Gründung der Niederlassung in Turin | | Wahl von Papst Alexander VII. |
| 1656 | | Pascal: »Provinciales« | |
| 1657 | | Eröffnung des »Hôpital Général« | |
| 1659 | Gründung der Niederlassungen in Montpellier und Narbonne | | Pyrenäenfrieden zwischen Frankreich und Spanien |
| 1660 | Tod von Vinzenz von Paul | Heirat Ludwigs XIV. mit Maria Theresia von Spanien<br>Tod von Louise de Marillac | |
| 1661 | | Tod Mazarins | |

*Von Saint-Lazare in die Rue-de-Sèvres*

Das Priorat Saint-Lazare wurde 1789 zerstört und geplündert. Die Kongregation der Mission hatte sich durch die Wirren der Revolution aufgelöst. Ein Dekret Napoleons setzte sie 1804 wieder in Kraft, ihr Mutterhaus konnten sie jedoch erst 1817 im Hôtel de Lorges, in der Rue-de-Sèvres 95 gelegen, wiedererrichten. Dieses Gebäude wurde der Kongregation zum Ausgleich der Beschlagnahmung des alten Hauses von Saint-Lazare, das in ein Gefängnis umgewandelt worden war, übergeben. Weiterer Ankauf von Grundstücken und Gebäuden, sowohl in der Rue-de-Sèvres als auch in der Rue-du-Cherche-Midi, ermöglichten den Ausbau des Gebäudes zu seiner momentanen Größe, mit der Kapelle, wo seit 1820 der Reliquienschrein mit den Gebeinen des Heiligen Vinzenz von Paul aufbewahrt wird. Die Mitglieder der Kongregation der Mission, die man »Herren von Saint-Lazare« nannte, solange sie im Priorat lebten, haben diesen Namen beibehalten, der im 19. Jahrhundert in »Lazaristen« geändert wird.

Die Barmherzigen Schwestern, die ebenfalls durch die Revolution verfolgt worden waren, fanden sich schon 1797 wieder in einer Mietwohnung in der Rue-des-Maçons-Sorbonne, heute Rue-Champollion, zusammen. Dann zogen sie in ein Haus, genannt »des Orphelins« (von den Waisen), in der Rue-du-vieux-Colombier um, wo sie zwischen 1801 und 1814 wohnten. Danach ließen sie sich im Hôtel-de-Châtillon 140 in der Rue-du-Bac nieder, das ihnen durch kaiserlichen Beschluss zugeteilt worden war. Heute noch befindet sich dort das Mutterhaus der Gemeinschaft der Barmherzigen Schwestern. Ihr offizieller kirchlicher Name lautet »Töchter der christlichen Liebe (Filles de la Charité)«, bekannt sind sie aber als »Barmherzige Schwestern vom hl. Vinzenz von Paul«.

# LITERATURHINWEISE

Die folgende Bibliografie ist ein Auszug aus der Liste *Sources et bibliographie* der französischen Originalausgabe.

## Quellen

*La correspondance, entretiens et documents de saint Vincent de Paul*, hg. und kommentiert von Pierre Coste, 14 Bd.e, Paris 1920–1924, ergänzt um Bd. 15 der bislang unveröffentlichten Briefe in *Mission et charité* 19–20 (Januar–Juni 1970).

*Annales de la congrégation de la Mission et de la compagnie des Filles de la Charité* (1833–1963).

*Vincentiana* (seit 1957).

*Mission et charité* (1961–1969).

## Biografien

Louis Abelly, *La Vie du vénérable serviteur de Dieu, Vincent de Paul*, Paris 1664, Neuausgabe 1986.

Mgr Bougaud, *Historie de saint Vincent de Paul*, Paris 1889.

Emmanuel de Broglie, *Saint Vincent de Paul*, Paris 1924.

Jean Calvet, *Saint Vincent de Paul*, Paris 1948.

Pierre Collet, *La Vie de saint Vincent de Paul*, 2 Bd.e, Nancy 1748.

Pierre Coste, *Monsieur Vincent, le grand saint du Grand Siècle*, 3 Bd.e, Paris 1934.

Daniel-Rops, *Bâtisseur de l'Église moderne, saint Vincent de Paul*, Paris 1958.

André Dodin, *Saint Vincent de Paul et la charité*, Paris 1960.

Marthe de Fels, *Monsieur Vincent*, Paris 1936.

André Frossard, *Votre très humble serviteur, Vincent Depaul, Paris*, 1960.

Bernard Gaudeul, *Il avait l'accent de chez nous*, Bayonne 1961.

Henri Lavedan, *Vincent de Paul, aumônier des galères*, Paris 1928.

Dupanloup Leuret, *Le Cœur de saint Vincent de Paul*, Paris 1971.

André Loth, *saint Vincent de Paul et sa mission sociale*, Paris 1881.

Jean Mauduit, *saint Vincent de Paul*, Paris 1960.

Ulysse Maynard, *Saint Vincent de Paul*, 4 Bd.e, Paris 1880.

Luigi Mezzadri, *Vincent de Paul, 1591–1660*, Paris 1895.

Pierre Miquel, *Vincent de Paul*, Paris 1996.

Paul Renaudin, *Saint Vincent de Paul*, Marseille 1927.

Michel Riquet, *Saint Vincent de Paul ou le réalisme de la charité*, Paris 1960.

José Maria Roman, *San Vincente de Paul*, Madrid 1982.


*Studien über Vinzenz von Paul*

Louis Abelly, *Vraie défense de M. Vincent*, Paris 1668.

Martin de Barcos, *Défense de feu M. Vincent de Paul, contre les faux discours de livres de sa vie publiés par Abelly*, Paris 1668.

Pierre Coste, *La Congrégation de la Mission, dite de Saint-Lazare*, Paris 1927.

Louis Déplanque, *Saint Vincent de Paul sous l'emprise chrétienne*, Paris 1936.

Pierre Debongnie, *Saint Vincent de Paul était-il à Tunis, en 1606–1607 et à Rome 1607–1608?*, Revue d'histoire ecclésiastique LVIII (1963).

– *La conversion de saint Vincent de Paul*, Revue d'histoire ecclésiastique XXI (1936).

– *Vincent de Paul a-t-il menti?*, Revue d'histoire ecclésiastique XXXIV (1938).

Pierre Deffrennes, *La vocation de saint Vincent de Paul, étude de psychologie surnaturelle*, Revue d'ascétique et de mystique XIII (April 1932).

Rau du Defos, *Il a été esclave! Essai sur la captivité de saint Vincent de Paul*, Mont-de-Marsan 1963.

Marius Denigot, *Monsieur Vincent, sa congrégation à la ferme d'Orsigny*, Bordeaux 1979.

André Dodin, *Saint Vincent de Paul*, Paris 1949

– *Françoise de Sales, Vincent de Paul, les deux amis*, Paris 1984.

– *De Monsieur Depaul à saint Vincent de Paul*, Paris 1985.

– *Monsieur Vincent raconté par son secrétaire*, Paris 1991.

Alphonse Feillet, *La Misère au temps de la Fronde et saint Vincent de Paul*, Paris 1886.

Jacques Girard, *Saint Vincent de Paul, son œuvre et son influence en Lorraine*, Metz 1955.

Raymond Gleizes, *Captivité et œuvre de saint Vincent de Paul en Barbarie*, Paris 1930.

Pierre Grandchamp, *La prétendue captivité de saint Vincent de Paul à Tunis. Auszug aus La France en Tunisie au XVIIe siècle* (VI / 1928; VII / 1929, IX / 1936).

J. Guichard, *Saint Vincent de Paul, esclave à Tunis*, Paris 1937.

Marie-Madeleine Martin, *Saint Vincent de Paul et les grands,* Paris 1960.

Robert P. Maloney, *Un chemin vers les pauvres. Spiritualité de Vincent de Paul,* Paris 1994.

André Ménabréa, *Saint Vincent de Paul, le maître des hommes d'État,* Paris 1944.

Lugi Mezzadri, *Prière et charité, pèlerin à la sute de Vincent de Paul,* Paris 1995.

Gaston Parturier, *La Vocation médicale de saint Vincent de Paul,* Lyon 1943.

Arman Praviel, *Monsieur Vincent cez les Turcs,* Paris 1935.

Paul Renaudin, *Amour sacré, amour profane. Estudes sur le xvii^e siècle,* Paris 1925 (243–272: Le secrets de Monsieur Vincent).

– *Un maître de la mystique française: Benoît de Canfeld,* Paris 1995 (214–236: Influence sur saint Vincent de Paul).

Yves Salem, *Saint Vincent de Paul e l'armée,* Edition de Cèdre 1975.

François Six und Helmuth Nils Loose, *Saint Vincent de Paul,* Paris 1980.

[Société de Borda (Hg.),] *Quadricentenaire de la naissance de saint Vincent de Paul,* Bulletin de la Société de Borda (1982).

Delof Turbet, *Saint Vincent de Paul a-t-il été esclave à Tunis.* Revue de historire de l'Église de France (LXVIII, 1972).

# Verzeichnis ausgewählter Namen und Orte

464

466

468

Koch, Bernard, CM   385, 391, 392, 394, 395, 397, 407, 409, 421, 424

Konstantinopel (Istanbul)   51, 53, 241, 384, 386

Korsika   357, 435

Krakau   326

L'Hôpital, Paul Hurault de, Erzbischof von Aix   74, 82, 391, 392

L'Hospital, Michel de, Kanzler von Frankreich   33

La Chapelle   193, 201, 310

La Ferté, Emmanuel de, Bischof von Mans   234

La Ferté, Henri de Senneterre, Herzog de, Marschall von Frankreich   299

La Ferté-Milon   296

La Pitié, Hospital von   337

La Porte, Charles de, Herzog de la Meilleraye, Marschall von Frankreich   170, 253, 349, 354, 355, 434

La Rochefoucauld, François de, Herzog von   270, 419

La Rochefoucauld, François de, Kardinal   169, 290, 405, 407, 408

La Rochelle   34, 75, 81, 90, 132, 151, 152, 327, 391, 392, 393

La Salle, Jean de, CM   190, 402

La Saussaye, Charles de, Pfarrer von Saint-Jacques in Paris   125, 399

La Serre, André de, Prior der Abtei von Saint-Léonard-de-Chaume   81

La Tanne, Jean de, Direktor der Münzanstalt   75, 82, 393

La Valette, François de, Bischof von Vabres   232

La Valette, Jean de, Abt von Beaulieu   232

La Valette, Jean Louis de Nogaret, siehe Épernon

Ladislaus IV. König von Polen   427

Lagny-sur-Marne   235, 306

Lainez, General der Jesuiten   32

Lambert aux Couteaux, CM   260, 293, 304, 325, 412, 414, 417, 429, 430

Lambert, P   230, 277

Lambertini, Prospero   373

Lamet, Gabriel de   75

Lamoignon, Marie des Landes, Präsidentin de   124, 170, 298, 381, 395

Landes   18, 19, 22, 31, 32, 34, 35, 47, 69, 106, 122, 126, 133, 196, 233, 293, 327, 379, 380, 389

Langres   89, 135, 401

Languedoc   35, 380, 383, 408

Laon   297, 340

Laubardemont, Jean Martin, Baron de   197, 413

Laudin, Denis, CM   436

Launois   161

Le Bon, Adrien, Prior von Laint-Lazare   154, 156, 177, 405, 410, 429

Le Gras, Antoine   147, 404

Le Gras, Mademoiselle, siehe Marillac, Louise de

Le Gras, Michel, Sohn von Louise de Marillac   148

470

474

476

# DANKSAGUNG

Mein Dank geht zunächst an Pater Paul Henzemann, Archivar im Archiv der Kongregation der Mission, der mit unermüdlicher Geduld meine Anfragen nach Dokumenten beantwortet hat. Danken möchte ich auch Pater Bernard Koch, der mich durch seine wertvollen Ratschläge teilhaben ließ an seinen jahrelangen intensiven Studien zu Vinzenz von Paul.

Ich möchte auch denen danken, die mich bei meinen Recherchen unterstützt haben: Dr. Peyresblanques, Präsident der Société de Borda in Dax, und Dr. Di Palma, der zahlreiche Texte für mich übersetzt hat, sowie Michel Debray, der mir wichtige Informationen über die Strömungsverhältnisse im Mittelmeer gab.

Denjenigen, die an dieser Stelle nicht namentlich erwähnt werden wollten, sei Dank für ihre vielfältige Unterstützung bei der Entstehung dieses Buches.

*Bernard Pujo*